Uwe Hinrichs

MULTI KULTI DEUTSCH

**Wie Migration
die deutsche Sprache verändert**

C.H.Beck

Für SOPHIA, die mir Jugendslang und Kiezsprache nahebrachte

und

für LJILJANA, das wandelnde Lexikon in Sachen Migration

Mit sechs Karten von Peter Palm, Berlin

© Verlag C.H.Beck oHG, München 2013
Satz, Druck u. Bindung: Druckerei C.H.Beck, Nördlingen
Umschlagabbildung: © Geviert
Umschlagentwurf: Geviert, Grafik & Typografie, Michaela Kneißl
Gedruckt auf säurefreiem, altersbeständigem Papier
(hergestellt aus chlorfrei gebleichtem Zellstoff)
Printed in Germany
ISBN 978 3 406 65630 9

www.beck.de

INHALT

«Deutschland hat sich in den letzten Jahrzehnten zum größten Einwanderungsland Europas entwickelt und wird immer stärker vom Bild einer multikulturellen und multilingualen Gesellschaft geprägt. /../ Die Sprachen der Immigranten /../ sind mittlerweile fester Bestandteil unserer Gesellschaft und verändern die Sprachenkarte spürbar.»

Jörn Achterberg

VORBEMERKUNGEN

Dieses Buch ist entstanden aus einem Essay, den *Der Spiegel* im Februar 2012 veröffentlichte, und hier vor allem aus den gegensätzlichen und zum Teil überschäumenden Reaktionen, die er hervorrief. Der Essay hieß: *Hab isch gesehen mein Kumpel* und hatte den Untertitel: *Wie die Migration die deutsche Sprache verändert hat.* In diesem Essay ging es wohlgemerkt *nicht* um den Slang ausländischer Jugendlicher, es ging *nicht* um das ‹Kiezdeutsch› oder die berühmt-berüchtigte ‹Kanak Sprak›, wie die etwas reißerische Überschrift auf den ersten Blick vermuten ließ. Es ging so gut wie ausschließlich um die subtilen, leisen und strukturellen Veränderungen in der gesprochenen Umgangssprache *der deutschen Muttersprachler*, also um Veränderungen in der Standardsprache, die sich in den letzten Jahrzehnten angebahnt haben und sich zur Zeit immer stärker durchsetzen. Und es ging um die Frage, welche Rolle die Migration dabei gespielt haben könnte und noch spielt, d. h. die neue Anwesenheit von vielen unbekannten Fremdsprachen, von vielen Varianten eines neuen Migrantendeutsch und von flächendeckenden Mehrsprachigkeiten mit ihren unabsehbaren Defiziten, Verwerfungen und Überlappungen in den sozialen Milieus.

Die Reaktionen auf jenen Essay fielen offenbar vor allem deswegen so heftig, so ambivalent und so schroff aus, weil dieses Thema über Jahrzehnte ein subtiles, wohlgehütetes Tabu war und noch immer ist – jedenfalls in der öffentlichen Kommunikation und in der linguistischen Wissenschaft. Ein essentielles, nagendes, latentes Problem der deutschen Gesellschaft drängte aus dem Dunkel des Unbewussten an die helle Oberfläche der Diskurse und der Medien und wollte *gehört* werden. Denn immerhin gaben 84 Prozent der Deutschen im Jahre 2010 an, sie bemerkten deutliche Veränderungen ihrer Sprache, und fast ein Drittel führte dies diffus auf den Einfluss von Migrantensprachen zurück (Gärtig et al. 2010).

Eben weil hier weithin Unklarheit herrscht, gab es aus dem Volk höchst ambivalente Reaktionen: seltsame und kuriose Fehldeutungen, absurde oder abstruse Missinterpretationen, ganz banale Missverständnisse, viele Unterstellungen und hier nicht-wiederzugebende Kommentare und Anschuldigungen. Auf der anderen Seite gab es auch ordentlich Beifall und eine gewisse breitstreuende Genugtuung darüber, dass ein Tabuthema von einer ungewohnten, ganz neuen Seite beleuchtet wurde. Auch Lob von der falschen Seite war natürlich dabei und barsche Kritik von jenen, die sich selber für sprachlich sensible Zeitgenossen hielten. Bedient wurde die ganze Skala der Projektion: der Autor ein gezierter weltfremder Linguist im Elfenbeinturm, dem die tatsächliche Sprache im Lande abhanden gekommen ist; ein Deutschenfeind, der tatenlos, sprachlos zusieht, wie sich die Muttersprache seiner Zeitgenossen allmählich selber abschafft – bis hin zum besorgten, ‹guten› Wissenschaftler, der schwer an der Verantwortung für die Landessprache trägt und unbeirrt daran arbeitet, eine multikulturelle Vision der deutschen Sprachenlandschaft der Zukunft zu entwerfen.

Unschwer lässt sich hinter diesen Reaktionen die Fernwirkung jener Syndrome und Komplexe ausmachen, die die Deutschen auch auf vielen anderen Gebieten quälen. Sie gehen letztlich auf den großen Krieg des 20. Jahrhunderts zurück, auf seine Verwüstungen und langfristigen Schuldenlasten, auf die vielen Anstrengungen der Vergangenheitsbewältigung, die den Bürgern einen klaren, leidenschaftslosen Blick auf das, was in ihrem Land vor sich geht, erschweren, ja oft unmöglich machen: Da ist der uneingestandene Scham-und-Schuld-Faktor gegenüber den Migranten, den die Deutschen mit ihren europäischen Nachbarn, den Engländern, Franzosen und Niederländern, gemeinsam haben (Bruckner 2008); da ist der Wut-Faktor darüber, dass die Politik jahrzehntelang reglos verharrt und ihrem Volk nicht erklärt, was vor sich geht und wie es weitergehen soll; da ist der mächtige Faktor der *Political Correctness,* das neue amerikanische Kultur-Über-Ich, jene alle Diskurse beherrschende, dunkle neudeutsche PC-Norm, die nur das durch den Filter von Talkshows und Medien hindurchlässt, was sie selbst nicht unmittelbar gefährdet; da ist die mächtige Chimäre eines liberalen, sich immer noch *alternativ* gebenden Bewusstseins, das alles relativieren möchte, was auch nur entfernt nach einer absolut herrschenden Meinung (oder: der Meinung der Herrschenden) aussieht und sich dabei oft selbst auf den Leim geht – ein altes 68er-Erbe. Und da ist letztlich eine linguistische Wissenschaft, die sich gegenüber der Migration und ihren Einflüssen auf die deutsche Sprache bis heute seltsam lautlos verhält.

Nur wenige kritische Äußerungen haben hinter dem Rauch der vielen Wortbomben das Anliegen gesehen, das es wert ist, herausgehoben und gewürdigt zu werden: das sehen, was viele sehen, aber gern verschweigen; das beschreiben, was vor sich geht, warum es vor sich geht und warum es jetzt vor sich geht; es einordnen in die Analogien, die die Geschichte und die Sprachen in der Welt bieten, und einen Blick in die Zukunft zu wagen. Es geht um die Öffnung, die Weiterentwicklung, die Veränderung, die Anreicherung, ja vielleicht die Erneuerung des Deutschen im Kontakt mit vielen anderen Sprachen und Kulturen. Es ging deshalb beileibe nicht um einen kalten, nur beschreibenden Ansatz. Aber wie wollte man denn eine komplexe Entwicklung richtig einschätzen, wenn man noch nicht einmal die Fakten kennt, wenn man nicht einmal zuverlässig weiß, worum es sich im Einzelnen genau handelt? Die vielen selbsternannten Sprachpfleger, die Studiendirektoren und schreibenden Kulturschaffenden, denen das korrekte Deutsche angeblich so am Herzen liegt – sie müssen sich auch fragen lassen: Was soll man denn sonst mit gutem Gewissen tun? Oder: Was soll man tun, wenn die Politik und die offiziellen Sprachinstitutionen ihr Volk mit seiner Sprachsituation weitgehend allein lassen und auch selber ziemlich sprachlos sind?

Ein privater Migrationshintergrund

Seit ziemlich genau fünfzig Jahren bin ich, privat und beruflich, von Ausländern, Migranten, ihren Sprachen und ihren Eigenheiten umgeben. Mein engerer Bekanntenkreis in den 1960er Jahren in Wolfenbüttel bestand vor allem aus jugoslavischen, genauer kroatischen Gastarbeitern, die aus dalmatinischen Städten wie Split oder Makarska kamen. Daneben gab es auch griechische und türkische Gastarbeiter, mit denen ich durch die Ferienarbeit in der Fabrik und auf der Baustelle in Kontakt kam. Sie waren ohne ihre Familien gekommen und blieben teils einige Jahre, teils ein volles Jahrzehnt, teils das ganze Arbeitsleben. Viele von ihnen kehren auch im Rentenalter sporadisch in ihre zweite Heimat Deutschland zurück. Oft hat das den Grund, dass ihre Kinder hier geboren und aufgewachsen sind, eine Berufsausbildung oder ein

Studium absolviert haben und Deutsche der zweiten bzw. dritten Generation sind. Meine Vagabundenjahre vor dem Studium verbrachte ich – irgendwie logisch – hauptsächlich auf dem Balkan und in der Türkei, was mir außer der Bekanntschaft mit dem Islam schon früh einige Grundkenntnisse des Türkischen bescherte.

Die nächsten Stationen: In den 1970er Jahren studierte ich an der Freien Universität Berlin Slavistik und Balkanologie. An Sprachen waren das Russisch, Serbokroatisch und Polnisch in der Slavistik, Bulgarisch, Rumänisch und Neugriechisch in der Balkanologie. Nebenher absolvierten wir Grundkurse des Albanischen und fuhren jeden Sommer auf den Balkan. Nach dem Magisterexamen 1977 verbrachte ich im Rahmen eines Aufbaustudiums ein Universitätsjahr (russisch *učebnyj god*) in Vorónesh, Mittelrussland, und lernte dort das gesprochene Russisch aus erster Hand kennen. Privat war ich mehr als einmal mit Frauen liiert, die aus Ost- und Südosteuropa stammten; meine derzeitige Frau kam 1992 aus Bosnien und unsere Kinder *verstehen* wenigstens diese Sprache einigermaßen (wenngleich sie sie auch nicht aktiv perfekt beherrschen). Muss man erwähnen, dass auch eine Handvoll Freundinnen und Freunde im Migrationsspiel der Jahre mitspielten, aus Griechenland und Rumänien, aus Polen, Tschechien und aus Albanien, das damals noch ein weißer Fleck auf der Landkarte und im Kopf der Deutschen war? Diese privaten Details sind für das Buch nicht unwichtig, weil sie eine lange Erfahrung mit den gesprochenen Umgangssprachen belegen, mit den Tücken und Lücken der Zweisprachigkeit, mit dem sogenannten ‹Akzent› im Deutschen (Migrantendeutsch) und nicht zuletzt mit jenen Attitüden und Ressentiments, die deutsche Muttersprachler gegenüber Migranten und ihren Ausdrucksweisen oft an den Tag legen – sowie auch mit Vorurteilen von Migranten gegenüber den Deutschen und ihrer Sprache.

Last but not least: Meine Tätigkeit als Hochschullehrer für Slavistik und Südosteuropa-Linguistik von 1981 bis 2013 an den Universitäten Berlin, Göttingen, Konstanz, Erfurt und Leipzig hatte mit den slavischen und den Balkansprachen zu tun, mit ihren vielfältigen Kontakten und Konflikten in Geschichte und Gegenwart, die die Sprachen miteinander verbinden und sie gleichzeitig verändern. Ich habe Südslavistik und Balkanlinguistik unterrichtet, lange Jahre auch Kurse in bulgarischer, makedonischer und albanischer Grammatik gegeben. Seit einiger Zeit befasse ich mich mit den Grundzügen des Persischen und Arabischen – teils aus Neigung, teils aus Interesse für die aktuellen politischen Bewegungen. Sprachkontakte waren deshalb nicht nur ein vollkommen naturgegebener Faktor, sondern immer auch das Prisma, durch das auf die Sprachen und den Alltag gesehen wurde. Die Ausweitung des Horizontes auf Eurolinguistik und Migrationslinguistik musste dann irgendwann zu der Frage führen, wie denn die vielen neuen Sprachen auf das gesprochene *Deutsch* einwirken und welche Spuren sie auch in der eigenen Sprachpraxis hinterlassen.

Bestandsaufnahme und Status quo

Dieses Buch ist wohlgemerkt nur eine *Bestandsaufnahme*, ein Blick des geschulten Linguisten auf den deutschen Status quo, so, wie er sich jetzt vor der Folie der Forschungslage und der eigenen Erfahrung darbietet. Aufgrund der letztlich noch mangelhaften Forschungssituation ist etwas anderes zur Zeit noch gar nicht möglich. Es gibt keine größeren Textkorpora mit Material, keine feldforscherischen oder soziolinguistischen Projekte, die aufschlussreiche Daten zum Einfluss der Migrantensprachen auf das Deutsche oder zum Migrantendeutsch liefern oder die unübersehbaren Veränderungen im Deutschen vollständig und ohne Relativierungen behandeln würden. Ja, es gibt noch gar keine ernsthafte Korrelation zwischen Politik, Mehrsprachigkeit und sprachlicher Veränderung. Der Linguist Volker Hinnenkamp beschreibt die Lage so:

«Die Sprachwissenschaft im deutschsprachigen Raum hat bisher nur wenige der gegenwärtigen migrationsspezifischen Sprachkontaktkonstellationen des Deutschen dokumentiert und analysiert. (…) Wenig[er] Beachtung fanden (…) die *Veränderungen* der mitgebrachten Sprachen in Deutschland, die Entwicklung der Zweisprachigkeit (…), die zweisprachigen Kommunikationspraktiken der Migranten (…) sowie die Vielfalt (…) und *Konsequenzen von Mehrsprachigkeit.*» (Hinnenkamp/Meng 2005, 9, letztes Kursiv U. H.). Genau um diese Konsequenzen, die sich für das gesprochene Deutsche ergeben haben, geht es aber, und es ist nicht übertrieben zu sagen, dass sie bis heute ein weißer Fleck auf der Landkarte der deutschen Linguistik geblieben sind.

Es gibt daher auch keine großen Untersuchungen zur jüngsten deutschen Standard-Umgangssprache und ihren inneren und äußeren Verwerfungen, wie sie so sorgfältig und engagiert in anderen Ländern erarbeitet worden sind, z. B. von Elena Zemskaja für das Russische (‹*razgovornaja reč*'› ‹Umgangssprache›), von Olga Müllerová für das Tschechische (‹*obecná čeština*› ‹Gemeinsprache›) oder von Jan Mazur für das Polnische (‹*język potoczny*› ‹Alltagssprache›). Bezeichnenderweise liegt ein sage und schreibe 48-Stunden-Korpus zum Jugendslang und zum sogenannten ‹Kiezdeutsch› vor, aber es gibt keines der spontan gesprochenen deutschen Umgangssprache von Migranten und Deutschen, an dem der neue, kontaktbedingte Sprachwandel und der Einfluss der Mehrsprachigkeit wirklich studiert und belegt werden könnte. Es gibt auch keine einschlägigen Studien, die die sprachlichen *Interferenzen*, d. h. die direkten Übernahmen aus dem Türkischen, Arabischen oder Russischen wirklich eingehend analysierten. Keine theoretischen Entwürfe, die den Weg des Neudeutschen vor dem Hintergrund der Mehrsprachigkeit erhellten.

Und es gibt, und dies ist wohl das wichtigste Faktum, noch keine überzeugte Bereitschaft der linguistischen Zunft, wirklich über den Tellerrand der Disziplin hinaus zu sehen, über den Schatten der Zurückhaltung zu springen und ohne Scheuklappen auf den Ist-Zustand des gesprochenen Deutschen zu blicken. Sie gibt sich (noch) nicht den entscheidenden Ruck. Dazu gehört durchaus – und das mag besonders verwirrend sein –, dass ab und an doch einmal in einem Nebensatz, sozusagen zufällig, auf den Einfluss von Migrantensprachen hingewiesen wird: «Tatsächlich (...) ist der deutsch-monolinguale Alltag von der Anders- und Mehrsprachigkeit nicht unberührt geblieben. Damit meine ich (...) das *hörbare und sichtbare Eindringen der Anders- und Mehrsprachigkeit in die Sphären der Mehrheitssprache*» (Hinnenkamp, 2000, 143; kursiv U. H.). So Recht man Hinnenkamp hier sofort geben will: In der Linguistik ist man diesem Appell bisher nicht gefolgt; und die Beschreibung des ‹hörbaren Eindringens› hat bis jetzt nicht stattgefunden.

Hier ein typisches Beispiel, das erahnen lässt, wie groß der Abstand zwischen den aktuellen Veränderungen und der nebenher laufenden Forschung noch immer sein mag: Das renommierte ‹Institut für Deutsche Sprache› (IfdS, Mannheim) präsentierte sich auf seiner Frühjahrstagung im März 2012 mit dem vielversprechenden Titel «Das Deutsch der Migranten». Unter Programmpunkt vier wollte man dies behandeln: «Wie verändert sich die deutsche Sprache unter dem Einfluss von Migration?» Ein Blick ins Programm belehrt den Interessenten dann aber darüber, dass dieser Punkt mitnichten eingelöst wird: Einige Beiträge befassen sich zwar exemplarisch mit den Sprechweisen von einigen Gruppen junger Türken und Russen in der Region (Mannheim), doch sucht man vergeblich nach Beiträgen oder Runden Tischen zum Deutsch der Migranten, zum Akzent, zur Mehrsprachigkeit *und zum Einfluss auf die deutsche Umgangssprache.*[1]

Die Hauptquelle für die sprachlichen Beispiele in diesem Buch ist notgedrungen vor allem die eigene, über lange Jahre gefestigte Erfahrung und penible Beobachtung, die ständige, jahrzehntelange Praxis mit dem Migrantendeutsch und, daraus erwachsen, eine Art unbestechlicher Intuition. Das Korpus, das gesprochene Skript, existiert quasi bereits im Kopf, und das Risiko von Fehleinschätzungen wird eher gering sein, zumal bei einem, der seit Jahrzehnten die Entwicklung des gesprochenen Deutschen im Kontrast zu anderen gesprochenen Umgangssprachen (Russisch, Serbisch, Bulgarisch) verfolgt, analysiert und dokumentiert hat.[2] Ohne Intuition und ein deutliches Ausschlagen des inneren Pendels gibt es ohnehin keine vernünftige Daten-Präsentation (oder: sie schwingt im Leeren), und die Verantwortung für die Authentizität der Belegfälle kann in jedem einzelnen Falle voll und ganz übernommen werden.

Was ist zur Zeit noch nicht möglich?

Einige Dinge können jedoch aufgrund des gegenwärtigen Forschungsstandes in diesem Buch *nicht* geleistet werden und sie sollten auch nicht erwartet werden:

- Es ist zur Zeit unmöglich, die Veränderungen im einzelnen und den sich daraus ergebenden Entwicklungstrend des Deutschen wirklich schlüssig zu *beweisen* – jedenfalls nach dem gängigen Muster der europäischen Wissenschaften, d. h. über Hypothesen, Empirie und Experiment, Verifizierung etc.
- Es können, zweitens, keine hieb- und stichfesten statistischen Daten zu den sprachlichen Fakten geliefert werden, wie sie

sich vielleicht aus Feldforschungen, Fragebogen-Aktionen oder Sprachtests ergeben würden.[3]

- Es kann (noch) keine linguistische Feinanalyse erfolgen, die wirklich erschöpfend wäre und die schon Licht bringen würde in den kommunikativen und psychischen Hintergrund, der die Phänomene erzeugt. Es kann – um ein Beispiel zu nehmen – mangels einschlägiger Forschungen nicht endgültig ermittelt werden, unter welchen Bedingungen der Kasus Dativ am ehesten geschwächt und ersetzt wird, wann z. B. am schnellsten zu dem Muster «*Er musste sich eine_* (statt **einer*) *Behandlung unterziehen*» gegriffen wird. Gesichert ist hier nur, dass es zur Zeit in vielen Kategorien der deutschen Grammatik eine steigende Zahl von Varianten gibt und dass diese Varianten in Konkurrenz stehen und sich ihre Abgrenzungen immer mehr verwischen. Es gibt keine eindeutige, einziggültige Norm mehr und das Norm-Bewusstsein als solches ist deutlich gelockert.

Was es aber gibt, sind einige Indizien, die sich auf hundertfache Beobachtung stützen: Oft kann man im gesprochenen Deutschen feststellen, dass die ‹falsche› Variante (im Beispiel oben: *eine Behandlung*, also Akkusativ) im Gespräch *zuerst* geäußert wird und dann später, quasi an zweiter Stelle, die ‹richtige› Variante (*einer Behandlung*, also Dativ) noch nachfolgt. Zuerst also das Neue, Markierte, darauf folgend das Gewohnte, Unmarkierte: Ich nenne dies später ‹das Prinzip *new forms first*›. Oft kann man sogar beide Varianten im selben Zusammenhang hören, vielleicht in Sätzen wie diesem:

  – *Die Redaktion hat <u>mit den Autor</u> gesprochen und dann später noch <u>mit einem weiteren Autoren</u> Kontakt aufgenommen.*

- Und schließlich: Relativ wenig können wir zur Zeit sagen über die gegenseitigen Abhängigkeiten, die ‹Interaktion› der neuen Züge: Wie hängt der Verfall der Kasus genau zusammen mit dem neuen Gebrauch von Präpositionen – wie kommt es also genau dazu, dass eine alte Form sich zurückzieht, einer mittleren Platz macht und schließlich eine neue favorisiert:

alt: *Die Teilnehmer übermittelten <u>dem Veranstalter</u> ihren Dank.* →

mittel: *Die Teilnehmer übermittelten <u>den Veranstalter</u> ihren Dank.* →

neu: *Die Teilnehmer übermittelten ihren Dank <u>an den Ver-
anstalter.</u>*

Solche Dinge haben in vielen Sprachen bereits stattgefunden,
im Englischen, Bulgarischen oder Persischen, allerdings schon vor
vielen Jahrhunderten. Aber aus den Daten kann man ziemlich
sicher ableiten, *dass* es eine solche Reihe gibt und der Output so
gut wie immer eine neue Wendung mit Präposition ist.

Relativierungen

Zu all dem kommt ein (sprach)politisches Faktum hinzu,
das die Sache nicht einfacher macht: Wenn man sich mit den sozialen und geographischen Existenzformen des Deutschen befasst, dann stellt man schnell fest, dass hier *der Spielraum für
Relativierungen* sehr groß ist, viel größer als im Englischen oder
Russischen. Im Deutschen ist einer neoliberalen Tradition ohne
weiteres Tür und Tor geöffnet, die sich jedoch oft eher als ein
subtiles Hindernis erweist, als dass sie einen wirklich alternativen Blick auf die Dinge ermöglichte. Relativierende Argumente,
mit denen Kontakte und Konflikte mit den Migrantensprachen
wegretuschiert werden können, bieten sich (unglücklicherweise?)
überall und schnell an: Nirgendwo gibt es so viele Dialekte wie
in Deutschland mit all ihren Besonderheiten, die oft auch gern
als Belege von Mangel oder Defizit *auf Seiten der Deutschen
selbst* herhalten müssen. Klassiker sind die Verwechslung der
Kasus (*Ick nehm' <u>dir</u> inn Arm*) oder ein falsches Tempus (*Hertha
<u>war</u> wieder jut <u>jewesen,</u> wa*) im Berlinischen; aber auch viele
andere Dialekte wie Bayrisch oder Rheinisch sind wie ein Füll-
horn der Abweichungen vom Standard-Deutschen (Henn-Memmesheimer 1985) vom Typ *wir fahr'n im Urlaub; meinem Vater
sein Hut* oder *ich war die Uhr am Reparieren.* Dass der Hamburger Seemann den bayrischen Waldkauz eventuell nicht mehr
verstehen kann (die Dialekte also maximal auseinander liegen),
wird flugs als willkommener Beweis dafür gedreht, dass die Deutschen sich in ihrer Sprache ja schon *untereinander* nicht verstehen
(als wie: *was muss man da über Migrantendeutsch diskutieren!*).
Nicht zuletzt sorgen auch Bildungsferne und eine verbreitete
Lese-Abstinenz, ausgelöst durch wachsenden Internet-Konsum,
auch von *deutschen* Jugendlichen, dafür, dass sich reale Sprach-
mängel auch in die *muttersprachliche* Kompetenz einschleichen

(und dann vom Migrantendeutsch ‹automatisch› weiter gestützt werden).

Dass also überall leicht, ja mitunter leichtfertig relativiert werden kann, hat natürlich einen negativen Kontraeffekt: Die realen sprachlichen Probleme, die ja weiter existieren, können nicht erkannt, nicht präzise analysiert und nicht effektiv bekämpft oder gar gelöst werden; sie rumoren aber im Innern der Sprachpraxis unweigerlich weiter und erhöhen unter der Oberfläche ihren schädlichen Einfluss. Ein Beispiel für die schier unantastbare Macht der *Political Correctness* ist die jüngste Anhebung des sogenannten ‹Kiezdeutsch› auf die Stufe eines «neuen deutschen Dialektes» (Wiese 2012). Die unkritische Verklärung eines Großstadt-Pidgin mit absehbarer Halbwertzeit als kreatives Sprachlabor des Deutschen trägt unweigerlich bei zur Zementierung der sozialen wie der sprachlichen Probleme ganzer Bevölkerungsschichten – wie auch übrigens zum wachsenden Unmut in der Gesellschaft. Sie ist kontra-kreativ – auch deswegen, weil es die Optik von Experten und Laien, von Deutschen wie Migranten, falsch einstellt. Ich komme darauf zurück.

Das Menetekel, das eigentliche Motiv für die generelle Zurückhaltung der Linguisten gegenüber den Migrantensprachen ist aber wohl eine reale oder phantasierte Scheu davor, dass man durch die allzu genaue Analyse von Sprachkontakten und Sprachkonflikten in Deutschland unversehens in eine Diskriminierungsfalle geraten könnte. Es droht das gefürchtete Stigma der Ausländerfeindlichkeit, der Hauch des Ewiggestrigen, ja der politischen Rechtslastigkeit. Hier ist die Empfindlichkeit in Deutschland deutlich größer als anderswo, und der Faktor der *Political Correctness* tut ein Übriges. Ein zweiter Grund könnte darin liegen, dass an der neuen deutschen Sprachsituation zu viele exotische Sprachen beteiligt sind, Fachleute wie Laien hoffnungslos überfordert sind und einschlägige Projekte jeden überschaubaren Rahmen sprengen würden. Dazu kommt eine ganze Reihe von neuen Grammatiken, die niemand ohne weiteres überblickt. Wer kann schon Arabisch oder Albanisch oder Russisch – geschweige denn alle drei zusammen? Wer könnte einen Einfluss des Türkischen oder Serbischen wirklich kompetent belegen? Wer wollte etwas wirklich Relevantes zu jenem Einfluss sagen, den Migrantensprachen auch *untereinander* und aufeinander ausüben? Hier müssten Turkologie und Slavistik, Islamwissenschaften und weitere Disziplinen zusammenarbeiten, was leider in weiter Ferne liegt. Aber alle Linguisten wissen auch, dass man eine Sprache nicht unbedingt perfekt beherrschen muss, um aus ihr Daten für eine schlüssige Argumentation zu gewinnen.

Abschied von alten Torheiten

Das gesprochene Deutsche befindet sich heute, 2013, in dem fortgeschrittenen kritischen Stadium eines beschleunigten, zu großen Teilen durch Sprachkontakte ausgelösten Sprachwandels. Wenn man dem näher kommen will, was sich tatsächlich im Deutschen tut, d. h. worauf die Spuren an der sprachlichen Oberfläche tatsächlich hinweisen, muss man unbedingt zwei Attitüden ablegen, die nur unnötig Barrieren aufstellen. Da ist

* *der alte Sprachpflege-Blick.* Er guckt besorgt auf das mündliche Sprachgeschehen besonders der Jugend, wittert überall Sprachverlotterung und Sprachverfall und fordert vehement und immer wieder – und vollkommen vergeblich – die Einhaltung fester Sprachnormen. Diesen Blick haben oft Nichtlinguisten, Journalisten und Schriftsteller, die sich die Sorge um das Deutsche auf die Fahnen geschrieben haben. Der Sprachpflege-Blick gilt in Deutschland als *konservativ.* Zuweilen kommt diese Attitüde auch höchst populär, ja komödiantisch daher, versehen mit dem spröden Charme des Feuilletons, wie z. B. in den (ungemein erfolgreichen) Büchern von Bastian Sick (*Der Dativ ist dem Genitiv sein Tod*). Seine Fallbeispiele werden locker, humorig und augenzwinkernd dargeboten – und trotzdem regiert auch hier im Hintergrund unausgesprochen immer der Sprachpflege-Zeigefinger, der säuberlich richtiges von falschem Deutsch trennt. Hier werden die Geheimnisse des inneren Wandels des Deutschen eher verschleiert als gelüftet, und man mag sich fragen, ob das nicht letztlich ein Bärendienst ist, der die Zeitgenossen allzuleicht auf falsche Fährten lockt. Aber auch die großen Mahner der deutschen Sprachöffentlichkeit wie der virtuose Wolf Schneider oder der geniale Nabokov-Übersetzer Dieter E. Zimmer haben sich noch nicht vollkommen vom Sprachpflege-Blick emanzipiert: Dieser diktiert weiter die deutschen Sprachratgeber – ob nun im Seminar des

Stil-Lehrers oder in den Warnungen vor dem wachsenden Einfluss des Englischen.

Da ist weiter, sozusagen am anderen Pol des Zeitgeistes,

- *der alte Political-Correctness-Blick.* Er besteht darauf, dass die Sprache ein dynamisches Ganzes ist und sich ständig in Bewegung befindet – obwohl das niemand bestreitet. Für ihn ist Sprachwandel jeder Art eine Bereicherung, schiere Buntheit und fördert quasi automatisch die Kreativität von Sprache und Sprechern. In der PC-Perspektive bilden Sprache und Multikulturalität eine wogende ungeklärte Melange und diese erhält ungefragt einen *Wert an sich.* Je mehr Sprachen und Kulturen, desto besser. Der PC-Blick lebt von der Relativierung: Sprachwandel habe es schon immer gegeben, so die Argumentation, und eine klagende Sprachpflege sei beileibe nichts Neues, und Deutschland sei überhaupt schon immer ein vielsprachiges Land gewesen. Da beweise einer das Gegenteil! Der PC-Zeitgenosse reklamiert für sich immer eine besondere Art von *insight*, die es missionarisch zu verbreiten gilt – so, als ob er ein Sonderrecht auf tiefere Erkenntnis erworben hätte. Ob Linguist, Kulturschaffender oder bewegter Laie – er ordnet sich gern in den herrschenden Zeitgeist ein und gibt ihn aus als einen ethisch-moralischen Wert an sich. Diese Attitüde gilt in Deutschland als *progressiv.* Sie hat auch dafür gesorgt, dass exotische Sprechweisen von migrantischen Randgruppen in der Forschung bis heute eine unkritische Priorität genießen, was dann unweigerlich auf Kosten des allgemeinen Migrantendeutsch wie auch der gesprochenen Standardsprache gehen muss.

Beide Haltungen sind letztlich ideologisch, unfrei, auf dem Sprachenauge oft seltsam blind und behindern die Aufklärung, auf die die Bevölkerung, ob nun migrantisch oder nicht, einen Anspruch hat. In Deutschland scheinen sich beide Standpunkte obendrein vollkommen *unversöhnlich* gegenüberzustehen, was für sich schon ein erstaunliches Faktum ist. Was hier zuallererst nottut, das ist Klarheit darüber zu schaffen, was vor sich geht, warum es vor sich geht und wie das genau geschieht.

In der nahen Zukunft werden sich die bereits eingetretenen Veränderungen im Deutschen weiter ausbauen und Einzug in die Schulen halten. So wird es z. B. mit dem Muster ‹*mit diesen Pro-*

blem/nach diesen Ergebnis/von meinen Nachbar› sein, mit den neuen ‹schwachen› Formen *dem Bär_, dem Präsident_* oder mit der neuen Steigerung mit *mehr: mehr zugänglich.* Nach einer gewissen Verzögerung werden solche Veränderungen auch in das schriftliche Deutsch der Medien und der Literatur wandern und irgendwann in der Zukunft werden sie – als letzter Schritt – von der Grammatik kodifiziert. Währenddessen werden weitere neue, heute noch unbekannte Züge Einzug in den mündlichen Sprachgebrauch halten. Es ist und bleibt eine zentrale Aufgabe der deutschen Linguistik – eventuell mit einem Blick auf Nachbarländer und Nachbarsprachen –, diese aktuellen Prozesse des Wandels und der allmählichen Standardisierung zu verfolgen, zu beschreiben und zu deuten.

Was ändert sich?

Es ändert sich vor allem die gesprochene Sprache, die mündliche Existenzform des Deutschen, genauer: die spontan gesprochene Umgangssprache in ungezwungenen Situationen, und hier besonders jene Ausdrucksformen, die durch den Kontakt und unter dem Einfluss von mehrsprachigen Sprechern im Alltag zustande kommen. Dieses im Prinzip mehrsprachig-fundierte Alltagsdeutsch ist der Fokus, das Milieu, das Epizentrum, in dem die Veränderungen entstehen, durch ständigen Gebrauch stabilisiert werden und sich dann immer weiter verbreiten. Von hier aus gehen die neuen Formen ins Volk, hier werden sie über die Normierungsfunktionen von Talkshows, Internet und Radio auf die Straße getragen und erzeugen subtile Veränderungen der Sprechnorm einer Sprachgemeinschaft, in diesem Falle der deutschen. Es ändert sich *nicht* (allenfalls im Schneckentempo): die geschriebene Form der Standardsprache, wie sie uns in den Druckmedien, in der Literatur oder im Schulunterricht entgegentritt. Das Schreibdeutsch mit seiner Bewusstheit, mit seiner Distanz von Schreiber und Leser, mit seiner langen Tradition als Sprache der ‹Dichter und Denker› ist zu träge, um Veränderungen sofort wiederzugeben, deren Produktion ja vor allem mündlich und *unbewusst* vor sich geht. Man achte aber auf bereits regelmäßige ‹Fehler› in jeder Zeitung, die als subtile Spuren die Norm der Sprechsprache wiedergeben, die sich schon nicht (mehr) mit dem schriftlichen Gebrauch deckt.

Dazu ein typisches Beispiel: Wir haben heute bereits eine vollkommene Spaltung zwischen Präpositionen, die im Schreibdeutsch mit dem Dativ stehen, im mündlichen Gebrauch[4] aber durch die Bank mit einer anderen Form stehen: Oft haben wir z. B.

- schriftlich: *Er befindet sich unter dem Verdacht der Veruntreuung.*
- mündlich aber: *Er befindet sich unter den Verdacht der Veruntreuung.*

Überschreiten diese ‹Fehler› ein übliches Maß und stoßen an eine kritische Grenze, ist dies ein untrügliches Zeichen dafür, dass sich neue Formen im mündlichen Gebrauch bereits weitgehend verfestigt haben und irgendwann den nächsten Schritt in die Schreibsprache gehen werden. Kein Nachrichtensprecher von Tagesschau oder ‹Heute› sagt noch spontan *unter dem Verdacht* und an diesem Modell mag man ablesen, was auf vielen anderen Feldern auf den deutschen Sprachusus zukommen mag.

Zu einem objektiven Blick gehört schließlich auch die Frage: *Wo* ändert sich etwas? Gibt es Epizentren, Kulminationspunkte, ja vielleicht so etwas wie ‹Sprachveränderungshochburgen›? Ja, die gibt es. Im Osten Deutschlands schlagen die Veränderungen des Deutschen viel weniger durch, weil der Bevölkerungsanteil der Migranten im einstelligen Bereich liegt und einfach viel weniger zutage tritt. Wenn es hier überhaupt nennenswerte Minderheiten gibt, dann Russen und Polen in Mecklenburg-Vorpommern und Thüringen und Vietnamesen in Sachsen und Sachsen-Anhalt.[5] Oft trifft man in den neuen Bundesländern auch auf eine sehr konservative Attitüde gegenüber Sprache und Sprachpflege und auf eine Art eiserner, gewissermaßen historischer Einsprachigkeit (ein paar Brocken Schulrussisch zählen nicht). Hochburgen der Veränderung sind natürlich die (west)deutschen Großstädte mit ihrer Anziehungskraft, ihrem Sprachengemisch und ihren vielen neuen Mehrsprachigkeiten: Berlin, Hamburg, Frankfurt, München, Köln, Düsseldorf, Mannheim, Mainz – mit einer weiten Ausstrahlung in Städte mittlerer Größe. Und hier wurden auch bislang die ersten Feldprojekte zu Jugendslangs durchgeführt, z. B. in Mannheim oder Berlin. Denn der neue Sprachwandel wird sich hier am ehesten zeigen und am schnellsten durchsetzen.

Warum ändert sich etwas?

Kein Phänomen, kein Sprachzug, keine Änderung steht für sich allein oder fällt plötzlich vom Himmel. Immer gibt es ein ganzes Bündel von Gründen und Motiven, die sich auch noch gegenseitig beeinflussen. Und kein Wissenschaftler kann sich heute noch so weit vorwagen und nur eine einzige, womöglich noch ‹seine› Erklärung präsentieren. Oft ist es sogar so, dass sich passable oder plausible Erklärungen erst dann abzeichnen, wenn man sich in den Nachbarwissenschaften umsieht und den Horizont erweitert. So ist es auch mit dem aktuellen Sprachwandel des mündlichen Deutschen. Migrantensprachen und Migrantendeutsch sind keineswegs die einzigen Faktoren, die den aktuellen Sprachwandel vorantreiben – vielleicht sind sie noch nicht einmal die maßgeblichen: Dies kann aber erst eine Migrationslinguistik erweisen, die diesen Namen auch verdient. Auf jeden Fall sind die Migrantensprachen und ihr wachsender Einfluss ein unbeschriebenes Blatt, eine ganz unterbelichtete Seite im Buch der Kontaktlinguistik und des Sprachwandels – und allein dieses (im Grunde empörende) Faktum ist Grund genug, die Migrantensprachen und die Migranten thematisch in den Vordergrund zu stellen.

Fassen wir die anderen Einflussfaktoren im Stichwort zusammen: Sprachen wandeln sich heute im Kontext der Globalisierung und einer immer weiter um sich greifenden *Anglisierung*. Die Medien, Fernsehen, Talkshows und ganz neue Formate fordern und fördern *Schnelligkeit* in Denken und Reden, die sich immer weniger auf geschriebene Dokumente stützt. Verbunden damit gibt es eine landesweite, ja europaweite Renaissance der Mündlichkeit: Die alten Standards der Hochgrammatiken vermischen sich immer mehr mit Normen aus der Sprechsprache – ganz besonders deutlich und auch dokumentiert in osteuropäischen Ländern nach 1989 (Zybatow 2000). Das Internet hat neue Kommunikationsformen und -foren erzeugt, die ihre eigenen Codes haben und kaum noch grammatisch im alten Sinne sind: Facebook, Twitter, SMS und Chat. Mit Sicherheit wirkt ein gesunkenes Niveau der Allgemeinbildung und ein nachlassendes Interesse an ihr noch zusätzlich auf die Sprachsituation ein. Letztlich gibt es auch noch den großen übergreifenden Sprachwandel der europäischen Sprachen (‹longue durée›), über den sich der aktuelle

Turbowandel des Deutschen wie eine hochaufragende Amplitude aufwirft. Und dies alles spielt sich ab vor dem Hintergrund der Migration, die gerade ihren 50. Jahrestag beging.

Wie geht das Buch vor?

Das Buch geht, um den aktuellen Veränderungen der deutschen gesprochenen Sprache auf die Schliche zu kommen, wie folgt vor. Es hat vier Kapitel:

Das erste Kapitel geht kurz auf die Sprachkontakte in der Welt und in Europa ein und spricht die wichtigsten Kontaktzonen und die Konsequenzen dieser Kontakte an. Ein kurzgefasster Überblick über die Migration nach Deutschland führt zum neuen Phänomen der Mehrsprachigkeit von Migranten und Deutschen und der doppelten oder mehrfachen *Anderssprachigkeit*. Abschließend wird gezeigt, welchen großen Sprachfamilien und Sprachtypen die neuen Migrantensprachen angehören.

Im **zweiten Kapitel** werden die wichtigsten Migrantensprachen Türkisch, Arabisch, Russisch, Jugoslavisch, Albanisch (und einige weitere) in einem knappen Portrait vorgestellt. Zur Einstimmung auf Laut- und Schriftbild wird ein kurzer Text in der Sprache vorangestellt, mit einer ‹normalen› und, wo es nötig erscheint, auch einer wortwörtlichen Übersetzung, die die Grammatik zeigt. Dann folgen Verbreitung, kultureller Hintergrund, grundständige Grammatik (immer mit Blick auf das aktuelle Deutsche), etwas Sprachgeschichte. Man muss wissen, womit man es zu tun hat: Niemals wird man die neudeutschen Veränderungen in ihrem Kern erfassen, wenn man dabei die grammatischen Grundzüge der Migrantensprachen und den kulturellen Hintergrund außer Acht lässt. Außerdem wäre es nicht sehr realistisch anzunehmen, dass tiefere Kenntnisse hierüber in der deutschen Bevölkerung ohne weiteres vorhanden wären. Die Abschnitte zu den einzelnen Sprachen können deshalb auch separat oder zwischendurch gelesen werden – sie bieten allgemeine, aber sehr notwendige Informationen zur jeweiligen Migrantensprache und ihrer Bedeutung für das Deutsche.

Das dritte Kapitel befasst sich mit dem, was man heute über das Migrantendeutsch weiß, angefangen vom ‹Gastarbeiterdeutsch› der ersten Migranten über die vielen hybriden Sprachformen junger Türken, Russen und Jugoslaven bis hin zum ‹Kiez-

deutsch›, dem Multi-Kulti-Slang von Jugendlichen mit vielfäl-
tigem Migrationshintergrund in Großstädten wie Berlin oder
Hamburg. Hierzu gehören auch Grundinformationen zum
typischen ‹Akzent› der Migranten im Deutschen. Akzent und
‹Ethnolekte›[6] sind wichtige Voraussetzungen für das Verständnis der aktuellen Veränderungen des gesprochenen Standard-
Deutschen, die im **vierten Kapitel** durchdekliniert werden: Da
sind die subtilen Verschiebungen der vier Fälle, die neue Rolle
von Präpositionen, der Abbau der grammatischen Übereinstimmung der Endungen, Probleme mit dem Artikel. Zum Schluss
geht es um neueste, noch ganz unbewusste Phänomene, die sich
erst seit ganz kurzer Zeit im Kontext von Migration und Multikulturalität ergeben, wie z. B. Vereinfachungen in der Wurzel von
Wörtern:
– *Sie brachte später noch starkere Argumente. (statt: stärkere)*

‹Clash of Languages›?

Ein letztes, notwendiges Wort zum Reiz-Begriff des *Clash of
Languages*, der an vielen Stellen im Buch auftaucht. Wir wollen
beileibe keinen Linguisten-Streit vom Zaun brechen, etwa der
Art, wie er sich in der Folge von Samuel Huntingtons bekanntem
Buch ‹Kampf der Kulturen› (deutscher Titel; englisch: ‹Clash of
Civilisations›) überall ergeben hatte. Auch wollen wir nicht das
negativ besetzte Szenario ‹Sprache und Gewalt› an die Wand malen und jene Demokratisierungsprozesse gefährden, zu denen sich
die Linguistik in den letzten Jahrzehnten Gott sei Dank endlich
durchgerungen hat (Stichworte: *Minderheitenlinguistik*; *Migrationslinguistik*).

Auch geht es nicht um die ‹Rettung› der Hochsprache oder darum, nationalsprachliche Mythen wieder aufleben zu lassen. Immer muss man sich bewusst sein, dass Deutschland ein multi-
linguales Land ist und seine neuen Sprachen mit dem Deutschen
in unübersehbare Kontakte und Konflikte treten können. Deshalb
wollen wir die Perspektive darauf richten, dass ‹Sprachkontakt›
ein neutraler Begriff sein sollte, der nicht automatisch auf ‹gute›
oder ‹schlechte› Kontakte abzielt.

Sprachkontakt ist andererseits aber auch kein Vakuum, in dem
sich Sprachen friedlich und demokratisch miteinander abgeben
und sich alles Gute wünschen. Der Altmeister der Kontaktlin-

guistik, der Brüsseler Linguist Peter Nelde, prägte schon vor Jahrzehnten das Wort von «Sprachkontakt und Sprachkonflikt». Für
ihn ist Sprache ein mächtiges «Sekundärsymbol für zugrundeliegende Konfliktursachen soziopolitischer, politischer, religiöser
oder historischer Art» – wofür das Jugoslavische ein unwider-
legbares wie tragisches Beispiel ist. Und die in South Carolina
wirkende Linguistin Carol Myers-Scotton nannte Kontakt-
sprachen «duelling languages», Sprachen im Duell. Das Oben-
Unten-Verhältnis von Sprachen ist also im großen Maßstab
eine Konstante; die Tendenzen zunehmender Gleichberechtigung
erscheinen erst im 20. und 21. Jahrhundert auf der Sprachenkarte.

Niemand sollte so naiv sein zu glauben, dass Dutzende von
fremden Sprachen, die innerhalb eines Territoriums oder eines
Staates unter dem Dach einer Mehrheitssprache aufeinandertref-
fen, nicht massiven Einfluss auf diese ausüben: Warum sollte
auch, was in persönlichen Beziehungen, im Kunstbetrieb oder
in der Wirtschaft gang und gäbe ist, für die Sprache nicht gelten?
Die Geschichte der Sprachen in der Welt zeigt, dass die meisten
Sprachen irgendwann einmal Minderheitensprachen waren oder
noch sind, die von anderen Sprachen dominiert werden, dass bei
Sprachkontakt immer auch schiere Dominanz im Spiele ist,
Sprachherrschaft und Unterdrückung, ja eine Art linguistischer
Darwinismus, der immer versucht hat, *eine* Sprache gegen die
anderen auszuspielen und ihre Herrschaft in einem politischen
Raum zu sichern. Dies hat der in Helsinki wirkende Linguist
Harald Haarmann in seiner *Weltgeschichte der Sprachen* (2006) in
faszinierenden Details beschrieben. Schließlich werden sich Spra-
chenpaarungen jeglicher Art auch gegenseitig verstärken, also
türkisch, arabisch, russisch geprägte Migrantendeutschs werden
auch *untereinander* mit der Zeit unabsehbare Gemeinsamkeiten
ausbilden (z. B. bei den allseits bekannten Schwankungen im Ar-
tikelgebrauch des Deutschen).

Des langen Vorworts kurzer Sinn: Das Deutsche ändert sich
seit einiger Zeit rasant, vor unseren Augen, zum Greifen und
Hören nah, *in situ*. Ohne den Sprachenkontakt und sein Wirken
aber bleibt alles im Dunkeln. Dies wollen wir verhindern und
Aufklärung betreiben. Um die wahren Gründe, die eigentlichen
Triebfedern und die Richtung des Sprachwandels aufzudecken,

muss man zuerst die Perspektive richtig einstellen und auch die
Migrantensprachen mit ins Visier nehmen.

Zum Formalen: In wissenschaftlichen Arbeiten wird meistens
zuviel zitiert (eine deutsche Marotte), was nicht besonders leser-
freundlich wirkt. Es ist deshalb in diesem Buch fast ganz auf
Anmerkungen und das ständige Nennen von Jahreszahlen und
Werken verzichtet worden, um den Textfluss nicht unnötig zu
stören. Wichtige Zwischenergebnisse und Thesen werden in her-
vorgehobenen Absätzen zusammengefasst. Auch Autorennamen
werden eher sparsam gesetzt: Jedes im Text angesprochene Thema
findet sich aber in der Literaturliste in einschlägigen Werken
wieder. Beispiel *Migration*: → Bauer et al. (Hrsg.) (2005). Für
Jugoslawien/jugoslawisch schreibe ich in slavistischer Manier
‹Jugoslavien›/‹jugoslavisch›.
    Die Sprache des Buches ist nicht zu linguistisch; außer ein paar
unumgänglichen schulgrammatischen Ausdrücken gibt es kein
Fachchinesisch: jeder kann verstehen, worum es geht.

ZUSAMMENFASSUNG

Eine Zusammenfassung gehört an den Anfang. Da weiß der Le-
ser gleich, was ihn genau erwartet, in Theorie und Praxis und im
Ergebnis. Deshalb fassen wir die Grundthesen des Buches bündig
in zehn Sätzen zusammen.

1. **Viele Standardsprachen in Europa**, z. B. das Englische, Französische und Deutsche, werden seit einigen Jahrzehnten verstärkt **von neuen Migrantensprachen beeinflusst**. Dadurch
   lockert sich allmählich die Standardnorm und es wächst auf der
   anderen Seite die Bedeutung von Sprachformen am Rand und
   außerhalb des Standards wie Umgangssprache oder Slang.
2. **Die deutsche Sprache verändert sich** in einer Zeit, die von
   Migration, Multikulturalität, Mehrsprachigkeit und ungesteu-
   erter Integration geprägt ist, viel **schneller und nachhaltiger**,
   als sie es jemals früher getan hat.
3. Es verändert sich vor allem die mündliche gesprochene **deut-**
   sche Standard-Umgangssprache. Es entwickelt so etwas wie

eine ‹Norm zweiter Ordnung›. Die meisten Veränderungen (z. B. Abbau der Kasus) haben sich lange vorbereitet und gehen auf die ersten neuen Sprachkontakte Ende der 1960er Jahre zurück.

4. **Den beschleunigten Wandel des Deutschen lösen vor allem sechs Faktoren aus:** • Die neue Anwesenheit von Dutzenden fremden Sprachen, die mit dem Deutschen und untereinander in Kontakt stehen – die wichtigsten sind Türkisch, Arabisch, Russisch und Jugoslavisch. • Neue Mehrsprachigkeiten, an denen noch viele andere Sprachen beteiligt sind. • Eine Renaissance der Mündlichkeit, die sich von dem geschriebenen Standard entfernt und auf Schnelligkeit setzt. • Ein subtiler Einfluss des Englischen. • Eine Anlage im Deutschen selbst, das sich mitten in einer typologischen Drift befindet, an der viele Sprachen in Europa teilnehmen.

5. Eine besondere Rolle übernimmt dabei eine Vielzahl von **neuen ‹Ethnolekten›**, die sich in Deutschland herausbilden. Die wichtigsten sind verzweigte Sprachformen der großen Migrantengruppen, die im Buch unter der Benennung Türkisch-Deutsch, Russisch-Deutsch, Jugoslavisch-Deutsch und Kiezdeutsch behandelt werden. Besonders durch das ‹Codeswitching› wird die Grammatik sowohl der Migrantensprachen als auch die des Deutschen relativiert.

6. **Der Komplex ‹Einfluss der Migrantensprachen› hat im wesentlichen diese Lesarten:** • Mehrsprachigkeit als neues psychosoziales Phänomen. • Der sogenannte ‹Akzent› der Migranten im Deutschen. • Codeswitching in neuen gemischten Ethnolekten. • Übernahmen und Kopien aus den Herkunftssprachen.

7. **Veränderungen**, die auf Migration, Sprachkontakt und Mehrsprachigkeit zurückgeführt werden können, **finden auf allen sprachlichen Ebenen** des Deutschen **statt:** Die Linguisten sprechen von der phonetischen, der morphologischen, der syntaktischen, der semantischen, der phraseologischen und der pragmatischen Ebene.

8. **Die wichtigsten Veränderungen sind:** Abbau der Kasus, Erosion der Endungen, Abbau des grammatischen Zusammenhangs, Schwankungen beim Artikel, neue Rolle der Präpositionen, neue lexikalische Modelle, neue Fremdwörter aus anderen

Kulturkreisen. *Last but not least:* Es entsteht ein neues, offe-
neres Kulturbewusstsein bei Menschen mit und ohne Migrationshintergrund.

9. Das Deutsche (in seiner gesprochenen Form) befindet sich
   heute in einer **bestimmten Etappe des Sprachwandels:** von
   einer im Prinzip noch verdichteten Sprachstruktur (‹synthetisch›) hin zu einfacheren und offeneren Strukturen (‹analytisch›). Es nähert sich damit weiter an die westeuropäischen
   Sprachen an, was durch den immensen Einfluss des Englischen
   zusätzlich unterstützt wird. Die Konfrontation mit Migrantensprachen ist der wichtigste ‹Katalysator› dieses Wandels.

10. Dieses Buch ist eine **Bestandsaufnahme** – mehr nicht. Sie
    bleibt notwendigerweise punktuell und fasst eher die Land-
    schaft des aktuellen Sprachwandels im Überblick zusammen,
    als dass sie bereits umfassende Analysen der einzelnen Merk-
    male bieten kann. Diese Bestandsaufnahme könnte aber so
    etwas wie der Startschuss sein für eine neue Vision der Spra-
    chensituation im Deutschland der Zukunft.

ERSTES KAPITEL

SPRACHKONTAKTE

1. SPRACHKONTAKTE IN DER WELT UND IN EUROPA

Mittlerweile beginnt jede Einführung in Dinge des Sprachkontaktes mit dem Hinweis darauf, dass Kontakte zwischen Sprachen und Mehrsprachigkeit weltweit nicht die Ausnahme, sondern die Regel seien. Offenbar sieht sich die Linguistik heute gezwungen, das Selbstverständliche, Normale besonders zu betonen: Dies ist eigentlich nur deshalb notwendig, weil sie sich allzu lange solchen Erkenntnissen verschlossen hatte. In der Geschichte der europäischen Sprachwissenschaft gibt es denn auch so etwas wie einen Blinden Fleck, gewissermaßen eine schiefe Ebene, die man heute erst wieder im Nachhinein begradigen muss. Wenn man genauer hinsieht, kann man drei ‹Sünden› ausfindig machen, die bis heute ihre Spuren hinterlassen haben:

- Viel zu lange standen europäische Sprachen mit ihrem weltweiten Kultur- und Herrschaftsanspruch im Vordergrund. Die Sprachen des alten Kerneuropas, Englisch, Deutsch und Französisch, waren die ‹westlichen Kultursprachen›, die uneingeschränkte Priorität beanspruchten und die Sprachenfülle der Welt über lange Zeit vom Horizont der Wissenschaft fernhielten.
- Das hat, zweitens, seit dem 19. Jahrhundert dazu geführt, dass man im Prinzip nationenorientierte Philologie betrieb und deshalb die Vernetzung von Sprachen und Kulturen in großen Arealen nicht erkennen konnte.
- Und dies wiederum hat, drittens, dem Mythos von der *einen* Sprache Vorschub geleistet, die den Staat, die Nation oder den Kulturraum dominiert. Das Prinzip ‹Ein Staat – eine Nation – ein Volk – eine Sprache› hat in Europa lange Schatten geworfen und dient auch heute noch politischen Zwecken. Auf dem Balkan, aber auch in manchen modernen Staaten Westeuropas, kann man die Folgen dieser einseitigen Perspektive bis heute besichtigen (Haarmann 2012).

Erst im Zuge der neuen Globalisierung, ab der zweiten Hälfte des 20. Jahrhunderts, hält die Erkenntnis endgültig Einzug, dass die Geschichte der Sprachen vor allem eine Geschichte ihrer Kontakte ist und dass Sprachveränderung ein Phänomen ist, das hauptsächlich durch Kontakt und Konflikt von Sprachen (und Sprechern) angetrieben wird. Der amerikanische Kontaktlinguist und Kreolsprachenforscher Salikoko Mufwene drückt das Prinzip so aus: «I contend that the ecological factors and selective restructuring which produced creoles are of the same kind as those which produced ‹normal› language change. *Contact, I argue, is a critical factor in almost any case of language change*» (1998, 316 f.; kursiv U. H.).

Am eindringlichsten gestalteten sich die Sprachkontakte und ihre Wechselwirkungen in den oft viel intensiveren Kontaktzonen außerhalb von Europa. Als sich die europäischen Sprachen am Beginn der Neuzeit in die Welt aufmachten und den halben Globus kolonisierten, drückten sie Hunderten von Pidgins und Kreolsprachen ihren Wortschatz-Stempel auf: in der Karibik, in China, Indonesien und in Afrika. In diesen verbindet sich ein europäischer Wortschatz mit einer fremden, radikal vereinfachten Grammatik, und es zeigt sich, dass die Verständigung nicht nur nicht beeinträchtigt ist, sondern die Kommunikation vollkommen reibungslos funktioniert.

Sprachkontakt – ein neues Paradigma der Linguistik

Kontakt ist der Motor allen Sprachwandels: Von dieser neuen Perspektive zeugen relativ junge Disziplinen wie die Sprachtypologie, Kontaktlinguistik oder Kreollinguistik und große Projekte, die die Sprachen der Welt (und ihre Kontakte) insgesamt in den Blick nehmen. Die Highlights auf diesem neuen Horizont sind:

- das Projekt EUROTYP aus den 1990er Jahren, dessen Leiter, der Berliner Anglist Ekkehard König, mit über einhundert Linguisten aus über zwanzig Ländern etwa einhundertfünfzig Sprachen auf Gemeinsamkeiten hin durchleuchtete;
- der *World Atlas of Language Structures* von 2005, in dem unter der Ägide der Leipziger Typologen Bernard Comrie und Martin Haspelmath am Max-Planck-Institut der gesamte Globus nach ähnlichen Sprachstrukturen durchgescannt wurde;
- die *Weltgeschichte der Sprachen von den Anfängen bis in die Gegenwart*, in der der in Helsinki wirkende Linguist Harald Haarmann u. a. den Reichtum und die Macht von Sprachkontakten *all over the world* zeigt.

Vorbereitet und begleitet wurden diese Trends durch anspruchsvolle Handbuchprojekte, die die Disziplinen in großem Maßstab darstellen oder zusammenfassen.[1] Wir können mit Haarmann resümieren: «Kontakte zwischen Sprachen und deren Sprechern sind Realitäten, die unsere Kulturgeschichte und damit unser kulturelles Gedächtnis seit jeher geprägt haben. (…) Sprachkontakte sind keine Begleiterscheinung sprachlicher Realitäten, sie *konstituieren* diese Realitäten schlechthin. (…) In den Sprachen Europas sind so gut wie sämtliche Manifestationen von Sprachkontaktphänomenen nachzuweisen, die sich in einer allgemeinen Typologie unterscheiden lassen, angefangen von einfachen lexikalischen Interferenzen bis hin zu komplexen Fusionsprozessen, ja sogar bis zur Ausbildung neuer Sprachsysteme, und zwar von Pidgins.»[2]

Dies ist unsere Leitlinie: Die entscheidenden Wandlungsprozesse in der Sprachenwelt Europas lassen sich zum ganz überwiegenden Teil nicht nur auf eine multilinguale Situation zurückführen, sondern oft auch durch einfache Sprachkontakt-Mechanismen (‹Interferenzen›) erklären. Hierfür stehen drei allgemeine neue Forschungsfelder der Linguistik, die die große Kulisse abgeben für die neuen Sprachveränderungen im Deutschen: Angetrieben und gesteuert von Sprachkontakten

- wandeln sich alle Sprachen Europas mit der Zeit allmählich zu Sprachen, die eine zu komplizierte Grammatik abbauen und durch einfachere Strukturen ersetzen (s. Hinrichs 2004). Der Westen Europas ist hier progressiver, der Osten konservativer. Das moderne Musterbeispiel ist das Englische;

- können sich in benachbarten Sprachen weitgehende Umstrukturierungen auf allen Ebenen ergeben, vom Wortschatz über die Wortstellung bis hin zu lautlichen Ähnlichkeiten, die alle direkt auf Sprachkontakte und Mehrsprachigkeit zurückgehen. Musterbeispiele sind die Balkansprachen und ihr «Sprachbund». (Steinke 2012, Hetzer 2010);

- werden Sprachen, die vom europäischen Typus weit entfernt sind, wie Ungarisch, Baskisch oder Türkisch, mit der Zeit durch Kontakt mit den Eurosprachen der Umgebung immer ‹europäischer›; sie gleichen viele Strukturen einander an (Heine/Kuteva 2006). Eben dieses Phänomen lässt sich auch im Einwanderungsland Deutschland nachweisen: So werden das hier gespro-

chene Türkische, Russische, Jugoslavische mit der Zeit immer
‹deutscher› (‹Deutschland-Türkisch› etc., s. u.). Wir halten vorläufig fest:

→ Sprachkontakt war und ist der Normalfall weltweit. Sprachkontakte bewirken immer Änderungen in allen beteiligten Sprachen. Je intensiver der Kontakt
ist, desto intensiver die Änderungen. Wandel *ohne* Sprachkontakt mag es auch
geben – er fällt aber kaum ins Gewicht und besitzt für das Europa des 21. Jahrhunderts kaum noch Bedeutung. Dass auch das Deutsche seine Sprachkontakte auf vielen Ebenen widerspiegelt, ist also zu erwarten (und nicht erst zu
postulieren).

Sprachkontakte und Sprachkonflikte *at all times*

Mittlerweile scheut man sich auch nicht mehr – da Sprachkontakte nicht wirklich etwas besonderes sind –, sie *at all times* zu
betrachten, auch wenn es für sehr weit zurückliegende Kontakte
keine Belege gibt. «Seit den Zeiten der Antike gibt es keine Kultur
mehr, deren Entwicklung nicht deutlich durch Kontakte mit
Nachbarkulturen – und damit auch mit deren Sprachen – beeinflusst worden wäre. Seit Beginn der Neuzeit (…) sind Sprachkontakte eine allgemeine Erscheinung der Kulturgeschichte (…). Sie
manifestieren sich in allen Lebensbereichen, von der höchsten
offiziellen Ebene sprachpolitischer Beziehungen … bis hin zur
Szene der populären Kultur.» (Haarmann 2006, 330)

Menschen und ihre Sprachen begegnen sich nicht nur, sie geraten auch aneinander. Sie können in ihren Ausdrucksweisen
konkurrieren, wobei sich meist Effektivität, politische Macht und
vitale Stärke durchsetzen. Sprachkontakte und Sprachkonflikte
gehen immer parallel.

• Der erste, hier relevante *Clash of Languages* ist der Kontakt der
  von Osten her einwandernden Indogermanen mit den Ursprachen Europas im 5. Jahrtausend v. Chr. Hier war zum ersten Mal eine Population gezwungen, eine vollkommen fremde
  Sprache zu übernehmen und zu akzeptieren, dass sich kulturelle Dominanz vor allem sprachlich ausdrückt: «Die Alt-
  europäer lernten die fremdartige indoeuropäische Sprache der
  Steppenleute, denn die Sprache der Elite genoss uneinge-
  schränktes Prestige und diente den Herrschenden als Instrument ihrer politischen Kontrolle.»[3] Dies war so etwas wie

Europas ‹Urszene› der Konkurrenz von Mehrheits- und Minderheitensprache. Das Baskische mag der letzte lebende Ausläufer dieses großen *Clash* sein. Spuren lassen sich aber auch in ‹unseren› Sprachen nachweisen: Wörter wie griechisch *thálassa* ‹Meer› oder der Name der Stadt *Korinth*, auch das lateinische *persona* (etruskisch ‹Maske›) gehen auf untergegangene Ursprachen zurück.

- Weitere *Clashes* prägen das europäische Mittelalter: Im 1. Jahrtausend glichen Bulgarisch, Rumänisch und Albanisch in intensivem Kontakt viele Strukturen einander an: So haben sie z. B. den europäischen Infinitiv weitgehend abgeschafft und ihn durch einen Nebensatz ersetzt – in Europa eine ganz exotische Sache! Das slavische Bulgarische hat in seinem *Clash* mit der Sprache der einwandernden Turkstämme im 7. bis 9. Jahrhundert sogar alle seine (sechs) Kasus verloren!
- Und auch das Englische geht auf einen typischen *Clash* zurück: Durch die jahrhundertelange Herrschaft der französischsprachigen Normannen auf der britischen Insel hat sich das Altenglische einer wahren Revolution unterziehen müssen und ist am Rande der Neuzeit quasi runderneuert als ein anderer Sprachtyp, eben als das moderne Neuenglische, das wichtige Teile seiner Grammatik eingebüßt hat (oder: sie anders ausdrückt), wieder aufgetaucht.

Gerade in Europa haben sich in der Geschichte einzigartige Regionen und Städte herausgebildet, an denen Sprachkontakte wie auf dem Präsentierteller untersucht werden könnten: Die Vielvölkergemische Österreich-Ungarn und der Balkan, Venedig und die Schweiz waren und sind die großen europäischen Ausstrahlungszentren; aber auch am Beispiel des bosnischen Sarajevo, des griechischen Thessaloniki oder im ukrainischen Lemberg kann quasi an Musterbeispielen studiert werden, wie viele verschiedene Sprachen (und Kulturen) zusammenleben und welche Auswirkungen das auf die Sprachenwelt hat.

Die Türken haben nach ihrer 500-jährigen Herrschaft auf dem Balkan den Balkansprachen ein reiches Erbe an Lehnwörtern des Alltags hinterlassen, die noch heute Küche, Haushalt und Kleidung prägen, z. B. in Makedonien oder Albanien. Das Spanische und Französische üben schon lange auf das Baskische nachhaltigen Druck aus. Und das Russische prägt bis heute als eine *Lingua Franca* eigener Art das Sprachbewusstsein der finnisch-ugrischen Minderheiten in der Region, aber auch das der Kasachen, der Litauer oder der Tadschiken.

Die Linguistik benennt auch Sprachen, deren Wortschatz geradezu ein archäologisches Museum der Sprachkontakte ist; hierunter zählen das Englische, das Albanische, das Rumänische, die ganze Wortschatzschichten übereinander getürmt haben, die wie Baumringe von verschiedenen Herrschaftsperioden und Sprachkontakten Zeugnis ablegen. Ganze Einzelsprachen sind überhaupt erst durch Sprachkontakte entstanden, so z. B. das Jiddische in Osteuropa, das ein Amalgam aus Hebräisch, Slavisch und Deutsch ist.

Die moderne Soziolinguistik der Sprachen Europas untersucht heute – nicht zufällig in Zeiten, in denen sich Europa und sein Wertebewusstsein in einer kritischen Phase befinden – alle sozialen, linguistischen und kulturellen Mechanismen, denen die Minderheitensprachen ausgesetzt waren oder sind, und nimmt hier kein Blatt vor den Mund. Als Faustregel gilt: «Je größer das soziokulturelle Gefälle zwischen Sprachen ist, desto stärker übt die dominante Sprache einen assimilatorischen Druck auf andere Medien aus. (…) In welchem Ausmaß Interferenzen [d.h. Überschneidungen und Übernahmen, U. H.] wirksam werden und die Strukturen der Sprachen modulieren, die im Kontakt stehen, hängt von der Intensität des Kontakts ab.» (Haarmann 2010a) Auch das gesprochene Deutsche steht heute mit seinen vielen Migrantensprachen in einem engen, intensiven Kontakt, zumindest in den Ballungszentren. Zu erwarten sind also Einflüsse und Spuren vielfältigster Art.

Der Wind hat sich gedreht?

Haben die großen europäischen Sprachen in früheren Zeiten, in Europa wie in fernern Weltregionen, eine Unzahl von *Clashes* ausgelöst, hat sich heute der Spieß offenbar umgedreht. «Die Sprachkontakte in Europa haben sich mit dem Zustrom von Migranten aus anderen Teilen der Welt intensiviert, und das Spektrum der Kontaktbedingungen hat sich erweitert. Heutzutage stehen afrikanische Sprachen mit dem Englischen, Französischen oder Deutschen auf europäischem Boden in Kontakt und setzen

eine Tradition fort, die früher nur aus der Kolonialgeschichte bekannt war (...). Es entstehen immer mehr ‹Sprachoasen›, die von
Migranten aus außereuropäischen Ländern in der Sprachenlandschaft Europas kontinuierlich geschaffen und erweitert werden.
Insbesondere im urbanen Milieu gestalten sich die Kontakte der
Sprachen von Alt- und Neueuropäern immer komplexer.» (Haarmann 2010, 517 f.) «Was an der Peripherie der großen Industrie-
staaten, in den ehemaligen Kolonien, längst Realität ist, hat nun
auch das Zentrum, die Metropolen des Westens, eingeholt: Wir
werden Ohrenzeugen einer Kreolisierung der Sprache, der Auflösung einer homogenen Sprachordnung in einem fluktuierenden
Sprachengemisch» (Braun 2000).

Die Sprachsituation in Deutschland

Wie sieht die Sprachsituation im Deutschland des Jahres 2013
aus? Auf den ersten Blick haben wir hier ein Paradox: Während
die Sprachsituation selbst gar nicht näher erforscht ist, liest man
allenthalben stereotyp von einer ununterbrochenen Kontinuität
der Mehrsprachigkeit in Deutschland.

Natürlich gab es immer Wellen von Einwanderern, die auch
ihre Sprachen mitbrachten, z. B. die französischen Hugenotten,
die polnischen Bergarbeiter im Ruhrpott, Tausende von Exil-
russen im Berlin der 1920er Jahre, vietnamesische Kleinhändler
in Thüringen oder koreanische Krankenschwestern in Frankfurt. Und natürlich hat die Mehrsprachigkeit viele Gesichter: In
Sachsen wird auch Sorbisch, in Schleswig-Holstein Dänisch, im
Saarland Französisch gesprochen. Und Englisch können heute
fast alle, mehr oder weniger. Hinzu kommt noch, dass man in
Deutschland ohnehin alle paar Hundert Kilometer ein anderes
Deutsch spricht: Die einzigartige Vielfalt an Dialekten bewirkt so
etwas wie eine ‹innere Mehrsprachigkeit›.

Aber wie man es auch drehen will – wenn man wirklich redlich
ist, kommt man letzten Endes um eine entscheidende Erkenntnis
nicht herum: Erst «durch die Anwesenheit der Gastarbeiterschaft
ist die Bundesrepublik zu einem mehrsprachigen Land geworden.
Dies ist für die deutsche Gesellschaft *eine neue Erfahrung*.» (Stölting 1980) Alles, was an Migration und Immigration *vor* circa
1960 war, verblasst vor einer nun einsetzenden neuen Realität,
die eine ganz neue Dynamik entfaltet. Die Anzahl der in den

Großstädten gesprochenen Sprachen und Dialekte nähert sich gegen Ende des 20. Jahrhunderts der 200er-Marke. Damit ist Mehrsprachigkeit *als solche* die Regel. Sie verzweigt sich in Tausende von Varianten und nimmt oft noch Dritt- und Viertsprachen hinzu. Sie ist mittlerweile zu einem eigenen *Modus des kommunikativen Existierens* geworden und prägt nahezu jedes urbane Milieu.

Die Vielfalt der Sprachen in Deutschland ist heute bereits unübersehbar; es gibt aber so etwas wie eine gefühlte Präsenz und Dominanz bestimmter Sprachen. Der aktive Kern des neuen Sprachenpools enthält Türkisch, Arabisch, Russisch, Serbokroatisch/Jugoslavisch, Albanisch und Polnisch, neuerdings kommen vermehrt Balkansprachen wie Bulgarisch und Rumänisch hinzu. Sprachen wie Italienisch oder Griechisch mögen zwar präsent sein, spielen aber für den akuten Sprachwandel des Deutschen keine wirklich entscheidende Rolle mehr. Insgesamt haben wir eine Situation, die für Deutschland vollkommen neu ist. Die Sprachkontakte in Deutschland sind sowohl extensiv (Anzahl) als auch intensiv, d. h. von durchgängiger Mehrsprachigkeit geprägt, jedenfalls in den Ballungszentren. Undenkbar, dass sich dies nicht auf allen sprachlichen Ebenen auswirkt.

Sprachkontakt wirkt auf allen sprachlichen Ebenen

Wie schon angedeutet, hat die Forschung inzwischen bewiesen, dass *alle* Bereiche einer Sprache dem Einfluss von Sprachkontakt unterliegen und durch ihn umgestaltet werden können. Kein Bereich ist resistent. «Dies betrifft *sämtliche Ausdrucksmittel* (z. B. Wortbildungsmuster oder lexikalische Elemente), *alle Sprachtechniken* (z. B. Regeln zur Konstituierung grammatischer Paradigmen, syntaktische Strategien) und auch das *Lautsystem*» (Haarmann 2010).

Auf den ersten, groben Blick spiegelt das gesprochene Deutsche – wie vermutet – auf allen Ebenen den Einfluss von Mehrsprachigkeit und Migrantensprachen wider. Dies beginnt bei neuen Wörtern (*Döner, Ayran, Muslima, Hamam, Ramadan*), geht über das Kasus- und Endungs-Karussell (*mit den Motiv, die Bedeutung Deutschland_, wir fahren im Urlaub*), über neue Wortmuster (*privates Leben* statt *Privatleben*) über etliche Verschleifungen in der mündlichen Rede (*starkere Argumente*) bis hin zur Bildung von ganzen Slangs (‹Kiezdeutsch›). Wir werden sehen, dass die Wortebene (die Morphologie) und der Satzbau (die Syntax) am ehesten, schnellsten und nachhaltigsten von Einflüssen betroffen sind.

Sprachkontakte und Mehrsprachigkeiten sind heute in der Alltagspraxis europäischer Länder, und ganz besonders in Deutschland, selbstverständlich und normal. Sie haben aber nicht nur eine äußerliche, quasi *hörbare*, Seite, sondern auch eine innere, psychische und kognitive Seite: Sie erzeugen schon nach kurzer Zeit ein anderes Sprachbewusstsein. Es ist dieses *von Mehrsprachigkeit geprägte* neue *Sprachbewusstsein*, das grammatischen Veränderungen mächtig Vorschub leistet. Diese neue Mehrsprachigkeit aber ist ein Kind der Migration.

2. MIGRATION

«Die Geschichte der Menschheit ist die Geschichte von Migrationen, vom Auszug aus Afrika vor hunderttausenden von Jahren über die Ausbreitung der Indogermanen und die Besiedlung des amerikanischen Kontinents durch die Ureinwohner über die Kolonialgeschichte bis zu den heutigen Arbeitsmigrationen und Flüchtlingsströmen» (Lüdi 2011). «Eine gewaltige ethno-kulturelle Dynamik sorgt seit geraumer Zeit dafür, dass Menschen unterschiedlichster Abstammung und Herkunft zusammenleben. Ströme freiwilliger und unfreiwilliger Migranten überziehen die Kontinente und Angehörige verschiedenster Ethnien verteilen sich über den Globus» (Kaeser 2012). Dass es auf der Welt immer irgendwo Migrationen gegeben hat, ist eigentlich banal: Menschen wandern immer dorthin, wo es ihnen vermeintlich oder tatsächlich besser gehen wird.[4] Da Armut, Klima, Kriege oder Naturkatastrophen sich immer direkt auf die Lebenssituation auswirken, ist Migration letztlich *immer* in irgendeiner Hinsicht ökonomisch bedingt – alles andere grenzt an Augenwischerei und schafft gefährliche Blinde Flecke.

Europa hat ein Defizit

Seit der Neuzeit ist Migration eine Konstante in Europa und gehört zum europäischen «Erbe» (Klingholz 2008). Im 21. Jahrhundert bekommt Migration aber eine neue Dimension.[5] «Globalization has brought a new challenge to Europe: migration. (…) The poor of the world are knocking at the door of the rich. Fortress Europe still stands, but at its borders from the east and the south there is illegal immigration of unknown size.» (Zimmermann 2008) Migration nach Europa wird sich weiter fortsetzen, je weiter sich Europa zusammenschließt, je offener die Grenzen werden und je weiter sich die neue *mental map* von Europa in den Kaukasus, Richtung Iran, Syrien und Nordafrika erstreckt. Oder je poröser die Grenzen werden, je weiter sie vom Zentrum fortrücken. Denn die Grenzen in Ost und Südost sind Europas neuralgischer Punkt wie auch der Dreh- und Angelpunkt für neue Definitionen in der Zukunft (Tornow 2010).

Historischer Brennpunkt von Migrationen aller Art in Europa war der Balkan – also jene Region, die auch in der Gegenwart und der Zukunft eine entscheidende Rolle spielt. Die gesamte Geschichte des Balkans war von Anfang an von Migrationen geprägt (Will 2013) und vom Kontakt von Menschen, Sprachen und Kulturen. Sie ist zu großen Teilen eine Migrationsgeschichte, in der sich grenzüberschreitende, religiös motivierte und innere Migrationen unter den Türken ständig überkreuzten (Sundhaußen 2006/7). Musterbeispiele für die überall entstehende Gemengelage von Sprachen und Kulturen sind z. B. die Türken in Bulgarien, die Albaner in Makedonien oder die Ungarn in Rumänien.

In der Moderne hat Europa ein Defizit an Erfahrung mit und im Management von Migration. Es hat die Lehren der großen Migrations-Player Australien, Israel, Kanada oder USA nicht genutzt, und das trotz der Tatsache, dass sich gesteuerte Migration und intelligente Migrationspolitik *summa summarum* als Ressource erweisen. Ein Grund für diese Lage könnte sein, dass sich in Europa viele verschiedene Migrationssituationen versammeln: So haben sie in Irland, England, Schweden, Frankreich oder Deutschland ein ganz unterschiedliches Gesicht. Eine fatale Folge der fehlenden Koordination ist, dass die Politik oft der Migration hinterherhinkt und dann später immer gezwungen ist, ständig neu entstehende Verwerfungen notdürftig zu reparieren – was wieder unabsehbare Folgen für die Migranten wie für das Gastland erzeugt.

Migration in Deutschland

Ein besonderer Fall ist Deutschland, weil das ganze Spielfeld *Migration* von Vergangenheitsbewältigung, Ideologie und Zeitgeist überwölbt, ja zuweilen regelrecht überschattet ist. Dies ist umso riskanter, als Deutschland das größte Einwanderungsland des Westens nach dem Zweiten Weltkrieg ist. «Germany should be considered the key European country of immigration.» (Bauer et al. 2005, 203) Kein Land hat, absolut wie relativ, mehr Migranten aufgenommen. Im Jahre 2012 lebten im Lande etwa 16 bis 17 Millionen Menschen mit Migrationshintergrund, etwa ein Fünftel der Bevölkerung. Aufgrund der demographischen Entwicklung ist anzunehmen, dass sich dieses Verhältnis in der Zukunft weiter verschieben wird, besonders in der jungen Generation, wo es in den Großstädten schon einem Stand von 1 : 1 nahekommt. Darauf weisen Journalisten und Historiker wie Walter Laqueur, Stefan Luft und Herwig Birg («demographische Zeitenwende») schon seit längerem hin.

Vierzig Jahre – bis 2001 – hat es gedauert, bis Migration in Deutschland zum ersten Mal zaghaft mit ökonomischen Leitlinien in Verbindung gebracht werden konnte. Dies sind die Gründe für die Verzögerung:

- Die Attitüde der Relativierung ist stärker als in anderen Ländern ausgeprägt und umgibt viele Informationen mit einer unsichtbaren, oft schwer lesbaren Aura. Besonders deutlich wird das an der Aussagekraft von Statistiken, an der Definition von ‹migrantisch›/‹deutsch› und an einer Konfusion von *Abstammung* oder *Geburt* als Grundlagen für Staatsbürgerschaft.[6]

- Soziale Kriterien wie Ausbildung (*skilled/unskilled*), Herkunft, *economic needs*, Arbeitsmarkt, Integration etc. spielten eine untergeordnete oder gar keine Rolle.

- Es gab über vierzig Jahre keine erkennbare Politik für Migration und Integration, abzulesen an einem dadurch erzeugten Wildwuchs an Initiativen, Diskursen, Runden Tischen und Begriffen. Migrationshintergrund ist der schillerndste von ihnen – ein typisch deutsches Wortungetüm –, der eine verbreitete *fuzziness* fast schon optisch widerspiegelt und wie alle Begriffe dieser Art einer begrenzten Halbwertzeit entgegensieht (und dann durch Neuschöpfungen ersetzt werden wird). Unentschiedene und wahrscheinlich unentscheidbare Streitgrößen sind bis heute *Integration* und *Assimilation* und von ihnen erzeugte Zusatzbegriffe (Löffler 2011).

Dass Deutschland seit 1960 *de facto* ein Einwanderungsland war, wurde von der Politik lange unterdrückt, solange jedenfalls, bis die Folgen vollkommen stabilisiert waren. «Das linke Lager hat lange mit Multikulti einen wunderschönen Traum von der heilen Welt gepflegt und dabei die Entstehung von Parallelgesellschaften ignoriert. Die Union hat sich unter dem Schlagwort, Deutschland sei kein Einwanderungsland, nicht genug um diejenigen gekümmert, die bereits unter uns lebten.» (Günther Beckstein) Und die Berliner Politik neigt dazu, sich immer wieder ins eigene Fleisch zu schneiden: «Solange wir eine Politik des Alles-Verstehens und Alles-Verzeihens betreiben, (…) werden wir für eine erfolgreiche Integrationspolitik nur verhalten Mitstreiter finden.» (Heinz Buschkowsky)

«Integration ist kein Selbstläufer. Was alles schiefgehen kann, wenn Zuwanderung ungesteuert erfolgt (…), hat Deutschland in den vergangenen Jahrzehnten schmerzhaft erfahren. Die Folgen der Fehler, die auf beiden Seiten gemacht wurden – mangelnder Wille zur Eingliederung bei vielen Zuwanderern und eine in Abwehrhaltung verharrende einheimische Gesellschaft – sind bis heute spürbar.» (Dorothea Siems). Eine seltsame, sehr deutsche ‹Allianz der Weggucker› hatte im Lauf der Zeit und in unbewusstem Konsens dafür gesorgt, dass die Geschichte der Einwanderung zur «Geschichte eines politischen Selbstbetrugs» (*Der Spiegel*) werden konnte, der sowohl den Migranten als auch der Mehrheitsgesellschaft Schaden zugefügt hat. Dieser Zustand blieb im Prinzip vierzig Jahre erhalten, bis zum Inkrafttreten des Zuwanderungsgesetzes 2005. Das verspätete Eingestehen der tatsächlichen Einwanderungssituation hat negative Konsequenzen in Politik, Wirtschaft, Gesellschaft und Bildung gehabt (Leontiy 2013; Einleitung). Es bleibt eine Situation, die noch lange von dieser Hypothek geprägt sein wird.[7] Blicken wir kurz zurück: Wann und wie begann es?

Etappen der Migration

Die Migration hat bisher vier Phasen durchlaufen: «a) periods of postwar adjustment; b) labour migration; c) restraint migration; d) dissolution of socialism» (Zimmermann 2008, 4); im Deutschen begegnen die Etappen oft unter den Stichwörtern *Arbeits-, Familien- und Fluchtmigration* (chronologisch). Etwas genauer: «In the 1950s and 1960s, migration was largely attached to labour market activities. Since the 1970s and 1980s this turned into a phase of family migration. The 1980s and later were finally dominated by refugee migration. This all implies that since the 1970s migrants werde mostly not working. Policy measures like the stop of the guest worker system in 1973, and the uncontrolled inflow of noneconomic[8] migration afterwards is responsible for this development. No migration policy is also a migration policy.» (Bauer et al. 2005, 254)

Die Geschichte dieser Zuwanderung, deren Diskurse oft von Schweigen, Ambivalenz, Schuldgefühlen, Kalkül, Political Correctness und zu wenig Realität geprägt waren, beginnt zehn Jahre nach dem Ende des Zweiten Weltkriegs.[9] Ab 1955 schloss Deutschland mit Italien, Spanien, Griechenland, der Türkei, Marokko, Portugal, Tunesien und zuletzt Jugoslavien (1968) sogenannte Anwerbeabkommen. Mit ihnen wurden Massen von ‹Gastarbeitern› aus meist struktur- und einkommensschwachen Regionen zur einfachen Industriearbeit nach Deutschland geholt – nicht ohne, besonders im Falle der Türkei, auch die ökonomischen Interessen des *Herkunftslandes* und die politischen Interessen der Bündnispartner (USA) zu berücksichtigen, was oft verschwiegen wird. Allein über eine halbe Million Jugoslaven gingen nach 1968 nach Deutschland. Bis 1972 war ein *peak* von insgesamt 4 Millionen Gastarbeitern erreicht – ein Niveau, das sich aufgrund des Anwerbestopps von 1973 erst einmal stabilisierte.

Das Ende der ziemlich grob organisierten Arbeitsimmigration war aber nicht das Ende der Zuwanderung. Die Gastarbeiter kehrten nicht nur nicht in ihre Herkunftsländer zurück, sondern nutzten jene Möglichkeiten, die ihnen nach dem Ausländergesetz von 1965 weiterhin offenstanden: Sie holten ihre Familien nach – wobei ‹Familie› in der türkischen, arabischen und balkanischen Lesart nicht wie im Deutschen etwas wie ‹Kernfamilie› bedeutete,

sondern im Prinzip einen Großverband, den Clan, bezeichnete –
einen weitläufigen Verbund an Menschen, der auch künftige Ehe-
schließungen und eine Grauzone aus Verwandten und Bekannten
miteinbezog. Aus der Arbeitsmigration war eine soziale Migration geworden: Familienimmigration.

Sie dauerte von 1973 bis 1988 und wird als «restrained migration» bezeichnet. Familienzuzug, neue ethnische Eheschließun-
gen, eine höhere Reproduktionsrate, die stetig anwachsende Zahl
Asylsuchender und auch illegale Immigration sorgten dafür,
dass die Zahl der Migranten auch nach 1973 stetig anstieg. «Die
fehlende Integration ließ soziale Brennpunkte und Parallelgesellschaften entstehen, in denen die Kinder der Migranten auf-
wuchsen. Oft kamen sie aus einer anderssprachigen Welt in die
öffentlichen Schulen, die nicht auf eine entsprechende Förderung
eingestellt waren. (…) Identifikationsprobleme und Orientie-
rungslosigkeit zwischen der Kultur des Herkunftslandes, das sie
kaum kannten, und dem deutschen Alltag machten es vielen
Jugendlichen schwer, ihren Platz in der Gesellschaft zu finden. So
stieg in den 90er Jahren die Jugendkriminalität vor Allem unter
den männlichen Migrantenkindern. (…) Anderen gelingt hin-
gegen der Sprung in den deutschen Arbeitsmarkt oder die Selb-
ständigkeit.» (Klingholz 2008, 13)

Innerhalb der Nach-Gastarbeiter-Generationen finden sich
viele Grade und Typen der Integration. Allgemein anerkannt ist,
dass russische und polnische, serbische, albanische und asiatische
Migrantenkinder insgesamt besser integriert sind als türkische
und arabische Jugendliche – was mit den hohen Bildungsstan-
dards im Sozialismus einerseits und einer Tendenz zur Abschot-
tung auf der anderen Seite zu tun gehabt haben mag. Niemand
könnte leugnen, dass das Problem des Rückzugs muslimischer
Jugendlicher eine soziale Frage der Nischen, Kieze und Familien
ist, aber dahinter lauert eben oft eine kulturelle, religiöse und welt-
anschauliche Konfliktlage, die das soziale Problem weiter befördert und oft genug zementiert.

Migration und Asyl

Eine weitere große Migrantengruppe erschien ab etwa 1985 mit
Macht auf der Bühne der deutschen Zuwanderung: die sogenannten Asylanten. Die wichtigsten politischen Gründe für diese Zu-

wanderung waren «the political confusion in the former socialist states of Eastern Europe, induced by the fall of the Iron Curtain, the war in the former Yugoslavia, and the clashes between Turks and Kurds in the southeast of Turkey.» (Bauer et al. 2008, 216) Auch diese Welle hatte vielfach den Charakter von Familienzusammenführungen, denn viele Asylanten holten ihre Bekannten und Verwandten gleich mit nach. Pro Jahr wurden im folgenden Jahrzehnt mehr als 70 000 Asylanträge gestellt. Davon wird in der Regel ein Bruchteil anerkannt. Es hatte sich aber in der Praxis längst ein weiter grauer Raum gebildet, der eine Rückführung meist verhinderte, aussetzte oder streckte. Allein in den drei Jahren von 1991 bis 1994 beantragten über eine Million Menschen Asyl.

Die politische Wende um 1989 wirkte sich auch auf die Migration aus Albanien aus. Die ersten waren Kosovo-Albaner, die um Asyl ersuchten und offenbar die Stimmung auch in Albanien beeinflussten. «Die Massenflucht in den 90er Jahren von rund 5000 Albanern in die westlichen Botschaften war nur der Vorbote mehrerer weiterer Emigrationswellen, weil viele Albaner für sich keine Zukunft mehr in Albanien sahen. 1998 erklärten 48 Prozent der Befragten, sie würden Albanien gern dauerhaft verlassen.» (Will 2013) Die seitdem anhaltende Emigration nach Deutschland, Italien, Griechenland und in andere Länder ermöglichte es immerhin vielen Familien *in Albanien*, sich durch Remittenzen über Wasser zu halten. Albanien hatte 2010 die größte Auswanderergemeinde aller Balkanstaaten (44,9 Prozent) und die höchste Rücküberweisungsrate, nämlich fast 13 Prozent des Bruttoinlandprodukts: über eine Milliarde US-Dollar (ebd.). Negative Begleiterscheinung im Land ist – wie woanders auch – ein *brain drain* fähiger Köpfe. «Familienväter hatten dabei zunächst die Absicht, ihre Familien durch Geldtransfers zu unterstützen sowie Geld zu sparen, um sich nach der Rückkehr eine Existenz aufzubauen, entschieden sich bei einem gesicherten Status aber oft dafür, ihre Familien nachzuholen. Alleinstehende Emigranten zielten eher von vornherein auf eine endgültige Auswanderung ab. Die zurückgehende Bevölkerungszahl Albaniens ist sowohl auf sinkende Geburtenraten als auch auf die Emigration zurückzuführen.» (Schmidt-Neke 2013)

Mit den jugoslawischen Kriegen Anfang der 1990er Jahre stiegen die Zahlen noch einmal an. Die Kriegswirren brachten Zehn-

tausende Kroaten und Bosnier nach Deutschland, darunter viele
Muslime. Noch heute leben weltweit wahrscheinlich mehr Bosnier außerhalb von Bosnien als innerhalb. Zeitzeichen sind eine
gewisse Verödung des bosnischen Kernlandes, die Überalterung
und Ausblutung vieler bosnischer Städte und ein gewisser Pessi-
mismus unter den Bosniern in Bezug auf die Zukunft des Landes.

Das liberale deutsche Asylrecht leistete in dieser Phase Be-
trächtliches, öffnete aber auch einem subtilen Missbrauch Tür und
Tor, dessen Symptome Kriminalität, organisiertes Verbrechen und
illegale Zuwanderung waren. Ein besonders neuralgischer Punkt
in Deutschland ist das Thema ‹Missbrauch der Sozialsysteme›[10] –
eine direkte Folge der desaströsen Migrationspolitik. Mit der Einschränkung des Asylrechts 1993 fiel die Kurve der Asylanten wieder ab. Ein neuer Wellenberg zeichnet sich seit dem Wegfall der
Visumspflicht seit 2007 für einige Länder des westlichen Balkans
ab: Allein im Oktober 2012 wurden 10 000 Asylanträge gestellt,
vorwiegend von Roma aus Serbien, Mazedonien und Bulgarien,
deren Integration auf neue, unbekannte Hindernisse stößt (Gezer
2012).

Aussiedler und Volksdeutsche

Die letzte für die Migration und die Sprachsituation wichtige
Migrantengruppe waren die sogenannten Aussiedler aus Osteuropa. Dies sind deutsche oder deutschstämmige Minderheiten,
die besondere Vorrechte genießen und die deutsche Staatsbürgerschaft ohne weiteres erlangen. «Bis 1987 kamen 1,4 Millionen
Aussiedler nach Westdeutschland, die meisten (…) aus Polen. (…)
Insgesamt wanderten zwischen 1991 und 2006 rund 1,9 Millionen
Menschen als Aussiedler nach Deutschland ein, vornehmlich aus
den Staaten der ehemaligen Sowjetunion» (Klingholz et al. 2008,
14), z. B. aus Kasachstan.

«Die liberale Ausreisepolitik unter Gorbačev machte eine Ein-
reise der deutschen Spätaussiedler in größerem Umfang möglich.
(…) Mit der politischen Öffnung der UdSSR Mitte der 80er Jahre
und dem bald darauf folgenden Zerfall des Landes setzte eine
starke Auswanderungsbewegung nach Westeuropa, Israel und
Amerika ein, die bis heute anhält. Im Laufe dieser sogenannten
vierten Emigrationswelle[11] wurden in den Jahren 1990 bis 1999
über 1,5 Millionen Zuzüge aus der ehemaligen Sowjetunion nach

Deutschland registriert. Die Zuwanderung konzentrierte sich v. a. auf die größeren Städte und Ballungszentren, wobei Berlin als ‹Eingangstor nach Deutschland› (...) ein herausragendes Ziel darstellte. Über 100 000 Bürger der früheren UdSSR, meist Russlanddeutsche, Personen jüdischer Herkunft und Russen, leben in der Hauptstadt. Damit bildet die russische Sprache nach dem Türkischen die zweitgrößte Minderheitensprache, die seit einem Jahrzehnt im Kontakt mit dem Deutschen steht.» (Goldbach 2005, 11, 22)

Sagen wir es noch etwas genauer: Bei den russlanddeutschen (Spät-)Aussiedlern «handelt es sich um Menschen mit deutschen Vorfahren, die im ehemaligen deutschen Siedlungsgebiet in der Sowjetunion aufgewachsen sind und (...) einen Anspruch auf Einbürgerung (...) haben. Wichtigste Herkunftsländer sind die Russische Föderation (hier v. a. Sibirien und das Wolga-Gebiet), Kasachstan, die Ukraine und Kirgisistan. Insgesamt sind zwischen 1990 und 2005 2 079 033 Menschen (...) in die BRD eingewandert (...).» Es ergibt sich eine Gesamtzahl von circa 2,5 Millionen. Die ‹Volksdeutschen› oder emigrierten Russlanddeutschen sprechen neben Russisch ein altertümlich anmutendes dialektales Deutsch, das Überschneidungen mit dem Russischen aufweist und sich auch auf russischem Boden erhalten hat. In Russland/Sibirien sind die Volksdeutschen zweisprachig und kommen schon mit einem ‹Paket› an deutsch-russischen Interferenzen nach Deutschland (z. B. Kasusschwankungen), die dann auf das Deutsche einzuwirken beginnen (Blankenhorn 1993, 2003). Zur Zeit liegt die Zahl der Neuzuwanderer bei weniger als 6000 Personen jährlich. Aussiedler sind in festen Familien organisiert, die oft mehrere Generationen umfassen, also auch viele ältere Menschen.

«Die zweite Gruppe stellen jüdische Zuwanderer aus der ehemaligen Sowjetunion dar. (...) Die Ausreise von sowjetischen Juden nach Deutschland erreichte allerdings erst in den 1990er Jahren größere Dimensionen. (...) Von 1993 bis 2005 sind auf diesem Weg insgesamt 197.110 Menschen jüdischer Nationalität nach Deutschland immigriert.» Es ergibt sich eine Gesamtzahl von 205 000. «Die letzte und am schwersten zu quantifizierende Gruppe russischsprachiger Sprecher stellen Ausländer dar, die aus den Nachfolgestaaten der ehemaligen Sowjetunion stammen und jetzt in Deutschland leben, aber nicht die deutsche Staatsangehörigkeit besitzen. Darunter fällt ein sehr heterogener Kreis von Personen (z. B. Au-Pairs, Studierende, Wissenschaftler, Arbeitsmigranten, Ehepartner aus Mischehen etc.). (…) Selbst unter Berücksichtigung der Tatsache, dass die hier aufgezählten Gruppen eine ethnisch und sozial äußerst heterogene Gemeinschaft bilden, (…) muss doch konstatiert werden, dass sie durch den gemeinsamen kulturellen Hintergrund (…) zusammengehalten werden.» (Bremer 2007)

Es mag sein, dass sich die Großgruppe der Migranten soziologisch in Gruppen aufteilen lässt, z. B. in Vertriebene, Arbeitsmigranten, Aussiedler, Asylanten und noch weitere. Linguistisch, also für die Dynamik der Sprachsituation, ergibt sich dabei dieses Szenario: Zwischen 1960 und 1970 dominierten Türkisch, Italienisch, Serbokroatisch, Spanisch, Portugiesisch und Griechisch – also die Sprachen der Gastarbeiter. Seit Ende der 1980er Jahre verblassen die romanischen Sprachen, dafür tritt ein mächtiger russischer Faktor hinzu, der auch das Polnische noch bei weitem übertrifft. Angewachsen seit den 80er Jahren ist auch die Präsenz des Arabischen: Nach dem Libanonkrieg 1982 kamen allein circa 40 000 Flüchtlinge über Beirut als Asylbewerber nach Europa, Deutschland und Berlin; viele holten ihre Familien nach. Die neueste Migrantensprache ist Romanes, die Sprache der seit 2006 verstärkt zuwandernden Roma aus Bulgarien, Makedonien und Rumänien.[12]

Etwas Statistik zum aktuellen Migrationshintergrund

Nach dem Mikrozensus 2010 leben in Deutschland heute etwa 16 bis 17 Millionen Menschen mit Migrationshintergrund – und damit sind jene Migrationen gemeint, die sich in der Zeit *nach* der Gastarbeiter-Anwerbung chronologisch auseinander entwickelten und z. B. keine anglophone Migration etc. mit einschließen. Die Hälfte der Migranten ist bereits hier geboren und hat oft die deutsche Staatsangehörigkeit bzw. zwei Staatsangehörigkeiten. Als ‹Ausländer› mit Migrationshintergrund zählen dann nur Menschen ohne deutschen Pass.[13]

Nach der deutschen amtlichen Statistik verteilen sich die Herkunftsregionen etwa wie folgt (aus den bereits genannten Gründen erscheinen arabische und albanische Länder oder Ethnien nicht oder unter anderen Bezeichnungen):

- Türkei (mit 14,2 Prozent aller Zugewanderten),
- Russische Föderation (8,4 Prozent),
- Polen (6,9 Prozent),
- Italien (4,2 Prozent),
- Serbien und Montenegro (3,4 Prozent), (seit 2006 zwei Staaten, seit 2008 zudem neuer Staat Kosovo),
- Kasachstan (3,3 Prozent),
- Rumänien (3,0 Prozent),
- Kroatien (2,6 Prozent),
- Griechenland sowie Bosnien und Hercegovina (jeweils 2,2 Prozent)
- Ukraine (1,9 Prozent).

Von den 16 bis 17 Millionen Menschen mit Migrationshintergrund (MGH) sind 8,5 Millionen Deutsche (mit Pass) und 7,5 Millionen Ausländer (ohne Pass). So will es die offizielle Sprachregelung. Der Anteil der Personen mit MGH an der Gesamtbevölkerung lag im Jahr 2010 bei 19,3 Prozent. Zwei Drittel waren 2010 selbst Migranten (erste Generation), ein Drittel wurde bereits in Deutschland geboren (zweite oder dritte Generation). Die vierte Generation wächst heran. Nach Angaben des Statistischen Bundesamtes lebten im Jahr 2010 96,3 Prozent der Personen mit MGH in Westdeutschland und Berlin. Am höchsten war ihr Anteil in den Stadtstaaten Bremen (27,9 Prozent), Hamburg (27,4 Prozent) und Berlin (24,3 Prozent) sowie in den Flächenstaaten Baden-Württemberg (26,2 Prozent), Hessen (25,0 Prozent) und Nordrhein-Westfalen (23,9 Prozent). In Ostdeutschland lag der Anteil der Personen mit Migrationshintergrund an der Gesamtbevölkerung bei lediglich 4,6 Prozent.

Insgesamt hatte im Jahre 2010 in Deutschland gut ein Drittel aller Kinder unter fünf Jahren einen Migrationshintergrund (34,8 Prozent) – in der Gruppe der 35- bis unter 45-Jährigen lag der entsprechende Anteil im selben Jahr bei 21,0 Prozent und bei den 85- bis unter 95-Jährigen bei 5,7 Prozent. Die meisten Personen mit Migrationshintergrund stammen aus der Türkei (15,8 Prozent), gefolgt von Polen (8,3 Prozent), Russland (6,7 Prozent) und Italien (4,7 Prozent). Kasachstan ist mit 4,7 Prozent das einzige wichtige nicht-europäische Herkunftsland. Mit 1,4 Millionen kommen die meisten (Spät-)Aussiedler aus den Nachfolgestaaten

der ehemaligen Sowjetunion – vor allem aus Russland (605 000)
und aus Kasachstan (537 000). Daneben sind Polen (581 000) und
Rumänien (221 000) weitere wichtige Herkunftsländer.[14]

Ein Manko ist, dass man in den Statistiken detaillierte Daten
über den Anteil von Bosniern und Serben, Arabern, Kurden oder
Albanern schwerer als über andere Ethnien erhält. Sie werden
häufig hinter anderen Benennungen («ehemaliges Jugoslawien»;
‹Naher Osten›; ‹afrikanische Länder›) versteckt, was besonders
im Fall von Arabern und Albanern eine empfindliche Lücke im
Migrantengewebe aufreißt – ein echter Blinder Fleck auf der
mental map, der auch die Beurteilung der Sprachsituation er-
schwert. Böse Zungen mögen behaupten, dass hier Ethnien nominell unkenntlich gemacht werden – aus den unterschiedlichsten
Gründen. So weist z. B. die Statistik der «Anzahl der Ausländer
in Deutschland nach Herkunftsland 2011» unter ‹Afrika› kein
einziges wirklich *echt-afrikanisches* (subsaharisches) Land mit
validen Ausländerzahlen auf; arabische Ethnien erscheinen nur
unter ihrem Titularstaat (irgendwo unter ‹ferner liefen› rangieren
Marokko und der Libanon), Albanien taucht, nach Kosovo und
‹ehemaliges Jugoslawien› dann kurz vor Togo und Chile auf
Platz 77 in der Statistik auf (und schafft den gefährlichen Mythos der Irrelevanz der albanischen Ethnie und der albanischen
Sprache).

Vier Generationen Migration

Deutschland blickt also 2013 bereits auf drei oder vier Generationen von Migration und Migranten zurück, angefangen bei den
Gastarbeitern bis hin zu den ausdifferenzierten *communities* der
Türken, Araber, Russen, Jugoslawen und vieler anderer. Es würde
eine eigene soziologische Studie erfordern, um die Art und die
Qualität der Verzweigungen der verschiedenen Auslandsgemein-
den zu beschreiben und miteinander zu vergleichen. Schon gar
nicht haben wir valide Daten zur ethnischen und interethnischen
Mehrsprachigkeit in Deutschland. Eine Ausnahme-Studie beschreibt aber die *slavische* Mehrsprachigkeit in Deutschland aus-
führlich soziologisch (Achterberg 2005). Vielleicht kann bei der
Vielzahl an Ethnien (und ihren Verflechtungen) auch tatsächlich
nur bis zu einer praktiblen oder plausiblen Grenze geforscht
werden. Hinzu kommt, dass die sprachlichen Fähigkeiten und

Kompetenzen nicht nur individuell unterschiedlich sind, sondern dass die Bedeutung und das Gewicht deutschsprachlicher Fähigkeiten auch innerhalb der ethnischen Gruppen durchaus nicht gleich sind. Hier endlich die Voraussetzungen für Chancengleichheit zu schaffen, muss die erste Aufgabe einer zukünftigen Migrationspolitik sein.[15]

Es gibt immer so etwas wie eine Grundregel des Durchschnitts, ein Raster, an dem man sich für gezieltere Feldforschungen zumindest orientieren kann. Eine dieser Grundregeln betrifft das Schicksal der Mutter- und Herkunftssprache in der Sprachsituation des Ziellandes. Der normale Weg der Sprachassimilation verläuft immer entlang gewisser Stadien, markanten Interpunktionen, die sich aus der Generationenabfolge ergeben. Die Bochumer Slavistin Tanja Anstatt formuliert den grundständigen Prozess am Beispiel der russischen Diaspora so («Drei-Generationen-Modell»): «Nach dem Generationenmodell (…) verläuft die Sprachentwicklung typischerweise so, dass die erste (d. h. die Einwanderer-Generation) monolingual oder dominant in der Herkunftssprache ist; die zweite Generation ist in unterschiedlichen Formen bilingual und behält die Herkunftssprache nur noch für familiäre Zwecke bei; die dritte Generation geht schließlich zur Monolingualität über oder ist zumindest dominant in der Umgebungssprache.» (Anstatt 2008, 3 f.)

Dieses Modell ist ziemlich theoretisch und es trifft eher für Länder wie die USA als für Deutschland zu. Denn zumindest das Ideal der Einsprachigkeit hat sich mittlerweile endgültig als Illusion, aber auch als unnötig und wirklichkeitsfern erwiesen. Es ist eine politische und sprachpolitische Altlast enger Nationalstaaten. Bei keiner der relevanten Ethnogruppen kann man heute von Monolingualität sprechen: Die zwei- und mehrsprachige Kompetenz der Migranten ist in etlichen Gradabstufungen durchweg erhalten und die Regierungen sind offenbar zur Zeit dabei, Mehrsprachigkeit als eine besondere Ressource zu erkennen, zu würdigen und auch auszunutzen.

3. MEHRSPRACHIGKEIT UND ANDERSSPRACHIGKEIT

«Ich lebe nicht in zwei Welten – ich bin zwei Welten» – so fasst die marokkanische Opernsängerin Malika Reyad die Quintessenz ihrer mehrsprachigen Existenz zwischen Ländern, Städten und Kulturen zusammen.

Die Mehrheit der Menschheit lebt in mehrsprachigen Gesellschaften und ist mehrsprachig. In allen Gesellschaften, in denen mehrere Sprachen nebeneinander existieren, dominiert die Mehrsprachigkeit. «Historisch betrachtet waren alle großen Reiche vom Morgenland bis zum Abendland mehrsprachig.» (Cabadağ 2001, 16) Nicht nur das soziale Leben des Menschen ist auf Mehrsprachigkeit angelegt, sondern offenbar auch seine Existenz als ein sprachbegabtes Wesen: «the human language faculty has an endowment for multilingualism.» (Jürgen Meisel) Und die neue Disziplin der Eurolinguistik z. B. entwickelt ihr Zukunfts-Programm für das 21. Jahrhundert ausdrücklich im Namen des mehrsprachigen Individuums.

Wie Sprachkontakt ist also auch Mehrsprachigkeit so etwas wie ein irdischer Regelfall, eine weltweite Konstante. Trotzdem erscheint die Situation um Sprachen, Migration und Mehrsprachigkeit in Deutschland merkwürdig kompliziert: Sie leidet immer noch unter dem alten Mythos der Einsprachigkeit, einer Art europäischer (sprach)politischer Krankheit. Daher ist sie heute von einem Paradox geprägt. Es kommt in diesen Aussagen zum Ausdruck:

– «Das Ergebnis [der] neuzeitlichen Völkerwanderungen (…) ist in absehbarer Zukunft die Entstehung äußerst heterogener Sprachgemeinschaften, in denen Mehrsprachigkeit als Regelfall gelten wird.» (Jörn Achterberg)
– «Einen (…) Diskurs über die migrationsbedingte Mehrsprachigkeit gibt es (…) nicht.» (Volker Hinnenkamp)

An diesem Paradox hat sich bis heute kaum etwas geändert. Realität und Wissenschaft laufen nicht synchron, sondern nebeneinander her. Obwohl das heutige Deutschland eigentlich so etwas sein könnte wie ein ‹Paradies für Linguisten›, ein «living language laboratory» (Hans Peter Stoffel), nähert man sich dem ganzen Komplex Migrantensprachen und Mehrsprachigkeit hierzulande nur sehr vorsichtig. Deshalb ist auch ein öffentlicher Diskurs über die Auswirkungen dieser Mehrsprachigkeit auf das Deutsche noch in weiter Ferne. Um sich dem Problem überhaupt zu nähern, wird in der deutschen Forschungslandschaft gern eine historische Kontinuität der Mehrsprachigkeit an den Horizont gemalt. Dabei ist die stereotype Behauptung, Deutschland sei schon immer ein mehrsprachiges Land gewesen, zugleich wahr und auch wieder falsch – je nach der Lesart. Sie ist unwiderlegbar, gleichzeitig aber auch auf eine subtile Weise irreführend, weil sie Äpfel und Birnen in einen Korb zusammenwirft. Denn der Typ Mehrsprachigkeit, den Deutschland traditionell gewöhnt war, hat mit der Mehrsprachigkeit seit Gastarbeiter-Zeiten kaum noch etwas gemein. Werfen wir darauf einen kurzen Blick:

- *Alte Mehrsprachigkeiten* wie Latein-Deutsch, Französisch-Deutsch, Schulsprache-Deutsch oder Hochschulsprache-Deutsch sind im Prinzip eher passiv, schriftlich, kaum kreativ und von der gesprochenen Sprache des Alltags weit entfernt, wenn nicht sogar von ihr isoliert. Die grenznahen Zweisprachigkeiten im Saarland oder Schleswig-Holstein fallen für die deutsche Sprachsituation nicht ins Gewicht.
- *Neue Mehrsprachigkeiten* sind jene der nach 1960 zugewanderten Migranten, z. B. Türkisch-Deutsch. Zehn Millionen Menschen in Deutschland benutzen täglich noch eine andere Sprache als das Deutsche.[16]

Niemand, der offenen Auges und mit offenen Ohren durch eine deutsche Großstadt geht, kann sich dem entziehen. Wir holen Brötchen beim türkischen Bäcker, bei O2 berät uns ein Fachmann aus Tunesien, wir gehen zur Russin ins Nagelstudio, essen indisch und ärgern uns über albanische Hütchenspieler. Und trotzdem bleibt eine sprachliche Kluft, die sich zwischen Normalbürger und Fremdsprache, die oft unerreichbar bleibt, auftut: So gut wie niemand kann sicher entscheiden, welche Sprache er in der U-Bahn, im Café oder an der Straßenecke gerade hört.

Man kann nicht behaupten, dass die offensichtliche Tatsache eines *mehrsprachigen Landes* im Bewusstsein weiter Teile der Bevölkerung *ohne* Migrationshintergrund bereits wirklich angekommen wäre, und auch nicht, dass die Forschungslandschaft den real existierenden Mehrsprachigkeiten[17] in angemessenem Umfang Rechnung tragen würde. Was wäre also zu tun?

Mehrsprachigkeiten

Beginnen müsste man mit einer Großaufnahme der deutschen Sprachenlandschaft. Dies ist zur Zeit nicht möglich, weil die Statistiken nicht die gesprochenen Sprachen nennen, sondern die Staatsangehörigkeiten. Wie schwierig die Sprachenverteilung real zu erfassen ist, erweisen die klassischen Beispiele der Volksdeutschen aus Kasachstan, jüdischer Menschen aus der Ukraine oder der Albaner aus dem Kosovo. Hier gehen Muttersprache, Staatssprache, Standardsprache, Erstsprache, Zweitsprache und noch vieles andere unübersehbar durcheinander. Dann müsste ermittelt werden, welche ‹Vitalität› (= Stärke der soziologischen Existenzbedingungen) die großen Migrantensprachen im Land haben und wie und warum sie sich hier unterscheiden: So hat das Albanische z. B. mit Sicherheit einen anderen Vitalitätsgrad als vielleicht das Polnische. Unter den slavischen Migrantensprachen hat das Russische wohl die Nase vorn, wie die herausragende Studie von Achterberg (2005) belegt.

Neue Mehrsprachigkeiten (MS) bestehen im Prinzip und im Kern aus der jeweiligen Migrantensprache und Deutsch, also Türkisch-Deutsch, Arabisch-Deutsch oder Russisch-Deutsch; die Liste ließe sich beliebig fortsetzen und mag irgendwann auch Vietnamesisch, Thai oder Hausa einbeziehen (sie sind hier aber weniger von Interesse). Dies ist ihre äußere Auffächerung, deren Verzweigungen und Ausprägungen in den Großstädten in die Hunderte oder Tausende gehen müssen. Diese MS sind im Unterschied zu den alten, statischen MS viel dynamischer: Sie gestalten sich im Alltag nach schwer fassbaren Regeln selbst aus. Und allmählich ebnen sie die Kluft zwischen ‹perfekter› Mutter-Herkunfts-Sprache und neuer Hoch-Fremdsprache ein und nähern beide auf einer eher praktischen Augenhöhe einander an. Besonders türkische und russische Sprecher mischen beide Sprachen virtuos ineinander und setzen dieses Codeswitching sehr effektiv ein.

‹Anderssprachigkeit›

Wenn neue Mehrsprachigkeiten flächendeckend verbreitet sind, gibt es ungezählte Erscheinungsformen und Ausprägungen, weil sich auch jeder Sprecher nach Kenntnis, Talent, Biographie und sozialem Umfeld unterscheidet. Wenn Migranten längere Zeit in einem anderen Land sind (oder: hier zweisprachig aufwachsen), bilden sie langfristig ein Verhältnis zu beiden Sprachen aus, das sich von dem des einsprachigen Muttersprachlers unterscheidet: Wir nennen das hier ‹doppelte Anderssprachigkeit›.[18] Dieser Begriff will die einfache Tatsache erfassen, dass

- das gesprochene Deutsch vieler Migranten nicht identisch ist mit der Standardumgangssprache: Es ist ein Deutsch mit mehrsprachigem Hintergrund – ein enorm wichtiges Faktum;
- die gesprochene Herkunftssprache der Migranten in aller Regel nicht mehr ganz die Sprache des Herkunftslandes ist (und immer um einen gewissen Grad abweicht). Denn je länger ein Migrant in Deutschland ist, desto weiter entfernt er sich vom Eigenrhythmus seiner Herkunftssprache, und diese kann in Deutschland dann durchaus auch ‹deutsche› Züge annehmen (‹Deutschland-Türkisch›, ‹Deutschland-Russisch› etc.).

Dies sollte man im Blick haben, wenn man in der Literatur auf Formulierungen stößt wie die, dass «die Entwicklung tendenziell auf eine große Zahl von ‹schwachen Sprechern›» zulaufe – ein Terminus, den der Eurolinguist Hans-Jürgen Sasse geprägt hat. Denn «schwach» heißt übersetzt nur: nicht mehr streng an eine vorgegebene Hochsprachennorm gebunden, und: von Mehrsprachigkeit geprägt. Was mit dieser ziemlich groben Skizze gesagt werden soll, ist dreierlei:

- Konkrete Mehrsprachigkeiten in einem Land wie Deutschland mit seinen Dutzenden, ja vielleicht über einhundert Fremdsprachen lassen sich nicht berechnen (vielleicht annähernd hochrechnen), sondern allenfalls in ihren wichtigsten Typen zeigen.
- Des Pudels Kern ist deshalb die neue Mehrsprachigkeit der Migranten *als solche* – im Prinzip unabhängig von ihren tausend Erscheinungsformen. Es ist der latente MS-Zustand mit seinen starken kognitiven und psychologischen Merkmalen, auf den es allein wirklich ankommt und der einen scharfen Kontrast bildet zu dem historischen Gegenstück der Einsprachigkeit (die sich immer weiter zu verflüchtigen scheint).
- Anstatt also über unabsehbare Projekte nachzudenken, die ohnehin immer eine lange Laufzeit haben, müsste untersucht werden, wie die Mehrsprachigkeit von Migranten als ein sprachlicher *Modus* mit der deutschen Umgangssprache interagiert und

welchen Output es dabei gibt. Der Clou ist, in einem Satz, sicher dies:

→ Mehrsprachigkeit als ein neuer Modus der Sprachverarbeitung verändert und vereinfacht die Grammatik.

Ein einfaches kognitives Modell der Mehrsprachigkeit

Gut möglich ist, dass man mit einem einfachen kognitiven Modell der MS die Veränderungen des Deutschen wie auch der Herkunftssprachen im Kern und bis hin zu einer gewissen Grenze wird erklären können. Formulieren wir die zentrale Frage noch einmal um: Was passiert im Sprecherhirn, was geht im kognitiven Haushalt mehrsprachiger Sprecher vor sich, und wie kann das überhaupt Einfluss nehmen auf die Veränderungen sprachlicher Strukturen? Was wissen wir heute darüber? Offenbar noch nicht sehr viel. Die Forschung zu Mehrsprachigkeit befasst sich bis jetzt eher mit dem kindlichen Spracherwerb und sozialen Slangs und gibt noch kaum wirklich brauchbare Antworten. Eine rühmliche Ausnahme sind Arbeiten wie die von Claudia Nitsch (2007), die, jenseits von sozialen Interpretationen, erst einmal die zugrundeliegenden neurologischen Tatsachen ins Auge fasst. Und hier kann man gleich etwas Wichtiges lernen:

Mit bildgebenden Verfahren hat man nachweisen können, dass der springende Punkt das Alter ist, in dem man eine Fremdsprache lernt. Lernt man eine Sprache früh, wie die Muttersprache, werden größere Hirnareale aktiviert und die Prozesse spielen sich mit der Zeit vollkommen automatisch ein. Alles ist besser vernetzt. Lernt man eine Sprache nach dem zwölften Lebensjahr (eine ungefähre Marke), wird sie separat gespeichert und aktiviert andere Hirnareale. Dadurch werden die Wege der Sprachverarbeitung länger und komplizierter, gehen zwischen Erst- und Zweitsprache hin und her und bleiben immer mehr oder weniger *bewusst*, was sofort Fehler erzeugt. Der unbewusste Autopilot der Muttersprache wird von der bewussten Handsteuerung der Fremdsprache abgelöst oder konkurriert mit ihr, und das explizit-bewusste Sprachen-*handling* kostet das Gehirn ein Vielfaches an Kraft.

Migranten gehören in diesem Szenario grob gesagt zwei Typen an:

- Ältere Migranten trennen zwischen Erst- und Zweitsprache.
- Bei der mehrsprachigen zweiten, dritten und vierten Generation kann man von einer engeren und ‹automatischeren› Vernetzung der Sprachmodule ausgehen.

Die positive Kraft der Mehrsprachigkeit

Die Forschung hat mittlerweile erkannt, dass das ‹Defizit›-
Bewusstsein im Generationenfortgang verschwindet und einer
neuen, souveränen Art von Sprachbewusstsein und -kompetenz
Platz macht. Dies nennen wir ‹doppelte Anderssprachigkeit›. Sie
kommt auch dem Erlernen weiterer Sprachen entgegen. Mehr-
sprachler haben einen Vorteil gegenüber Einsprachigen, und diesen Vorsprung kann man messen. Er lässt sich nachweisen als ein
breiteres kommunikatives Repertoire, eine höhere Sprachsensibi-
lität und Flexibilität, als verbesserte Arbeitsleistung des Gehirns,
als höhere Sprachintelligenz und ein reiferes kulturelles Bewusstsein.[19] Interessant mag in diesem Zusammenhang sein, dass neue
erfolgreiche Literaten in Deutschland oft Mehrsprachige mit
Migrationshintergrund sind, z. B. Herta Müller (Rumänien), Si-
bylle Lewitscharoff (Bulgarien) oder Rafiq Schami (Syrien), die
das einheimische Schriftstellerdeutsch ordentlich auffrischen und
aufmischen.

Herkunftssprache und Migrantendeutsch bilden immer so etwas wie ein vielschichtiges Tandem unter dem Dach der MS. Die
Module beider Sprachen ‹arbeiten zusammen›, sie ergänzen sich
mit der Zeit immer besser und interagieren miteinander. Bald
stellt sich eine neue Perspektive auf Grammatik ein, die nicht
mehr rigoros nur auf formale Richtigkeit setzt. Bei sozial intelli-
genten Sprechern ist Sprechen dann nicht mehr ‹Fehlervermei-
dungs-Strategie›, die auf eine exakte Richtigkeit zielt. Es wird zu
einem kreativen Ereignis, das offen ist für Varianten und flexible
Satzgestaltung.

Zwanglos kann man annehmen, dass Mehrsprachigkeit immer
die Aufmerksamkeit des sprachlichen ‹Monitors› von der Standardgrammatik abzieht. Gleichzeitig erhalten der Kontext und
die Situation ein viel größeres Gewicht. Was sich in der Folge einstellen kann, sind grammatische Reduktionen, Formenabbau und
sprachliche Kompromiss-Strukturen, die weder der einen noch
der anderen Sprache genau entsprechen müssen, sondern sich in

einer Zwischenzone bewegen. Der Abbau der deutschen Kasus wäre ein treffendes Beispiel für diese Bewegungen.

Dies ist eine sehr wichtige Erkenntnis für die Erklärung der aktuellen Veränderungen im Deutschen, weil es die Sprachverfall-Debatten überflüssig macht.

Wir halten vorerst fest:

→ Mehrsprachigkeiten einer neuen, multiplen Art gehören inzwischen zu Deutschland. Das mehrsprachige Gehirn entwickelt ein verändertes Sprachbewusstsein, das nicht mehr auf die absolute Geltung *eines* Sprachsystems abgestellt ist. Es ist offen für viele Anpassungen der Grammatik, die sich durch kommunikative Notwendigkeiten ergeben. Es ist eingestellt auf Kontext und Situation und auf die Kombination mehrerer Sprachen. Der kognitive Vorteil ist eine wichtige Voraussetzung auch für ein neues kulturelles Bewusstsein.

4. SPRACHTYPEN UND SPRACHFAMILIEN

Migrantensprachen im Sinne dieses Buches sind Türkisch, Arabisch, Russisch, Jugoslavisch, Albanisch, Polnisch und einige andere, die aber nicht so deutlich in Erscheinung treten, z. B. Italienisch oder Armenisch. Das Wort vom *Clash of Languages* bedeutet auch, dass die Migrantensprachen von ihrer Anlage her weit vom Deutschen und auch voneinander entfernt sein können. Nicht nur geographisch, sondern auch linguistisch-sprachlich. Dies gilt extrem für Türkisch und Arabisch, etwas weniger für die anderen Sprachen. Mit ‹weit entfernt› sind zwei Dinge gemeint, die in der Allgemeinen Sprachwissenschaft eine große Rolle spielen und sich in der Sprachsituation, in der sich das Deutsche befindet, ganz erheblich auswirken:

- Die Migrantensprachen gehören **verschiedenen Sprachtypen** an.
- Die Migrantensprachen gehören **verschiedenen Sprachfamilien** an.

Wenn man dem Sprachkontakt dieser Sprachen mit dem Deutschen wirklich näher kommen will und vor allem den Auswirkungen, die sie auf das Deutsche haben, muss man diese beiden Punkte kurz beleuchten. Natürlich ist es unmöglich, hier in linguistische Tiefen hinabzusteigen, die Literatur dazu ist immens und nahezu unübersehbar. Aber ohne ein paar Grundtatsachen können die neuen Veränderungen im Deutschen nicht wirklich verstanden werden. Denn es ist etwas anderes, wenn, sagen wir, Italienisch und Deutsch aufeinandertreffen, als wenn es Türkisch oder Arabisch sind. Denn je exotischer der Kontakt, umso heftiger werden die Auswirkungen sein.

Welchem Sprachtyp gehören die Migrantensprachen an?

Mittlerweile setzt sich die Erkenntnis durch, dass die Zugehörigkeit zu einem bestimmten Sprachtypus ein wichtiger Schlüssel für ausländische Deutschlerner sein kann: Russen, Türken oder Chinesen haben nicht nur einen anderen Zugang zum Deutschen, sondern machen auch andere Fehler – ein weites, neues Feld für den Komplex ‹Deutsch als Fremdsprache› (DaF) (Leontiy 2013).

Mit den Sprachtypen befasst sich seit jeher die Klassische Sprachtypologie, die mit großen Namen wie August Schlegel, Wilhelm von Humboldt oder Roman Jakobson verbunden ist. Sie ist im Prinzip noch heute gültig und unterscheidet in ihrer einfachsten Form (die hier genügen muss) vier große Sprachtypen in der Welt. Drei von ihnen haben für Migration und Sprachwandel in Deutschland unmittelbar Bedeutung: der flektierende Typ (z. B. Russisch), der agglutinierende Typ (z. B. Türkisch) und der isolierende Typ (z. B. Chinesisch). Der für Europa charakteristische Sprachtyp ist der flektierende Typ.

Der flektierende Typ: z. B. Russisch

Flektierende Sprachen drücken ihre Grammatik im Prinzip direkt am Wort aus, meistens hinten, z. B. durch Endungen: Das Russische und das Jugoslavische, aber auch das Deutsche, gehören dazu, sowie viele weitere Sprachen in Osteuropa wie z. B. das Polnische oder das Litauische. Weil ein Großteil der Grammatik mit dem Grundwort direkt zusammengeschlossen ist, nennt man diese Sprachen auch flektierend-*synthetisch*. Musterbeispiele für dieses Prinzip sind die Fälle wie in russisch *čelovek* ‹der Mensch›, *čeloveka* ‹des Menschen›, *čeloveku* ‹dem Menschen›, die Steigerung wie in jugoslavisch *brzo* ‹schnell›/*brže* ‹schneller› oder manche Verbzeiten wie polnisch *napiszę* ‹ich werde schreiben› oder *napisałem* ‹ich habe geschrieben› – Formen, die alle aus nur einem einzigen Wort bestehen.

Aus einer mehr universalen Perspektive sind flektierende Sprachen mit ihren Endungen jedoch oft zu ökonomisch oder aber zu unökonomisch:

- Eine Endung kann gleich mehrere Bedeutungen tragen: Die Endung *-es* in *des Hauses* gibt z. B. Auskunft über Kasus (Genitiv), Genus (Neutrum) und Numerus (Singular).
- Auf der anderen Seite wird aber ein und dieselbe Bedeutung oft gleich mehrfach ausgedrückt (das andere Extrem), z. B. dreimal der Kasus Genitiv in *des schönen Hauses*. Zwischen den einzelnen Formen herrscht ‹Kongruenz›: Die formale Übereinstimmung muss (im Standard und im Schriftdeutsch) in allen Gliedern der Wortgruppe eingehalten werden. Das sichert den Zusammenhalt des Satzes, schleppt aber eine gewisse Redundanz mit. In intensivem Sprachkontakt werden beide Prinzipien abgeschliffen, was viele neue Züge des Deutschen erklärt:
- Was zu ökonomisch ist, wird mit einer maßvollen Redundanz versehen: Aus *gemäßigter* wird *mehr gemäßigt*.
- Was zu unökonomisch, zu redundant ist, wird eingeebnet: Aus *mit diesem Nachbarn* wird *mit diesen NachbarØ*.

Der flektierende Sprachtypus ist in Europa sehr alt – schon die Schulsprachen Lateinisch und Altgriechisch gehören dazu. Viele wird verwundern, dass auch das Arabische, allerdings mit Einschränkungen, zu diesem Typ gerechnet wird: Es wandelt hauptsächlich die Wortwurzel ab (‹innere Flexion›): *kitāb* ‹Buch›, *kātib* ‹Schriftsteller›, *maktāb* ‹Büro›, *katabtu* ‹ich schrieb› usw.

Ein Ableger des flektierenden Typs

Im Laufe der Zeit hat sich in Europa aus dem flektierenden Grundtypus noch ein Ableger entwickelt. In den *west*europäischen Sprachen, den romanischen, aber auch den germanischen Sprachen, werden Teile der Grammatik im Prinzip nun nicht mehr nur direkt hinten am Wort ausgedrückt, sondern dies kann jetzt auch *vor* dem Wort geschehen: durch Präpositionen. Da diese nicht mehr direkt mit dem Wort zusammenhängen, nennt man diesen Typus auch ‹flektierend-*analytisch*›. Dieser Typ hat sich in Europa ziemlich spät entwickelt, nämlich erst lange nach der Zeitenwende, als Europa seinen kulturellen Schwerpunkt nach Norden und Westen verlagerte und die Volkssprachen langsam ihren Tribut forderten. Solche Sprachen sind z. B. Französisch und Italienisch, Schwedisch und Niederländisch. Musterbeispiele dafür sind die Kasus wie in französisch _de la maison_ / _à la maison_, die Steigerung wie in italienisch _piu forte_ ‹stärker› oder manche Verbformen wie in englisch _I have written_. Das Englische hat diesen Typ am weitesten, ja ins Extrem weiterentwickelt, sodass es heute kaum noch irgendwelche Endungen aufweist.

Zu dieser Variante des flektierenden Sprachtyps gehören überraschenderweise auch das Bulgarische, das Makedonische und mit Einschränkungen das Rumänische – alles neue Migrantensprachen. Flektierend-synthetische Sprachen sind demnach älter und eher konservativ, flektierend-analytische jünger und progressiv. Europas Sprachen bewegen sich alle im Prinzip vom ersten Typ weg in Richtung auf Typ 2.[20] Das Deutsche befindet sich mit seinen aktuellen Sprachwandel-Tendenzen also in bester Gesellschaft.

Der agglutinierende Typ: z. B. Türkisch

Der _agglutinierende Typ_ ist in Deutschland und Europa vertreten durch das Türkische. In den Turksprachen werden die grammatischen Bedeutungen eine nach der anderen hinten an eine Wortwurzel ‹angeklebt› (von lateinisch _agglutinare_ ‹ankleben›). Dabei hat jede Silbe immer nur eine einzige Bedeutung und deshalb kann das Wort einen sehr großen Umfang annehmen – je nachdem, wie viele Bedeutungen ausgedrückt werden müssen. So kann man durchaus sagen, dass der schiere Umfang türkischer Wörter die Menge der Bedeutungen sozusagen gleich optisch anzeigt und sogar einen ganzen deutschen Satz vertreten kann. Dabei ist die Reihenfolge der Silben streng festgelegt: _ev-ler-imiz-de_ ‹Haus-Plural-unser-in› = ‹in unseren Häusern›. Für eine grammatische Kategorie gibt es deshalb im Prinzip nur _einen_ Anzeiger, also 1 : 1, z. B. _ler/lar_ für Plural: _ev-ler_ ‹die Häuser›, _-de_ für Ort: _Türkiye'de_ ‹in der Türkei›, _-miş_ für Vergangenheit: _gelmiş_ ‹gekommen› usw. Später werden wir die Tendenz, dass eine Kategorie möglichst sparsam ausgedrückt wird, das ‹kreolische Prinzip› nennen. Es wirkt auch im Neudeutschen und kommt z. B. dadurch zum Ausdruck, dass immer mehr Grammatik abgebaut wird.

Agglutinierende Sprachen weisen oft eine _Vokalharmonie_ auf, also ähnliche Vokale in den Silben, weil das die Produktion und das Verständnis von langen Wörtern erleichtert. Viele Sprachen dieses Typs sind vom flektierenden Sprachtyp auch dadurch entfernt, dass sie ‹typisch europäische› Kategorien oft gar nicht aufweisen: So hat das Türkische z. B. keinen Artikel, kein grammatisches Geschlecht und vermeidet Nebensätze mit Konjunktionen, wie wir sie kennen – für den Kontakt mit dem Deutschen außerordentlich wichtige Dinge.

Der isolierende Typ: z. B. Chinesisch

Der isolierende Typ ist in Ostasien am weitesten verbreitet. Das Chinesische verkörpert ihn sozusagen in Reinkultur. Wörter haben im Prinzip nur eine einzige Form, oft sogar nur eine einzige Silbe, die aber in verschiedenen Tonhöhen vorkommen kann und dann andere Bedeutungen annimmt. So kann die Silbe /MA/ je nach Ton ‹Mutter›, ‹Pferd›, ‹schimpfen› und auch noch anderes bedeuten. Eine Grammatik in unserem europäischen Sinne mit Ketten aus Kasus und Endungen existiert nicht. Unter den aktuellen Migrantensprachen in Deutschland finden sich zwar keine des isolierenden Typs (wollte man nicht Chinesisch, Vietnamesisch oder Thai als Migrantensprachen verbuchen, was wir hier nicht tun werden). Festhalten muss man aber, dass isolierende Sprachen keine Übereinstimmungen (‹Kongruenz›) der Satzteile kennen. Sie verbinden die Wörter nicht, sondern lassen sie einfach lose nebeneinander stehen: *zhōng huá rén mín* ‹Mitte China Mensch Volk› = ‹das chinesische Volk›.[21] Wir werden sehen, dass dieser ‹isolierende Zug› eine große Bedeutung für den Wandel des Deutschen erhält, z. B. durch den langsamen Abbau vieler grammatischer Übereinstimmungen zwischen den Wörtern. Nur kommt dieser Impuls eben nicht aus exotischen Fremdsprachen, sondern ergibt sich aus dem mehrsprachigen Sprachkontakt. Viele Sprachen dieses Typs sind von ‹unserem› flektierenden Typ ebenfalls dadurch entfernt, dass sie gängige Kategorien oft nicht aufweisen, z. B. klar voneinander abgegrenzte Wortarten wie Substantiv und Verb oder komplexe Wörter wie *Arbeitsamt* etc.

Keiner dieser drei Typen ist in einer Sprache in Reinkultur vertreten. Gemeint ist immer nur, dass ein Prinzip vorherrscht und die anderen eher zurücktreten. Das heißt auch, dass in so gut wie jeder Sprache *alle* Sprachtechniken irgendwie vertreten sind. So hat das Englische zweifellos flektierende (*I make_* : *he makes, I make* : *I made*) und isolierende Züge (*service center, house keeping*). Das Deutsche scheint zur Zeit alte synthetische Züge (*mit meinem Nachbarn*) abzubauen und dafür neue analytische (*mehr interessant*) und isolierende (*mit mein Nachbar*) Züge aufzunehmen.

Welcher Sprachfamilie gehören die Migrantensprachen an?

Mit den Sprachfamilien befasst sich seit jeher die Klassische Indogermanistik. Große Forscher wie Franz Bopp, August Leskien oder Gustav Weigand entdeckten Ende des 19. Jh., dass die meisten Sprachen in Europa miteinander verwandt sind und in Familien zusammengefasst werden können. Diese Verwandtschaft kann man an Grundwörtern wie *Vater, Bruder, Tochter, Sonne, Wasser*, aber auch an gemeinsamen Sprachstrukturen (Steigerung, Nebensätze usw.) leicht erweisen. Die Sprachfamilien haben sich im Horizont der Zeit immer weiter voneinander entfernt. Zur slavischen Sprachfamilie gehören das Russische (‹Ostslavisch›), das Jugoslavische, Bulgarische und Makedonische (‹Südslavisch›) und das Polnische (‹Westslavisch›), das Rumänische zur romanischen Familie und das Deutsche und Englische zur germanischen Familie. Alle genannten Sprachen (bis auf Deutsch und Englisch) sind Migrantensprachen in unserem Sinne. Die Migrantensprachen Albanisch und Griechisch sind innerhalb der indoeuropäischen Großfamilie isoliert, ohne nähere Verwandte, ebenso das Armenische. Es sind linguistische Waisenkinder.

Das Türkische gehört zur Familie der *Turksprachen*, zusammen mit seinen ‹fernen› Schwestersprachen wie Kasachisch oder Azerbajdzhanisch. Das Arabische zählt zur Familie der *semitischen* Sprachen, ebenso das Hebräische (was angesichts der politischen Lage leicht vergessen wird). Dies sind die Sprachen, die im vorliegenden Buch als Migrantensprachen eine gewisse Rolle spielen. Erwähnen wir noch das Kurdische: Es ist eine iranische Sprache, ist also auch noch indoeuropäisch und näher mit dem Persischen verwandt.

Alle anderen Sprachen des Sprachenpools in Deutschland brauchen hier nicht mehr präzise eingeordnet zu werden, da sie als Migrantensprachen in diesem Buch kaum eine Rolle spielen. Zu

nennen wären z. B. das Italienische und Portugiesische als Muttersprachen der ersten Gastarbeiter und vieler Migranten. Mit Recht
könnte auch nachgefragt werden, was mit Koreanisch, Vietnamesisch oder Hindi ist, die ebenfalls eine beachtliche Gemeinde in
Deutschland bilden. Oder mit den vielen anderen Sprachen, die in
Asien oder Afrika gesprochen werden und irgendwo in der Statistik der deutschen Großstädte noch mit auftauchen. Sie spielen hier keine linguistische Rolle. Und auch das Englische und
Französische sind immer weniger ‹Migrantensprachen› im hier
verwendeten Sinn. Wir meinen also, dass es intuitiv zumindest
plausibel ist, die im Buch vorliegende Beschränkung der Migrantensprachen auf etwa zehn zu akzeptieren – auch wenn dies nicht
vollkommen der großen Ethnostatistik entspricht: Es gibt auch so
etwas wie eine ‹gefühlte› Bedeutung von Migrantensprachen.

Ohne Zweifel spielen also slavische Sprachen, eine Turksprache
und eine semitische Sprache die größte Rolle in Deutschland –
und dies ist sowohl rein quantitativ gemeint, als auch nach ihrer
Vitalität und hinsichtlich der typischen Mehrsprachigkeiten in
Deutschland. Allen voran das Türkische, also eine Sprache, die sowohl typologisch als auch nach der Sprachfamilie weit, sehr weit
vom Deutschen entfernt ist.

ZWEITES KAPITEL

DIE MIGRANTENSPRACHEN

5. PORTRAIT TÜRKISCH

Fokus. Bedeutendste Turksprache. Größte Migrantensprache in Deutschland. Gefühlte Dominanz und Präsenz unter den Migrantensprachen in den großen Städten. Agglutinierender Typ mit flektierenden Zügen. Hintergrund für diverse Jugendslangs und ‹Ethnolekte›. Bedeutende Transportsprache für den Islam und die muslimische Präsenz in Deutschland. Musterbeispiel für Zweisprachigkeit und bevorzugtes Forschungsobjekt der Linguistik. Entwickeltes Codeswitching. In der Zukunft vielleicht Brückensprache zwischen der islamischen Welt und Europa.

Ein kurzer türkischer Text

Krepler	asılı	bir	dükkâna	gırdıler.		Memed
Stoff-e	echt	einen	LadenDat	kommen-Prät-Pl[1]		Mehmed

bir	ipek	krep	seçti.	Ipeği	avucunda
eine	Seide	Stoff	wähl-te	Seide-Akk	Faust-in

sıktı,	sonra da	açtı.	Krep	avucundan	yere
knüll-te,	dann Prt.	öffne-te	Stoff	Faust-aus	Boden-Dat

kaydı.	Has	ipek!	aldılar,	dışarı
fall-Prät	doch	Seide!	kauf-Prät-Pl	draußenAkk

çıktılar.		Mustafa Memed'e	göz	kırptı:
treten heraus-Prät-Pl		Mustafa MemedDat	Auge	blinzelPrät

«Haticeye degil mi?»
«HaticeDat nicht Prt.?»

Übersetzung:
Sie betraten einen Stoffladen. Memed wählte einen gelben Seidenstoff. Er knüllte ihn zusammen, dann öffnete er die Faust wieder. Der Stoff fiel ihm aus der Faust auf den Boden. Tatsächlich Seide!

Als sie mit dem Kauf draußen waren, zwinkerte Mustafa Memed zu: «Für Hatice, richtig?»

Quelle: Kemal (1992)

Verbreitung und Bedeutung

Das Türkische gehört zur großen Familie der Turksprachen, die sich von Ländern wie Kasachstan oder Usbekistan über die Türkei bis in den südöstlichen Zipfel von Europa erstrecken und sich untereinander ziemlich ähnlich sind. So kann sich ein Türke aus Istanbul auch in Baku oder Samarkand einigermaßen verständigen. Das heutige Türkisch geht zurück auf die Sprache großer Turkstämme, die einst in Zentralasien siedelten und im Mittelalter immer weiter nach Westen gedrängt wurden. Im Mittelalter stand es lange unter dem Einfluss der Prestigesprachen der damaligen Zeit, dem Arabischen und Persischen.

Die Türken nennen die Sprache ihres Landes *türk dili* ‹Türkische Sprache› oder kurz *türkçe* ‹das Türkische›. Sie wird von 85 Millionen Menschen gesprochen, und zwar von circa 65 Millionen in der Türkei, aber auch in Zypern und Teilen des Balkans, z. B. in Bulgarien (600 000). Als Amtssprache ist Türkisch auch in Rumänien oder im Kosovo anerkannt. Viele Kurden, Armenier, Makedonier oder Griechen sprechen Türkisch als Zweitsprache. Dazu kommt heute eine große Zahl von Migranten besonders in Deutschland, die Deutsch als zweite Sprache sprechen: Es sind etwa 3 Millionen. Türkische Gemeinden sind auch in Frankreich (400 000), in den Niederlanden (365 000), in Österreich (230 000) und in Belgien (130 000) zu finden.[2] Eine türkische Diaspora gibt es auch in den USA, in Australien und Kanada. Die türkischen Migranten kamen seit den 1960er Jahren aus allen drei großen Dialektgebieten des Türkischen, besonders aber aus den Regionen der östlichen anatolischen Dialekte sowie aus den proletarischen Schichten großer Städte wie Istanbul (sogenannte «Gecekondu»). Das Türkische hat sich seit dieser Zeit in eine Vielzahl von neuen Ethnolekten verzweigt und prägt die moderne Sprachsituation in Deutschland erheblich mit.

Aus der Geschichte des Türkischen

Türkisch war auch die Amtssprache des Osmanischen Reiches, das vom 14. Jahrhundert bis ins 19. Jahrhundert in weiten Teilen

Südosteuropas geherrscht hat. Die türkische Kultur hat besonders in Südosteuropa, in Bulgarien, Bosnien und Serbien, in Albanien und im Süden Rumäniens starke Spuren hinterlassen, die bis heute überall deutlich erkennbar sind. Große Teile der Bevölkerung des Balkans waren im Mittelalter zur Religion der Türken, dem Islam, übergetreten: Albanien ist heute fast ganz islamisch, Bosnien zu großen Teilen und im Südosten Bulgariens ist ein großer Bevölkerungsteil islamisch und Moscheen prägen weithin das Landschaftsbild. Besonders auf dem balkanischen Land trägt die Kultur des täglichen Lebens auch heute noch unverkennbar türkische Züge. ‹Balkansprachen› wie Bulgarisch, Makedonisch und Albanisch zeigen, wie allumfassend der türkische Einfluss in europäischen Sprachen sein kann. Weite Bereiche des Alltags wie Haushalt, Küche, Wirtschaft, Tierwelt, aber auch die Religion sind auch heute noch von türkischen Wörtern durchzogen, die von 500 Jahren Fremdherrschaft zeugen. Eine kleine Auswahl: serbisch *džamija* ‹Moschee›, bulgarisch *majmuna* ‹Affe›, bosnisch *sarma* ‹Krautwickel›, *sevdah* ‹lyrische Liebe›, makedonisch *paša* ‹Herr›, rumänisch *ciorbă* ‹Suppe›, *pantaloni* ‹Hose›, albanisch *sheqer* ‹Zucker›, *shishë* ‹Flasche›. Sogar das Wort *Balkan* ‹Gebirgszug› ist türkisch.[3]

Die Historiker sind sich heute weitgehend darin einig, dass die osmanische Periode den Balkanländern ein eigenes Gesicht aufgeprägt hat, sie aber auch von den großen politischen und geistigen Bewegungen im übrigen Europa isoliert hat. Noch heute sagt man in Bulgarien oder Albanien, wenn man nach England oder Deutschland fährt, man fahre ‹nach Europa›. Auf der anderen Seite ist Südosteuropa heute eine Region, die jahrhundertelange Erfahrungen mit Sprachkontakten und Sprachmischungen aufzuweisen hat und hier vielen europäischen Ländern voraus ist.

Seit den Reformen von Mustafa Kemal Atatürk um das Jahr 1928 schreibt man das Türkische nicht mehr mit dem arabischen Alphabet, sondern mit dem lateinischen.[4] Grundlage ist das Türkisch der Großstadt Istanbul. Diese Modernisierung kam nicht nur der angestrebten Trennung von Staat und Religion entgegen (‹Laizismus›), sondern näherte die Türkei und das Türkische auch einen großen Schritt an Europa an. Davon zeugt die nun schon über ein Jahrzehnt andauernde politische Diskussion um den Beitritt der Türkei zur EU. Viele Türken träumen aber auch von einer politischen Führungsrolle ihres Landes in der Zukunft der Großregion des Nahen und Mittleren Ostens oder auch von einem weiteren Erstarken der muslimischen Kultur in den Immigrantenländern Westeuropas.

Eine kurze türkische Grammatik

Das lateinische Schriftbild weist einige Buchstaben auf, die es im Deutschen nicht gibt oder die ungewohnt sind; ferner gibt es einige dem Deutschen fremde Laute, die dann aber wieder mit geläufigen lateinischen Buchstaben geschrieben werden. Es ist nicht mehr als eine Handvoll, und ich schreibe sie der Einfachheit halber in Kleinbuchstaben.

Ungewohnte türkische Buchstaben	*Lautentsprechung*
ç wie in *çay* ‹Tee›	tsch wie in *Matsch*
ğ wie in *oğul* ‹Sohn›	wie in Berlinisch *saɹen* ‹sagen›
ş wie in *şey* ‹Sache›	sch wie in *Schal*
ı wie in *kız* ‹Mädchen›	y wie in russisch *byt'* ‹sein›

y wird nicht wie in deutsch *Mystik* gesprochen, sondern bezeichnet den Konsonanten j: *yok* ‹nein›, *yoğurt*.
c ist nicht tz wie in *Cäcilie*, sondern stimmhaftes *dzh* wie in *Dschungel*: *cami* ‹Moschee›.

Es werden nur Eigennamen großgeschrieben. Türkische Wörter können sehr lang sein, viel länger als im Deutschen, und oft haben sie ähnliche oder gleiche Vokale in allen Silben. Wörter wie *oturuyorsunuz* ‹ihr sitzt›, *nasılsınız?* ‹wie geht es Ihnen?›, *köyümüzdür* ‹es ist unser Dorf› sind also nicht nur nicht selten, sondern für das türkische Auge und Ohr vollkommen normal. Dass die Silben gleiche oder ähnliche Vokale haben, nennt man, wie schon angesprochen, ‹Vokalharmonie› – besonders auffällig bei den so ‹türkischen› Vokalen ö und ü. Diese Vokalharmonie ist eine Aussprache-Erleichterung und sehr sprachökonomisch, weil es viel zu aufwendig wäre, vielsilbige Langwörter mit ständig wechselnden Vokalen zu produzieren. Das grundlegende Prinzip ist, dass ein Wort ausschließlich oder annähernd nur helle vordere (*evlerimizde* ‹in unseren Häusern›) oder aber nur dunkle hintere Vokale (*konuşuyoruz* ‹wir sprechen›) aufweisen soll, die einander ähnlich sind und akustisch ‹ineinander übergehen›. Alle Turksprachen weisen diese Vokalharmonie auf. Der tiefere Grund dafür liegt im Bauprinzip dieser Sprachen: Sie sind Sprachen des agglutinierenden Typs (Abschnitt 4).

Führen wir das an einem Beispiel vor: Von der Wurzel *ev* ‹Haus› kann man bilden: *ev-ler* ‹die Häuser›, *ev-ler-imiz* ‹unsere Häuser›, *ev-ler-imiz-de* ‹in unseren Häusern›, *ev-ler-imiz-de-yiz* ‹wir sind in unseren Häusern› etc. Auch die Verben arbeiten nach diesem Prinzip, indem die Silben kleine und kleinste Bedeutungseinheiten vertreten: *sev-mek* ‹lieben›, *sev-in-mek* ‹sich freuen›, *sev-iş-mek* ‹Liebe machen›, *sev-in-dir-mek* ‹erfreuen›, *sev-in-dir-il-mek* ‹erfreut werden› etc. Jede Silbe hat nur eine Bedeutung und diese eine Bedeutung wird nur einmal gesetzt. Ein klares Prinzip. Oft mag man denken: Wann ist denn das Wort im Lautstrom nun zuverlässig zu Ende? Nun: Spätestens, wenn die Vokalart wechselt. Lacherfolge kann man ernten, wenn man analog zum berüchtigten deutschen *Donaudampfschifffahrtskapitänspatent* das türkische Pendant anführt: *şehirlileştiremediklerimizdensiniz* bedeutet dann: ‹sie sind einer von denen, die wir nicht Städter werden lassen können.›

Zu den türkischen Fällen

Türkische Grammatiker behaupten gern, dass das Türkische sechs oder mehr Fälle hat (als ob das ein Verdienst wäre), nämlich Nominativ *göl* ‹der See›, Genitiv *gölün*, Dativ *göle*, Akkusativ *gölü*, Lokativ *gölde* ‹im See› und Ablativ *gölden* ‹vom See her›. Man darf hier die letzten beiden ruhig abrechnen: Es sind nur räumliche Ausdrücke, wie man sie auch in Sprachen wie Finnisch oder Ungarisch findet; sie täuschen nur ‹Kasus› vor und verkomplizieren das Problem. Echte Fälle gibt es also strenggenommen nur vier und damit hat das Türkische sowohl die gleiche Anzahl als auch grob gerechnet die gleichen Sorten an Fällen wie das Deutsche. Für das Thema, ob und wie sich die beiden größten Sprachen in Deutschland beeinflussen, kann das nicht ohne Bedeutung sein.

Wir können hier nicht die Anwendung der vier Fälle in beiden Sprachen im einzelnen durchanalysieren (ein Thema für eine Doktorarbeit). Es gibt aber drei große Spielfelder, von denen ge-

nug bekannt ist, um direkte Schlüsse auf eine Wechselwirkung mit
dem Deutschen zu ziehen:
- Im Türkischen werden die Fälle immer hinten am Wort angezeigt, und da türkische Wörter oft sehr lang sind, fallen diese
  Endungen psychologisch und akustisch nicht ins Gewicht:
  Diyarbakıra (Dativ) ‹nach Diyarbakır›.
- Wenn Türken Deutsch lernen, haben sie – wie andere Migranten
  auch – große Probleme mit den Kasus. Diese Probleme treten
  im Deutschen ebenso auf wie im Türkischen selbst (‹Deutschland-Türkisch›): Sie werden verwechselt, vernuschelt oder weggelassen.
- Das Türkische hat eine sehr effektive Methode, neue Wörter zu
  bilden, die den Kasus elegant umgeht; es ist also nicht strikt auf
  Kasus angewiesen. Dies sehen wir uns genauer an:

Substantiv 1	Substantiv 2	Verbindung durch
iş (Arbeit)	yer (Ort)	iş yeri (Arbeitsplatz)
akşam (Abend)	yemek (Essen)	akşam yemeği (Abendessen)
ceza (Strafe)	kanun (Gesetzbuch)	ceza kanunu (Strafgesetzbuch)
cep (Tasche)	para (Geld)	cep parası (Taschengeld)

Zwei Substantive werden ohne Zwischenverbindung nebeneinan-
dergestellt und dann durch Mini-Endungen wie *(s)i/ı/ü/u/* («seine»/«ihre») zu einer festen Einheit verbunden, der auch in anderen Sprachen ein Begriff entspricht, z.B. *iş yeri* ‹Arbeitsplatz›.
Diese Methode war offenbar sehr produktiv, sie hat ihre Spuren
auch in anderen Balkansprachen hinterlassen. Sie ist aber auch
effektiv, weil sie die Deklination umgeht und mit einfachsten Mitteln neue Wörter und Begriffe produziert. Und sie ist letztlich
einfach, weil sie alles auf eine vollkommen plausible Weise miteinander verbindet.

Türken haben also klar ein schwächeres Kasus-Bewusstsein als
deutsche Sprecher. Es wird weiter dadurch geschwächt, dass es
keinen Artikel wie im Deutschen gibt,[5] der den Kasus noch einmal anzeigen könnte wie in deutsch *des* Tisches. Endungen sind

also im Türkischen das einzige Mittel, einen Kasus überhaupt an-
zuzeigen, während das Deutsche ihn oft gleich zweimal, dreimal
anzeigt: *des Mannes*; *der schönen Frauen*. Diese ziemlich aufwendige Methode ist schon deshalb im Türkischen nicht möglich, weil
Adjektive wie *güzel* ‹schön› überhaupt nicht mitdekliniert werden
und auch keine Formen für das Geschlecht haben: *güzel kadınlar
ile* ‹mit den schönen Frauen›.

Deshalb gibt es im Türkischen auch keine regelhaften Entspre-
chungen in der Wortgruppe, wie sie für das Deutsche so typisch
sind. Im Türkischen fehlt vollkommen die formale Verkettung
zwischen den Satzteilen, wie sie die flektierenden Sprachen haben,
und man mag annehmen: Wenn Türken Deutsch lernen, schenken
sie den Regeln der Übereinstimmung in der Fremdsprache nicht
mehr Aufmerksamkeit als unbedingt nötig. Das türkische Sprachwissen aus der Muttersprache sagt nämlich, dass man für eine erfolgreiche Verständigung so etwas wie Übereinstimmungen in
einer größeren Wortgruppe nicht zwingend braucht. Dies ist für
den Sprachenkontakt entscheidend: wo Kasus und Endungen ohnehin schwächeln, werden sie durch eine weitentfernte Sprache
wie Türkisch umso schneller abgebaut. Wir werden sehen, dass
auch noch andere Migrantensprachen hier ihr Scherflein bei-
steuern.

Das Türkische kennt auch keine Präpositionen

Es gibt im Türkischen keine Präpositionen, und es mag einem
wie Schuppen von den Augen fallen, wenn man hört, dass
- in migrantischen deutschen Jugendslangs Präpositionen oft
  ganz wegfallen (*ich geh' Schule*);
- in der Umgangssprache *der Deutschen* gerade die Präpositionen – also Wörter wie *an, auf, zu, neben, mit, vor, nach, für* –
  zur Zeit gewaltig durcheinander gehen. Der Deutsche verwechselt sie oft, ist sich nicht mehr vollkommen sicher, welche
  Präposition passt und mit welchem Kasus sie steht. Heißt es
  Vertrauen zu meinem Lehrer oder *für meinen Lehrer*? Steht
  jetzt *wegen* mit Genitiv oder Dativ? Ist die Präposition in
  wir sagen herzlichen Dank an unseren Lehrer überhaupt am
  Platz und sollte man nicht *dem Lehrer* danken? Bastian Sick
  hat in seinen Bestsellern hierfür unzählige Beispiele angeführt,
  und man kann sagen: Nie war die Unsicherheit im richtigen

Gebrauch von Präpositionen bei den Deutschen größer als heute.

Es gibt also im türkischen Sprachbewusstsein – logischerweise – mit Sicherheit kein Gefühl für Präpositionen, wie sie in den flektierenden Sprachen vorkommen, z. B. in _trotz des Regens, mit dem Freund, auf das Fest_. Wenn Türken als Sprecher einer präpositionslosen Sprache Deutsch lernen, werden sie auf korrekte Präpositionen und auch die angeschlossenen Fälle nicht besonders achten; wer wollte hier widersprechen? Das Türkische hat dafür aber _nachgestellte_ Wörter, sogenannte _Postpositionen_, und deshalb mag man ein _anderes_ Gefühl dafür unterstellen. _Fatma için_ ‹für Fatma›; _gül gibi_ ‹wie (eine) Rose›, _araba ile_ ‹mit dem Auto›. Dies gilt für einfache Postpositionen wie auch für aufwendigere wie _yağmura rağmen_ ‹trotz des Regens›, _saat beşe doğru_ ‹gegen fünf Uhr›, _Türk Anayasasına göre_ ‹nach dem türkischen Grundgesetz›.[6] Man darf hier die einfache Tatsache nicht unter den Tisch kehren, dass Sprachen mit Postpositionen wie eben Türkisch ganz uneuropäisch sind und diese Methode in Europa nur in vergleichsweise exotischen Sprachen wie z. B. Finnisch vorkommt und, zweitens, dass ein so stark abweichendes Sprachgefühl im Sprachkontakt in jedem Falle starke Verwerfungen auslösen _muss_. Die türkische Spracheinstellung ist auf Präpositionen nicht eingerichtet. In Reinkultur tritt dieses Phänomen im sogenannten Kiezdeutsch auf: _lassma treffen Alexanderplatz_ oder _ich geh Schule_ ahmen das türkische Modell ohne Präposition haargenau nach: _okula gidiyorum_ ‹ich geh Schule›.

Weniger Personalpronomen

Was für Präpositionen gilt, gilt vielleicht auch für Personalpronomen wie _ich_, _du_ oder _er/sie_: Türkisch zählt, wie viele Sprachen im Osten Europas, zu jenen Sprachen, die das Personalpronomen weglassen können, wenn es Subjekt ist (‹Pro-drop-Sprache›). Das Subjekt versteht sich quasi von selbst und die Person wird ohnehin hinten am Verb angezeigt: _ gidiyorum_ ‹ich gehe›, _ unuttun_ ‹du hast [es] vergessen›, also nicht: _ben gidiyorum_ ‹ich …› usw. Der Satz leidet überhaupt nicht, und manchmal _muss_ man sogar auslassen, um keine unerwünschten Nebeneffekte zu erzeugen: Denn _sen_ [‹du›] _unuttun_ bedeutet eher im Kontrast und betont ‹_DU_ hast es vergessen [und nicht irgendjemand anders]›. In vielen westlichen Sprachen ist das nicht möglich. Im Deutschen muss es immer heißen *Ich war zuhause*; im Englischen *He went to the theater*. So will es die Standardnorm.

Der Bau einfacher Sätze: Vom Sein und vom Haben

Der normale türkische Satz hat die Struktur ‹Subjekt – Objekt – Verb›; das Türkische gehört also zu den sogenannten SOV-Sprachen:

– *John bu kitabı alıyor* ‹John – dieses Buch – kauft› = ‹John kauft dieses Buch›.

Das Deutsche dagegen gehört zu den SVO-Sprachen mit dem Verb an der zweiten Stelle: *Michael öffnet das Fenster*. Hier sind Türkisch und Deutsch trotz allem noch einigermaßen beieinander. Sobald es im Türkischen aber um SEIN und HABEN geht – zwei zentrale Felder des Satzbaus –, sieht die Sache schon ganz anders aus: Beide Relationen, die so typisch ‹europäisch› sind, haben im türkischen Satz viel weniger Gewicht.

Wenn das Verb SEIN im Spiele ist (*du bist schön; er ist zuhause; die Äpfel sind saftig*), kommt gleich ein wirklich starker Unterschied ans Licht. Wir können ihn vorläufig so formulieren: Die Verbindung IST oder SIND, BIN oder SEID (die sogenannte ‹Kopula›) hat im Türkischen viel weniger Gewicht, ja sie kann auch ganz verschwinden. Wir werden später sehen, dass genau dieses Weglassen im Kiezdeutsch (ehemals ‹Türkenslang›) eine große Bedeutung erlangt. Sehen wir uns dies erst einmal genauer an:

Das Türkische weist drei Tendenzen auf, die im Vergleich mit dem Deutschen die Kopula IST/SIND vor dem Prädikat schwächen oder ganz aussetzen.

• Die erste Tendenz ergibt sich zwanglos aus dem agglutinierenden Prinzip: Die Kopula kommt in einem vielsilbigen Wort immer erst an letzter Stelle: *sinemada-dır* ‹er ist im Kino›, *o güzeldir* ‹sie ist schön›, *Afganistandadır* ‹er ist in Afghanistan› – d.h. sie ist schon akustisch und im Schriftbild nicht besonders präsent. Sie neigt auch im gesprochenen Satz dazu, reduziert und abgeschliffen zu werden. Im Prinzip wird sie eher intuitiv *mitverstanden* als wirklich *ausformuliert*. Auch hierzu trägt die erwähnte Vokalharmonie ihr Stücklein bei: Wenn alles irgendwie ähnlich klingt, kann man die letzte Silbe auch schon mal vernuscheln oder verschlucken.

- Und dies ist – zweite Tendenz – tatsächlich in vielen türkischen Konstruktionen der Fall: Oft wird IST in Minisätzen gleich ganz weggelassen, und zwar mit voller Absicht. Weil für IST/SIND im Satz nichts da ist, sprechen die Linguisten hier etwas umständlich von einem sogenannten ‹Null-Morphem›, also von einer Silbe, die gar nicht da ist (_), aber trotzdem mitverstanden wird: *Ali burada_* ‹Ali _ hier› = ‹Ali *ist* hier›; *kahve tatlı_* ‹der Kaffee ist süß›; *bizikletim bozuk_* ‹mein Fahrrad ist kaputt›; *ben Suzan Akman_* ‹ich heiße/bin Suzan Akman›; *fiyatlar çok yüksek_* ‹die Preise sind sehr hoch›, *Ülkü evde değil_* ‹Ülkü ist nicht zuhause›. Und noch kleinere, unpersönliche Sätze verzichten ebenfalls auf das IST: *Es ist heiß* heißt *hava sıcak* ‹Wetter heiß›, oder einfach *sıcak* ‹heiß›. Alle diese Formen mögen ursprünglich aus der Sprechsprache stammen, sind aber auch im schriftlichen Standard vollkommen korrekt.
- Und ein drittes Feld kommt schließlich hinzu: Wenn man etwas nur vom Hörensagen weiß, fehlt in der 3. Person ebenfalls der IST-Ausdruck: *Hasan gelmiş_* ‹Hasan _ gekommen› = ‹Hasan soll gekommen sein (sagt man)›; und nicht: **gelmiştir*, was heißen würde: ‹ich weiß es ganz genau, dass er gekommen ist; *ich habe es selbst gesehen*›. Viele Formen werden ganz regelmäßig so gebildet: *almış_* ‹soll etwas gekauft haben›, *unutmuş_* ‹hat's wohl vergessen› usw. Daraus folgt für das grundständige türkische Sprachgefühl, dass die Kopula IST nicht etwas unbedingt Notwendiges ist und dass ihr Fehlen andererseits auch gut für Spezialeffekte ausgenutzt werden kann.

Kein Ausdruck für «haben»

Das Türkische hat auch keinen Ausdruck für ETWAS HABEN, wie die Europäer und die Deutschen es von ihren Sprachen kennen: englisch *I have a dream*; franz. *J'ai un ami*. *Etwas haben* oder *besitzen* wird türkisch auf die ‹orientalische› Weise ausgedrückt: BEI MIR (IST) ETWAS. Das kann man auch eine ‹lokativische› Ausdrucksweise nennen, weil nur der Ort des Besitzers genannt wird, aber nicht die Relation ETWAS HABEN. Auch dies ist etwas ganz Uneuropäisches und muss sich beim Sprachkontakt mit europäischen Sprachen auswirken, und sei es nur dadurch, dass die ‹deutsche› Ausdrucksweise für sich erst einmal geschwächt wird. Türkisch HABEN sieht im einzelnen so aus:

– *Bende para var.* BEI MIR GELD ES-GIBT = ‹Ich habe Geld.›
– *Ali'nin kız arkadaşı var.* ALI-DES MÄDCHEN-FREUND-
 SEIN ES-GIBT = ‹Ali hat eine Freundin.›
– *Arkadaşımında çok vakti var.* ‹Mein Freund hat viel Zeit.›
In der negativen Variante wird *yok* ‹es gibt nicht› verwendet:
– *Benim sözlüğüm yok.* ‹Ich habe kein Wörterbuch.›

Das Modell mit *var* ‹es gibt› und *yok* ‹es gibt nicht› – sogenannte ‹Existenzausdrücke› – gibt es in vielen Migrantensprachen, z. B. albanisch *ka/s'ka* ‹es gibt/es gibt nicht› (Abschnitt 20). Nützlich ist für eine passende Einschätzung dieser Dinge immer die Geographie, das Areal als Ganzes im Auge zu behalten: Das ‹europäische› HABEN-Areal bildet den Kern in Zentraleuropa, das ‹uneuropäische› SEIN/ES-GIBT-Areal die Peripherie.[7] Das heißt, dass die großen europäischen ‹Kultursprachen› HABEN-Sprachen sind, Sprachen am Rande eher SEIN-Sprachen. Wenn beide zusammenstoßen, wie beim deutsch-türkischen Sprachkontakt, sind in jedem Fall Verwerfungen oder Kompromiss-Strukturen größerer Art zu erwarten, zumal HABEN-Sprecher ihre Welt prinzipiell anders wahrnehmen und codieren als SEIN-Sprecher (Weinrich 2012).

Der türkische Wortschatz

Das Deutsche hat mittlerweile 158 türkische Wörter – eigentlich erstaunlich wenig angesichts von 50 Jahren Migration (Best 2005). In der ersten Reihe stehen natürlich türkische Spezialitäten, die hier seinerzeit unbekannt waren und deren Namen nach 1960 zusammen mit den Sachen eingewandert sind: *Raki* ‹Schnaps›, *Hamam* ‹Bad›, der unvermeidliche *Döner, Baklava* ‹Süßspeise›, *Ayran* ‹Buttermilch›, *Kebab* ‹Fleischspieß›. Weniger bekannt ist, dass auch *Sultan, Joghurt, Kiosk, Kaffee, Horde, Hurra* oder *Heck-Meck* vor Zeiten über das Türkische ins Deutsche gelangten. Immer mehr halten auch neue Fremdwörter wie *Koran, Imam, Minarett, Allah* Einzug in die deutsche Umgangssprache und ins Allgemeinwissen der Talkshows. Und Orientalisten und Historiker hantieren heute in den Medien mit islamischen Spezialausdrücken wie *Janitscharen* ‹Art Jungsoldat›, *Millet* ‹Nation›, *Raya* ‹nichtmuslimisches Volk›, *Muezzin* ‹Gebetsausrufer›. Zur «visuellen Mehrsprachigkeit» (Volker Hinnenkamp) in Großstädten gehören auch Schriftzüge wie GÜNLÜK TAZE VE

HELÂL ET ‹Täglich frisches und erlaubtes (geschächtetes) Fleisch›, die z.B. in Berlin-Neukölln über vielen Straßenecken prangen und ihre eigene Wirkung entfalten.

Umgekehrt haben 18 Sprachen im Türkischen ihre Spuren hinterlassen: Es ist also selber mitnichten gefeit gegen fremd-sprachliche Einflüsse. Durch die Annahme des Islam gelangten viele arabische Wörter ins Türkische, hauptsächlich aus Ethik, Recht oder Staatswesen, z.B. *fikir* ‹Idee›, *hediye* ‹Geschenk›, *saat* ‹Stunde›, *millet* ‹Nation›, *memleket* ‹Staat›. Noch heute kommen häufig arabische Wörter zum Vorschein, wenn man an der Ober-fläche vollkommen geläufiger türkischer Wörter des Alltags kratzt: *lütfen* ‹bitte›, *teşekkür* ‹danke›, *merhaba*! ‹guten Tag!›, *taze* ‹frisch›, *aile* ‹Familie›, ja sogar Wörter wie *minare* ‹Minarett› haben arabische Wurzeln (was keinem Türken wirklich bewusst ist). Allerweltswörter wie *şehir* ‹Stadt› oder *meydan* ‹Platz› sind dagegen aus dem Persischen übernommen.

Durch die Beziehungen des Osmanischen Reiches und den Kulturaustausch kamen viele technische und militärische Begriffe aus dem Französischen ins Türkische wie *lüks* ‹Luxus›, *pantolon* ‹Hose›, *kuaför* ‹Friseur›, *kamyon* ‹Lastwagen›, *integrasyon*. Und es gibt sogar eine Handvoll deutsche Wörter, die türkisch so klin-gen: *şalter*, *şinitsel*, *otoban*, *ayzberg*, *erzats* oder – ausgerechnet! – *haymatloz*. Im Laufe der Remigration werden noch viele weitere Wörter aus dem Deutschen ins Türkische einwandern, z.B. über die Zweisprachigkeit Türkisch ↔ Deutsch. Im sogenannten ‹Deutschland-Türkisch› (s. Abschnitt 17) haben schon jetzt Wör-ter wie *çüş*, *haupschule*, *otomatisch*, *notgeil*, *pfand*, *ganze-Zeit*, *ur-lop*, der Typ *stress yapmak* ‹stressen›, *nerven yapmak*, dann *Föhn*, *Bauch*, *Jungfrau* und Hunderte anderer ihren festen Platz. Ein Teil von ihnen erreicht sicher auch das Türkeitürkische von Istanbul oder Ankara.

Shining a light on: Migrantensprache Türkisch

Türkisch und Deutsch liegen maximal auseinander – im Sprach-typ und in der Grammatik. Das türkische Sprachgefühl und Sprachwissen ist strukturell anders als das Deutsche. Das war nicht anders zu erwarten. Dies sollte man aber auch im Kopf ha-ben, wenn man daran geht, das türkische Migrantendeutsch und den Einfluss auf das Deutsche zu untersuchen. Viele sehr häufige

Mini-Stukturen (wie z. B. HABEN) können nicht 1:1 umgesetzt werden und müssen charakteristische Spuren hinterlassen: Der *Clash* zwischen Türkisch und Deutsch ist strukturell und typologisch maximal (vom Wortschatz zu schweigen), was Strukturen schnell aufbricht und den Sprachwandel beschleunigt.

Türkisch ist aber die bedeutendste Migrantensprache und steht sozusagen *musterhaft* für Sprachmischung und Mischsprachen in Deutschland. Mit Fug und Recht kann man von einer beginnenden *Symbiose* zwischen Türkisch und Deutsch sprechen – das spiegelt die Sprachsituation in hundert Facetten wieder (Dirim/Auer 2004). Wir haben ein weites abgestuftes Spektrum der Zweisprachigkeit, das wir unten näher unter die Lupe nehmen (Abschnitt 17): Es umfasst Gastarbeiterdeutsch, Slangs mit Codeswitching, das Deutsch der «Europatürken» und der «Unmündigen» sowie das sogenannte Kiezdeutsch.

Halten wir fest:

→ Als Sprache des agglutinierenden Typs hat das Türkische ein viel schwächeres Kasusbewusstsein als flektierende Sprachen wie das Deutsche. Es kennt keine Übereinstimmung zwischen zusammengehörigen Satzteilen und keine Präpositionen. Das Bindeglied («Kopula») zwischen Subjekt und Prädikat (deutsch IST) hat im Türkischen viel weniger Bedeutung als im Deutschen; es fällt oft sogar ganz weg. Der enge Sprachkontakt und die weit verbreitete Zweisprachigkeit müssen erheblichen Anteil haben an der Veränderung von deutschen Sprachstrukturen.

Die Verbreitung des Türkischen

6. PORTRAIT ARABISCH

Fokus. Semitische Sprache. Weltsprache mit langer Tradition, großer Symbolkraft und Auffächerung auf viele Staaten. Lange Traditionen in Andalusien. Heute bedeutende Migrantensprache Europas und Deutschlands. Große Kluft zwischen der geschriebenen Hochsprache und den gesprochenen Volkssprachen (‹Diglossie›). Konsonantische Wurzeln und Konsonantenschrift. Gehört eher zu den flektierenden Sprachen: hat ausgeprägte Wurzelflexion und einige exotische Züge. Wachsende zukünftige Bedeutung in Afrika, Europa und Deutschland.

Ein kurzer arabischer Text (*1001 Nacht*)

kāna fī zamān-i ăl-halīfat-i amīr-i ăl-mu'min-īna
war in Zeit-Gen⁹ Art-Kalif-Gen Emir-Gen Art-Gläubig-Gpl

Hārūn-a ăr-Rašīd-i bi-madīnat-i Baġdād-a
Harun Art-R.-Gen in-Stadt-Gen B.-Gen

ragul-un	yuqālu	la-hū	ăl-Sindibād-u
Mann-Nom/indef	wird gesagt	für-er	Art-Name

ăl-ḥammāl-u	wa-kāna	ragul-an	faqīr-a
Art-Lastträger-Nom	und war	Mann-Akk/indef	arm-Akk

ăl-hāli	yahmilu bi-	ʿugrat-i-hī	ʿalā
Art-Stand-Gen	trägt in-	Lohn-Gen-sein/Gen	auf

raʿs-i-hī
Kopf-Gen-sein/Gen

Übersetzung:
Es war einmal zur Zeit des Kalifen, des Beherrschers der Gläubigen Hārūn ar-Raschīd, da gab es in der Stadt Baghdād einen Mann, den man Sindbād den Lastträger nannte. Er war ein Mann von armem Stand, der für Lohn Lasten auf dem Kopf trug.

Quelle: Bossong (2004)

Verbreitung und Bedeutung

Das Arabische erstreckt sich heute über eine riesige nordafrikanische Gürtelzone von Agadir in Marokko über Tripolis und Kairo bis zur Arabischen Halbinsel und das Arabische Meer im Osten. Es wird von nahezu 320 Millionen Menschen als Muttersprache gesprochen und von noch einmal 80 Millionen als Zweitsprache. Das Verbreitungsgebiet ist aber heute noch größer. Arabisch wird gesprochen in diesen Staaten (alphabetisch): Ägypten, Algerien, Bahrain, Dschibuti, Eritrea, Irak, Israel, Jemen, Jordanien, Katar, Kuwait, Libanon, Libyen, Mali, Marokko, Mauretanien, Nigeria, Oman, Palästinensische Autonomiegebiete, Saudi-Arabien, Sudan, Südsudan, Syrien, Tansania, Tschad, Tunesien, Türkei, Vereinigte Arabische Emirate. In Tansania, Gambia, Äthiopien und der Türkei ist es eine anerkannte Minderheitensprache und genießt ein hohes Prestige. Maltesisch auf Malta (350 000 Sprecher) ist aus einem arabischen Dialekt hervorgegangen und das einzige Arabisch, das mit der lateinischen Schrift geschrieben wird.

Große arabische Gemeinden in Europa gibt es in Frankreich (1,5 Millionen; hauptsächlich aus Algerien und Marokko) und in

Deutschland. Hier leben heute etwa 500 000 Menschen mit arabischem Hintergrund. Die ersten Plätze der Herkunftsländer nehmen Irak, Marokko, Libanon, Syrien und Tunesien ein. Ein markanter Teil der Araber ist türkisch-kurdischer Herkunft und stammt ursprünglich aus Mardin, einer Provinz in der Türkei. Die ‹Mhallami› sprechen einen arabischen Dialekt. Dieser Dialekt («Qultu») basiert auf dem Hocharabischen und nahm in immer stärkerem Maß kurdische Elemente auf. Über 40 000 von ihnen, die sich selbst als Araber definieren, kamen nach dem Libanonkrieg 1982 über Beirut als Asylbewerber nach Europa, Deutschland und Berlin.

Die Araber nennen ihre Sprache *al-luġa ăl-ʿarabīya* اللغة العربية ‹die arabische Sprache› oder kurz *al-ʿarabīya* العربية ‹das Arabische›.[10] Überall spricht man von der sprachlichen Zweiteilung des arabischen Raums (‹Diglossie›), wo eine alte monumentale Hochsprache den gesprochenen ‹Volksdialekten› gegenüberstehe. Es handelt sich in Wirklichkeit um eine *Dreiteilung* des Sprachkörpers, wenn man will: eine *Triglossie*; denn da ist

1. das alte ehrwürdige, monumentale Althocharabisch aus dem 8. Jahrhundert: Die heilige Sprache des Korans, *God's Own Word;* unwandelbar, überwölbt es wie ein felsgewordenes Monument bis heute die arabische Welt;

2. das moderne Hocharabisch, das sich zwar an 1. orientiert, sich aber durch die Zeit weiterentwickelt hat, neue Lexik aufnimmt und auch von außen beeinflusst wird. Es ist die Sprache von Akademie und Kunst, von Literatur, Medien und Wissenschaften und nimmt im Zeitalter der Globalisierung immer mehr die Konturen einer neuen flexiblen Lingua Franca unter den arabischen Völkern an;

3. die arabischen gesprochenen Volkssprachen, oft als ‹Dialekte› herabgesetzt, ohne besonderes Prestige, ohne eigene Literaturen – aber die Sprachen aller Völker und Kulturen von Marokko bis Saudi-Arabien sowie in Europa.‹

Alle arabischen Länder, alle Araber verbindet das Hocharabische im Sinne von (2.), obwohl es nirgendwo wirklich nach einer allgemein-verbindlichen Norm gesprochen wird. Es hat aber seine Wurzeln im Althocharabisch des 7. und 8. Jahrhunderts (1.), der Sprache des Korans und der Dichtung, die sich aus dem Zentrum der arabischen Halbinsel, dem *Hedschas*, im Zuge der islamischen Eroberungen über den ganzen Vorderen Orient verbreitete. Der Kalif ʿAbd al-Malik erhob in den 90er Jahren des 7. Jahrhunderts diese Form des Arabischen zur offiziellen Verwaltungssprache des islamischen Reiches. Diese altehrwürdige hocharabische Sprachform wird aufgrund ihrer relativen Unbeweglichkeit als solche nicht wirklich gesprochen – zumindest nicht so, wie z. B. das Deutsche oder das Polnische gesprochen werden. Allenfalls wird es in Koran-Rezitationen in Moschee oder Unterricht zelebriert – etwa wie das Altkirchenslavische in der Orthodoxen Kirche. Die hohe Sprachform hat aber ihren festen Platz im Kulturbewusstsein aller Araber und verbindet alle Mitglieder der arabischen Nation als ethnisches und übernationales Symbol (‹Panarabismus›).

Man darf nicht vergessen, dass für alle Muslime das alte Hocharabisch des Korans so etwas ist wie Schrift gewordenes Gotteswort, und deshalb ist es im Prinzip unveränderlich – erhaben wie eine gewaltige Moschee, hart und unerbittlich wie eine diamantene Felswand. Der in Jerusalem und Leipzig wirkende Historiker Dan Diner hat hier das Bild von der ‹versiegelten Zeit› entworfen, in der natürlich auch die Sprache angesiedelt ist. Die lebendigen Volkssprachen haben sich dagegen im Horizont der Zeit immer weiter von ihrem historischen Hintergrund entfernt, und die Schere geht, im Bunde mit der geographischen Entfernung zwischen den Ländern, immer weiter auseinander. Heute gibt es eine Vielzahl von arabischen Volkssprachen, z. B. die marokkanische Umgangssprache oder das ägyptische Arabisch, die zum Teil untereinander erhebliche Unterschiede aufweisen – ja es kann durchaus vorkommen, dass sich zwischen einem Marokkaner und einem Jemeniten Verstehensschwierigkeiten auftun. Eine weitere Folge dieser Entwicklung ist, dass die Beherrschung des Volksarabischen, sagen wir in Marokko, für das Verständnis des Korans oft schon nicht mehr ausreicht und deshalb in den Koranschulen zugelernt werden muss (vielleicht so, wie ein Bayer Hochdeutsch zulernen muss).

In allerneuester Zeit gewinnt das gesprochene Hocharabische (2.) mächtig an Raum. An dieser Entwicklung maßgeblich beteiligt sind das Internet, der ‹arabische Frühling› und die panarabischen Satellitensender, z. B. al-Dzhazira in Katar. Dort gibt es lebendige Diskussionen von Sprechern aus allen Teilen der arabischen Welt, und diese bemühen sich, eine verbindliche, dem Hocharabischen nahe kommende Sprache zu gebrauchen. Strenges Hocharabisch (*fuṣḥā*) ist die Sprachebene allerdings mittlerweile auch nicht mehr; vielmehr bewegt sie sich zwischen Hocharabisch und Dialekt (sogenannte ‹mittlere Sprache›; wenn man will: die neueste Existenzform des Arabischen). Und *diese* Variante trägt nun heute oft den Titel ‹modernes Hocharabisch› und ihre Ausprägungen orientieren sich an den modernen Dialekten der großen Städte, etwa Kairo, Amman, Damaskus oder Casablanca. In der Zukunft und unter dem Eindruck der arabischen Revolutionen wird dieses modernisierte Hocharabisch weiter an Bedeutung gewinnen, nicht nur in der arabischen Welt selbst, sondern auch darüber hinaus. Die bedeutendste Variante des Arabischen ist heute das ägyptische Arabisch mit über 50 Millionen Sprechern. Es reicht kulturell am weitesten zurück, dominiert in der modernen Film- und Fernsehindustrie und hat die größte Strahlkraft. Seine Vorbildfunktion im arabischen Raum sollte auch vor dem Hintergrund der politischen Umbrüche kaum unterschätzt werden.

Zur Geschichte: das arabische Europa

Nach dem Tod des Propheten Mohammed dehnte sich der Islam von seinem Kernland auf der Arabischen Halbinsel immer weiter aus: nach Nordosten in die persischen Länder (heutiger Iran; Irak, Syrien und weitere), nach Westen über das Küstenland Nordafrikas bis auf die Iberische Halbinsel. Der arabische Heerführer *Mūsā Ibn Ṭāriq* überquerte im Jahre 711 die Meerenge von Gibraltar, gründete in Hispanien ein arabisches Reich und nannte es ‹al-Andalus›. «Von da an bis zur endgültigen Rückeroberung im Jahre 1492 (…) war der Islam eine politisch, religiös, sozial und kulturell bestimmende Macht in diesem Teil Europas. (…) Dieser Islam, die maurische Epoche (…) in Hispanien, ist ein Teil der europäischen Geschichte. (…) Córdoba, die glanzvolle Hauptstadt eines unabhängigen Kalifenreiches, war im 10. Jahrhundert die mit weitem Abstand größte Stadt Europas» (Bossong 2011).

Die arabische Gelehrsamkeit war im ganzen Reich verbreitet. Vom 9.–13. Jahrhundert gab es in Bagdad eine große Akademie, gegründet von dem Kalifen Hārūn ar-Rashīd. Sie trug den Namen *bayt al-ḥikma* بيت الحكمة «Haus der Weisheit». Das ‹Haus› war ein Weltzentrum der Wissenschaft: Mathematik, Astronomie, Chemie, Medizin, Geographie und griechische und indische Philosophie wurden gepflegt und viele große Werke der Antike ins Arabische übersetzt, z. B. von Plato, Aristoteles und Ptolemäus. Zu dieser Zeit war Bagdad, das über eine Million Einwohner hatte, das Zentrum des damaligen Weltwissens. Dies war das Goldene Zeitalter der arabischen Wissenschaften, und ohne diese Vorgeschichte hätte die abendländische Kultur heute vielleicht ein anderes Gesicht. Der irakische Physikprofessor Jim al-Khalili, der in England lehrt, hat das arabische ‹Haus der Weisheit› in faszinierenden Details beschrieben.

Eine kurze Grammatik des Arabischen

Das Arabische ist eine semitische Sprache und als solche mit dem Hebräischen und dem Aramäischen (‹Jesu Muttersprache›) verwandt. Es ist eine gemäßigt flektierende Sprache, die offiziell drei Kasus hat.

Der typische Höreindruck des Arabischen wird klar geprägt durch eine Anzahl ‹fremder› Konsonanten. Sie werden in Kehlkopf, Rachen und am hinteren Gaumen gebildet und sind im Deutschen fast alle unbekannt. Sehr charakteristisch ist ein sogenannter ‹Knacklaut›, wie z. B. in *ʿarabīya* ‹arabisch› oder in *sāʿat* ‹Stunde›. Er kommt auch im Deutschen vor, z. B. am Wortanfang in _Achtung oder in der Wortmitte in *Spiegelʾei*, ist aber viel schwächer als im Arabischen. Es gibt allein drei verschiedene *h*-Laute: *sabʿah* ‹sieben›, *wāḥid* ‹eins›, *ḥamsah* ‹fünf›, sowie tief im Kehlbereich erzeugte Laute wie z. B. in *al-qāhira* ‹Kairo›. Bei den Vokalen dominiert klar das /a/. Daher die raue, eigentümlich gepresste, von ‹ach›-Lauten geprägte, ‹abgehackte› Hörimpression (die ausgiebig für Parodien genutzt wird). Sie macht es relativ leicht, das Arabische auf der Straße zu identifizieren.

Dazu kommen noch spezielle Laute, die man ‹emphatisch› nennt und die gepresst und mit besonderem Nachdruck gesprochen werden: *maṣnaʿ* ‹Fabrik›, *haṭīr* ‹gefährlich›, *min faḍlik* ‹bitte›, *funduq* ‹Hotel›. Auch das *l* in *Allah* الله ‹Gott› ist ein emphatischer Laut. Sie alle kann man ruhig als ‹typisch arabisch› auffassen. Arabische Sprecher haben diese emphatische Phonetik übrigens ins sogenannte Kiezdeutsch übertragen, das von einer eigentümlich gepressten Satzmelodie geprägt ist (Abschnitt 20). Die arabischen Vokale sind dagegen unauffällig, nur dass *i*, *u* und *a* kurz oder lang sein können – ein Zug, den das Arabische mit dem Deutschen teilt.

Ein Mysterium: die arabische Schrift

Es würde zu weit führen, würden wir hier leichtfertigerweise versuchen, die arabische Schrift auch nur ansatzweise zu erläutern. Sie ist aber ein zentrales Merkmal und tief in der arabischen Mentalität und Religiosität verwurzelt: das sichtbare Symbol des arabischen Selbstbewusstseins. Wir beschränken uns auf einige wesentliche Züge und schreiben arabische Wörter in lateinischer Umschrift. Die arabische Schrift geht von rechts nach links. Das wirklich Komplizierte an ihr ist, dass die Buchstaben für die über dreißig Laute immer *verschieden* geschrieben werden, je nachdem, an welcher Position sie im Wort vorkommen. Alle vier Varianten (isoliert; Ende, Mitte, Anfang des Wortes) müssen gelernt werden. Und ein zweites Handicap: Kurze Vokale werden nicht mitgeschrieben:[11] *Krz Vkal wrdn ncht mtgschribn*. So können ganze Wörter, wie z. B. *Damaskus*, geschrieben *nur aus Konsonanten* bestehen: DMŠQ = *Dimašq* ‹Damaskus› oder TTKLLM = *tatakallam* ‹Sie sprechen›. Dies bedeutet praktisch, dass man das Arabische mündlich schon kennen und beherrschen muss, wenn man es flüssig lesen will, und zweitens: dass zwischen Schriftarabisch und Sprecharabisch eine große Schere klafft.

Im Straßenbild von Stadtteilen wie Neukölln kann man bereits davon reden, dass sich die arabische Schrift langsam ihren Platz auch in der Optik des Viertels erobert. Der Germanist Volker Hinnenkamp nennt dies «visualisierte Mehrsprachigkeit» – ein Szenario, das in Deutschland noch gewöhnungsbedürftig, in Ländern wie Indien, in denen sogar drei Schriften konkurrieren, aber ganz normal ist. Heute werden außer den arabischen Volkssprachen nur noch eine Handvoll Sprachen mit der arabischen Schrift geschrieben, darunter auch die Migrantensprachen Persisch und Kurdisch.

Das Prinzip, in der Schrift Vokale einfach wegzulassen, erklärt sich aus dem Bau der Wörter: Das arabische Grundwort besteht in der Regel aus einer Wurzel mit drei Konsonanten, die in allen

Ableitungen im Prinzip gleich bleiben. So heißt K T B ‹schreiben›, S F R ‹reisen›, D H B ‹gehen›. Nur die Wurzel gilt es in den Wörtern wiederzuerkennen, alles weitere ergibt sich aus dem Vorwissen, dem Text oder der Situation. Diese Wurzel wird durch Vokale und Umstellungen vielfach abgewandelt, deshalb spricht man von ‹innerer Flexion› oder ‹Wurzelflexion›. Sie kommt als Technik auch im Englischen (*write* : *wrote*) und im Deutschen (*schreiben* : *schrieb*) vor. Ganze arabische Wortnester sind so aufgebaut. Beliebtes Vorführ-Beispiel ist SCHREIB-, arabisch K T B: *kitāb* ‹Buch›; *kutub* ‹Bücher›; *kātib* ‹Schriftsteller›, *maktāb* ‹Büro›, *aktubu* ‹ich schreibe›, *yaktubu* ‹sie schreiben›, *kataba* ‹er schrieb›, *maktūb* ‹das Geschriebene› usw.

Durch diese zwei Prinzipien, ‹innere Flexion› (*kitāb – kutub*) und ‹Affigierung› (Silbe vorn: *maktāb* ‹Büro›, Silbe hinten: *katabtu* ‹ich schrieb›), ist eine einfache Wurzel unendlich wandelbar und kann ein ganzes Wortfeld bedienen. Diese Methode ist zugleich ökonomisch (für Muttersprachler), aber auch schwierig (für Arabischlerner) – zumal dann, wenn die Vokale im gesprochenen Arabisch auch noch ihre Färbung wechseln können oder die Silben auch schon mal verschluckt werden, z. B. am Wortende.

Der Bau der Wörter

Das klassische Arabische verwendet Präpositionen und (drei) einfache Kasus, was erst einmal an das Deutsche erinnert. Es ist damit von vornherein – das mag viele überraschen – ‹europäischer› als z. B. das Türkische, was für den Kontakt mit dem Deutschen nicht unwichtig sein kann. Erleichternd ist für den Schriftsprachenlerner sicher, dass die Präpositionen alle immer mit *demselben* Kasus stehen, nämlich mit dem Genitiv: *fī-l zamanī* ‹in der Zeit›. Unbedingt beachtet werden muss aber, dass *die klassischen Kasus-Endungen in der gesprochenen Sprache gar keine besondere Rolle spielen*, zumal sie am Wortende stehen und oft gar nicht ausgesprochen werden.

Zumindest für das gesprochene Arabische gilt, dass die Beziehungen im Satz eher durch die Wortstellung und den Kontext angezeigt werden: Arabisch ist also heimlich viel weniger ‹flektierend›, als es die hochsprachliche Norm zulässt – eine frappierende Parallele zum Neudeutschen. «Am Ende eines Satzes fällt im Hocharabischen die Vokalendung meist weg. Man nennt diese

Form ‹Pausalform›. Nun werden aber die drei Fälle gerade durch diese Endungen ausgedrückt, die bei einer Sprechpause oft wegfallen. Deshalb benutzen viele Sprecher, wenn sie modernes Hocharabisch sprechen, sehr häufig diese ‹Pausalform› und ersparen sich so einen Teil der komplizierten Grammatik.»[12] Denn: «Das aus der Grundsprache ererbte System von drei Kasus (Nominativ, Genitiv, Akkusativ) ist im Neo-Arabischen vollständig abgebaut worden.»[13] Für den Sprachkontakt mit dem Deutschen ist dies so wichtig, dass wir es in einer Passage festhalten:

> «**In den verschiedenen Umgangssprachen gibt es keine Fälle,** die Bedeutung der Wörter im Satz wird allein durch die Wortstellung und durch den Kontext erschlossen, so wie im Englischen. Allerdings werden in der Hochsprache (also in der Schriftsprache) drei verschiedene Fälle unterschieden, die durch hinten am Wort angehängte Kurzvokale bezeichnet werden. Da Kurzvokale nicht geschrieben werden, sind auch die Fallendungen meist nicht in der Schrift ersichtlich. **Daher beherrschen arabische Muttersprachler die Fallendungen nur sehr schlecht.** Wenn schriftsprachliche Texte gelesen oder vorgetragen werden, lässt man die Endungen meist weg, was jedoch keinen Einfluss auf die Verständlichkeit hat und auch nicht als inkorrekt empfunden wird. **Es (...) ist zu erwarten, dass Deutschlernende generell mit der Unterscheidung der Fälle Probleme haben.**» (Sprachensteckbrief *Arabisch*; Hervorhebg. U. H.)

Weshalb sollte ein junger Araber, der zuhause Arabisch spricht und draußen Deutsch lernt, auf die deutschen Kasus und die Endungen besonders achtgeben? Er wird es nicht tun, zumal er bald bemerken wird, dass auch die deutschen Muttersprachler (und die Mitschüler) die Fälle oft falsch gebrauchen: So verstärken sich beide Seiten gegenseitig. Korrekte Kasus sind im Sprachkontakt ohne Zweifel out, und niemand achtet groß darauf, ob hier die Form nun genau stimmt oder nicht. Es wäre unökonomisch.

Arabische Präpositionen

Wir werden im vierten Kapitel sehen, wie sehr sich die deutschen Präpositionen in Bewegung befinden. Wie sieht es nun im Arabischen mit Präpositionen genau aus? Hier gibt es erst einmal Entwarnung. Das Arabische hat wie das Deutsche eine Menge

Präpositionen, ja die am meisten gebrauchten Wörter im Sprech-Arabisch sind sogar Präpositionen, wie kürzlich eine Studie der Universität Riad herausgefunden hat: *fī* ‹in›, *min* ‹aus›, *'alā* ‹auf›, *fī l-bayt* ‹in dem Haus› u. v. a. Damit ergibt sich schon mal ein ziemlich einfaches Grundmuster aus Präposition und Nomen, das dem europäischen Modell ähnelt, nicht jedoch dem türkischen. Das Arabische stellt also – genau wie das Englische – für den Ausdruck von syntaktischen Beziehungen ein Idealmuster aus Präposition und Nomen zur Verfügung. Da die Kasus schwächeln, werden die Präpositionen umso stärker im Bewusstsein verankert sein. Der neudeutsche Drall zur Präposition findet also im Arabischen oder im arabischen Migrantendeutsch einen strukturellen Unterstützer. Und das ist noch nicht alles:

Alle arabischen Präpositionen stehen mit demselben Kasus, dem Genitiv. In Abschnitt 21 werden wir sehen, dass sich die meisten *deutschen* Präpositionen zur Zeit in Richtung auf *Akkusativ* bewegen. Eine fiktive Testreihe unter arabischen (und anderen) Jugendlichen würde mit Sicherheit ergeben, dass die Kasus nach den meisten deutschen Präpositionen entweder unkenntlich sind oder immer ungefähr die gleiche Form annehmen, nämlich die des Akkusativs: Man würde im arabischen Migrantendeutsch also vor allem hören *mit den Bruder, aus den Land, vor den Haus, von den Bier, wegen die Schwester, nach die Mutter* – also eine neue einfache Form, die auch schon unüberhörbar in die deutsche Umgangssprache Einzug gehalten hat. Die Lage im gesprochenen Arabischen – immer derselbe Kasus (oder gar keiner) nach Präpositionen – modelliert also in Umrissen gewisse Tendenzen, wie sie auch in der deutschen Umgangssprache seit einiger Zeit immer mehr um sich greifen. Dieses Szenario wird weiter unterstützt durch den arabischen Artikel.

Der arabische Artikel

Der Artikel ist so etwas wie das internationale Erkennungszeichen des Arabischen, in Wort und mehr noch in der Schrift (اﻟ): *al-mudarris* ‹der Lehrer›. *AL* ist unveränderlich, es heißt für alle Anwendungen immer nur *AL*: *al-mudarrisūn* ‹die Lehrer›, *al-bint* ‹das Mädchen›, *al-bayt al-mudarris* ‹das Haus des Lehrers› usw. In der gesprochenen Sprache aber (und nur hier!) kann sich *AL* auch an sein Nomen anpassen und verblasst dann immer mehr: Es heißt dann *an-nahr* ‹der Fluss›, *aṣ-ṣafīr* ‹der Botschafter›, *aš-šams* ‹die Sonne›, *ar-rašīd* ‹der Weise›. *Geschrieben* wird aber immer *al*. Dies geht nur etwa bei der Hälfte der Konsonanten-Buchstaben, die lyrisch ‹Sonnenbuchstaben› heißen, weil sie mit dem Artikel ‹verschmelzen›; es geht nicht bei den harten ‹Mondbuchstaben› wie *m* oder *q*, wo *al* immer unverändert bleibt: *al-miṣr* ‹Ägypten›, *al-qāhira* ‹Kairo›.

Tritt ein Adjektiv an das Substantiv, wird es nachgestellt und gegebenenfalls durch Artikel verbunden: *al-luġa ăl-ʿarabīya* ‹die Sprache die arabische› = ‹die arabische Sprache›.

Wird sich ein arabischer Deutschlerner viel Mühe um den richtigen deutschen Artikel machen (zumal für ihn nicht erkennbar ist, wie die exakte Artikelwahl funktioniert)? Warum sollte er? Sein Artikel-Bewusstsein ist eingestellt auf Einheitsartikel und Verschleifung, und zwar sowohl beim Artikel selbst als auch beim folgenden Kasus, der in der Rede auch noch verschluckt wird.

Zum arabischen Verb

Der eigentlich komplizierte Bereich der Grammatik ist das arabische Verb, die Vielfalt der Verbformen und der daraus abgeleiteten Wortarten wie Adverbien oder Partizipien. Unmöglich, hier auch nur einen Überblick zu geben. Es gibt viele komplizierte Formen für alle drei Zeitstufen und wir müssen sie hier nicht durchdeklinieren. Eine Auswahl mag aber die Vielfalt andeuten. Von der Wurzel KTB ‹schreiben› werden z. B. gebildet: *yaktubu* ‹er schreibt›; *kāna yaktubu* ‹er pflegte zu schreiben›; *kataba* ‹er schrieb›; *kāna qad kataba* ‹er hatte geschrieben›; *sa-yaktubu/saufa yaktubu* ‹er wird schreiben›; *yakūnu qad kataba* ‹er wird geschrieben haben› usw.[14] Viele Formen werden ohnehin nur im geschriebenen Arabisch gebraucht.

All das spricht dafür, dass das arabische Sprachbewusstsein auf VERB eingestellt ist. Dies kommt nicht nur in den Formen, sondern auch in der Wortfolge zum Ausdruck: Arabisch gehört zu den ‹VSO-Sprachen› und der arabische Satz beginnt in der Regel mit dem Verb:

fataḫat	*fāṭimah*	*ăl-bāb.*
öffnete	Fatima	die-Tür

‹Fatima öffnete die Tür›.

ḥadara   _raʾīs_   _al-wuzarā_   _ăl-maʿrīḍ._
war da   Führer   der-Minister   die-Ausstellung
‹Der Ministerpräsident war bei der Ausstellung zugegen.›

ištārat   _ʿuḫtī_   _kitābayn_   _min_ _as-sūq._
kaufte   Schwester-meine   Bücher-zwei   auf   dem-Markt
‹Meine Schwester kaufte zwei Bücher auf dem Markt.›

In der Welt ist diese Wortfolge seltener und eher in exotischen Sprachen verbreitet:[15] In Europa weisen nur noch Randsprachen wie Walisisch diese Anordnung auf, in der arabischen Zone noch die Berbersprachen im Westen Nordafrikas. Möglich, dass sie vor allem mündlich, also auch durch Sprachkontakt bedingt ist. Wenn sie in anderen Sprachen vorkommt, ist sie jedenfalls immer mündlich gefärbt, so auch im Deutschen:
– _Gemacht_ hab ich eigentlich noch gar nix heut.
Ausgeprägt kehrt diese Anordnung im ‹Kiezdeutsch› wieder (Abschnitt 20).

Das Modell _Ich will, dass ich schreibe._
Wirklich einzigartig ist die Möglichkeit des Arabischen, Sätze wie _ich will schreiben, er muss warten_ etc. auf eine Art auszudrücken, die sonst in Europa nur noch auf dem Balkan verbreitet ist, nämlich nach dem Muster: ICH WILL, DASS ICH SCHREIBE, d. h. der Infinitiv wird ersetzt durch eine feste Wendung:

mumkin   _an taršudan_   _ilā s-sūq_
(ist es) möglich   dass du führst   zu dem-Markt
‹Kannst du mich zum Markt führen?›

hal   _astaẓīʿu_   _an astaḥdima_   _tilifūnaka_
Part.[16]   ich kann   dass ich benutze   Telefon-dein
‹Kann ich dein Telefon benutzen?›

Da dieses Phänomen weltweit wirklich außerordentlich selten vorkommt, lohnt es sich, hier festzuhalten, dass es auch die Balkansprachen, das Persische und das Kurdische kennen, also relativ viele Migrantensprachen. Deshalb wären eigentlich deutliche Spuren im Deutschen zu erwarten. Das ist aber, soweit zu sehen,

nicht der Fall, auch nicht im Migrantendeutsch. Geprüft werden
müsste, ob die folgenden Satzmuster überhaupt irgendwo im
Deutschen auftreten:

? *Willst du, dass du schlafen gehst?*

? *Hey, lass mal heute abend, dass wir ins Kino gehen.*

? *Er muss erstmal, dass er noch was einkauft.*

Es gibt u. E. keine Belege, aber möglich scheint es allemal, zumal auch serbische, bosnische, albanische und kurdische Sprecher
in ihren Muttersprachen dieses Muster gebrauchen. Wieso sollten
sie im Deutschen darauf verzichten?

Das Weglassen der ‹Kopula›: Das Modell *Ich _ Mahmoud*

Ein drittes Phänomen wird sich als außerordentlich interessant
erweisen, wenn es um den Sprachkontakt mit dem Deutschen
geht: Ähnlich wie Türkisch ist auch Arabisch eine Sprache, in der
die Verben ‹sein› und ‹haben› viel schwächer als im Deutschen
funktionieren. Auch hier wird die Kopula SEIN oft einfach weggelassen. Die folgenden Minisätze können jeden arabischen Satz
prägen:

anā _ kabīr ‹ich _ groß› = ‹ich bin groß›, *huwa _ mudarris* ‹er (*ist*)
Lehrer›, *hāḏā _ ṣadīqī* ‹das ist mein Freund›, *hal antā _ mustaʿid?*
‹bist du fertig?›, *hāḏihī _ zauǧatī* ‹das ist meine Frau› etc.

Die Auslassung _ kann auch in Fällen stehen, wo in anderen
Sprachen ein Vollverb stehen würde:

– *anā _ marīḍ* ‹ich <u>fühle</u> mich krank›

– *hal antā _ tusāfir wāḥidan?* ‹<u>reisen</u> Sie alleine?›

– *ayna _ dimašq?* ‹wo <u>liegt</u> Damaskus?›

Dies bedeutet, dass das Weglassen wirklich typisch für das Arabische ist und weit verbreitet. Mit einer Einschränkung: Es gilt in
der Standardsprache nur für die Gegenwart; Vergangenheit und
Zukunft müssen bezeichnet werden (durch *kāna* ‹sein›).

Auch der Besitz von etwas, die HABEN-Relation, wird auf die
schon bekannte eigenwillige Weise ausgedrückt, die offenbar ein
ausgeprägtes ‹orientalisches Potential› hat: Das Verb *haben* existiert gar nicht, es wird stattdessen durch die Präpositionen *li* ‹für›,
fī ‹in›, *maʿa* ‹mit› oder *ʿinda* ‹bei› + Nomen ausgedrückt, wobei
man sich an dieser Stelle wieder einen ‹kleinen Satz› denken muss
(*ʿindī* – ‹bei mir (ist)› = ‹ich habe› usw.). Also: *bei ihm; bei dir; bei
uns ist etwas:*

– ʿindahu mufakkira. ‹Bei ihm ist ein Notizbuch› = ‹Er hat ein Notizbuch.›

– hal ʿindaka waqt? ‹Ist bei dir Zeit?› = ‹Hast du Zeit?›

– la-nā makān šāǧir. ‹Wir haben einen freien Platz.›

Arabische Wörter im Deutschen

Ungezählte arabische Wörter haben sich im Laufe der Geschichte in die Nachbarsprachen des arabischen Herrschaftsraums verbreitet, besonders ins Persische, Türkische (von hieraus weiter in die Balkansprachen) oder ins Spanische. Sie zeugen von bewegter Geschichte, von politisch-kultureller Dominanz und bilden meist eine kompakte Schicht an Fremdwörtern (von denen viele schon nicht mehr als Fremdwörter gefühlt werden). Das Arabische war in der Vergangenheit so etwas wie der führende Fremdwortgeber im ganzen Nahen Osten und noch darüber hinaus. Aber auch im Deutschen gibt es – was weithin kaum bekannt ist – eine Vielzahl arabischer Wörter, die man auf den ersten Blick und ohne Vorbildung nicht als solche erkennen kann. Erst seit ganz kurzer Zeit wird ihnen mehr Aufmerksamkeit geschenkt. Neuere Studien zählen etwa 200 arabische Wörter im Deutschen – das sind immerhin mehr als die 158 türkischen Wörter (die auch noch oft auf arabische zurückgehen). Oft ist der Artikel *AL* irgendwie in den Wörtern anwesend und die Wortlisten im Internet belegen bereits minutiös die genaue Herkunft der Bestandteile: *Alkohol, Algebra, Alchemie;* dann *Beduine, Elixier, Havarie, Haschisch, Karaffe, Laute, Matratze, Safari, Schach, Sahara, Tarif, Razzia, Kaffee* und *Zucker* (und viele Namen von Sternen wie z. B. *Beteigeuze* oder *Rigel*) sind Wörter arabischen Ursprungs und zeugen von der historischen Blütezeit der arabischen Kultur und Wissenschaft (Unger 2006).

Shining a light on: Migrantensprache Arabisch

Das Arabische ist dem Deutschen im Satzbau ‹näher› als das Türkische, phonetisch aber eher ferner. Das gesprochene Arabisch muss mit seinen Kasusverlusten ähnliche Tendenzen im gesprochenen Deutschen verstärken, ganz besonders im sogenannten Kiezdeutsch. Unsere These ist, wie schon angesprochen, dass die eigenartige Phonetik des Kiezdeutsch von arabischen Sprechern hineingetragen worden ist. Obwohl die arabische Gemeinde we-

niger zahlreich ist, gibt es eine Dominanzhaltung in sozialen Nischen und geschlossenen arabischen Vierteln sowie eine ‹Neo-Or-
thodoxie› in geschlossenen Familienverbänden und islamischen
Zirkeln. Deshalb ist das Arabische mit dem Türkischen ohne
Zweifel ein Motor für die Genese des ‹Kiezdeutsch›. Es tritt aber
sonst hinter Türkisch und Russisch zurück. Zweifellos wird aber
die Bedeutung des Arabischen als Migrantensprache weiter an-
wachsen. Wünschenswert wären deshalb mehr Daten über die
arabische Auslandsgemeinde und ihre Sprache(n) – insbesondere
über die arabischsprachigen Kurden aus der Türkei. Wir halten
fest:

→ Das gesprochene Volksarabisch hat seine klassischen Kasus de facto abgebaut. Sie spielen für das arabische Sprachgefühl keine Rolle mehr. Wahrscheinlich wirkt dies mit auf entsprechende Tendenzen im Deutschen ein, das gerade
nach Präpositionen den Kasus oft verwechselt. Allzweckartikel, Wortfolge,
Ausfall von ‹sein› und ‹haben›, häufiger Ersatz des Infinitivs etc. sind vom deutschen Sprachgefühl weit entfernt. Der arabisch-deutsche Bilingualismus begünstigt wahrscheinlich viele Veränderungen in den Slangs und im gesprochenen Deutschen.

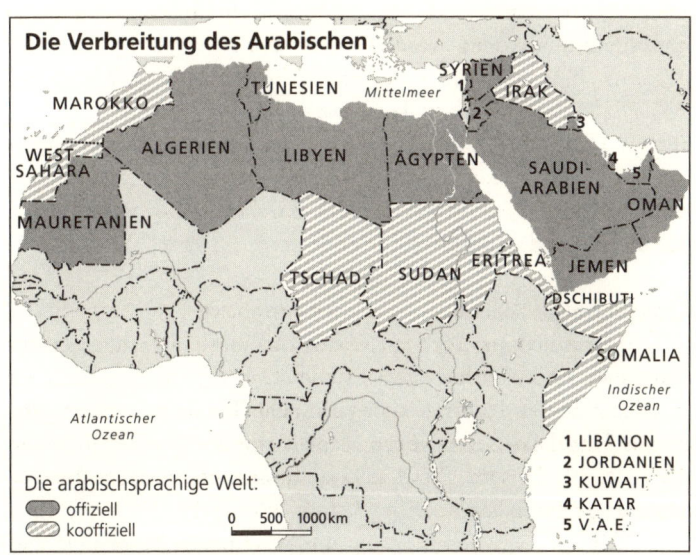

Die Verbreitung des Arabischen

MAROKKO · TUNESIEN · *Mittelmeer* · SYRIEN · IRAK

WEST-SAHARA · ALGERIEN · LIBYEN · ÄGYPTEN · SAUDI-ARABIEN · OMAN

MAURETANIEN

TSCHAD · SUDAN · ERITREA · JEMEN · DSCHIBUTI

SOMALIA

Indischer Ozean

Atlantischer Ozean

Die arabischsprachige Welt:
offiziell
kooffiziell

0   500   1000 km

1 LIBANON
2 JORDANIEN
3 KUWAIT
4 KATAR
5 V.A.E.

7. PORTRAIT RUSSISCH

Fokus. Weltsprache mit riesiger Verbreitung. Große Literatur. Hochsynthetische Sprache mit vielen Kasus und grammatischen Formen. Weist etliche ‹uneuropäische› Züge auf. Dominiert(e) viele andere, auch asiatische Sprachen. Größte migrantische Sprechergemeinschaft in Deutschland. Große Unterschiede zwischen der geschriebenen und der gesprochenen Sprache. Wird in Zukunft weiter weltweit an Bedeutung gewinnen.

Ein kurzer russischer Text

odin	car'	na	oxot-e	pustil	za	zajc-em	ljubim-ogo
ein	König	bei	Jagd-P[17]	ließ	nach	Hase-I	Liebling-G=A

sokol-a	i	poskakal	sokol	pojmal	zajc-a
Falke-G=A	und	nachritt	Falke	griff	Hase-A=G

car'	otnjal	zajc-a	i	stal	iskat'	vod-y
König	nahm	Hase-A=G	und	stand	suchen	Wasser-G

v bugr-e	car'	našel	vod-u	tol'ko	ona
auf Hügel-P	König	fand	Wasser-A	nur	PRONf

po	kapl-e	kapala	vot	car'	dostal	s
nach	Tropfen-P	tropfte	da	König	abstieg	von

sedl-a	i	podstavil	čaš-u	pod	vod-u
Sattel-G	und	unterstellte	Becher-A	unter	Wasser-A

Übersetzung:
«Ein König ließ auf der Jagd seinen Lieblingsfalken nach einem Hasen auf und ritt ihm nach. Der Falke erlegte den Hasen. Der König nahm den Hasen und begann, nach Wasser zu suchen. Auf einem Hügel fand der König Wasser, aber es tröpfelte nur. Da stieg der König vom Pferd und stellte seinen Becher unter das Wasser.» (Lew Tolstoj)

Quelle: Bossong (2004)

Verbreitung und Bedeutung

Russisch ist die größte slavische Sprache und hat mit Abstand die weiteste Verbreitung. Russisch sprechen heute etwa 160 Millionen Menschen sowie 50 Millionen als Zweitsprache in den Staaten, die früher zur Sowjetunion gehörten, also z. B. in Lettland, Georgien oder Kasachstan. «Daneben gibt es russischsprachige Minderheiten in allen GUS-Staaten und im Baltikum sowie zum Teil erhebliche Zahlen von russischsprachigen Emigranten in westlichen Industrieländern. In Finnland ist Russisch mit 40 000 und damit knapp einem Prozent Sprechern die größte sprachliche Minderheit. In Deutschland, wo die größte Zahl russischer Muttersprachler außerhalb der ehemaligen Sowjetunion lebt, ist Russisch mit rund drei Millionen Sprechern mittlerweile die nach Deutsch (und noch vor Türkisch) am zweithäufigsten gesprochene Sprache. In Israel bilden die etwa eine Million russischsprachigen Einwanderer etwa ein Sechstel der Bevölkerung und damit die drittgrößte Sprechergruppe nach denen des Hebräischen und Arabischen. In den USA leben über 700 000 russische Muttersprachler, davon über 200 000 in New York, und in Kanada rund 160 000. Die russische Sprache ist ebenso eine verbreitete Sprache für Wissenschaft, Kunst und Technik. Zählt man die Zweitsprachler hinzu, kommt man auf etwa 280 Millionen Russischsprecher.»[18] Trotzdem hat die Bedeutung des Russischen nach 1989 und dem Zerfall der Sowjetunion merklich abgenommen, besonders in den GUS-Staaten; sogar in einst strammen Gefolgsstaaten wie Bulgarien ist es heute auf dem Rückzug.

In Russland erstreckt sich das Russische über den halben Erdball und ganz Nordasien, von Pskov und Smolensk im Westen über Perm und Jekaterinburg nach jenseits des Urals über ganz Sibirien bis nach Magadan, Chabarowsk und Wladiwostok im Fernen Osten. Es durchmisst neun Zeitzonen,[19] zwei Kontinente und macht etwa ein Achtel der Erdfläche aus, circa 17 Millionen Quadratkilometer. Das Sprachgebiet des Russischen teilen die Slavisten in drei große Dialekt(gruppen), eine nördliche, eine mittlere und eine südliche Gruppe. Die Unterschiede zwischen diesen Gruppen sind im Vergleich zum Deutschen absolut minimal: Ein Russe kann sich überall im Land (und weit darüber hinaus) problemlos verständigen.

Die Russen nennen ihre Sprache rússkij jazýk русский язык «russische Sprache» oder einfach russki ‹das Russische›. Mit dem Ukrainischen und dem Weißrussischen bildet es die Untergruppe der ostslavischen Sprachen. Standardrussisch basiert auf dem Russisch im Gebiet von Moskau. Als typische Sprache Osteuropas zählt es – z. B. mit dem Polnischen oder Tschechischen – mit zu jenen Sprachen, in denen sich viele Kasus, ein gewisser Formenreichtum und das flektierend-synthetische Prinzip des Sprachaufbaus viel deutlicher erhalten haben als in Westeuropa. Es ist nicht verkehrt zu sagen: Das geschriebene Hochrussische ist in Bezug auf Sprachwandel und Neuerungen konservativ geblieben. Dies trifft aber nicht auf die Umgangssprache zu (s. u.)!

Aus der Geschichte des Russischen

Die Kluft zwischen alter Kirchen-Hochsprache und dem gesprochenen Volksrussisch (‹Diglossie›) ist eine alte russische Tradition, die bereits 1000 Jahre alt ist. Die russische Nation wendet sich im 18. Jahrhundert mit Peter dem Großen Westeuropa zu, und dies schafft endgültig die Bedingungen, eine neue Literatursprache zu erschaffen, die immer stärker von der Volkssprache geprägt ist. Neben Wissenschaft und Publizistik spielt die Literatur die entscheidende Rolle, nämlich das Werk Aleksandr Pushkins (1799–1837) (der afrikanische Wurzeln hatte) und seine geniale Synthese der russischen Volkssprache mit dem altslavischen Erbe. In dieser Zeit nimmt das Russische viele Wörter aus europäischen Sprachen auf und dehnt sich über ganz Sibirien aus. In der Sowjetzeit kommt es zu einer erneuten Polarisierung: auf der einen Seite das unbewegliche Hochrussisch, auf der anderen Seite das geschmeidige Umgangsrussisch.

In seiner Geschichte hatte das Russische, schon geographisch bedingt, Kontakt mit einer Vielzahl von asiatischen Sprachen, mit finnischen Sprachen (Mordvinisch), Turksprachen (Jakutisch), Kaukasus-Sprachen (Georgisch) und noch anderen. Trotzdem kann man von einem intensiven wechselseitigen Sprachkontakt, der die innere Struktur der Sprachen verändert hätte (wie auf dem Balkan!), *nicht* sprechen. Drei Gründe kann man hierfür anführen:

• Das Russische hatte immer eine dominante Position inne, in Verwaltung, Militär, Kultur und Medien; deshalb ging der Beeinflussungsdruck eher vom Russischen aus in Richtung auf die anderen Sprachen.

- Die dominierte Bevölkerung erlernte eher das Russische, und daher wurde die Sprache zu einer *lingua franca* in ganz Nordasien: Noch heute kommt man mit einem passablen Schul-Russisch durch alle Staaten der ehemaligen Sowjetunion, von Lettland bis Jakutien.

- Das Russische wurde durch aktive Sprachpflege und trotz der Anwesenheit vieler anderer Sprachen immer als monolinguale Sprache gepflegt, die bis auf eine kleine Menge Lehnwörter aus anderen Sprachen ihre unverwechselbare Eigenart ohne Abstriche bis heute bewahrt hat.

Deshalb hat das Russische als Sprache des Großen Russland niemals wirklich, auch in der Sowjetzeit nicht, echte Sprachvermischung und massiven Einfluss anderer Sprachen kennengelernt. Sogar das Tatarische, die Sprache der Eroberer im Mittelalter, hat kaum mehr als eine Handvoll Lehnwörter hinterlassen. Wenn Russen heute Fremdsprachen sprechen, dann Englisch, Deutsch oder Französisch, nicht jedoch Jakutisch oder Georgisch.

Eine kurze russische Grammatik

Dass die Russen aus dem europäischen Raster herausfallen, macht sich schon in der Phonetik bemerkbar. Für das deutsche Ohr fremd klingt das russische *y* (y) in *byt'* ‹sein› oder in *vyexat'* ‹wegfahren›. Dieser Vokal ist aber nur die Spitze des Eisbergs. In der russischen Aussprache werden alle Vokale, die nicht betont sind, deutlich heruntergefahren (‹reduziert›), manchmal bis zur Untergrenze, und dann verschwinden sie ganz oder sie werden verschluckt – offenbar je weiter sie von der Tonstelle entfernt sind. Für deutsche Ohren entsteht dann im Wort ein übertrieben betonter Vokal, der einen Kontrast hat zu allen anderen um ihn herum, die unbetont sind: So klingt russisch *Moskva* wie *Maskva*, ein Wort wie *zagorodom* ‹im Grünen› etwa wie *zaagərədəm*, wobei ə ein undeutlicher Murmelvokal ist; *poobeščat'* ‹versprechen› klingt dann etwa wie *pabishäätj*. Dies nennen die Linguisten ‹Vokalreduktion›, und man kann mit einigem Recht sagen: Kaum eine Sprache reduziert ihre Laute so stark wie das Russische und bringt dadurch eine solche Fülle an verformten Mini-Vokalen hervor. Dies ist die *eine* Säule, die das russische Lautbild prägt.

Die andere Säule wird gestellt von einem Phänomen, das in Europa ebenfalls selten ist: die unüberhörbare Fülle an weichen (‹palatalen›) Konsonanten, die jedes russische Wort prägen können. In Wörtern wie *pit'* ‹trinken›, *est'* ‹essen›, *desjat'* ‹zehn›, *obeščajuščij* ‹versprechend› sind alle Konsonanten superweich und klingen wie mit vielen *J* ausgesprochen. Verformte Vokale und weiche Konsonanten: Diese beiden Faktoren bringen in ihrer Verzahnung zusammen den typischen russischen Höreindruck hervor, der für deutsche Ohren so fremd klingt – besonders dann, wenn diese Aussprachegewohnheiten mit ins Deutsche hinübergenommen werden (s. ‹Akzent›).

Ein weiteres Stereotyp besagt, dass Russisch von Zischlauten geprägt sei. In der russischen Rede jedenfalls fallen dem deutschen Ohr diese Laute auf:

- langes weiches ‹gezischtes› sch: *šči* ‹Kohlsuppe›, *boršč* ‹Bortsch ein Gericht›;
- weiches tsch: *ključ'* ‹Schlüssel›; *čest'* ‹Ehre›;
- langes weiches zh: *žužžat'* ‹summen›, *vyezžat'* ‹ausfahren›;
- hartes, scharfes z: *cirk* ‹Zirkus›, *konec* ‹Ende›.

Alles zusammen ergibt den eigentümlichen Höreindruck, der es ziemlich leicht macht, das Russische akustisch auf der Straße zu erkennen.

Der Bau der Wörter

Auf den ersten Blick präsentiert sich das Standard-Russische als ein strenges und kompliziertes Regelwerk, das es den ausländischen Lernern nicht leicht macht. Ein großer Formenreichtum und ein streng synthetisches Prinzip des Wortbaus setzen sich durch die gesamte Grammatik fort. Den Russen selbst mag dies ein Gefühl jener nationalsprachlichen Illusion bescheren, sie beherrschten die extrem ‹schwierige› Sprache eines riesigen und mächtigen Kulturraums. Zu diesem Gefühl tragen nicht nur die Lautsprache und ihr System bei, sondern auch die kyrillische Schrift, die so eng mit der Orthodoxie und der Religiosität des russischen Menschen verbunden ist.

Das Russische leistet sich bis heute sechs verschiedene Fälle (sogar noch mit vielen Varianten und alten Sprachresten garniert): Es hat Nominativ *dom* ‹das Haus›, Genitiv *doma* ‹des Hauses›, Dativ *domu*, Akkusativ *dom*, einen Instrumental *domom* ‹durch das

Haus› und einen Lokativ, der mit Präpositionen steht: *v dome* ‹in dem Haus›. Es hat nicht nur viele Kasus, sondern nutzt diese auch für Spezialfunktionen, die oft einen archaischen, altrussischen Touch haben, ‹uneuropäisch› aussehen und ein gutes Stück vom Deutschen entfernt liegen. So steht bei Sätzen wie *er arbeitet als Ingenieur* der bloße Instrumental: *on rabotaet inženerom*; ein verneintes Objekt steht im Genitiv: *u nego brata net* ‹er hat keinen Bruder› u. v. m.

Der russische Sprecher ist also auf starke und schwache Formen, auf Alternationen und viele Arten von Veränderungen im Formensystem seiner Sprache eingestellt. Aber nicht nur das: Genauso ist das russische Sprachgefühl gewöhnt an etwas, das ich ‹strenge Verknüpfung› (*strict agreement*) nennen möchte und was auch im Hochdeutschen noch verbindlich vorgeschrieben ist: In einer Wortfolge wie *s ètimi krasivymi devuškami* ‹mit diesen schönen Mädchen› sind alle Formen durch Endungen verknüpft. Diese Verknüpfung ist im Prinzip zwar unauflösbar, wird aber in der Sprechsprache akustisch durch viele Verschleifungen ‹unterlaufen›.

Wie fast alle slavischen Sprachen kennt auch das Russische keinen Artikel und stellt sich hier in eine Reihe mit den Migrantensprachen Jugoslavisch und Polnisch. Russisch *dom* ‹Haus› heißt also ‹ein Haus› oder ‹das Haus› oder einfach ‹Haus›, und eine nähere Bestimmung (‹Determinierung›) muss durch andere Mittel ausgedrückt werden, z. B. durch Pronomen (*ètot dom* ‹dieses Haus›). Das allein schon erklärt die typisch ‹slavischen› Fehler vom Typ *hab ich _ Auto gekauft*: Sprecher des Russischen haben *natürlicherweise* kein Gefühl für einen Artikel, und deshalb ist der ganze Bereich des Artikels für russische Deutschlerner ein endloses Minenfeld. Russen wie auch alle Sprecher von artikellosen Sprachen sind beim Erlernen des deutschen Artikels in einer hoffnungslos unkomfortablen Situation. Und die Werbespots der Box-Brüder Klitschko oder die Interviews des Schriftstellers Wladimir Kaminer, die mit diesem Manko spielen, sind hier nicht wirklich ein Trost. Für russische Migranten hat der deutsche Artikel also keine große Bedeutung.

Zum Bau des Satzes: kein SEIN und kein HABEN

Auffällig für das europäische Ohr ist, dass es kein Hilfsverb gibt wie etwa HABEN in deutsch *ich habe* geschrieben oder SEIN wie in serbisch *ja sam napisao*. Es ist dies ein weiteres Merkmal, das das Russische von den europäischen Sprachen absetzt. Das Fehlen der ‹Kopula› ist vermutlich ein Erbe aus dem historischen Kontakt mit den finnischen Sprachen der Umgebung. Wir finden diesen ‹Ausfall› auch auf der Ebene des Satzes wieder:

Im einfachsten Modell des russischen Satzes fehlt das Verbindungsstück, die ‹Kopula›. Wir waren diesem Phänomen schon beim Arabischen, ansatzweise auch im Türkischen, begegnet. Zumindest im Präsens fällt der Ausdruck für IST immer aus: *moj brat – vrač'* ‹mein Bruder IST Arzt›, *pogoda – choroša* ‹das Wetter IST gut›, *on – doma* ‹er IST zuhause›. Dasselbe beim Verb im Perfekt: *on _ napisal* ‹er HAT geschrieben›. Im Schriftbild ‹vertritt› der Bindestrich sozusagen das fehlende Verbindungsstück – eine typisch russische ‹Leerstelle›. Auf den ersten Blick mag das Fehlen von gewohnten Satzteilen nicht besonders aufregend sein, denn in vielen Umgangssprachen werden einfach mal Satzteile weggelassen, weil sie sich von selbst verstehen. So kommt das in vielen Sprachen Europas vor, ist dann aber oft nicht hochsprachlich, sondern irgendwie umgangssprachlich, so z. B. im

* Englischen: *_ Ever met a man who doesn't hide newspapers?* (*_ = Did you*)
* Deutschen: *_ Wohl noch nie 'nen Menschen bei der Arbeit gesehen?* (*_ = Du hast*)
* Serbischen: *pa kupio _ par stvari pa otiš'o _ ne znam gde.* (*_ = je (Hilfsverb)*)

‹Und dann hat er so'n paar Sachen gekauft und weg war er wieder weiß-ich wohin.›

Man darf aber nicht vergessen, dass diese Lücke im Russischen ganz und gar *systematisch* ist und sehr oft – quasi in jedem Satz auf die eine oder andere Weise – vorkommen kann. Sie ist vollkommen normal, und das ist einfach eine andere Qualität: Es ist dieser Umstand, der dem Satzbau und der russischen Kommunikation zuweilen einen wirklich exotischen Anstrich gibt. Der Zürcher Slavist Daniel Weiss spricht hier plastisch von einer «Faszination der Leere», die das Russische präge.

Kein HABEN: *bei mir ist ein Buch*

Und es gibt noch ein weiteres Feld, auf dem die ‹Fremdheit› des Russischen sich manifestiert: Auch bei der Formulierung von einfachen Besitzverhältnissen weicht das Russische erheblich von der europäischen Norm ab. ‹Ich habe ein Buch›, ‹ich habe einen Bruder›, ‹ich habe Angst› – solche einfachen Sätze weisen im Russischen ebenfalls eine leere Stelle im Prädikat auf. Das russische Modell ist offenbar direkt aus einer finnischen oder turksprachigen Quelle übernommen worden: *U menja kniga; u ego brat; u ee strah* heißt wörtlich übersetzt: ‹bei mir ist ein Buch›, ‹bei ihm ist ein Bruder›, ‹bei ihr ist Angst› = ‹ich habe ein Buch› etc. In der negativen Variante heißt *u menja knigi net* ‹bei mir ist des Buches nicht› = ‹ich habe das Buch nicht›. Dies kann man ein ‹lokativisches› Modell nennen, weil es im Prinzip die auch in Turksprachen vorkommende Ausdrucksweise *bende kitabım var* ‹bei mir gibt es ein (mein) Buch› = ‹ich habe ein Buch› imitiert. Man darf nicht vergessen, dass diese Satzmuster so gut wie in jeder Äußerung vorkommen und im russischen Sprachgefühl ein Modul erzeugen, das genau dort auf *Leere* eingestellt ist, wo das Englische oder Deutsche verbindlich eine besetzte Stelle haben. Als Sprache, die schon geographisch weit über den europäischen Kreis hinauslangt, hat das Russische auf vielen Gebieten eine Vorliebe für ‹uneuropäische› Konstruktionen entwickelt. Auffällig ist obendrein ein Hang zum Unpersönlichen, zu unpersönlichen Satztypen, denen das Subjekt oder der aus dem Deutschen geläufige ES-Ausdruck fehlt – wenn man will, auch hier eine Leerstelle im Satzbau: *cholodno* ‹es ist kalt›, *stydno* ‹du solltest dich schämen!›, *udivitel'no* ‹das ist ja komisch›, *govorjat* ‹man sagt, es heisst›, *morozit* ‹es friert›, *nravitsja* ‹es gefällt mir›.

Dies alles entfernt das Russische nicht nur von den Sprachen Kerneuropas, sondern auch vom Deutschen.

Zum russischen Verb

Das russische Sprachgefühl ist wahrscheinlich primär auf Nomen eingestellt, denn das russische Verb weist oft Vereinfachungen auf. So kennt es nur drei Zeiten, und das ist im internationalen Vergleichsmaßstab extrem wenig. Es ist das Paradebeispiel für maximale Reduktion in diesem Bereich. Andere Sprachen (Bulgarisch, Englisch) leisten sich bis heute um ein Dutzend grammatische Zeiten (und sind ziemlich stolz darauf). Strenggenommen sind es sogar nur zwei Zeiten, die eigene grammatische Formen haben: Gegenwart und Vergangenheit.[20] So wird der Formenreichtum der Wörter auf der Ebene des Verbs wieder etwas ausgeglichen. Es gibt zwar eine Handvoll Konjugationsklassen, man kann sich aber am Grundmodell

delaju – delaeš' – delaet – delaem – delaete – delajut ‹ich mache – du machst, er macht … etc.›

gut orientieren. In der Vergangenheit wird es noch einfacher: *ja napisal* ‹ich habe geschrieben›, *ty napisal / on napisal / ona napisala // my, vy, oni napisali* ‹wir, ihr, sie haben geschrieben›.

Ein Bereich jedoch ist nicht unbedingt kompliziert, aber typisch russisch: Alle Verben haben zwei Formen, treten in zwei ‹Aspekten› auf. Man kann die russische Grammatik, die russische Weltsicht und das russische Migrantendeutsch nicht wirklich verstehen, wenn man nicht den Verbalaspekt im Grundzug versteht.

- Der ‹perfektive› Aspekt *on pobedil* ‹er siegte› stellt eine Handlung dar als abgeschlossen, einmalig und punktuell; das entspricht etwa dem deutschen Perfekt: *er hat gestern gesiegt*.
- Der imperfektive Aspekt stellt dieselbe Handlung als unabgeschlossen in Raum und Zeit, als mehrmalig und verlaufend dar: *on pobeždal* ‹er siegte wiederholt›.

Im Beispiel:

– *Kasparov pobedil i srazu vozvratilsja v Moskvu.* ‹Kasparov siegte und kehrte sofort nach Moskau zurück.› (perfektiver Aspekt)

– *Kasparov v takich slučajach obyknovenno pobeždal.* ‹Kasparov pflegte in solchen Fällen für gewöhnlich zu gewinnen.› (imperfektiver Aspekt)

Ein sehr effektiver Zug des Russischen ist, dass mit dem perfektiven Aspekt auch gleichzeitig das Futur ausgedrückt werden kann. Man nimmt einfach die Gegenwart der perfektiven Verben: *on napišet* ‹er wird schreiben›, *ona éto sdelaet* ‹sie wird es tun›.

Russische Umgangssprache

Zwischen dem offiziellen, geschriebenen Standard und der spontan gesprochenen Umgangssprache können große, ja sehr große Unterschiede bestehen. Diese Kluft ist viel größer als in anderen Sprachen, viel größer auch, als man es nach dem *common sense* erwarten sollte. Sie sind so groß, so einschneidend, dass man in der russischen Linguistik schon von einem ‹zweiten Russisch›, einer zweiten mündlichen Norm spricht, die in keiner Grammatik steht: eine Art Sprech-Russisch. Um es in einem Satz zusammenzufassen: Auch die Umgangssprache der Russen neigt dazu, auf allen Ebenen entscheidende Bestandteile wegzulassen und dadurch die sprachliche Struktur zu ‹durchlöchern›. Sie setzt damit die Anlage der Hochsprache in der Mündlichkeit weiter fort. Über diese zweite «Faszination der Leere» entstehen aber nicht nur Lücken im Satzgewebe, sondern eine zweite Norm, die bald ein Eigenleben führt.

– *Vam _ kuda?* ‹Ihnen _ wohin› = ‹Wohin wollen Sie?›

– *_ ego ne zastaneš̌* ‹ihn wirst du nicht antreffen›.

– *_ ne _ uveren _ _ – ne obgonjaj _!* ‹Nicht sicher – nicht überhole› = ‹Wenn du dir nicht sicher bist, *(dass die Situation OK ist)* überhole nicht!›.

Warum haben die Russen sich über ihre Umgangssprache sozusagen ‹ihre eigene Sprache› geschaffen? Bis heute gibt es keine allgemein akzeptierte Theorie. Vielleicht war während der Herrschaft des Kommunismus der Druck der Propaganda zu groß geworden und hat eine Gegenbewegung provoziert: nämlich eine Art inoffiziöser, ungezwungener und spontaner Privatsprache, die das Volk unter sich entwickelt und kultiviert hat. Möglich ist es; beweisen kann man es nicht.

Bei den Russen kommen also zwei wichtige Vorprägungen zusammen:

• Erstens sind sie in ein Sprachsystem hineingeboren, das nicht unbedingt europäischen Idealzustand hat, sondern in vielem ‹uneuropäisch› ist. Dies muss im Kontakt mit dem Deutschen Ruptionen eigener Art auslösen.

• Zweitens sind sie im Modus *Sprechsprache* eingestellt auf *Abweichung* und darauf, dass ‹Fehler› nicht sanktioniert werden, sondern für eine ‹intime›, effektive Kommunikation sogar ‹nötig› sind. Und wenn das im großen Russischen schon so einfach ist: Warum sollte man es nicht – wo es geht – auch ins Deutsche übertragen?

Zum russischen Wortschatz

Wie in jeder Sprache gibt es auch im Russischen viele Schichten von Lehnwörtern, die sich im Laufe der Geschichte herausgebildet haben. Es finden sich alte Wörter aus dem Finnischen, Griechischen, Altbulgarischen, Tatarischen und neue aus dem Holländischen, Französischen und Deutschen. Gegenüber Fremdwörtern überhaupt verhält sich das Russische traditionell tolerant, und in Zeiten der Globalisierung integriert es – wie fast alle anderen Sprachen auch – immer neue Anglizismen vom Typ *biznes, imidž, suši-bar, šop-tur, autsajder* usw.

Von *Aeroflot* bis *Zar* sind bis heute insgesamt 222 allgemein bekannte russische Wörter ins Deutsche gedrungen (Oschlies 2011), also mehr als türkische oder arabische. Viele waren politisch gefärbt und sind heute eher folkloristisch: *Bolschewik, Kolchose, Matrjoška* («eine Art Steckpuppe»), *Pogrom, Steppe, Sputnik, Wodka, Trojka, Soljanka, Zobel*. Geläufig sind auch *Rubel, Kopeke, Kosmonaut*. Neue Lehnwörter, die sich über die ganze Welt verbreitet haben, sind *Perestrojka* und *Glásnost*. In der früheren DDR gab es zudem eine Unmenge an Floskeln, die aus dem Russischen (Zeitungssprache, Politjargon) direkt ins DDR-Deutsche kopiert wurden und die heute eher ironisch gebraucht werden: *Haus der Kulturen, ruhmreiche Errungenschaften, unverbrüchliche Völkerfreundschaft, fruchtbare Zusammenarbeit* etc.

Shining a light on: Migrantensprache Russisch

Unter den Migrantensprachen ist Russisch, neben dem Arabischen, die einzige Weltsprache. Nach neuesten Berechnungen hat Russisch als Migrantensprache (der Aussiedler) in Deutschland mit Türkisch gleichgezogen. «Russisch ist in Deutschland mit rund 3 Millionen Sprechern die derzeit meistgesprochene Migrantensprache.» (Anstatt 2008, 1) Russisch hat vielleicht die höchste ‹Vitalität› im deutschen Sprachraum. Die russische *community* ist sozial eher unauffällig, trotzdem aber karriereorientiert. Das Russische mag im deutschen Sprachen-Gefüge so etwas wie den flektierenden Gegenpart zum agglutinierenden Türkisch spielen. Die Umgangssprache weicht vom Standard erheblich ab und stärkt dadurch in der Zweisprachigkeit den Faktor *Antinorm* im Neudeutschen.

→ Das russische Sprachgefühl ist von zwei Polen bestimmt: Der strenge Formenreichtum der Hochsprache steht den enormen Abweichungen der Umgangssprache gegenüber. Es ist von daher auf das *Fehlen* von *Satzteilen* eingestellt: Es hat keinen Artikel, meist keine ‹Kopula› und viele exotische Züge.
Trifft ein Russe auf das Phänomen (im Deutschen), dass die Sprechsprache in
vielem von der hochsprachlichen Grammatik abweicht, ist das für ihn so etwas
wie der Normalfall.

8. PORTRAIT JUGOSLAVISCH

Fokus. Größte südslavische Sprache. Linguistisch eine Sprache, politisch drei Sprachen: Serbisch, Kroatisch, Bosnisch. Alte
Verbundenheit mit Deutschland. Flektierender Typus mit vielen Kasus. Ton-Akzent. Polyzentrische Sprache; bis 1989 auch
außerhalb Jugoslaviens in Südosteuropa weithin verständlich
(‹balkanische *Lingua Franca*›). Verwickelte Geschichte der Standardsprache, die schließlich in separate Einzelsprachen auseinan-
derfällt. Trotz allem in der Praxis das verbindliche Groß-Idiom
der Serben, Kroaten und Bosnier. Alte Migrantensprache mit langer Tradition.

Ein kurzer jugoslavischer Text (serbische Variante in lateinischer Schrift)

Neimenovani pedesetogodišnjak pio je u kafani u Oslu,
Ein ungenannter 50-jähriger trank in einem Café in Oslo,

i nakon burne večeri krenuo kući.
und ging nach einem stürmischen Abend nach Hause.

Pošto je primetio da «vidi duplo», ipak je seo na zadnje sedište
Darauf bemerkte er, dass er «doppelt sah» und setzte sich auf den Rücksitz

automobila da malo prilegne i otrezni se.
seines Autos, um sich etwas hinzulegen und auszunüchtern.

Kada se probudio, ugledao je nepoznato okruženje.
Als er aufwachte, erblickte er eine ihm unbekannte Umgebung.

Izašao je iz automobila i shvatio da je u Geteburgu!
Er stieg aus dem Wagen und begriff, dass er in Göteborg war!

Quelle: Zeitschrift *24sata*, 1. 10. 2012

Verbreitung und Bedeutung

‹Jugoslavisch› ist ein neuer Begriff für das Sprachen-Trio Serbisch, Kroatisch und Bosnisch,[21] die neuen Nachfolger des in den 1990er Jahren abgeschafften Serbokroatisch. Alle drei ‹Sprachen› sind sich so ähnlich (zu mehr als 90 %), dass zumindest linguistisch eine getrennte Behandlung ganz seltsam wäre. Die drei ‹neuen› Sprachen sind politische Konstrukte mit einigen besonderen linguistischen Spuren, die von der jeweiligen Sprachpolitik scharf betont, aber auch übertrieben, unterlaufen oder geleugnet werden können. *Jugoslavisch* gibt es daher in einer serbischen, kroatischen und bosnischen Variante – so wie es bei dem alten *Serbokroatischen* schon einmal war. Das Jugoslavische ist immer noch eine *Lingua Franca*, eine Verkehrssprache der Region: Von Wien bis Skopje kommt man mit ihr immer noch durch den ganzen Balkan.

Jugoslavisch wird insgesamt von circa 22 Millionen Menschen gesprochen: in den neuen Staaten Serbien, Kroatien, Bosnien-Hercegovina, in Montenegro und im Kosovo. Daneben gibt es seit langer Zeit eine große Gemeinde in den USA, in Kanada, Australien, Schweden und Deutschland, es mögen drei bis vier Millionen sein. Wahrscheinlich befindet sich auch heute noch etwa die Hälfte der bosniakisch-muslimischen Bevölkerung (circa zwei Millionen) im Ausland.

Jugoslavisch ist eine ‹polyzentrische Sprache›, mit Ausstrahlungszentren in den Hauptstädten Belgrad, Zagreb, Sarajevo und Podgorica. Und in den Staaten selbst heißt es ohnehin nur noch ‹Serbische Sprache› *srpski jezik*, ‹Kroatische Sprache› *hrvatski jezik* und ‹Bosnische Sprache› *bosanski jezik* – in den Verfassungen und in dem selbstverständlichen, oft von neuem Nationalstolz erfüllten Sprachgebrauch der Menschen, denen gar nichts anderes in den Sinn käme als «unsere» Sprache (*Naš jezik*).

Dreimal ‹Jugoslavisch›

Das serbische Jugoslavisch wird hauptsächlich in Serbien, aber auch in Bosnien (Republika Srpska), in Montenegro und im Kosovo (zehn Prozent, hauptsächlich im Norden) gesprochen. Man schreibt kyrillisch, im Zuge der politischen Entwicklungen in Serbien (Februar 2012: EU-Kandidatenstatus) greift die lateinische Schreibweise aber immer mehr Raum, auch in den Medien und im Internet. Seine Sprecher sind orthodox, und die Religion spielt, wie überall im ‹ehemaligen Jugoslavien›, eine überragende identitätsstiftende Rolle. Das lautliche Kennzeichen ist die sogenannte *e*-Aussprache vieler Wörter wie in *sneg* ‹Schnee›, *beo* ‹weiß› oder *videti* ‹sehen› – und dies kann durchaus ein politisches Zeichen sein, das Herkunft und politische Gesinnung signalisiert.

Das kroatische Jugoslavisch wird hauptsächlich in Kroatien, dann in Bosnien und auch vereinzelt in Serbien gesprochen. Man schreibt ausschließlich lateinisch und die kroatischen Sprecher sind katholisch. Das akustische Kennzeichen ist die *je*-Aussprache vieler Wörter wie in *snijeg, bijeli* oder *vidjeti* – die ebenfalls als politisches Wiedererkennungszeichen fungieren kann.

Das bosnische Jugoslavisch wird in Bosnien/Hercegovina gesprochen. Es wird nun immer komplizierter, ja verwirrend: Neben dem serbischen Jugoslavisch der bosnischen Serben und dem kroatischen Jugoslavisch der bosnischen Kroaten ist es auch die Bezeichnung für das Jugoslavische der muslimischen Bosnier oder ‹Bosniaken› (*bošnjački jezik*). Die Bevölkerung – und besonders die Migranten – schert sich jedoch immer weniger um solche Spitzfindigkeiten. Bosnisch ist beides, *e̱*- und auch *je*-Aussprache, und es vereinigt auch sonst viele Züge, die woanders einseitig polarisiert werden. Es ist, nicht nur grammatisch, ein *tolerantes Jugoslavisch* – ein schönes Wort. Sein akustisches *Erkennungszeichen* ist der ‹orientalisch› anmutende Laut *h* in vielen Wörtern wie *merḫaba* ‹guten Tag›, *kaḫva* ‹Kaffee›, *laḫko* ‹leicht›. Türkische Fremdwörter haben hier weder den negativen Beigeschmack wie oft im Serbischen, noch sind sie verpönt wie bei den Kroaten: *avaz* ‹Stimme›; *merak* ‹Vergnügen› *muštulluk* ‹gute Nachricht›; *haber* ‹Mitteilung›; *akšam* ‹Abenddämmerung›; *sabahile* ‹Morgen›; *bašća* ‹Garten›; *ćeif* ‹Lust, Gefallen›; *rahatluk* ‹Zufriedenheit›; *šehid* ‹Held›, ‹Märtyrer›.

Hier zählt auch die muslimische Religion mit (*dženaza* ‹Bestattung›, *ahiret* ‹Jenseits›, *džennet* ‹Paradies›). Genau zu beschreiben, welche Variante des Jugoslavischen nun wo genau gesprochen wird (und wie die tatsächliche Praxis dann aussieht), käme der Aufgabe gleich, ein Tigerfell exakt zu kartographieren, und wir unternehmen diesen Versuch hier nicht. Unter den Migranten jedenfalls sind Sprecher aller drei ‹Sprachen› zu finden, und sie sprechen untereinander wie mit einer Sprache.

Sprachpolitik und Sprachtyp

Zur Zeit werden in der Slavistik in großen Projekten die sprachlichen *Unterschiede* zwischen den drei neuen ‹Sprachen› herausgearbeitet und in mehrbändigen Serien durchdekliniert. Sie sind die linguistische Munition im Kalten Krieg der Sprachpolitik. Deshalb kann es nicht vollkommen falsch sein, wenn wir dem legitimen Informationsbedürfnis der Migrationslinguistik wenigstens in den Grundzügen nachkommen und auch kurz auf die ‹Unterschiede› zwischen den ‹Sprachen› hinweisen – ohne sie deswegen allzu groß erscheinen zu lassen. Für die jugoslavisch-deutsche Zweisprachigkeit ist es im Prinzip unerheblich, ob der Sprecher ethnischer Serbe, Kroate oder Bosnier ist, ob er Jugoslavisch mit serbischer, kroatischer oder bosnischer Einfärbung spricht, ob er katholisch, orthodox oder muslimisch ist.

Die Sprachenpolitik aller drei Länder hat ganz auf Nation, Abstand und Differenz umgestellt, wobei es aber Unterschiede gibt: So sind Reinhaltungs-Tendenzen in Kroatien am deutlichsten, Offenheit gegenüber Internationalisierung in Serbien am klarsten, eine sympathische Art praktischer Toleranz in Bosnien am stärksten ausgeprägt. Alle drei ‹Sprachen› konstruieren zur Geschichte auch eine lange eigene Sprachgeschichte, oft bis hinauf zum Altslavischen des 9. Jahrhunderts; alle drei streben danach, in einer großen Erzählung die Heraufkunft ‹ihrer› Sprache zu konstruieren – womöglich mit einem Blick auf zukünftige Perspektiven in Europa.

Das Jugoslavische ist, wie das Bulgarische und Makedonische, eine südslavische Sprache und gehört mit dem Slovenischen dem westlichen Zweig an. Das bedeutet, dass es linguistisch *nicht* zu den Balkansprachen gehört (Abschnitt 11), wie man öfter in den Feuilletons lesen kann. Trotzdem gibt es im Serbischen und auch im Bosnischen einige ‹Balkanismen›. Dies alles kommt, wo es nötig ist, zur Sprache. Eines muss man aber festhalten: Die südserbischen Dialekte in Richtung Bulgarien und Mazedonien sind fast vollständig balkanisiert. Sie haben nur noch einen Allzweck-Kasus, kaum Endungen und weichen in vielem von der Hochsprache ab. Viele Gastarbeiter kamen, viele neue Migranten kommen von hier: Ihre Sprache und ihre Zweisprachigkeit können das Deutsche stark beeinflussen.

Das Jugoslavische als Ganzes gehört aber dem flektierenden Sprachtyp an – wie auch das Russische oder Polnische. In dieser Hinsicht bleibt es konservativ und ‹typisch osteuropäisch›; es ist der letzte Ausläufer des ‹Kasus-Areals› nach Süden. Es hat tatsächlich sechs voll ausgebildete Kasus: Nominativ *kuća* ‹Haus›, Genitiv *kuće*, Dativ *kući*, Akkusativ *kuću*, Instrumental *kućom*, und einen Lokativ *u kući*. Dieses System ist voll funktionsfähig, und auch die Regeln der Übereinstimmung der Endungen sind im Standard nicht beeinträchtigt; nur im gesprochenen Jugoslavisch werden sie oft verschliffen, verhaucht oder unterlaufen: In Sätzen wie *u onim srpskim velikim gradovima* ‹in diesen großen serbischen Städten› werden die gesprochenen, unbetonten Endungen oft kaum noch deutlich herausgehört.

Aus der Geschichte des Jugoslavischen

Die Serben, Kroaten und muslimischen Bosnier hatten vor dem
19. Jahrhundert – bevor am Horizont eine vereinheitlichte Sprache auftauchte – eine grundverschiedene politische Geschichte,
eigene Literaturen und ein verschiedenes Bewusstsein von ihrer
Sprache. Vor diesem Hintergrund muss man die 150-jährige Geschichte des Jugoslavischen sehen, um zu verstehen, warum es
am Ende des 20. Jahrhunderts in drei neue Sprachen zersplittern
konnte (Details in Rehder 1998):

- Das Serbische: Seit den Zeiten des Serbischen Großreichs im
  12. Jahrhundert entwickelte sich in den serbischen Ländern eine
  Gemengelage unterschiedlichster Literaturen und Sprachformen. Traditionelle Literatursprache war das Serbisch-Kirchen-
  slavische, das dem Gebrauch der Volkssprache und der höfi-
  schen Literatur gegenüberstand – Traditionen, die sich mit dem
  Einbruch der Türken auf die Kopistentätigkeit der Mönche reduzierte. Nach dem Abzug der Türken brachten Russen die
  russische Kirchensprache nach Nordserbien, wo sie mit einer
  archaischen serbischen Hochsprache (‹Slavenoserbisch›) kon-
  kurrierte. Nach dem serbischen Aufstand 1813 floh der große
  Autodidakt Vuk Karadžić nach Wien und bereitete in bedeutenden Westkontakten eine Reform der serbischen Sprachenlandschaft vor.

- Das Kroatische: Seit der Christianisierung gehören die Kroaten
  der römisch-katholischen Kirche an. Gebraucht wurden im
  Mittelalter das Lateinische und eine kroatisch geprägte Kirchensprache. Mit der Neuzeit ab dem 15. Jahrhundert entwickelten sich in den kroatischen Ländern, die unter ungarischer
  Oberhoheit standen, verschiedene regionale Literaturen, die in
  den Dialekten verfasst waren (‹Čakavisch› an der Küste; ‹Kajka-
  visch› im Norden um Zagreb) und eine große Blüte bis ins
  18. Jahrhundert erlebten – so etwas wie das Goldene Zeitalter
  der kroatischen Sprache.

- Das Bosnische: Hier ist der Blick zurück schwieriger, weil ‹das
  Bosnische› mit seinem Namen erst im späten 19. Jahrhundert
  langsam sichtbar wurde. Sicher ist, dass in den bosnischen Ländern eine multikulturelle Gesamtheit von Sprach- und Litera-
  turtraditionen lebendig war. Überragend waren hier die Werke

in orientalischen Sprachen (Arabisch, Persisch), die zum Teil sogar in einer arabisch anmutenden Schrift (‹Arebica›) geschrieben wurden. Trotzdem (oder: deswegen?) spielt ‹das Bosnische› in der Geschichte des Jugoslavischen keine nennenswerte Rolle. Erst mit den Bosnien-Kriegen der 1990er Jahre und dem Dayton-Abkommen von 1995 drangen die Existenz einer bosnischen Sprache und die kulturellen Traditionen der Bosniaken ins europäische Bewusstsein. Das Bosnische wird seitdem forciert als neue Standardsprache ausgebaut – mit noch ungewissen Aussichten.

Ein typischer jugoslavischer Satz hat also im Prinzip drei offizielle Varianten. Der deutsche Satz *Der Zug wird genau um zehn Uhr vom Bahnhof abfahren* lautet

- Kroatisch: **Vlak** sa željezničkoga **kolodvora** krenut će točno u deset **sati**.
- Serbisch: **Voz** sa železničke **stanice** krenuće tačno u deset **sati/časova**.
- Bosnisch: **Voz** sa željezničke **stanice** krenut će tačno u deset **sati**.

Am ‹größten› sind die Unterschiede noch auf manchen Feldern des Wortschatzes. So entspricht dem kroatischen *povijest* ‹Geschichte› das serbische *historija*, *glazba* entspricht *muzika*, *mrkva* ‹Mohrrübe› ist serbisch *šagarepa* etc. Verantwortlich dafür sind alte Sprachkontakte und sprachpolitische Direktiven.

Die Erfindung des ‹Serbokroatischen›

Die ‹Erfindung des Jugoslavischen› findet statt mit der Wiedergeburtsbewegung der Südslaven Anfang des 19. Jahrhunderts unter dem Namen ‹Serbokroatisch›, mit dem der erwähnte Vuk Karadžić seinen serbischen Heimatdialekt zur ersten jugoslavischen Standardsprache machte. Ab 1830 betrieben auch die Kroaten eine Sprachreform und setzten eine überregionale Schriftsprache durch, die sich von den Dialekten emanzipiert hatte. Damit war die Tür offen für die berühmte «Wiener Schriftsprachen-Vereinbarung» von 1850, die zu einer jugoslavischen Einheitssprache im Sinne Karadžićs führte und ab 1860 in Serbien, Kroatien und Bosnien auch realisiert wurde. In den jugoslavischen Ländern galt dieses ‹Serbokroatisch› zunächst verbindlich als gemeinsame Standardsprache. Bald taten sich jedoch unüberbrückbare Differenzen zwischen der serbischen und kroatischen Seite auf, die zur Zeit des faschistischen Kroatischen Staates 1941–44 endgültig zum Bruch und zur Abspaltung des Kroatischen vom Serbischen führten.

Tito-Jugoslavien kehrte nach dem Zweiten Weltkrieg aus politischen Gründen nominell zum ‹Serbokroatischen› zurück und ermöglichte damit das zweite große Sprachabkommen – das von Novi Sad 1954. Hier wurde festgelegt, dass es sich beim Serbokroatischen um eine Sprache in mehreren ‹Existenzformen› handelte: mit der Belgrader und der Zagreber Variante einerseits und dem Bosnischen und dem Montenegrinischen als – reichlich herablassend formuliert – ‹standardsprachlichen Ausdrücken› andererseits. Im sozialistischen Jugoslavien kristallisierte sich in der Politik aber eine stillschweigende Dominanz des Serbischen heraus, was den alten kroatischen Komplex und die Unsichtbarkeit des Bosnischen weiter schürte und die Bereitschaft zur Abspaltung am Leben erhielt. Um 1967 drängten kroatische Linguisten darauf, die Unterschiede zum Serbischen herauszustellen und ihre eigene Sprache zu ‹rekroatisieren›. Nach Titos Tod 1980 mündete «diese vehement nationalistische Konfrontation […] auch in kriegerische Konflikte, die nicht nur das Zweite Jugoslavien, sondern auch Idee und Realität einer gemeinsamen serbokroatischen Standardsprache zerstörten.» (Rehder 2002, 470)

Eine kurze Grammatik des Jugoslavischen

Der jugoslavische Höreindruck ist ganz und gar ungewöhnlich. Die Sprache ist eine Ton-Insel im Meer der europäischen Normalbetonung: Sie hat einen sogenannten musikalischen Akzent, unterscheidet also (wie Chinesisch) Töne, Tonhöhen und Tonverläufe. Es gibt vier verschiedene Töne und jeder Vokal kann diesen Akzent tragen. Er kann lang-ansteigend sein wie in $ra^a diti$ ‹arbeiten›; lang-abfallend wie in $gra_a d$ ‹Stadt›; kurz-fallend wie in $s_a da$ ‹jetzt›; kurz-steigend wie in $\check{z}^e na$ ‹Frau›. Manchmal bezeichnet man diese Akzente auch extra: *ráditi, grâd, sàda, žèna*. Die Töne strahlen sogar auf die nachfolgenden Silben aus, die dann noch höher ($rád^i t_i$) oder noch tiefer (sad_a) klingen können. Deutsche Ohren können klar den lang-steigenden Akzent eindeutig heraushören, den viele Migranten auch ins Deutsche übertragen: *ságen; lében.*

Das Jugoslavische hat lange und kurze Vokale und ist damit nahe am Deutschen. Es gibt aber eine Handvoll typischer Konsonanten, die dem Deutschen mehr oder weniger fremd sind:

Buchstabe		*Lautung*
ć	kuća ‹Haus›	weiches tsch wie in *tja*
č	čoban ‹Hirt›	hartes tsch wie in *Matsch*
đ	đavol ‹Teufel›	weiches d-j, ähnl. russisch *deti* ‹Kinder›
dž	džamija ‹Moschee›	wie *Dschungel*
ž	žut ‹gelb›	wie französisch. *journal*
lj	ljubav ‹Liebe›	weiches l, ähnl. wie russisch *lëd* ‹Eis›
nj	njega ‹ihn›	weiches n, ähnl. wie polnisch *Toruń* ‹eine Stadt›

Vom Deutschen abweichend behalten Konsonanten am Wortende den Stimmton: *ljubav* ‹Liebe›, *dug* ‹lang›, *zid* ‹Wand›. Heraus klingt auch ein seltener *r*-Laut, der wie ein Vokal funktioniert und die berüchtigten Zungenbrecher erzeugt wie *Krk* ‹eine Insel›, *trg* ‹Marktplatz› oder *srce* ‹Herz›. Er gibt den Wörtern etwas Knarrend-Abgehacktes, zumal er auch noch gerollt wird: *Krrrk*.

Der Bau der Wörter

Das Jugoslavische ist, wie auch das Russische oder Deutsche, eine Kasussprache, die ihre Fälle auch für besondere Funktionen ausnutzt. Dies sind slavische Spezialitäten, die aber durchaus aufs Deutsche durchschlagen können: *daj mi hleba* ‹gib mir (etwas) Brot› oder *tri meseca* ‹drei Monate› (Genitiv); *kuća mi* ‹Haus mir› (Dativ) = ‹mein Haus›; *video sam Petra* ‹ich habe den Petar gesehen› (Akkusativ im Gewande des Genitivs), *idem vozom* (Instrumental) ‹ich fahre mit dem Zug›, *deklaracija o pravima* (Präpositiv) ‹Deklaration der Rechte›. Sogar der Vokativ ist lebendig (*Ivane! Vesno!*), und die persönliche Anrede prägt jedes Gespräch mit (im Gegensatz zum Deutschen).

Das Adjektiv steigert noch nach dem alteuropäischen Muster: *tvrd* ‹hart›, *tvrđi* ‹härter›, *jak* ‹stark› *jači* ‹stärker›, *dobar* ‹gut›, *bolji* ‹besser›, dann weiter *najtvrđi* ‹härtester› usw. Die neu-europäische Steigerung mit MEHR (Muster: englisch *more interesting*) steckt zwar noch in den Kinderschuhen, ist aber im Kommen: *više fer* ‹fairer›, *više srpski* ‹serbischer›, *više interesantan* ‹interessanter›. Besonders das Sprachgefühl von Migranten der zweiten und dritten Generation ist bereits auf den neuen Typus mit MEHR eingestellt und entfernt sich auch sonst von der strengen Grammatik der Hochsprache.

Zum jugoslavischen Verb

Das jugoslavische Verb gebraucht – ähnlich wie das Deutsche – fast nur noch *eine* Zeitform für die gesamte Vergangenheit, das ‹Perfekt›: *ja sam napisao* ‹ich habe geschrieben›/*ona je odgovorila* ‹sie hat geantwortet›. Alle anderen Zeiten sind schon länger auf dem Rückzug und wirken heute antiquiert.

Einen uneingeschränkten Infinitiv nach europäischem Muster gibt es nur im Kroatischen, und hier beginnen sich die neuen ‹Sprachen› und ihre Geister schon zu scheiden. Im Kroatischen völlig lebendig, wird er im Serbischen fast immer ersetzt (‹Balkanismus›): Kroatisch *ja moram pričati sa Anom* ‹ich muss mit Anna sprechen› ist serbisch *ja moram da pričam sa Anom*. Beide Sätze wären in der jeweils anderen ‹Sprache› nicht nur falsch, sondern werden auch als ‹typisch serbisch/kroatisch› identifiziert. Im toleranten Bosnischen sind beide Varianten möglich.

Zum Satzbau

Im Jugoslavischen steht das Verb, wie im Deutschen auch, in der Mitte:

– *On je pio čašu vina* ‹er trank ein Glas Wein›.

Es gehört also offiziell zu den sogenannten SVO-Sprachen, ist aber sonst flexibel, eben weil es viele Endungen hat, die ein Satzglied genau definieren. Besonders in der gesprochenen Sprache fällt das Subjektspronomen oft weg und das Verb kommt dann an den Anfang (sogenanntes ‹Pro-drop›):

– _ *Pio je čašu vina* ‹ _ hat getrunken ein Glas Wein›.

Typisch ist die Fülle an kleinen Wörtchen, die selber keinen Akzent haben, aber jeden jugoslavischen Satz prägen. Es sind die Pronomen für *ich, du, er*, die Kopula IST u. a. Wendungen wie *čekao sam ga* ‹ich habe auf ihn gewartet›/*video ju je* ‹er hat sie gesehen›/*dao si joj ga* ‹du hast es ihr gegeben› etc. sind also nichts Ungewöhnliches, sondern vollkommen normal: Das Sprachbewusstsein jugoslavischer Migranten ist auf Partikeln eingestellt.

Jugoslavische Umgangssprache

Migranten sprechen untereinander vorzugsweise ihre Umgangssprache und weichen hier (wie die Russen, aber nicht so
stark) oft von der hohen Norm ab. Alle Jugoslaven sprechen im
Prinzip dieselbe Umgangssprache; die offiziellen ‹Unterschiede›
haben hier immer weniger Bedeutung. Auffällig ist aber, dass sie
angefüllt ist von kleinen Wörtchen, die die Rede emotional am
Laufen halten (s.o.) – sie sind das Öl in der Gesprächsmaschine:

– *Jel' tebi šalje … ovaj … jeli, Bojana, pa tebi šalje Olga garde-*
robu, mislim?

<u>Also</u> dir schickt, <u>ähm</u>, Bojana, <u>also</u> schickt dir Olga Kleidung,
<u>denk' ich</u>?

Der ‹Jugoslang› quillt über von solchen Partikelchen, die alle irgendwie dem emphatischen Miteinander dienen: Besonders ausgeprägt sind Interjektionen und Lückenfüller wie *boga mi* ‹mein
Gott›, *jeli* ‹nicht wahr›, *majke mi* ‹bei meiner Mutter›, *ovo-ono*
‹dies und das›, *šta ja znam* ‹was weiß ich›, *znaš* ‹weißt du›, die
jeder Sprecher sofort wiedererkennt. Und nicht selten sind auch
‹obszöne› Schimpfwörter, die besonders Männer gern einflechten:

– *He, he, ma šta hoćeš, <u>jebem ti mater</u>, pusti bre loptu!* ‹Hey, was
willst du denn, ich fick deine Mutter, lass bloß den Ball!›
(Fußballspiel).²²

Solche Wörtchen (und viele Schimpfwörter) tauchen vermehrt
auch in Migrantensprechs und vor allem im Jugendslang auf, weil
sie einen hohen emotionalen Gruppenwert haben. Ihre Entspre-
chungen haben sie im Türkischen (*siktir* ‹verpiss dich›), im Arabischen (*moruk* ‹Alter›, *yallah* ‹bei Gott›), im Russischen (*bljad'*
‹Hure›, *tvoju mat'* ‹[fick] deine Mutter›) und Polnischen (*kurva*
‹Hure›). In der vulgären Tonlage verstärken sich Migrantensprachen oft gegenseitig.

Der Wortschatz des Jugoslavischen

Der Basis-Wortschatz ist natürlich überall slavisch. Alle drei
‹Sprachen› unterscheiden sich noch am deutlichsten durch bestimmte Wortschichten. Serben sind offener gegenüber Fremdwörtern: Wörter wie *ekspanzija, infrastruktura, kontaktirati,*
apstraktan etc. werden ‹selbstverständlich› gelernt und gehören
durchaus der Alltagssprache an. In Kroatien tendierte man lange

dazu, Fremdwörter zu kroatisieren: Man machte aus *fast-food* ein *brzogriz*, ein *helikopter* wurde über Nacht zu einem obskuren *vrtolet*, worüber sich das Volk eher lustig machte: ‹gut für einen Scherz, aber schlecht zu gebrauchen.›[23] Die Bosnier pflegen besonders ihre Orientalismen. Amira und Senahid sagen einander *merhaba* ‹Guten Tag›, man übernachtet in *Pudin han* (Herberge), arbeitet für ein *vakuf* (Stiftung), singt abends eine *sevdalinka* (Liebeslied) und trinkt dann eine *rakija* (Schnaps) oder seinen *kahva* (Tasse Kaffee) aus einer *findžan* (Kaffeeschwenker).

Seit Jahrhunderten gibt es im Jugoslavischen auch deutsche Lehnwörter. Sie gehen in die Tausende und haben bis heute ihr ‹deutsches› Gepräge nicht verloren. Ihre Quellen sind das alte Österreich-Ungarn, die Zeit der sogenannten Militärgrenze gegen die Türken, das deutsche Handwerkertum in Serbien, das Prestige des Deutschen und die neuen Sprachkontakte der Gastarbeiter. Oft muss man kaum übersetzen: *anšlus, bina* ‹Bühne›, *cilj, dinstati, escajg, faliti, gelender, hala, išijas, kasa, lajtmotiv, moleraj, nudla, orden, peglati* ‹bügeln›, *pop, puder, rukzak, senf, šnicla, truba, urlop, vaga, zabremzati.*

Das neue Codeswitching Jugoslavisch-Deutsch (Abschnitt 19) hat also weit zurückliegende Vorläufer und ist für Migranten etwas vollkommen Geläufiges. Viele deutsche Wörter kamen ja einst auch erst durch Codeswitching in die Muttersprache! Noch heute kann man im Serbischen aufs Geratewohl einen deutschen Begriff aus der Arbeitswelt einflechten und mit einigem Recht hoffen, dass er verstanden wird: *Moram još jedamput da idem na* <u>*baustele*</u> ‹ich muss nochmal zur Baustelle fahren›.

Shining a light on: Migrantensprache Jugoslavisch

Nach Türkisch und Russisch die größte Migrantensprache; Jugoslavisch ist näher am Deutschen und Deutschland seit langem eng verbunden. Wird als *eine* Migrantensprache wahrgenommen, und zwar sowohl von den Migranten als auch (sowieso) von den Deutschen. Alle Migranten sprechen untereinander *ihre* Sprache – nämlich das Jugoslavische. Das Bosnische ist ein leuchtendes Beispiel dafür, wie intensivster türkischer Einfluss von einer europäischen Sprache auf lange Sicht verarbeitet wird. Dies kann für Europas Zukunft schnell relevant werden. Das Jugoslavische ist in Deutschland bereits in der dritten oder vierten Generation heimisch, und die Remigration hat das Deutsche in den jugoslavischen Ländern weit verbreitet. In jeder zweiten Familie gibt es jemanden, der Deutsch spricht oder versteht.

Die Verbreitung des Jugoslavischen

serbisch
kroatisch
bosnisch
montenegrinisch

0   50   100 km

9. PORTRAIT ALBANISCH

Fokus. Isolierte Sprache ohne nähere Verwandte, Mythos von der ältesten Sprache auf dem Balkan; eine der jüngsten Literatur- und Standardsprachen Europas. Flektierend-analytischer Typ, aber mit fünf Kasus, Balkansprache mit ausgeprägter Balkanität. Hat als ‹Ausweis› der albanischen Nation einen überragenden Stellenwert. Der Wortschatz – ein Sprachenmuseum. Den albanischen Text und die albanische Rede beherrschen kleine unveränderliche Partikeln.

Ein kurzer albanischer Text

Vera dhe Teuta shkojnë me taksi në hotel.
Vera und Teuta fahren mit Taxi ins Hotel.

Ato duan të arrijnë shpejt, sepse janë të lodhura nga udhëtimi i gjatë.
Sie wollen, dass sie ankommen schnell, weil sie sind die müden von Reise-der der langen.

Ja hoteli. Shoqet zbresin nga taksia dhe shkojnë në zyrën e pritjes.
Da Hotel-das. Freundinnen-die steigen aus Taxi-dem und gehen in Büro-das des Empfangs-des.

Nëpunesja i registron vajzat. Vera dhe Teuta banojnë në katin e katërt.
Angestellte-die sie registriert Mädchen-die. Vera und Teuta wohnen im Stock-dem dem vierten.

Ato marrin çelësin e dhomës dhe hynë dhe dhomën.
Sie nehmen Schlüssel-den den Zimmer-des und gehen hinein in Zimmer-das.

Übersetzung:
«Vera und Teuta fahren mit dem Taxi ins Hotel. Sie wollen schnell ankommen, denn sie sind müde von der langen Reise. Da ist das Hotel. Die Freundinnen steigen aus dem Taxi aus und gehen ins Empfangszimmer. Die Angestellte nimmt sie auf. Vera und Teuta wohnen im vierten Stock. Sie nehmen den Zimmerschlüssel und gehen ins Zimmer.»

Quelle: Hetzer/Finger (1991)

Verbreitung und Bedeutung

«Albanian shows no obvious close affinity to any other Indo-european language; it is plainly the sole modern survivor of its own subgroup.» (Eric Hamp) Die Albaner sind auf diese ‹exotische› Rolle ihrer Sprache oft stolz, als ob sie ein nationales Verdienst wäre. Im albanischen Kernland sprechen über 3 Millionen

Menschen Albanisch als Muttersprache und noch einmal eine halbe Million Menschen als Zweitsprache (Roma, Aromunen, Griechen und Mazedonier). Das albanische Sprachgebiet ist jedoch heute sehr viel größer. Es dehnt sich kompakt aus in den Kosovo (albanisch *Kosóva*), wo von 1,7 Millionen über neunzig Prozent ethnische Albaner sind; nach Makedonien, wo etwa eine halbe Million Albaner leben; und nach Montenegro mit 30 000 Albanern. Die montenegrinische Stadt Ulcinj (albanisch *Ulqin*) ist zu 70 Prozent albanisch. Albanische Sprachinseln gibt es seit dem Mittelalter, d. h. seit Beginn der osmanischen Periode, in Süditalien und in Griechenland (‹Arbereschen›; ‹Arvaniten›).

Seit dem 20. Jahrhundert gibt es Migrationsbewegungen nach Nord- und Westeuropa, den USA und Australien, die sich nach 1989 weiter verstärkten, z. B. auch nach Italien und Griechenland: Etwa eine Million Albaner leben im Ausland, davon viele in Österreich und in der Schweiz,[24] die oft sehr gut Deutsch sprechen.

Genaue Daten über die albanische Migration nach Deutschland sind schwerer zu erhalten, weil die ethnischen Albaner – ähnlich wie die Araber – in den Medien oft unter verschiedenen Etikettierungen verschwinden: Südeuropäer, Kosovaren, Bürger des ehemaligen Jugoslavien, Kosovo-Albaner etc. – was de facto den Tatbestand der Retuschierung einer ethnischen Gruppe erfüllt.

Das Albanische teilt sich in zwei große Dialektgebiete, deren Grenze der Fluss Shkumbin in der Mitte ist bzw. deren Gemeinsamkeiten sich in der Gegend von Elbasan treffen. Der südliche Dialekt (‹Toskisch›) ist die Grundlage der heute gültigen albanischen Standardsprache. Der nördliche Dialekt (‹Gegisch›) ist aber das Albanisch, das im Kosovo gesprochen wird. Da die meisten albanischen Migranten, zumindest in Deutschland, Kosovo-Albaner sind, ist Gegisch die albanische Migrantensprache. Ihr Markenzeichen ist der Nasalvokal wie in französisch *bon*: *âsht* ‹er ist›, den man deutlich heraushören kann.

Die Albaner nennen ihre Sprache *gjuha shqipe*, was wörtlich nur ‹klar verständliche Sprache› bedeutet, sich selbst nennen sie *shqiptarë*. Von hier aus haben sich populäre Namen wie *Skipetaren* (Karl May), serbisch *šiptari* und viele andere verbreitet. Der Zusammenhang mit albanisch ‹Adler› (*shqiponjë*; deshalb ‹Adlersöhne› etc.) ist eine Volksbildung; sie klingt zwar schön, ist aber unbegründet. Albanisch ist eine *isolierte Sprache* (wie das Griechische und das Armenische), d. h. es hat innerhalb der indoeuropäischen Sprachen keine näheren Verwandten. Albanisch ist aber vor allem eine Balkansprache (Abschnitt 11): Balkanische Züge treten im Albanischen (und wahrscheinlich im Migrantendeutsch der Albaner) besonders deutlich hervor. Sie werden heute durch Sprecher anderer Balkansprachen verstärkt.

Aus der Geschichte des Albanischen

In Albanien – wie in vielen kleinen Ländern – legt man höchsten Wert auf eine große Erzählung: Danach sei das Albanische der direkte Erbe der illyrischen Sprache, eine der frühesten Sprachen auf dem alten Balkan, irgendwo zwischen Dalmatien und Griechenland. Deshalb behaupten viele Albaner, ihre Sprache sei die älteste in der Region und das uralte Volk der Albaner habe schon immer dort gewohnt, wo es heute siedelt. Andere sind der Meinung, dass die Albaner erst irgendwann später in ihre Gebiete eingewandert sind, aus dem Norden oder Westen. Beide Theorien sind natürlich unbeweisbar, haben aber ihre immense (sprach)politische Bedeutung bis heute behalten.

Genaues weiß man nicht: Das Albanische taucht erst im 16. Jahrhundert, also ziemlich spät, auf dem Horizont der Geschichte auf, und zu diesem Zeitpunkt hatte es im Prinzip sein heutiges Aussehen schon fertig ausgebildet. Die Albaner haben erst sehr spät zu einer eigenen Nation gefunden, nämlich nach dem Ende der türkischen Herrschaft, im Jahre 1912. Zu dieser Zeit gab es noch keine albanische Standardsprache, und der Weg dorthin dauerte noch weitere sechzig Jahre (bis 1972). Standard-Albanisch ist also eine späte Bildung und eine der jüngsten Schriftsprachen in Europa. Seinen Weg dorthin fassen wir kurz zusammen (s. Tornow 2010, 205–212):

Die Albaner leben seit jeher in Stammesgesellschaften, jedoch ohne übergreifendes Zusammengehörigkeitsgefühl oder städtischen Mittelpunkt, aber mit wechselnden Kontakten zur muslimischen, griechischen und italienischen Kultur. «Die orientalische Epoche der Albaner ging 1878 mit dem Frieden von San Stefano und dem Berliner Kongress zuende (…). Das Jahr 1878 gilt als Beginn der ‹Nationalen Wiedergeburt›, (…) die mit der Souveränität Albaniens 1912 abgeschlossen ist.»

Erst in den 1950er Jahren wurde das Projekt einer Vereinheitlichten Albanischen Standardsprache wirklich vorangetrie-
ben. Der ‹Orthographie-Kongress› von Tirana 1972, an dem albanische Delegierte aus Albanien, dem Kosovo, Makedonien, Montenegro und Italien teilnahmen, legte die Schriftsprache in all ihren
Aspekten fest und gab die Entwicklung der nächsten Jahrzehnte
vor. Als überdachender Standard wurde die neue Norm, die auf
dem südlichen toskischen Dialekt beruht, auch im Kosovo übernommen, obwohl das gesprochene Umgangs-Albanisch dort bis
heute gegisch ist: «Standard Albanian is now able to respond to all
the needs and demands of social, economic, political, cultural,
artistic and intellectual life.» (Lloshi 1999, 295) All dies bestimmt
das Sprach-, National- und Kulturbewusstsein der Albaner bis
heute. So sind die wirtschaftlichen Bande der Auslandsalbaner
nach Hause besonders eng, der Transfer von Ressourcen immens,
die Familienbande innerhalb der Auslandsgemeinde geradezu
identitätssichernd, die nationale Bedeutung der Sprache überaus
hoch.

Eine kurze Grammatik des Albanischen

Höreindruck und Schriftbild sind geprägt vom *ë*, einem dump-
fen konturenlosen Vokal, etwa wie in deutsch *Tasch*e. Weil er
praktisch in jedem Wort vorkommt, neigt er dazu, abgeschliffen
oder ganz weggelassen zu werden. Dadurch werden viele albanische Wörter gekürzt und in großer Zahl zu Einsilbern, die man
deutlich heraushören kann: *mírë* ‹gut›, *pésë* ‹fünf›, *Tíránë* ‹Tirana›,
historínë ‹historisch›, aber auch *të gjúhës* ‹der Sprache›, *vëllái* ‹der
Bruder› – sie alle klingen eher wie *mir_, pes, Tiran, historin, t'
gjuhs, v'llai*. Charakteristisch sind weiterhin ‹y› wie in *dy* ‹zwei›,
yll ‹Stern› und der erwähnte Nasalvokal der Migranten: *bâ* = [bõ]
‹ich mache›, *nâna* ‹die Mutter›.

Es gibt eine Handvoll besonderer Buchstaben und besonderer
Laute:

Laut/Buchstabe		*Beispielwort*
ç	wie *tsch* in deutsch *Tscheche*	*çanta* ‹Tasche›
dh	wie *th* in englisch *this*	*dhjetë* ‹zehn›
th	wie *th* in englisch *think*	*them* ‹ich sage›
gj	wie *dj* in deutsch *Nadja*	*gjashtë* ‹sechs›

ll	wie *l* im Kölschen	*llambë* ‹Lampe›
nj	wie *gn* in italienisch *Lasagne*	*njeri* ‹Mensch›
q	wie wie *tj* in deutsch *Matjes*	*shqip* ‹klar›
x	wie *ds* in englisch *brands*	*lexoj* ‹ich lese›
xh	wie *dsch* in deutsch *Dschungel*	*Xhevat* ‹Name›
z	wie *s* in deutsch *Sonne*	*zi* ‹schwarz›
zh	wie *j* in französisch *journal*	*zheg* ‹Hitze›

Der Bau der Wörter

Albanische Grammatiker bestehen auf der Existenz von fünf Fällen (als ob das ein Privileg wäre): Nominativ *djali* ‹der Junge›, Genitiv *i, e djalit*, Dativ *djalit*, Akkusativ *djalin*, Ablativ *djalit*. Vielleicht weist dies in den Augen vieler Albaner auf den lateinischen Anteil hin und gibt zusätzlichen Glanz. Streng genommen bleiben nur drei Kasusformen übrig: *djali, djalit, djalin* ‹der Junge, des Jungen, den Jungen›, im Plural sogar nur zwei, und mehrere Kasus fallen schon zusammen.[25] *Summa summarum* muss man sagen, dass das albanische ‹Kasussystem› offiziös-konstruiert wirkt. Das ganze Feld ‹Kasus› ist also mit Vorsicht zu genießen und erscheint im gesprochenen Albanisch weniger streng. So können z. B. Präpositionen auch ganz ohne Kasus stehen: *nga Tirana* ‹aus Tirana›.[26]

Der bestimmte Artikel ist formenreich und schlägt auch die westeuropäischen Sprachen um ein Vielfaches; und er ist ein ausgesprochener Balkanismus: Er wird hinten an das Nomen angehängt und in allen Kategorien mitdekliniert: *djali̱* ‹der Junge›, *shtëpia̱* ‹das Haus›, *punetorët̠* ‹die Arbeiter›. Auch kann er mitten im Satz stehen: *miku i̱ mirë* ‹Freund-der <u>der</u> gute› = ‹der gute Freund›, *qytetarë të̠ mirë* ‹gute Bürger›, *djali është i̱ mirë* ‹Junge-der ist der gute› = ‹der Junge ist gut›. Adjektive stehen *nach* ihrem Kernwort und werden nach dem balkanischen Muster gesteigert: *mirë* ‹gut›: *më̠ mirë* ‹mehr gut› = ‹besser›.

Zum Bau der Sätze

Was den albanischen Satz wirklich zu einem balkanischen macht, ist, dass die meisten Objekte zweimal angezeigt werden müssen – das Substantiv wird noch einmal durch ein zusätzliches Pronomen aufgenommen. Der gängige Name für diese Methode heißt ‹Objektsverdopplung›.

– *Tensionin e keni normal.* ‹Den Blutdruck ihn haben Sie normal› = ‹Ihr Blutdruck ist normal.›

– *A mund të m'i thyeni këto kartëmonedha?* ‹Können Sie mir sie wechseln diese Geldscheine?› = ‹Können Sie mir diese Geldscheine wechseln?›

Dieses Modell gibt dem albanischen Satz seine Eigenart; die Regeln sind streng und die Reihenfolge der Objekte auch. Fast alle Objekte werden so verdoppelt, besonders aber Personen und Pronomen *Mua më quajnë Vasil* ‹mich mich nannten sie Vasil›. Der albanische Satz wirkt so für deutsche Ohren leicht unübersichtlich, und in der albanisch-deutschen Zweisprachigkeit *muss* sich dies auswirken.

Zum albanischen Verb

Großen und komplizierten Formenreichtum weist das albanische Verb auf – wie in allen Balkansprachen. Auch hierauf können wir uns nicht näher einlassen: Schier unübersehbar die Zeiten, der Formenreichtum, die Modi etc.[27] Der größte Unterschied zu westlichen Sprachen ist, dass es keinen Infinitiv gibt.[28] Er wird ersetzt oder umschrieben, und dies ist ein weiteres Exotikum:

- *filloi të punojë* ‹er fing an DASS er arbeitet› = ‹er fing an zu arbeiten›;

- *kam shumë për të punuar* ‹ich habe viel FÜR GEARBEITET› = ‹ich muss viel arbeiten›;

- *do të punoj* ‹ES WILL DASS ICH ARBEITE› = Futur I ‹ich werde arbeiten›.

Überaus wichtig für Kommunikation und Mehrsprachigkeit ist jener balkanische Modus, der Informationen *vom Hörensagen* bezeichnet (sogenannter ‹Admirativ›, ein türkisches Erbe). Gleichzeitig kann man über diesen Allround-Modus auch Emotion (Verwunderung), logischen Schluss oder eine allgemeine Unsicherheit ausdrücken, z. B. abgeleitet von *punuar* ‹gearbeitet›:

– *punuake* ‹du arbeitest ja!›, *paska punuaka* ‹er soll (wirklich) gearbeitet haben›, *(sigur) të punuaka* ‹(sogar) als ob er arbeitete›, *mund të punuakam* ‹ich kann doch wohl arbeiten!› etc.

Wenn man alle diese Kategorien zusammennimmt und sich einen albanischen Text ansieht (sich ein Gespräch unter Albanern anhört), dann kann man sagen, dass das Albanische vieles in ‹zergliederter› Form ausdrückt und dazu viele Partikeln verwendet:

Die zehn häufigsten albanischen Wörter sind solche Miniwörtchen, die viele Kategorien bedienen, z. B. *po, të, se, i, e, me, më, ka, ia* – oft auch in Kombination. So kann z. B. allein das Wörtchen *të* ein halbes Dutzend verschiedene Funktionen übernehmen. Wenn man mit Begriffen vorsichtig ist, dann kann man durchaus sagen, dass Albanisch eine *Partikelsprache* ist: eine Sprache, in deren Bau grammatische Partikeln dominieren. Albanische Deutschlerner werden also immer dazu tendieren, eine komplexe Form möglichst zu meiden und stattdessen eine einfachere zu verwenden, also z. B. eher ‹von mein Bruder› sagen als *meines Bruders*. Albaner sind, wenn sie Deutsch lernen und sprechen, von vornherein eingestellt auf die *Zergliederung* eines Wortes und der ganzen Mitteilung.

Der albanische Wortschatz: ein Museum

Der Kern des albanischen Wortschatzes ist illyrisch, sehr exotisch, sehr alt. Wörter wie *det* ‹Meer›, *gjuha* ‹Sprache›, *delme* ‹Schaf›, *yll* ‹Stern›, *bardhë* ‹weiß›, *zi* ‹schwarz› u. v. a. gibt es nur im Albanischen. Sie sind für viele Albaner so etwas wie ein ‹Ausweis› für Herkunft und Alter von Sprache und Volk. Das Albanische ist aber auch eine sogenannte Mischsprache, wie auch Englisch oder Rumänisch. Sein Wortschatz ist wie ein archäologisches Museum, in dem man die einzelnen Schichten der Sprachen, die es in der Geschichte beeinflusst haben, wie an einem Sedimentgestein ablesen kann: Über der illyrischen Grundierung liegt eine breite Schicht lateinischer Wörter, etwa dreißig Prozent des Wortschatzes, obwohl das Albanische niemals wirklich romanisiert worden ist. Die lateinische Wurzel kann man aber ohne weiteres noch erkennen: *mic* ‹Freund› (lateinisch *amicus*), *dita* ‹Tag› (*dies*), *është* ‹ist›, *fat* ‹Schicksal›, *liber* ‹Buch›, *mend* ‹Verstand›; auch Städtenamen haben oft lateinische Wurzeln, so z. B. *Durrës (Dyrrhachium)* oder *Vlora*. Lateinische Wörter werden oft zusammengepresst und abgeschliffen – ein starkes Indiz für den langen mündlichen Vorlauf: Aus lateinisch *imperator* ‹Kaiser› wird z. B. albanisch *mbret*.

Über dem Lateinischen liegt direkt die türkische Schicht, ein Sediment der starken Türkisierung über viele Jahrhunderte: Eine Auswahl erbringt – wie in den anderen Balkansprachen auch – Ausdrücke wie: *hajde!* ‹los!›, *sheqer* ‹Zucker›, *majmun* ‹Affe›, *shishë* ‹Flasche›, *çantë* ‹Tasche›, *jastëk* ‹Kissen› – dazu vieles aus Küche, Kleiderkammer und Hauswirtschaft. Die slavische Schicht darüber zeugt vom ‹Einbruch› der Slaven in das albanische Siedlungsgebiet (7. Jahrhundert), was einen langen Sprachkontakt mit slavischen Dialekten nach sich zog. Hunderte Ausdrücke aus der kleinen Haus- und Gartenwirtschaft, aus Flora und Fauna sind slavisch: *brazdë* ‹Furche›, *vatër* ‹Herd›, *oborr* ‹Hof›, *zheg* ‹Hitze›, *bisedë* ‹Gespräch›, *trup* ‹Körper›, *sokol* ‹Falke›, *kokosh* ‹Hahn›, *pestrovë* ‹Forelle›, *mrezhë* ‹Fischnetz›, *sodit* ‹beobachten›, *nevojëm* ‹notwendig›; viele kleinere Ortschaften haben alte slavische Namen.

Wie in allen Sprachen des Balkans vollzieht sich seit 1989 eine schnell fortschreitende Internationalisierung durch die englische Lexik der Wirtschaft, Technik und Informatik. Es gibt auch schon so etwas wie ein ‹Albano-Englisch›. Dabei wird das überragende Prestige alles Amerikanischen durch die Politik in den 1990er Jahren und die damalige enge Kooperation mit der Bush-Administration stabil gehalten und steht bei fast allen Albanern hoch im Kurs.

Shining a light on: Migrantensprache Albanisch

Aufgrund einer komplizierten, weit verbreiteten Correctness treten das Albanische und die Albaner in der Migrations- und Integrationsdebatte weniger deutlich hervor. Trotzdem ist die Sprache im Biotop der Großstädte stark präsent. Sie stärkt den balkansprachlichen Anteil an Interferenzen im ‹Albano-Deutsch› und im Kiezdeutsch sowie gewisse Tendenzen, die bis in die deutsche Standard-Umgangssprache reichen, z. B. die Steigerung mit MEHR. Migranten-Albanisch ist das Gegische, der Dialekt im Norden, was man akustisch an den Nasalvokalen erkennen kann. Albanische Migranten sind eher unauffällig und sprechen oft gut Deutsch. Dokumente zu albanischen Ethnolekten gibt es nicht. Möglich ist, dass ‹albanische› Tendenzen auf das Deutsche einwirken oder zumindest einschlägige Veränderungen stützen: z. B. die lautliche Reduktion, die Balkanisierung, die Emphase, die Zergliederung des Satzes.

Die Verbreitung des Albanischen

10. PORTRAIT POLNISCH

Fokus. Slavische Nachbarsprache Deutschlands, bedeutendste westslavische Sprache, EU-Sprache, synthetisch-flektierender Typus mit sieben Fällen. Komplizierte Phonetik (‹Zischlaute›), schwierige Orthographie. Viele Deklinationen und reiche Morphologie. Viele unpersönliche Ausdrücke und Satzarten, viele lateinische und deutsche Wörter. Engagierte Sprachpflege, starkes Sprach- und Nationalbewusstsein.

Ein kurzer polnischer Text

Chodź, powędrujmy nocą Komm, lass uns wandern durch die Nacht *Instrumental*
‹Komm, wir ziehen durch die Nacht›

Dopóki nie obudzi się poranek Bis nicht erwacht sich die Frühe
‹Bis das Morgenlicht erwacht›

Chwila wskaże nam drogę Der Moment zeigt uns den Weg
‹Der Moment zeigt uns den Weg›

Nieważne dokąd prowadzi ‹Ganz egal wohin es geht›

Zawsze możesz na mnie liczyć Immer kannst du auf mich bauen
‹Du kannst immer auf mich bauen›

Zaufaj Vertrau!
‹Gib dir dieses Vertrauen›

Pozwól nam nauczyć się miłości od nowa Erlaube uns zu lernen
die Liebe von neuem
‹Lass uns die Liebe neu erlernen›

Jesteś moją gwiazdą Du bist mein Stern *Instrumental*
‹Du bist mein Stern›[29]

Verbreitung und Bedeutung

Polnisch ist die größte westslavische Sprache, das Territorium
Polens ist ungefähr so groß wie Deutschland. Polnisch sprechen
heute über 60 Millionen Menschen; die Anzahl von Polen, die
im Ausland leben (23 Millionen), könnte sich bald der realen Ein-
wohnerzahl Polens annähern (38 Millionen). Große polnische
Gemeinden finden sich in den slavischen Nachbarstaaten, aber
auch in Deutschland (1,5 Millionen) und in Österreich (30 000).
Eine Viertelmillion Polen umfasst allein die Polonia in Litauen
(*polszczyzna litewska*), was auf den gemeinsamen Staat im
18. Jahrhundert zurückgeht. Polen sind ausgesprochen westmo-
bil, eine nach Millionen zählende Guppe findet man in den USA
(‹Amerika-Polen›; Chicago, Detroit), viele Polen leben in Kanada,
Australien, Schweden und vielen anderen Ländern. Allein nach
2004 (EU-Beitritt) sollen 2 Millionen Polen das Land verlassen
haben, vor allem in Richtung Großbritannien.

In Deutschland sollen 1,5 Millionen Menschen mit einem ‹polnischen Hintergrund› leben. Seit 2004 ist Polnisch auch Amtssprache in der EU, die Überlegungen, den Euro einzuführen, werden lauter. Als Minderheitensprache ist Polnisch in den baltischen
Ländern und den slavischen Nachbarländern anerkannt. Polen

gehört zu den Ländern, die eine besonders rigide Sprachpolitik pflegen: Die Sprachnorm wird penibel überwacht und die Einflüsse des Englischen werden, wo es möglich ist, zurückgedrängt. Polen ist gefühlt ein einsprachiges Land, obwohl es ein paar Prozent ethnische Minderheiten gibt: Deutsche, Juden, Litauer, Roma, Russen und Tschechen. Stigmatisiert sind oft sowohl Kleinsprachen als auch Dialekte und mündliche Sprechweisen. Deshalb sind die Unterschiede zwischen dem geschriebenen und gesprochenen Polnisch traditionell zwar relativ gering, vergrößern sich aber allmählich, wie überall in Europa. Die wenigen Dialektgebiete (eine Handvoll) haben gegenüber der Standardsprache kaum Bedeutung. Das offiziöse Bild der polnischen Sprache macht sprachpolitisch einen konservativen, gesteuerten Eindruck.

Die Polen nennen ihre Sprache *język polski* ‹polnische Sprache› oder einfach *polski* ‹polnisch›. Eine oft zu hörende (und schwer zu übersetzende) Variante ist *polszczyzna*, ein Begriff, der über die Sprache hinausgehen kann. Das Polnische gehört zum flektierenden Typus mit einer stark synthetischen Sprachtechnik, die in den Kasus (*brat* ‹Bruder› : *brata* : *bratu*), der Steigerung der Adjektive (*chłodny* : *chłodniejszy* : *najchłodniejszy*) ‹kühl› oder eigentümlichen Verbformen erscheint: *napisałem* ‹ich habe geschrieben›, *powiedziałbym* ‹ich würde sagen› zum Ausdruck kommt. Damit sind die Verbindungen zwischen den Satzteilen (wie im Russischen) stark und lassen so gut wie keine Auflösungen zu. Polnisch gilt als ‹schwere› Sprache, weil die Aussprache oft ungewohnt ist und das Schriftbild kompliziert erscheint. In einigen deutschen Bundesländern (Sachsen) ist Polnisch seit kurzem Schulsprache, und der akademische Grenzverkehr wird gepflegt (European University *Viadrina* im brandenburgischen Frankfurt).

Aus der Geschichte des Polnischen

Das Standardpolnische ist eine relativ alte, große Literatursprache, deren Anfänge ins 17. Jahrhundert hinaufgehen. «Den Übergang zur neupolnischen Epoche in der zweiten Hälfte des 18. Jahrhunderts kennzeichnen vor allem Bemühungen um Sprachreinigung und -verbreitung durch die Aufklärer. (…) Die gefestigte Position der (…) polnischen Literatursprache konnten die Germanisierungs- und Russifizierungsbestrebungen des 19. Jahrhunderts nicht mehr erschüttern.» (Birnbaum 1998, 122) In der sozialistischen Volksrepublik Polen erfuhr die offiziöse Sprache wie in vielen Ländern des ‹Ostblocks› eine Politisierung und Ideologisierung, was besonders die Politsprache zu einer starren Ikone machte (*nowomowa*, nach Orwells *newspeak*). Die Gegenreaktion nach 1989 in Gestalt einer Belebung und Mischung der Existenzformen des Polnischen und der wachsende Einfluss des Englischen führten zum Sprachengesetz von 1999, das die ‹Reinheit› der Sprache umfassend schützen soll. Seit 1996 betreibt ein 38-köpfiger ‹Rat der polnischen Sprache› eine strenge Sprachpflege, wacht über das ‹richtige Polnisch› und will es vor Provinzialisierung und ‹niederer› Straßensprache bewahren. Noch heute hat deshalb alles ‹Mündliche› einen schweren Stand. Damit befindet sich die polnische Wissenschaft allerdings nicht im europäischen *mainstream*.

Eine kurze Grammatik des Polnischen

Das Polnische ist die einzige slavische Standardsprache, die Nasalvokale hat, die wie in französisch *fin* und *bon* klingen: *język* ‹Sprache›, *sąsiad* ‹Nachbar›. Sie sind im Höreindruck nicht so stark wie im Französischen, weil sie oft das Nasale verlieren und dann eher wie *en/on* oder gleich wie *e* lauten, z. B. in *będzie* ‹wird sein›, *piszę* ‹ich schreibe›, *bądź* ‹sei!›. Es gibt keine langen Vokale und keine Umlaute – was sich am deutschen Akzent der Polen deutlich bemerkbar macht.

Die eigentliche Crux für den Polnisch-Lerner sind aber die Konsonanten und ihre Schreibweise. Nicht nur im Volksmund ist das Polnische eine Sprache der ‹Zischlaute› – es gibt deren zwölf. Sie werden mit komplizierten Buchstabenclustern (*sz; czsz*) und vielen Zusatzzeichen (*ś, ż*) geschrieben, weil die Buchstaben des lateinischen Alphabets allein nicht ausreichten, um alle polnischen Laute wiederzugeben. Die ‹typisch polnischen› Cluster sind allgegenwärtig, prägen jeden Satz und sind unüberhörbar. Unmöglich, sie hier im Detail zu erläutern. Eine Handvoll Musterwörter mag einen Eindruck geben: *szczęście* ‹Glück›, *człowiek* ‹Mensch›, *miłość* ‹Liebe›, *Krzysztof* ‹Christoph›, *dziękuję* ‹danke›, *dżem* ‹Marmelade›, *dźwig* ‹Kran›, *dziecko* ‹Kind›, *wąż* ‹Schlange›, *źle* ‹schlecht›, *gęś* ‹Gans› usw. Deshalb kommen zu den 32 Buchstaben noch einmal 11 Kombinationen hinzu, also insgesamt 43 Zeichen. Wie im Deutschen werden Konsonanten am Wortende ‹hart›, d. h. *chleb* ‹Brot›, *pisarz* ‹Schriftsteller›, *kod* ‹Code›, *wróg* ‹Feind›, *wąż* ‹Schlange› klingen dann wie *chlep̣, pisaš, wruḳ, wõ̃ṣ̌.*

Polnisch ist die einzige bedeutende Migrantensprache, die eine feste Betonung hat, nämlich auf der vorletzten Silbe: *pọlski, potrzebụję* ‹ich brauche›, *rozmawiạmy* ‹wir reden›, *univerzỵtet, w univerzytẹcie* ‹in der Universität›. Wie das Russische hat es viele weiche Konsonanten, was in der Schrift verschieden angezeigt wird: *Poznań, miẹć* ‹haben›, eine Spezialität ist ein dem englischen *double u (wḥat)* verwandter Laut: *miała* ‹sie hatte›. Der Höreindruck des Polnischen ist relativ klar und deutlich, weil Vokale nicht wie im Russischen reduziert oder verschluckt werden. Er wird geprägt von den ‹Zischlauten›.

Der Bau der Wörter

Das wirklich Schwierige am Polnischen sind die vielen Wortklassen, die oft historische Reste sind und eine Vielzahl an Formen hervorbringen wie in *brat* ‹Bruder› : *bracia* ‹Brüder›, *mąż* : *męża* ‹Ehemann›, *pies* : *psa* ‹Hund›, *noga* : *nodze* ‹Bein› etc. Maßgebende Grammatiker zählen insgesamt über 50 (!) verschiedene Deklinationsmuster. Und auch die Kasusendungen haben noch Varianten, z. B. Genitiv Singular *bratạ* vs. *hotelụ*. Wie in vielen slavischen Sprachen ist eine Anredeform vollkommen lebendig: *Panie Krzystofie! Pani Kowalska!* Das Polnische hat sich eine feudale Form des Siezens bewahrt: *Czy pan wie* ‹ob der Herr weiß?› = ‹wissen Sie?› *Przepraszam panią* ‹ich entschuldige mich bei der Dame› = ‹entschuldigen Sie!›. Die Ausnutzung der Kasus ist typisch slavisch und entspricht in vielem dem Russischen: *mało wody* (Genitiv) ‹etwas Wasser›, *nie mam pojęcia* (Genitiv) ‹ich habe keine Ahnung›, *jadę do domu* (Genitiv) ‹ich fahre nach Haus›, *interesuję się filozofią* (Instrumental) ‹ich interessiere mich für Philosophie›, *rozmawiamy o muzyce Preisnera* (Lokativ) ‹wir reden über die Musik Preisners›.

Polnisch ist dem Russischen in vielem ähnlich: Es hat keinen Artikel, es verdoppelt die Verneinung (*nic nie powiedziałem* ‹ich habe nichts gesagt›), es hat besondere Formen für Belebtes, es hat einen Verbalaspekt. Bemerkenswert ist, dass auch die Normalform der Vergangenheit ohne IST/HABEN auskommt – etwas Uneuropäisches: *ja _ napisałem* ‹ich habe geschrieben›, *ona _ przyszła* ‹sie ist gekommen›. Auch das Futur kommt mit einer extrem sparsamen Form aus: *napiszę* ‹ich werde schreiben›. Wie das Russische hat auch das Polnische ein zweites ‹unvollendetes› Futur vom Typ *będę pisać* ‹ich werde (irgendwann) schreiben›, das formal den europäischen Typus imitiert. Das Migrantendeutsch von Polen und Russen wird viel Gemeinsames aufweisen.

Der Bau der Sätze

Das Polnische gehört zu den SVO-Sprachen, d. h. das Verb steht in der Mitte. Die Variation ist aber groß, weil die Kasus ja schon alles eindeutig anzeigen. Außerdem kann das Pronomen, wenn es Subjekt ist, oft wegfallen (‹PRO-DROP›):

– _ *Czyta książkę* ‹er liest ein Buch›.

Wie in vielen anderen slavischen Sprachen auch ist die Folge der kleinen Partikeln streng geregelt:

– *On by się nie mógł w niej zakochać* ‹Er könnte sich nicht in sie verlieben›.

Zu den Partikeln zählen auch die typischen Kurzformen für Personen: *niego* : *go* ‹ihn›, *niemu* : *mu* ‹ihm›. Typisch polnisch sind unpersönliche Sätze ohne eigentliches Subjekt: *mówi się* ‹man sagt›, *zabiło go* ‹es tötete ihn› = ‹er wurde getötet›. Oder das Subjekt erscheint in einem anderen Kasus:

– *Pojawiło się dwóch wesołych chłopców* (Genitiv) ‹Es erschienen zwei lustige Jungen›.

Besonders die gesprochene Sprache ist voll von unveränderlichen Ausdrücken (die keine Übereinstimmung fordern, ja sie oft sogar ‹konterkarrieren›): *widać* ‹sichtbar sein›, *dym widać było z daleka* ‹der Rauch war von weitem sichtbar›, *słychać* ‹man hört›, *warto* ‹es lohnt sich›, *należy* ‹es gehört sich›; schließlich das seltsame *to*, eine Pseudo-Kopula: *Piotr to _ artista* ‹Piotr ist ein Artist›. Typisch ‹östlich› oder slavisch sind überhaupt Konstruktionen, die das Subjekt umgehen oder in den Dativ verlagern: *smutno mi* ‹ich bin traurig›, *nudzi mu się* ‹er langweilt sich›. Dies alles macht das Polnische weniger europäisch als viele annehmen; und auch vom Deutschen ist es ein großes Stück entfernt. Und dies muss sich auf die eine oder andere Weise auch im Sprachkontakt auswirken.

Der polnische Wortschatz

Das Auffälligste sind die vielen lateinischen Wörter, die seit der Christianisierung ins Polnische eindringen, vor allem in abstrakte Bereiche: *dieta, flekma, melankolia, notariusz, defensor, dekret, respekt, sentencya, herbata* ‹Tee›. Auch die deutsche Schicht ist erheblich und deutlich erkennbar, sodass man kaum die Übersetzungen angeben muss: *budować* ‹bauen›, *cukier* ‹Zucker›, *farba, fracht, gwałt, handel, klasztor* ‹Kloster›, *kosztować, ładować, kuchnia, meldować, musieć* ‹müssen›, *ratować* ‹retten›, *ratusz* ‹Rathaus›, *rachunek* ‹Rechnung›, *szlafrok, sznur, urlop, warsztat* ‹Werkstatt›, *wędrować* ‹wandern›. Verdeckte Germanismen sind *dworzec kolejowy* ‹Bahnhof›, *światopogląd* ‹Weltanschauung› oder *listonosz* ‹Briefträger›, *nie być w stanie* ‹nicht im Stande sein›. Vereinzelt haben auch polnische Wörter ins Deutsche gefunden: *Grenze* (*granica*), *Gurke* (*ogórek*), *dalli-dalli* (*dalej* ‹weiter›). In der letzten Zeit gibt es eine Welle von über 1000 Anglismen, die zwar bekämpft werden, sich aber natürlich nicht ausmerzen lassen. Sie sind von der bekannten Sorte, bloß im polnischen Gewande: *serwer* ‹Server›, *skaner* ‹Scanner›, *host* ‹Host›, *bajt* ‹Byte›, *windsurfing, kick boxing, didżej, biznes, diler* ‹Händler›, *menedżer, sex-shop, fast food, hamburger*.

Shining a light on: Migrantensprache Polnisch

Als Migrantensprache hat Polnisch eine Tradition seit 1870. Obwohl Hunderttausende Polen in Deutschland leben, ist Polnisch als player im *language melting pot* eher unauffällig, weil auch die Sprecher sozial unauffällig, integriert und aufwärtsmobil sind. Polen (Wrocław; Kraków) sprechen oft gut deutsch und sind eher an ihrem ‹schlesischen› Akzent erkennbar. Bilingual intensiv ist besonders der Grenzbereich und der Grenzverkehr (Görlitz). Das Polnische verstärkt die slavische Komponente im deutschen Sprachenkonzert, den ‹slavischen Akzent› und die typisch slavischen ‹Fehler› (z. B. Ausfall des Artikels).

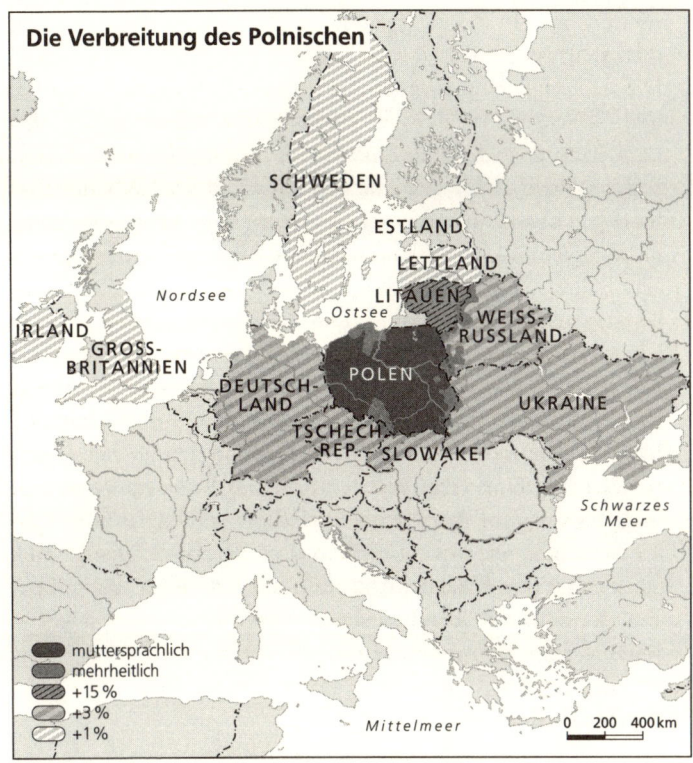

Die Verbreitung des Polnischen

SCHWEDEN
ESTLAND
LETTLAND
Nordsee   LITAUEN
Ostsee   WEISS-
IRLAND   RUSSLAND
GROSS-
BRITANNIEN
DEUTSCH-   POLEN
LAND
TSCHECH.   UKRAINE
REP. SLOWAKEI
Schwarzes
Meer

muttersprachlich
mehrheitlich
+15 %
+3 %
+1 %

Mittelmeer   0   200   400 km

11. KURZPORTRAIT BALKANSPRACHEN

In einem kurzen Ausflug in die Balkanlinguistik wollen wir
überprüfen, welche Bedeutung die Balkansprachen für das
Migrantendeutsch und den aktuellen Sprachwandel des Deutschen möglicherweise haben. Es gibt drei Gründe, weshalb man
den ‹Balkan-Faktor› nicht einfach ignorieren darf:
• Extreme Formen des Migrantendeutsch, wie etwa das ‹Kiezdeutsch›, werden immer noch oft, z.B. im Internet, als ‹Bal-
  kanslang› bezeichnet, obwohl hier vor allem Türkisch und
  Arabisch eine Rolle spielen und die ‹echten› Balkansprachen
  nur am Rande beteiligt sind. Ein diffuser Mythos spielt hier
  mit der ‹Balkanisierung›; er ist nicht linguistisch, sondern

stammt aus der Vulgärpolitik und bedient alte Ressentiments.

- Die ‹echten› Balkansprachen Rumänisch, Bulgarisch, Albanisch und Griechisch standen selbst (im frühen Mittelalter) in jahrhundertelangem Kontakt und haben ihre Kernstrukturen einander weitgehend angeglichen. Dies ist ein hochbrisanter Befund und kann von immenser Bedeutung für den Sprachwandel in Europa und Deutschland sein. Wir haben hier einen Vorzeigefall eines *Clash of Languages*: Sein Raum reicht von Tirana bis ins moldawische Chişinău und vom serbischen Niš bis nach Heraklion auf Kreta.

- Mit der Öffnung der EU seit 2007 kommen vermehrt Bürger aus den Balkanländern Bulgarien und Rumänien, bald auch aus Makedonien und Kernalbanien nach Deutschland. Ein ganzes rumänisches Dorf (Fântânele bei Bukarest) von etwa 700 Seelen emigrierte im April 2012 mit Mann und Maus nach Berlin-Neukölln, wie *Der Spiegel* 14/2012 berichtete. Diese neuen Sprachkontakte *können* nicht ohne Bedeutung für die Sprachsituation in Deutschland sein.

Sehen wir uns dies genauer an:

Die ‹Balkanismen›

Ein ganz normaler Satz hat in den Balkansprachen oft eine identische Form. Dies kann man an einem sehr einfachen Beispiel zeigen:

Deutsch: *Hans muss heute mit dem Zug nach hause fahren.*
Bulgarisch: *Dnes Ivan trjabva da ide vkăšti săs vlaka.*
Rumänisch: *Astăzi Gheorghe trebuie să mearge acasă cu trenul.*
Albanisch: *Sot Besniku duhet të shkojë në shtëpi me tren.*
Griechisch: *Sémera o Ioánnis prépei na páei sto spíti me tréno.*

Die Reihenfolge der Satzteile ist immer gleich: Rahmensetzer, Subjekt, Modalausdruck, Infinitivsatz, Ort, Adverbial. Und wortwörtlich klingt der Satz ‹balkanisch› so: ‹Heute Hans muss dass (er) geht nach hause mit (dem) Zug›. Schon ein erster Eindruck erinnert an Muster, die zumindest eine Rolle in Jugendslangs (‹Kiezdeutsch›) spielen.

Die Liste der ‹Balkanismen› ist mittlerweile auf fast zwei Dutzend angewachsen und lässt sich kaum noch vernünftig begrenzen (Hetzer 2010). Auch müssen wir sie hier nicht durchdeklinieren.[30]

Wir sprechen deshalb nur die großen Veränderungen kurz und im Überblick an, notwendig vereinfachend und immer vor dem Hintergrund der Vorgänge im Vielsprachenland Deutschland.

Alle Balkansprachen (kurz BS) haben sich aus großen, ‹klassischen› Vorgängersprachen heraus entwickelt: das Rumänische aus dem Lateinischen, das Griechische aus dem Altgriechischen, das Bulgarische aus dem Altslavischen, das Albanische aus dem Illyrischen (hier ist nichts Genaueres bekannt). Alle haben im Zuge langer mündlicher Kontakte und eines ununterbrochenen Sprachen-*Clash* ihre Grammatik *vereinfacht*.

Alle Balkansprachen haben ihre Grammatik vereinfacht

- *Alle Balkansprachen haben ihre Phonetik vereinfacht.* Schon die Lautsysteme sind überall auf einen Bruchteil geschrumpft, am deutlichsten zu sehen im Griechischen und Bulgarischen. Fast alle BS haben dafür den einfachsten Laut, der sich denken lässt, in ihr System eingebaut. Es ist ein gemurmelter Vokal, mit einem Minimum an Artikulationsaufwand. In der Schrift erscheint er im Rumänischen als <ă> wie in *săptămînă* ‹Woche›, im Bulgarischen als <ъ> wie in *nъm* ‹Weg›, im Albanischen als <ë> wie in *hënë* ‹Mond›, vgl. deutsch etwa in *Tasche*. Es ist nicht übertrieben zu sagen, dass der gesamte Höreindruck der gesprochenen Balkansprachen von diesem Laut (mit)geprägt wird. Deshalb wären die BS im Lautspektrum der Migrantensprachen akustisch eigentlich relativ leicht zu identifizieren.

- *Alle Balkansprachen haben ihre Kasussysteme abgebaut*: das Bulgarische auf Null, das Rumänische auf zwei, das Griechische auf drei Fälle: ein Faktum von ganz großer Bedeutung.[31] So hat z. B. das Bulgarische den Super-*Clash* mit dem türkischen Proto-Bulgarischen offenbar nur überlebt, indem es seine klassischen Fälle ganz aufgegeben hat! Hier bestätigt sich eine goldene Regel des Sprachwandels: *intensiver Sprachkontakt reduziert die Kasussysteme*.

- Alle BS haben die alten komplizierten Steigerungen vereinfacht und steigern nur noch nach dem einfachen Muster MEHR GUT statt *besser/schöner*: rumänisch *mai bine*, bulgarisch *podobre*, albanisch *më mirë*, griechisch *pio kaló*.

- Alle Balkansprachen haben den kompakten Infinitiv weitgehend abgeschafft und lösen das Problem auf eine neue Weise, nämlich mit einer Umschreibung: einer Partikel und der persönlichen Verbform. *ER MUSS DASS ER SCHLÄFT*: Rumänisch *trebuie să doarme*, bulgarisch *trjabva da spi*, albanisch *duhet të fle*, griechisch *prépei na koimátai*. Es ist nicht zu weit gegriffen, wenn wir pauschal summieren, dass alle Balkansprachen *Partikelsprachen* sind – wenn man darunter versteht, dass viele grammatische Kategorien über kleine starre Wörtchen ausgedrückt werden. Immerhin bedeutet das, dass zwischen Partikel und der Hauptform *keine formale Übereinstimmung* mehr besteht, vgl. griechisch *tha páei* ‹er wird gehen›.

- Merken wir noch an, dass BS eine Menge von unveränderlichen Ausdrücken verwenden, die oft emotional und mündlich bedingt sind und aus Ausrufen stammen. Alle kennen solche Ausdrücke wie Rumänisch *hajde!* ‹Los!› Bulgarisch *ela!* ‹komm her!›, Albanisch *hajde, eja!*, Griechisch *moré* ‹he Alter› – pragmatische, situative *marker* des Sprechens und Anredens in Reinkultur.

Spuren im Neudeutschen?

Sind im Sprachwandel des Neudeutschen von solchen Dingen Spuren oder Parallelen zu entdecken? Ich meine ja, nur muss man hier die Kirche im Dorf lassen (und noch abwarten). Zählen wir einige Spielfelder kurz auf:

- Die Stärkung analytischer Züge (z. B. von Präpositionen) in der Sprachtechnik (wie derzeit im Deutschen) ist genau das, was sich über Jahrhunderte auf dem Balkan abgespielt hat.
- Ohne Zweifel ist das deutsche Kasussystem in ziemlicher Bewegung; abzuwarten bleibt, was in einigen Jahrzehnten von ihm übrigbleibt. Pauschal kann man sagen: Die Schwächung des gesamten Formensystems im Deutschen erinnert in vielem an altbalkanische Vorgänge.
- Zumindest in der Sprechsprache kann man lautliche Spuren der Vereinfachung entdecken: Besonders das Migrantendeutsch kürzt die langen Vokale, fährt Umlaute und Diphtonge zurück und vereinfacht Konsonanten-Cluster (Abschnitt 15). Spuren davon gibt es auch im Neudeutschen.
- Eine neue Steigerung der Adjektive steht noch ganz am Anfang und ist auch den Linguisten noch kaum bewusst (Typ: *mehr zugänglich*).

Von solchen Dingen wie dem Ersatz des Infinitivs jedoch ist im Deutschen, soweit zu sehen, nichts zu entdecken. Selbst im Kiezdeutsch ist davon kaum die Rede. Oder sind Äußerungen wie

? *Sie will doch <u>dass sie</u> mit Hassan <u>trefft</u>.*

? *Ich muss nachher noch dass ich ein paar Sachen kaufe.*

belegt oder wenigstens denkbar? Dies können wir nicht endgültig entscheiden; es wäre aber merkwürdig, wenn multikulturelle Jugendslangs hiervon gar keinen Gebrauch machten. Denn auch andere Migrantensprachen verfahren so (s. o. Abschnitt 6):

- Arabisch: *hal yumkin <u>an tustad'ā</u> sayyāra ujratan lī* ? ‹können Sie <u>DASS Sie rufen</u> ein Taxi für mich› = ‹Können Sie mir ein Taxi rufen?›
- Persisch: *mituwānam <u>berawam</u>* ‹ich kann DASS ich gehe›
- Kurdisch: *tu yê <u>bibezî</u>* ‹du wirst DASS du rennst›

Wahrscheinlich ist das balkanisch-orientalische Modell ICH MUSS DASS ICH GEHE viel zu weit vom Deutschen entfernt, als dass es eine Chance auf Nachahmung hätte (und der einfache Infinitiv ist gar zu verlockend!). Und das Englische und andere Eurosprachen sind offenbar zu starke Vorbilder. Fassen wir zusammen:

→ **Auf dem Balkan ist das, was sich aus der langen Beeinflussung von ziemlich entfernten Sprachen ergeben kann, bis zu einem extremen Grad durchgeführt. Balkansprachen sind ein Musterbeispiel für grammatische Simplifizierung als Folge von intensiven Sprachkontakten. Sprachen reduzieren aus kommunikativer Notwendigkeit ihre Grammatik und passen viele Kategorien einander an. Dies weist auf manches hin, was zur Zeit im Deutschen vor sich geht.**

12. ‹NEUANGLODEUTSCH› UND VEREINFACHUNGEN

Das Englische ist keine Migrantensprache im hier geltenden Sinn, aber eine wichtige Kontaktsprache nicht nur des Deutschen, sondern auch aller Migrantensprachen. Schon deshalb lohnt ein kurzer Blick auf den möglichen Einfluss des Englischen. Englisch ist überall und quer durch alle Schichten und in allen Medien ständig präsent, und deshalb kann es nicht ohne Einfluss auch auf die Paarungen Migrantensprachen ↔ Deutsch sein. Auch können heute die meisten Migranten mehr oder weniger Englisch – ganz besonders Vertreter der zweiten und dritten Generation. Englisch hört man überall, in der Internetwelt, den Talkshows, im *Denglisch* der Wirtschaft und im privaten Cyber-Talk über alles Mögliche. Überhaupt ist *Denglisch* das Lieblingskind der Linguistik, und das Internet stellt eine Menge Vorzeigesätze zur Verfügung:

– «Ich musste die *Harddisk* neu formatieren, weil der falsch gesteckte *Jumper* zur *data corruption* geführt hat und der *Computer* gecrasht ist.»

So lauten die gängigen Zitiersätze der Medien, und jede Talkshow hat ihren Denglisch-Anteil, der Prestige, In-Sein, Spezialwissen und Identitäten befördert. Denglisch-Wörter sind allgemein bekannt, vor allem deswegen, weil man ihnen nicht entrinnen kann: *Display, Dresscode, Fake, Feedback, deadline, layout, outdoor, mainstream, smart phone* etc. Es sind aber nicht nur die Nomen, sondern es entstehen auch laufend neue Verben (*googlen, recyceln, uploaden, scannen*) und neue Adjektive ohne Flexion: *ein super Typ, Zirkus total, Urlaub all-inclusive.* Und obwohl es für die meisten Wörter ein deutsches Äquivalent *gäbe*, sind künstliche Anstrengungen hier immer zum Scheitern verurteilt. Bastian Sick (III, 92 f) führt hier sogar 100 deutsche Ausdrücke auf, mit denen man die Anglizismen ersetzen könnte (was natürlich in der Praxis nicht funktioniert).

Das neue Englisch-Amalgam ist eine globale Erscheinung und wird überall entweder gefürchtet oder gefördert: *Denglisch* (Deutsch + Englisch) hat seine Pendants im *Franglais, Finglish, Japalish* oder *Hindish.* Über die bemühte Konzentration auf das weithin sichtbare Vokabular vergessen Linguisten und Sprachpfleger aber oft die versteckten Einflüsse und geraten so leicht auf eine schiefe Ebene. Sie vernachlässigen andere wichtige Quellen, die indirekt mitwirken an den neuen Veränderungen im Deutschen. Hauptsächlich zwei Komplexe müssen hier genannt werden:

• Semantische Anglizismen (‹Calques›) kommen zwar deutsch daher, stammen aber aus englischen Wendungen: *es macht keinen Sinn (to make sense); das meinst du nicht wirklich (not really); wir hatten Spaß; ich bin da ganz bei Ihnen; am Ende des Tages etc.*

• Pragmatische Anglizismen stammen auch aus dem Englischen. Sie sind zwar gut deutsch, haben aber jetzt eine neue Anwen-

dung und imitieren den amerikanischen Kino-Chit-Chat: *es ist
wundervoll* (*das ist ja wunderbar*); *wie ist dein Name?* (*wie
heißt du?*); *es sind noch fünf Minuten zu gehen* (*das Spiel dauert
noch fünf Minuten*); *willst du darüber reden?*; *ich bin beein-
druckt*; *das ist nicht fair*; *willst du, dass ich es tue?* etc.
Über die Schleichwege der schnellen Synchronisationen in
Hunderten von importierten Trash-Serien (auf Super-RTL; Ni-
ckelodeon u. a.) werden, ohne dass wir es merken, unseren Kindern täglich diese englischen Wendungen eingetrichtert – ohne
dass sie gefragt würden, ob sie das passend finden oder nicht. Wir
haben also auch eine Invasion von Krypto-Anglizismen, die die
Jugendsprache schleichend verändern. Der bekannte Autor und
Übersetzer Dieter E. Zimmer hat das ‹Neuanglodeutsch› (was die
Sache besser trifft als ‹Denglisch›) in allen Facetten beschrieben.

Englisch – eine schon vereinfachte Sprache

Der Einfluss des Englischen trifft die Sprachsituation im
Migrantenland Deutschland noch aus einer ganz anderen, ganz
unerwarteten Ecke: Das Englische ist selber eine grammatisch
vereinfachte Sprache und facht als Prestigesprache des Konsums
und des Lebensstandards die Tendenz zur Simplifizierung anderer
Sprachen ordentlich mit an. Englisch hat schon im Mittelalter
seine grammatischen Strukturen komplett umgebaut: Aus dem
Clash mit dem normannischen Französisch der Eroberer und einer jahrhundertelangen Zweisprachigkeit ist es als eine kasuslose
und grammatikarme Sprache – eben als das Neuenglische – hervorgegangen. Diese Strukturen, die ihrerseits aus dem Sprachkontakt stammen, beeinflussen heute die neuen Mehrsprachigkeiten
in Europa und Deutschland, sozusagen von der Seite her, und
steuern sie in eine bestimmte Richtung. Das Englische hat die
neuen europäischen und deutschen Prozesse schon vor längerer
Zeit durchlaufen: Es hat kaum noch Endungen, hat sogar die
Konjugation der Verben von den Personalendungen befreit (*I say,
you say, we say* etc.), steigert mit *more* (unter anderem) und hat
nur noch einen Artikel *the* für alles. Vieles findet man im modernen Englischen bereits fertig vor, was sich als mögliches Fernziel
in anderen Sprachen eben erst andeutet. Das Englische befindet
sich bereits in vielem am Ende der Fahnenstange des sogenannten
‹Analytismus› (und hat typologisch eigentlich nur noch das Chi-

nesische vor sich); es ist der Vorreiter einer europäisch-globalen Entwicklung. Man kann also sagen, dass die Tendenz zur Vereinfachung – in welcher Sprache auch immer – sozusagen vom Englischen noch zusätzlich geadelt wird, als ein unumgänglicher Zug der Zeit. So wird den nationalen Sprachpflegern letztlich durch die europäisch-englisch-globale Sprachsituation noch der letzte Wind aus den Segeln genommen. Viele glauben sogar, dass es letztlich das Englische sei, das für die schleichende Erosion der deutschen Grammatik verantwortlich ist, wie vor einiger Zeit im *Spiegel* zu lesen war.[32]

Das Englische (wie auch das Chinesische – die beiden wichtigsten Weltsprachen in der Zukunft) ist also ein leuchtendes Musterbeispiel dafür, dass man einen großen Teil der komplexen ‹europäischen› Grammatik gar nicht um jeden Preis braucht – nicht für die alltägliche Kommunikation, nicht für den internationalen Verkehr, nicht für die Wissenschaften. Und für Migration und Integration schon gar nicht. Oder andersherum: Man muss solche Dinge wie Kasus, Person, Einzahl/Mehrzahl und vieles andere *nicht unbedingt* direkt am Wort ausdrücken. Man kann es eben *auch anders* machen. Und der Kontext tut dann das Seinige dazu. (Neue Projekte zu den Sprachen auf dem Globus zeigen ohnehin, dass die europäische Art, Grammatik auszudrücken, im Weltmaßstab eher die Ausnahme ist).[33]

Ein englisches Mustermodell: *service center*

Einige Phänomene des Englischen verdienen es, hier noch besonders hervorgehoben zu werden, weil von ihnen ein weiterer Impuls für Mehrsprachigkeiten, für Interferenzen und für die typischen Veränderungen im Deutschen ausgeht. Da ist der Typ *christmas tree, sex shop* und *street worker*, der zwei Nomen verbindungslos nebeneinander stellt und sich jeder engeren grammatischen Verbindung enthält: Es kommt nur noch auf die Wortfolge an. Auch in anderen Migrantensprachen stößt man auf dieses Modell: *sort kartofi* ‹Kartoffelsorte› (bulgarisch), *presjon airi* ‹Luftdruck› (albanisch) oder *vagon-restoran* ‹Speisewagen› (russisch).

Kern ist immer ein zentraler Begriff, der links oder rechts abhängige Komponenten hat: Wortstellung und der Kontext erhalten eine größere Bedeutung, um die Beziehungen im Satz und alles weiter Gemeinte auszudrücken. Vorhersagen könnte man also Entwicklungen von der Art, dass in der Zukunft sprachliche Strukturen, die ihre Grammatik nicht mehr direkt am Wort ausdrücken, einen Vorteil haben werden. Der Fokus bewegt sich von Präzision und Eindeutigkeit hin zu mehr Vagheit und mehr Kontext – auch das ist offenbar eine Folge des Sprachkontakts. Eben dieses Modell scheint sich langsam auch im Deutschen vorzubereiten: *die neue Rolle Deutschland_*. (s. a. Abschnitt 22).

Es ist ganz unmöglich, die weiteren Veränderungen, die das Englische ins Deutsche noch hineinbringen mag, hier auch nur aufzuzählen.[34] Festhalten muss man, dass es eine große Dunkelziffer gibt, die auch viele Phänomene *außerhalb* des Wortschatzes umfasst. Offenbar wird heute unter englischem Einfluss häufiger als früher wieder das Imperfekt gebraucht: *ich entdeckte etwas, ich wurde eingeladen*. Auch das alte deutsche Futur, das im gesprochenen Deutschen ziemlich verdeckt war und meist als Gegenwart daherkam (*wir gehen morgen in den Zirkus*), kommt wieder zu neuen Ehren:

– *ein schwacher Wind wird wehen* (Wettervorhersage)
– *der Zug wird gegen 20.00 ankommen* (Bahnhofsdurchsage)
– *die Nr. 23 Schweinsteiger wird kommen* (Sportreportage) etc.

Erwähnen wir der Vollständigkeit halber, dass auch alle Migrantensprachen ein sehr lebendiges Futur haben, das, soweit zu sehen ist, im gesprochenen Gebrauch keinen Einschränkungen unterliegt.

Das Englische nimmt also an den aktuellen Sprachwandelprozessen im Deutschen Teil und auch wieder nicht. Es macht es auf seine Art, sozusagen aus einer anderen Richtung. Manchmal überdecken sich Sprachzüge aus Migrantensprachen und aus dem Englischen auch, z. B. Steigerungen mit MEHR: *more interesting*, sodass man Einflüsse aus beiden Sprachwelten zulassen muss. Die Vorbildfunktion des Englischen trifft sich dann mit den Vereinfachungen im Migrantendeutsch. Das Englische ist damit so etwas wie ein Horizont im Hintergrund, vor dem sich im Vordergrund die aktuellen Prozesse der migrantischen Sprachkontakte abspielen. In jedem Fall verstärkt seine Teilnahme an modernen Mehrsprachigkeiten zusätzlich jene Veränderungen, die im Deutschen mittlerweile so deutlich hervortreten (viertes Kapitel). Festhalten muss man:

→ Das Englische hat viele von den ‹harten› Wandelprozessen aufgrund von Sprachkontakten bereits im Mittelalter durchlaufen. Als Weltsprache mit riesigem Prestige wirkt es auf aktuelle Veränderungen in Europa und Deutschland mit ein. In einem Wort: So gut wie alle Veränderungsprozesse im gesprochenen Deutschen, die durch Sprachkontakte ausgelöst sind, werden durch das Englische weiter gestützt.

DRITTES KAPITEL

MIGRANTENDEUTSCH

13. MIGRANTENDEUTSCH

‹Migrantendeutsch› ist ein Terminus der Migrationslinguistik und sollte möglichst neutral aufgenommen werden. Er bezeichnet pauschal die deutschen Varietäten von Menschen mit Migrationshintergrund, die mindestens zweisprachig sind oder zwei Muttersprachen haben und beide (oder auch mehr) Sprachen gleichzeitig gebrauchen. ‹Migrantendeutsch› hat deshalb, mit Blick auf die Generationenabfolge, mehrere Lesarten. Es kann bezeichnen:

- das Gastarbeiterdeutsch der 1970er Jahre
- das Deutsch von Menschen mit Migrationshintergrund, die ‹doppelt anderssprachig› sind
- den sogenannten ‹Akzent›
- neue Varietäten bestimmter Gruppen mit Codeswitching
- Soziolekte und Pidgins von Jugendlichen (‹Kiezdeutsch›)
- die deutsche Standardumgangssprache, sofern sie von zweisprachigen Sprechern mit Migrationshintergrund gesprochen wird.

In den Abschnitten 17–20 wird später das Deutsch der Migranten exemplarisch vorgestellt, soweit es in Texten oder verschrifteten Aufnahmen vorliegt. ‹Migrantendeutsch› wird dort weiter aufgefächert in ‹Türkisch-Deutsch›, ‹Russisch-Deutsch›, ‹Jugoslavisch-Deutsch› und ‹Kiezdeutsch› – je nachdem, welche Migrantensprache beteiligt ist; beim ‹Kiezdeutsch› sind es gleich etwa ein halbes Dutzend Sprachen, wenn nicht noch mehr. Die Termini mögen schriftlich noch gewöhnungsbedürftig sein, gerechtfertigt sind sie aber allemal, weil ein großer Teil der Texte ja tatsächlich aus zwei Sprachen besteht (‹Codeswitching›).

Die Wahl der vier Sorten ‹Migrantendeutsch› bedeutet zuallererst, dass wir für diese vier großen ‹Ethnolekte› genügend Texte haben, die einigermaßen valide sind, wo man auswählen und eine gezielte Analyse wagen kann. Für andere Ethnien ist es schwieriger, weil keine Texte vorliegen, die man mit einiger Berechtigung Araberdeutsch, Kurdendeutsch, Albanodeutsch oder Polendeutsch (oder so ähnlich) nennen könnte. Gleichzeitig hat die Reihenfolge eine Bedeutung: Sie bedeutet, dass für Türkisch-Deutsch und Russisch-Deutsch mit Abstand die meisten Texte vorliegen, für Jugoslavisch-Deutsch immerhin noch einige wenige, für ‹Albanisch-Deutsch› und weitere aber gar keine.

Wenn hier die Ausdrücke ‹Türkisch-Deutsch› oder ‹Russisch-Deutsch› gebraucht werden, werden sie *nicht* in dem diskriminierenden Sinne von ‹Kanak Sprak› oder ‹Balkandeutsch› verwendet, wie man es immer noch im Internet antreffen kann. Diese und ähnliche Wortschöpfungen bezeichnen vorläufig: eine Varietät, die von ausgewählten oder repräsentativen Gruppen von Migranten oder Deutschen mit Migrationshintergrund in Deutschland gesprochen wird. Hauptsächlich gilt das für Türken, Russen und Jugoslaven. Und es geht um ein Zeitfenster von 20–30 Jahren – gerechnet von 2013 an rückwärts: Das ist die Zeit, in der die Aufnahmen und Texte gemacht wurden und in der sich die neuesten Enwicklungen, die man heute auf dem Tisch hat, als Output zeigen. Trotzdem müssen wir ab und zu auch auf die 1960er und -70er Jahre zurückblenden, weil die letzten Wurzeln aller Migrantendeutschs in den Anfängen der Migration liegen und manche auffällige Züge bis auf das Gastarbeiterdeutsch zurückgehen können.

‹Türkisch-Deutsch›, ‹Deutschland-Türkisch› und ähnliches sind Begriffe, die die betreffenden Gruppen selbst mit einem neuen Selbstbewusstsein verwenden. Sie sind also wertfrei, auch wenn sie sich nicht sehr politisch-korrekt anhören. Hinter den flotten Etiketten können unterschiedlichste Gruppen stehen, die auch zeitlich aufeinander folgen können. Und nicht jede Gruppe oder Untergruppe, die einmal Gegenstand einer Seminararbeit wurde, kann hier berücksichtigt werden. Es geht also um die große Linie, wobei wir versuchen, uns von dieser Linie nicht ständig und nicht allzuweit zu entfernen.

Mögliche Varianten von Migrantendeutsch

Am Türkischen kann man exemplarisch zeigen, wie viele Varianten von Migrantendeutsch sich für die soziolinguistische Erforschung ergeben können. Mit der Zeit bilden sich hierfür robuste Kriterien heraus, die zumindest theoretisch eine Differenzierung erlauben. Unter ‹Türkisch-Deutsch› versammeln sich z. B. die älteren Gastarbeiter, dann die zweite und dritte Generation, die Mannheimer «Powergirls», die sogenannten «Unmündigen» und die sogenannten «Europatürken» – eine bunte Mischung von Gruppen, die auch zeigt, wie sich ein ‹Ethnolekt› mit der Zeit ausdifferenzieren kann, abhängig von Integration, Bildung und der Aura des Zeitgeistes. Beleuchten wir das noch etwas genauer:

Hintergrund für alles ist natürlich das traditionelle Türkei-Türkisch in Anatolien, in Ankara oder Istanbul. Und hier unterscheidet schon die türkische Sprachwissenschaft offizielles Standard-Türkisch, die Dialekte, die Istanbuler Norm und das europäische Türkisch in Bulgarien oder Gagausien. Gastarbeiter kamen oft aus Anatolien und sprachen östliche Dialekte und in Deutschland ein grobes, schroffes Deutsch-Pidgin (Keim 1978). Beides hat am sogenannten Deutschland-Türkischen, wie es sich mit der Zeit in Deutschland herausbilden wird, einen Anteil. In der zweiten und dritten Generation verbreitet sich eine entwickelte Zweisprachigkeit: das grammatisch-ausgefeilte Code-Switching Türkisch ↔ Deutsch als Gruppenzeichen. Und bei voll integrierten, karriereorientierten Menschen mit türkischem Hintergrund schließlich, die täglich Standard-Deutsch sprechen, spricht man besser von einer gewandelten Deutsch-Varietät, in die sich oft charmante Spuren der Mehrsprachigkeit (wie auch ein hyperkorrektes Deutsch) mischen können.

In der Theorie gilt eine solche Differenzierung eigentlich für *jede* Migrantensprache, ist aber nur für das Türkische auch einigermaßen beschrieben. Es ist natürlich utopisch und auch nicht zu erwarten, dass die Forschung immer *alle* diese Punkte bedient. Das ist weder möglich noch nötig. Sie wird sich zunächst auf Varietäten konzentrieren, die sozial irgendwie hervortreten und von allgemeinem Interesse sind, z. B. das Deutsch der russischsprachigen Aussiedler. Nicht ausgeschlossen ist aber, dass sich solche Verzweigungen in der Zukunft auch für andere ‹nachwachsende› Migrantensprachen anbahnen werden. Wir kommen mit diesen Überlegungen an einen zentralen Punkt, den man gleich hier festhalten sollte:

→ Eine Super-Varietät des Migrantendeutsch ist bis jetzt nicht Gegenstand von wissenschaftlichen Untersuchungen, obwohl ihre Erfassung eigentlich nahe liegt und es hier mit Abstand die größten Sprechergruppen gibt. Das ist das alltägliche, sozusagen ‹normale› Deutsch all jener Migranten, die soziologisch nicht besonders in Erscheinung treten, trotzdem aber die überwältigende Mehrheit in Deutschland stellen und eine starke stille Wirkung entfalten.

Zuallererst müsste man hier nachfragen und hinhören: Wie sähe denn das Deutsch griechischer und italienischer Gastwirte, polnischer Geschäftsleute, russischer Platzanweiserinnen, albanischer Sportclub-Besitzer, iranischer Buchhändler, kurdischer Bodyguards oder arabischer Rapper aus? Gibt es hier Ähnlichkeiten und Differenzen, und wie sähen die aus? Alle haben doch einen *anderen* Zugang zum Deutschen, und das *muss* sich auf die eine oder andere Weise auf das gesprochene Deutsch auswirken! Jeder, der in diese Richtung denkt, stößt gleich auf zwei große Probleme, die eine nähere Beschäftigung mit diesen Varietäten bis jetzt verhindern:

- Die Erforschung des sogenannten ‹Akzents› gilt als politisch nicht korrekt und findet kaum Linguisten, die sich ihr widmen.
- Die Varietät ‹migrantisches Normaldeutsch› zerfällt praktisch in unendlich viele Varianten – einfach weil die Deutsch-Kompetenzen der Migranten aus unterschiedlichsten Gründen sehr weit streuen.

Es ist also entweder politisch riskant oder praktisch schwierig. Wir haben deshalb hier im Grunde weiße Flecken auf der Landkarte der noch jungen Migrationslinguistik. Rein linguistisch gesehen geht dadurch eine wichtige Ressource der Erklärung von neudeutschen Veränderungen verloren, und die Linguistik gibt aus nichtlinguistischen Gründen ein wichtiges Analyse-Instrument aus der Hand. Durch die generelle (oft ideologisch motivierte) Ausblendung des Akzents und der vielfachen ‹Migrantendeutschs› mit ihren unvermeidlichen Eigenheiten und Defiziten entstehen Blinde Flecken auf drei Gebieten:

- Das ‹durchschnittliche› Deutsch durchschnittlicher Migranten und die typischen Veränderungen *des Deutschen* im Munde von Migranten können nicht wirklich erfasst werden.
- Das, was analog zum ‹Deutschland-Türkisch› und ‹Deutschland-Russisch› etwa ‹Deutschland-Aarabisch› oder ‹Deutschland-Griechisch› usw. heißen könnte, wird gar nicht weiter wahrgenommen.
- Und das Wichtigste: Es kann nicht klar hervortreten, dass bestimmte Züge des durchschnittlichen Migrantendeutsch (und der Zweisprachigkeit) auch die deutsche gesprochene Standardsprache *im Munde von Deutschen ohne Migrationshintergrund*

verändern. Und auch die Dynamik, wie sich dies vollzieht, bleibt damit weitgehend im Dunkeln.

Migrantendeutsch stellt man sich am besten als ein Kontinuum vor: Es reicht von einem reduzierten Gastarbeiterdeutsch um 1970 bis hin zu einem fast muttersprachlichen Umgangsdeutsch 2013. Die Behauptung der Mannheimer Sprachsoziologin Inken Keim, *es gebe kein Migrantendeutsch*,[1] ist von einer seltsamen Art sozialer Political Correctness inspiriert. Jeder, der auch nur eine kurze Zeit mit Migranten gelebt hat, wird aus eigener Erfahrung bestätigen, dass es viele Migrantendeutschs gibt und dass es auch so etwas gibt wie einen ‹harten Kern›, einen gemeinsamen *pool* von Zügen, die die vielen Typen von Migrantendeutsch untereinander verbinden, sie sogar *untereinander kompatibel* machen und sie vom Standarddeutschen abgrenzen – z. B. bei dem eigentümlichen Gebrauch der deutschen Artikel.

Im Grunde sind alle diese Punkte schon für sich allein schwerwiegend genug, als dass man sie einfach außen vor lassen könnte. Um wenigstens hier kein vollkommen leeres Loch zu lassen, haben wir uns dafür entschieden, zunächst wenigstens einige Daten zum Gastarbeiterdeutsch und zum ‹Akzent› der Migranten zu sammeln und nachzusehen, ob einiges davon in Zusammenhang mit den Veränderungen im Neudeutschen stehen könnte.

14. DAS GASTARBEITERDEUTSCH DER 1970ER JAHRE

«Unter *Gastarbeiterdeutsch* wird in der Spracherwerbsforschung das ungesteuert erworbene Deutsch von Migranten verstanden, die von Mitte der 50er bis Anfang der 70er Jahre als *Gastarbeiter* nach Deutschland kamen.» (Inken Keim) «Die meisten Gastarbeiter kamen aus Dörfern unterentwickelter Regionen und ihre Ziele waren primär ökonomischer Natur. (…) Die erste Generation der Einwanderer, die seit Anfang der 60er Jahre nach Deutschland kamen, waren meist alleinreisende Männer mittleren Alters, die für einen begrenzten Zeitraum nach Deutschland einreisten, um Industriearbeit zu verrichten. Es waren Italiener, Portugiesen, Griechen, Türken und Jugoslaven mit einfacher Schulbildung, oft ungelernte Arbeitskräfte. Ihre Motivation, sich für ein paar Jahre Deutsch anzueignen, ohne Perspektive auf Integration, war denkbar gering. Über 90 Prozent von ihnen hatten nie einen Fremdsprachenunterricht genossen und natürlich auch keinen Deutschunterricht, weder im Herkunftsland, noch in Deutschland. (…) Am Arbeitsplatz und im Wohnviertel haben sie sich recht und schlecht gebrochene, als ausländisch erkennbare Varianten des Deutschen angeeignet. Dieses ‹Gastarbeiterdeutsch› reichte dazu aus, elementare Kommunikation zu ermöglichen. (…) Anfangs wurden an (den) Arbeitsplätzen Dolmetscher für die Gastarbeiter eingesetzt (…). Diese Entwicklungen haben den Druck, Deutsch zu lernen, erheblich abgeschwächt und dazu beigetragen, dass (…) viele Einwanderer nur schlecht und mit vielen Fehlern Deutsch sprechen. (…) Die meisten Gastarbeiter erwarben ihre Deutschkenntnisse in ihrer Arbeitswelt, so dass das beschränkte Sprachwissen auch in ihrem Alltag ausreichte.» (Aksoy 2005, 10 f.)

Ziemlich gut erforscht sind das türkische (Keim 1978) und das jugoslavische Gastarbeiterdeutsch (Orlović-Schwarzwald 1978). So gut wie unerforscht geblieben ist bis heute das portugiesische, italienische oder griechische Gastarbeiterdeutsch (GAD), aber es ist anzunehmen, dass diese dieselben Merkmale aufweisen. Unerforscht ist weiter, ob die möglichen ‹Gastarbeiterdeutschs› Übernahmen aus ihren Herkunftssprachen haben können, wie etwa den Ausfall von Präpositionen im türkischen GAD, oder ob dies universale ‹Pidgin›-Züge sind, die bloß zufällig mit einzelsprachlichen Strukturen zusammenfallen. Bis auf weiteres kann man annehmen, dass GAD-Züge *im Prinzip* unabhängig von der Herkunftssprache auftreten, dass aber im Einzelfall auch eine Interferenz mit einer Herkunftssprache diskutiert werden kann.

Wie auch immer: GAD ist in jedem Fall der sprachliche Hintergrund für spätere Varianten des Migrantendeutsch, z. B. des türkischen «Powergirl»-Slangs oder des Kiezdeutsch, weil so gut wie alle Züge des GAD in ihnen – massiv oder in Spuren – wiederkehren. Denn wenn es (individuelle) Stufen des GAD gibt, die in die Nähe des Standarddeutschen gelangen können (Inken Keim), ist ein gegenseitiger Einfluss, ja eine *Interaktion*, so gut wie sicher. Dirim/Auer (2004, 218 f.) nennen denn auch für multikulturelle Jugendslangs des Jahres 2004 die alten GAD-Klassiker: fehlende Artikel, Präpositionen und Pronomen; falsche Präpositionen, fal-

sches Genus, andere Wortfolge etc. Alle diese Züge tauchen auch
im Zusammenhang mit aktuellen Veränderungen in der deutschen
Standard-Umgangssprache auf (viertes Kapitel).

Die Kernmerkmale des GAD sind also ohne Zweifel auch heute
noch aktuell. Es kann deshalb nicht schaden, die wichtigsten zu
nennen. Alle Merkmale deuten massiv auf sprachliche Reduktion
hin und stimmen in vielem mit den bekannten Merkmalen von
Pidgins überein. (Kurzfassung nach Pfaff 1981, 170)

Ich nenne vorab im Stichwort pauschal den grammatischen Bereich:

1. Subjekt: _ *weiß, wie das heißt*
2. Geschlecht: *Die Frau wirft den Ball zu* <u>*seinem*</u> *Jungen*
3. Singular: *Die Henne legt ein* <u>*Eier*</u>
4. Plural: *Er hat drei* <u>*Knopfe*</u>
5. Artikel: _ *Junge da weint*
6. Objekt: *Sie gibt* <u>*zu ihrem Kind*</u> *das Telefon*
7. Kopula: *Der Junge und das Mädchen _ traurig*
8. Hilfsverb: *was so schön geworden _*
9. Kongruenz: *Das Mädchen und der Junge* <u>*geht*</u>
10. Verbform: *Sie haben den Hahn* <u>*gebratet*</u>
11. Falsche Präposition: *Das liegt da oben* <u>*in das Tisch*</u>
12. Fehlende Präposition: *Ich will _ Türkei gehen*
13. Falsche Konjunktion: *Er weint,* <u>*warum*</u> *er allein ist*
14. Fehlende Konjunktion: *Ich weiß nicht* <u>*ist die Mutter*</u> *ist
    (ob das ...)*
15. Wortfolge: *und dann* <u>*sie gehen weg*</u>
16. Wortfolge: *und* <u>*springt er*</u> *wieder runter*
17. Verbstellung: *Ich will* <u>*sprechen*</u> *mit seinem Freund*
18. Verbendstellung: *Wir sind beide* <u>*gegangen*</u> *in das Haus*
19. Subordination: <u>*weil*</u> *stark ist der*

International bekannte Experten wie z. B. der australische Linguist Michael Clyne bezeichneten das GAD schon in den 1960er
Jahren als Pidgin. Wenn Pidgin eine sprachliche Varietät ist, die
zunächst von *einer* Gruppe dominiert wird; die starke Reduktion
der Regeln der Bezugssprache aufweist; die kommunikativ auf bestimmte Gruppen und Funktionen beschränkt bleibt; die auf semantische Universalien zielt und speziellen, engen Kommunika-

tionsbedürfnissen dient – dann war das GAD ohne Zweifel ein Pidgin.

Das Markenzeichen des GAD ist die Aussprache. Deshalb sind die Verschriftungen des GAD auch eine Fundgrube für dessen Höreindruck und für Menschen der Gastarbeiter-Generation, die die Phonetik ihrer Herkunftssprache auf das Deutsche übertragen. Wegen der besseren Lesbarkeit wird oft behelfsmäßig umschrieben. Typische Sätze sehen dann so aus:

– *Iç vil niks alajne blajben fir ganze dojćland.*

Für den Linguisten und den interessierten Laien sind aber auch die phonetischen Details aussagekräftig. Pustički (2011, 65) gibt einige typische Laute phonetisch exakt wider. Die Spalte ganz rechts beschreibt die GAD-Lautung, aus der man auch ersehen kann, dass der migrantentypische *sch*-Laut *(isch)* hier seine Wurzeln hat.

Beispiele		hochdeutsche Lautform	phonetische Transparenz
Ivka[2]	waren	[ˈvaːʀən]	[ˈvaːrɛn]
Ivka	Stücke	[ˈʃtʏkə]	[ˈʃtɪkə]
Neda	Küche	[ˈkʏçə]	[ˈkɪʃə]
Neda	**Ich**	**[ɪç]**	**[ɪʃ]**

Türkisches und jugoslavisches Gastarbeiterdeutsch

Es folgt eine Liste der übrigen Merkmale des türkischen und jugoslavischen Gastarbeiterdeutsch. Beispiele sind beigegeben. Gleichzeitig gebe ich noch an, ob ein GAD-Zug im *Sprachsystem* des Türkischen oder Jugoslavischen strukturell vorhanden ist (und damit eine Interpretation als Kopie aus einer Migrantensprache in Frage kommt).

Merkmale des Gastarbeiterdeutsch	im Sprachsystem	
	Türkisch	Jugoslavisch
1. **Ausfall des Artikels** ich kaufe _ Auto was brauchen _ Arbeit!	+	+
2. **Ausfall der Präposition** Ich geh _ Schule Kinder _ Schule gangen ich arbeiten _ diese Firma er kommt _ Deutschland jetzt	+	–
3. **Ausfall von Kopula und Hilfsverb** Arbeit _ schwer. Jetz' _ krank Ich _ Ausländer; ich _ nix gesagt Ich _ heute geschieden	+	(–)
4. **Ausfall des Subjekts** _ gehe zur Arbeit _ nehme mein Urlaub	+	+
5. **Ausfall des Zeichens für Singular/Pural** soviel andere türkische Kamerad_ will in Volkshochschule; zwei Stuhl, zwei Bett erste neunzehn Monat_ drei Kinder jetz geht in Schule	(+)	–
6. **Ausfall des Tempus** gestern ich gehen zu Arbeit	–	–
7. **Stellung der Negation vor dem Verb** ich nichts wissen	–	+
8. **Allzweckartikel** meine Mann, meine Frau, meine Auto, meine Kinder	–	–
9. **Vereinfachung der Verbwurzel** ich gekommt; geschwimmt; geschlagt; wann jemand Türkisch sprecht	–	–

Merkmale des Gastarbeiterdeutsch	im Sprachsystem	
	Türkisch	Jugoslavisch
10. Existenzsetzer	+	+
für große Familie es haben		
keine Wohnung		
11. Deflexion (Abbau von Endungen)	?	–
in eine_ Woche		
Meer von meine_ Stadt		
50 Kilometer		
jede Woche andere_ Brief		
schicken; vor fünf Jahre_		
mit deutsche_ Kind auch sprechen		
drei Wohnunge_ gewechselt		
ich will nix mein_ Arbeit lassen		
ich habe gute_ Kontakt		
ich hab noch nie im Leben so		
ein_ schön_ Urlaub gemach_		
für unse_ Geld		
hat geschick_ ein Brief		
12. Modell ‹machen + X› statt Vollverb	+	–
machen Unfall		
dann ich habe Antrag gemacht		
hat die Erwähnung gemacht		
13. Austausch von Präpositionen	–	–
wann kommen in Deutschland		
wann man geht in Polizei		
hab ich Antrag gemacht		
bei Bürgermeister		
wenn wir komme bei		
unsere Kinder		
14. Ausfall des Geschlechts	+	–
meine Bruder ihre Kinder		

Dies ist der harte Kern, der in den GAD-Texten ziemlich regelmäßig wiederkehrt. Entnommen ist er verschrifteten Tonaufnahmen aus den 1970er Jahren. Die ‹spektakulären› Züge des GAD – wie der immer wieder angeführte Ausfall des Artikels – verdecken oft, dass von einem einigermaßen berechenbaren Kasusgebrauch gar nicht die Rede sein kann. Die vier Fälle des Deutschen werden nicht reduziert, sondern gar nicht beachtet. Es liegt eigentlich auch kein Abbau der Deklination vor, sondern gar keine Deklination: Es gibt im GAD nicht etwas, was man unter einem solchen Begriff fassen könnte. Ständig verrutschte Fälle machen noch keine Deklination. Man muss sich hier auch daran erinnern, dass kein Pidgin so etwas wie eine Deklination besitzt. Aus diesem Grund ist auch die Auflösung von Übereinstimmung (‹Kongruenz›), oder besser: die *Nichtübereinstimmung* von zusammengehörigen Satzteilen (*von meine Schwester*), nicht etwa eine überraschende Ausnahme, sondern der vorhersagbare *Regelfall*. Die Erosion der Endungen ist bereits voll ausgeprägt. Eine grammatische Übereinstimmung der Endungen würde nur stören; ihre ständige Planung nur den Redefluss und die Kommunikation beeinträchtigen. Deutlich kann man das an einem noch nirgendwo beschriebenen Phänomen erkennen: der regelmäßigen, *eine grammatische Übereinstimmung absichtlich meidenden* Äußerung von Sätzen wie *mein Firma, meine Kind* oder *von meine Mann*. Die Vermeidung, die gezielte Aussetzung der Kongruenz wird zu einem regierenden Prinzip des GAD.

Logisch legt das drei wichtige Dinge nahe – alles Fälle für die Psycho- und Neurolinguistik:

• Es gibt im migrantischen Sprachwissen irgendwo eine dunkle, unbewusste Spur der ‹richtigen› Formen, die aber nicht an die Oberfläche der Äußerung dringt oder dringen soll.

• Eine eventuell mögliche Übereinstimmung grammatischer Formen (‹Kongruenz›) wird unbewusst *gemieden*, weil sie im Bewusstsein der Gastarbeiter und für den GAD-Code ein falsches Signal wäre (und keine Aussicht auf Stabilität hat).

• Der Energiegewinn durch die Vermeidung der Übereinstimmung muss erheblich sein und die Nachteile eines ‹falschen Deutsch› mehr als wettmachen.

Gastarbeiterdeutsch ist demnach geprägt von einer radikalen Vereinfachung grundständiger Grammatik, die ihrerseits in kurzen Fragmenten geschieht. Wenn man durch die Texte geht, hat man den Eindruck, dass das jugoslavische GAD insgesamt weniger reduziert ist, also ‹näher› am Standarddeutschen ist. Es ist ja auch vom gleichen Sprachtypus und hat historische Verbindungen zum Deutschen. Andererseits bedeutet das: Je weiter die Sprachtypen auseinander liegen, desto radikaler fallen offenbar die Vereinfachungen aus.

Die Reduktionen betreffen vor allem den exakten Gebrauch der Fälle und der Zeiten, das Geschlecht und Einzahl/Mehrzahl. Immer werden die komplizierten Endungen angegriffen, weil sie das Gehirn belasten, Sprechenergie fressen und für das Verständnis nicht unbedingt notwendig sind. (Eigentlich kein Wunder, dass Weltsprachen wie Englisch oder Chinesisch extrem wenig Grammatik haben). Oft treten Reduktionen gemeinsam auf, und es ist schwer zu entscheiden, welchem Typ Reduktion man einen Satz zuordnen soll. Auf der Folie der Bezugssprache (hier: Deutsch) ist der alles bestimmende Zug die *Aufhebung von Übereinstimmung* zwischen den Satzteilen (im Umkehrschluss: die Förderung von Nichtübereinstimmung). Diese sogenannte ‹Nonkongruenz› ist der Grundzug des GAD, sein Alleinstellungs- und Identifikationsmerkmal, das das ganze Milieu des GAD begründet. Wir kommen darauf zurück.

Festzuhalten ist pauschal:

→ Die Merkmale des Gastarbeiterdeutsch stellen eine radikale Vereinfachung der deutschen Grammatik dar, sozusagen ihre extremste Form bis hin zur Auflösung grammatischer Strukturen. Fast alle Vereinfachungen kehren jedoch auch später wieder: im ‹anderssprachigen› Migrantendeutsch, in den späteren Ethnolekten von Migranten, im ‹Akzent› der Migranten und auch – in abgeschwächter oder sublimierter Form – im Sprachwandel des modernen Neudeutschen.

15. DER ‹AKZENT› DER MIGRANTEN

Das Deutsch der Migranten und das Deutsch der Nichtmigranten – beide Sprachformen leben von Anfang an in einem engen Verhältnis, das man in der Biologie eine ‹Symbiose› nennen würde.

Sie beeinflussen sich permanent gegenseitig – eigentlich eine triviale Erkenntnis. Ein wichtiges Phänomen in diesen Prozessen ist der sogenannte ‹Akzent› der Migranten.

Wenn man von ‹Akzent› spricht, dann meinen die Leute meist eine vom Normaldeutschen abweichende Lautung, also etwas Akustisch-Phonetisches. Hier sind die Abweichungen am auffälligsten und gehen sofort ins Ohr. Endlos sind die Berichte und Klagen von Migranten, dass sie aufgrund ihres Akzentes im öffentlichen Leben stillschweigend in eine Schublade gesteckt werden und Nachteile in Kauf nehmen müssen, z. B. im Kaufhaus oder bei der Wohnungssuche. Vorzeigebeispiele sind das gerollte *r* fast aller Migranten, das berüchtigte *isch*, die Aussprache von *Maß* oder *Lohn* als *Mass* und *Lonn* oder die Beibehaltung der muttersprachlichen Satzmelodie. Der ‹Akzent› kommt immer zustande durch das, was die Physiker eine Interferenz (‹Überlappung, Überschneidung›) nennen: Das gelernte Lautsystem kollidiert mit dem der fremden Landessprache, und das hinterlässt Spuren, stärkere oder schwächere – je nach Talent, Fleiß, Zeit und Motivation. Deshalb müsste man ‹Akzent› eigentlich auch für die restliche Grammatik verwenden: also auch für ‹Fehler› in der Deklination, im Satzbau, für Bedeutungsübertragungen bis zum Situationsverhalten, bei dem alles Sprachliche in den kulturellen Hintergrund übergeht. Auch hat der Akzent eine ganz ökonomische Seite: mit möglichst geringem Aufwand den maximalen (kommunikativen) Effekt erzielen. Warum sollte z. B. der ungarische Wirt einer Fußballkneipe perfektes Deutsch sprechen, wenn sein ‹Akzent› auch noch von allen Gästen als willkommener Farbtupfer und Botschafter des internationalen Fußballs wahrgenommen wird?

Es besteht nun kein vernünftiger Zweifel, dass es einen türkischen, arabischen, russischen etc. Akzent *gibt* – also typische Abweichungen im Deutschen, die sich aus den Eigenheiten der Migrantensprache erklären. Genauso wie viele Deutschsprecher einen immensen Akzent im Türkischen und Russischen produzieren und dadurch in Izmir oder Petersburg sofort auffallen. Und letztlich bleibt die jeweils andere Grammatik *als ganze* immer unerreichbar, weil sie bei einsprachigen Muttersprachlern in den ersten vier Lebensjahren unangreifbar fest eingespeichert wird. Der Strukturalist Roman Jakobson hat das schon vor langer Zeit nachgewiesen.

Eigene und fremde Aussprache können sich zuweilen ‹beißen›
und bleiben dann für die Mehrheit der Sprecher inkompatibel:

- Perser haben eine unüberwindliche Barriere gegen Konsonan-
tencluster am Anfang des Wortes: *Stefan, Sport, stagnieren* werden immer als *Estefan, Esport, estagnieren* etc. realisiert.
- Auch Türken schieben zwischen deutsche Konsonantengruppen oft einen Stützvokal ein: *Kureuzberg* (*Kreuzberg*), *schiwer*
(*schwer*), *Kaiseridamm* (*Kaiserdamm*), *Schinitzel* etc.
- Russen haben eine natürliche Aversion gegen deutsche Umlaute und realisieren sie als *u* oder *o* mit Spuren an den vor-
hergehenden Konsonanten wie in *mjule* (*Mühle*) oder *Gjotje*
(*Goethe*).
- Jugoslaven übertragen oft ihre ‹singenden› Töne auf deutsche
Wörter wie *tragen, siegen, suchen*.

Die Liste ist im Prinzip unbegrenzbar. Andererseits wiederholt sich vieles beim ‹deutschen› Akzent ganz unterschiedlicher
Migranten. Fast alle Migranten lassen den Knacklaut (*Spiegel'ei*)
aus, schleifen den Artikel, beachten die Endungen nicht, ziehen
das Verb weiter nach vorne. Deshalb verzichten wir darauf, hier
den türkischen, bosnischen etc. Akzent minutiös durchzudekli-
nieren – auch weil das jeden Rahmen sprengen würde.[3] Wir konzentrieren uns auf den harten Kern.

Zum phonetischen Akzent

Im Volksmund gibt es gegenüber Fremdsprachen eine re-
flexhafte Doppelreaktion. Der erste Reflex ist: ‹*Aha*: FREMD,
NICHT-DEUTSCH›, also noch ganz unspezifisch. In einer zweiten Reaktion werden verbreitete (Vor)urteile aktiviert, die sich auf
den spontanen Lauteindruck und eine Art flüchtiger Allgemeinbildung stützen. Sie sind ganz irrational und von dieser Sorte:
‹Russisch ist weich›, ‹Polnisch klingt zischend›, ‹Arabisch hört
sich kehlig-rau an›, ‹Französisch ist elegant›, Chinesisch ‹singend›
usw. Umgekehrt halten viele Migranten das Deutsche für ‹hart›
und ‹grob› oder ‹kompliziert›.

Wir sammeln die häufigsten zehn Phänomene des ‹Akzents› in
einer kleinen Liste. Fast alle sind Vereinfachungen.

1. Akzent beseitigt den Gegensatz von langen und kurzen Vokalen im Deutschen. Wörter wie *Bahn, Flüge, beten, Nute* klingen
dann oft wie *Bann, flügge, Betten, Nutte* etc. und sorgen für man-

chen Lacherfolg. Legendär sind die ‹gefühlten Paprika› oder wenn die Kinder im Garten ihre ‹Hölle› bauen. Dabei ist es ziemlich unerheblich, ob Migrantensprachen lange Vokale ebenfalls kennen (Arabisch, Jugoslavisch, Kurdisch) oder nicht (Türkisch, Russisch, Albanisch). Durch die Einebnung ändern die Vokale auch ihre Qualität; sie werden offener, breiter: Ein langes *e* wie in *Schere* klingt dann typisch migrantisch wie *Schärre* (Sch[ɛ]re), ein langes *i* in *bieten* oft wie *bytten*.

2. Umlaute und Diphtonge werden geschliffen oder ganz eingeebnet. Von den Migrantensprachen hat ja nur das Türkische ausgeprägte *ü*'s (*Türkiye*) und *ö*'s (*döner*). Wörter wie *Söhne* oder *müde* klingen in russischem Munde wie *sjone* oder *mjude*, im polnischen vielleicht wie *sehne* oder *miede*. Immer wird in der Muttersprache nach jenem Laut gesucht, der dem fremdem Problemlaut am nächsten kommt. Und dann wird ersetzt.

3. Eine willkommene Methode ist, die Lautanzahl in Wörtern einfach zu verringern, weil das Energie spart. Wörter wie *Konflikt* werden oft gesprochen wie *kõflik*, das zwei Laute weniger hat. Konsonanten am Wortende werden ganz weggelassen: *die Lage ist echt verwirren_* (*verwirrend*); *er ist ganz schön berechnen_; das Kleid ist entzücken_*. Besonders häufig kommt dies bei den Passiv-Partizipien vor (*er hat es gesag_, was ist passier_?, weil du es verdien_ hast*)[4] und beim echten Gerundium: *warten_* statt *wartend*. Es wirkt das ‹kreolische Prinzip›: ‹*Drücke eine Kategorie möglichst sparsam aus!*›[5]

4. Migranten beachten den typisch deutschen Knacklaut (*Spiegel'ei*) nicht, weil sie ihn nicht kennen. Sie setzen vor Vokalen nach heimischem Vorbild ‹flüssig› ein, deswegen hört man statt *zum Essen* leicht ein *zu Messen*, statt *überein* ein *übe rein*. Verwandt hiermit ist eine Verschleifung zwischen den Wörtern (‹Assimilation›). Sie erleichtert den Redefluss ungemein und ist reine Sprechökonomie. Die Nase vorn haben hier die Balkansprachen: Griechisch *stēn Krētē* ‹auf Kreta› klingt etwa wie *stingríti*, bulgarisch *deset dena* ‹zehn Tage› wie *deseddena*, rumänisch *iubesc Bucureşti* ‹ich liebe Bukarest› wie *jubezgbucureshtj*. Und auch Deutsche üben sich hierin schon hier und da: *wajzdu* ‹weißt du›; *kannzdu*; *ich will dir einen Radgeben* (*Rat geben*).

5. Niemand kommt an dem berühmten migrantischen *isch*-Laut vorbei. Er ist *das* Erkennungszeichen des Migrantendeutsch – ein

All-Migranten-*sch*: *isch, disch, sisch* für *ich, dich, sich*. Denn kaum eine Migrantensprache kennt den deutschen *ich*-Laut; er wird einfach durch den nächsten in der Muttersprache ersetzt und das ist *sch*. Er ist in allen Migrantendeutschs verbreitet, und sogar die griechischen Kiezdeutschsprecher, die gar kein *sch* kennen, sagen *isch weiß nisch*. In Abschnitt 20 wird das Phänomen noch genauer beschrieben.

6. Gerolltes *r* kann leicht auf ‹Migrant› hinweisen, obwohl es auch eine deutsche Aussprachevariante ist, z. B. in Bayern. Trotzdem klingt gerolltes *r* immer ziemlich migrantisch, denn fast alle Migrantensprachen haben es.

7. Wenn Migranten die Rechtschreibung als wörtliche Aussprache-Empfehlung missverstehen, entstehen Akzente von der Art *Gabel, Fehler, Menschen* oder *nehmen* (*nehm[ɛn]*), während die Deutschen *e* und *er* einfach verschlucken.

8. Das Deutsche hat zwei *ch*-Laute, einen vorn (*mich*), einen hinten (*Sache*). Fast alle Migrantensprachen sprechen aber ein mittleres *ch*, was sich für deutsche Ohren fremd oder irgendwie ‹böhmisch› anhört: Man spreche *suchen* oder *weichen* am mittleren Gaumen aus.

9. Das ‹europäische› *l* des Deutschen (*Licht, Lachs*) sprechen Migranten gern weiter hinten (‹dunkel›) aus, so die Araber (*wallah!*) und die Albaner (*llampa*); oder gleich viel weiter vorne, so die Russen (*leto* ‹Sommer›) oder die Serben (*Ljiljana*).

10. Unaussprechbare Konsonantengruppen werden vereinfacht. So kennen die meisten Migrantensprachen den deutschen Laut in *singen* nicht (in der Umschrift [ŋ]). Er wird ersetzt durch die Kombination /ng+g/, sodass dann etwas wie *singgen, Jungge, Klängge* gehört wird, also mit deutlich hörbarem zweitem *g*. Desgleichen wird die stimmlose Variante in *Manko, sinken* aufgelöst in /n+k/ und man hört etwas wie *Man-ko* oder *sin-ken*.

Dies ist ungefähr die Spitze des Eisbergs. Es gibt sicher viel mehr Fallen, als der Durchschnittsmigrant sich träumen lässt, weil eben die Aussprache oft vom Schriftbild abweicht. Diese Züge sollte man aber mindestens kennen, wenn man den Migrantenanteil an den deutschen Lautveränderungen einigermaßen einschätzen will.[6] Sie sind am weitesten verbreitet und ‹verbinden› die Migrantendeutschs. Vieles wird man mittlerweile auch schon im Deutsch von deutschen Muttersprachlern wiederentdecken. Die

Phonetik ist aber nur der auffälligste Sektor. ‹Akzent› erstreckt sich, wie erwähnt, auf die gesamte Grammatik.

Zum ‹grammatischen› Akzent

Typische Minenfelder der deutschen Standardgrammatik für Migranten sind: der Artikel, das Geschlecht der Substantive, die exakte Kongruenz der Satzteile, die starken Verben, die so deutschen Komposita vom Typ *Elternsprechtagsversammlung*, die höheren Zeiten (z. B. Plusquamperfekt) und spezielle Modi (z. B. Konjunktiv). Es kann kein Zufall sein, dass es in etwa diese Kategorien sind, die in der Fremdsprachendidaktik ‹Deutsch als Fremdsprache› als die typischen Problembezirke der meisten deutschlernenden Migranten genannt werden (Leontiy 2013). Besonders subtil ist, dass alle diese Felder auch in der Sprache der Deutschen *ohne* Migrationshintergrund Federn lassen müssen und auf dem Rückzug sind.

Ohnehin braucht die Umgangssprache immer nur einen Bruchteil dessen, was die Standardgrammatik auffährt. Die Unsicherheiten, die schon bei Deutschen unübersehbar sind, erhöhen wiederum die Schwankungen auf Migrantenseite, weil letztlich nur noch die Schulgrammatik ganz genau über die richtigen Formen Auskunft geben kann (wenn sie jemand danach befragen würde). Es schaukelt sich auf. Niemand kann hier letztlich schon die Ursachen ganz exakt verteilen: Mündlichkeit, Mehrsprachigkeit, Sprachkontakt, auch Rückeinfluss des Deutschen auf das Migrantendeutsch – alles wird seinen Anteil haben innerhalb einer subtilen Wechselwirkung zwischen Muttersprachlern und Migranten.

Mit Sicherheit kann man sagen: Alle Kategorien, die schon beim Vergleich mit anderen Sprachen als ‹schwierig›, als ‹typisch deutsch› oder eben als ‹schriftsprachlich› gelten, fallen am ehesten Veränderungen anheim. Wir fassen die wichtigsten sieben Felder zusammen (und wissen, dass jede Liste unvollständig bleiben wird):

1. Kein Migrant sollte ernsthaft darauf hoffen, den deutschen Artikel wirklich zu beherrschen – das wäre zumindest nicht sehr realistisch. Es ist ein Kampf gegen Windmühlenflügel, weil der Artikel meistens zufällig ist, weil es drei Varianten gibt und weil sich sein Gebrauch auch bei den Deutschen langsam ändert. Zudem ist das Problem mindestens zweigleisig: Man muss die rich-

tige Artikelsorte erwischen (*das Buch/ein Buch/_ Bücher*) und man muss die richtige Artikelform treffen: *der/die/das Buch* und dann oft noch den richtigen Kasus. Die meisten Migrantensprachen haben aber gar keinen Artikel (Türkisch, Russisch, Polnisch) oder aber nur einen einzigen Allzweckartikel (Arabisch). Was ist die Folge? Migranten neigen zuallererst dazu, den Artikel einfach wegzulassen, weil sie so auch um das richtige Geschlecht, den richtigen Kasus und um Singular/Plural herumkommen, also drei Fliegen mit einer Klappe schlagen können (‹negative Interferenz›).

Da das aber nicht immer funktioniert, gibt es auch die Tendenz, sich auf eine Allzweckform zu verständigen, die eben oft passt oder nicht allzu falsch ist. Das ist *der* (*der Klientel*) und *eine* (*eine Steak mit Kräutersoße*) im Singular. Praktisch ist da, dass es im Plural ohnehin immer *die* heißt. Migranten gebrauchen den Artikel kurioserweise oft überkreuz und das mit einer gewissen Methode: Sie lassen ihn weg, wenn er stehen müsste, und setzen ihn, wenn er nicht stehen darf:

– *Ø Stiefel haben nur 29,90 gekostet.*
– *Bei diesem Regenwetter brauchst du in jedem Fall die Stiefel* (und keine Halbschuhe).

Das mehrsprachige Gehirn (z. B. von Migranten) versucht offenbar, um den exakten Kasus herumzukommen, weil es instinktiv sicher weiß, dass ein richtiger Kasus für das Verständnis nicht lebensnotwendig ist (das Englische im Hinterkopf). Deshalb werden nicht nur die Kasus selbst verwechselt, sondern auch die Rektion nach Verben:

– *sich einer Untersuchung unterziehen → sich eine Untersuchung unterziehen* oder nach Präpositionen:
– *mit diesem Problem → mit diesen Problem.*

Das ist eben auch ökonomischer.

2. Der grammatische Akzent von Migranten beginnt praktisch beim Kasus, er greift dort zuallererst an, von hier geht alles aus. Es ist nicht zu weit gegriffen, wenn man vermutet, dass die unübersehbaren neudeutschen Schwankungen im Kasusgebrauch (Sick 2004) zumindest *eine* bedeutende Quelle im Migrantendeutsch haben. Es ist für viele Migranten viel zu aufwendig, das komplexe deutsche System der richtigen Kasus einzuüben, wenn es fast niemand aus der Umgebung mehr richtig anwendet (ob Migrant oder Deutscher) und es für viele nur noch lebloses Schriftdeutsch ist.

Kein Migrant gebraucht die Fälle und die Endungen streng nach den Regeln des Hochdeutschen. Sie werden für die Bedürfnisse der mehrsprachigen Alltagskommunikation reduziert und sehr flexibel gehandhabt. So kommen die unübersehbaren Muster zustande wie:

– *er hat es __ihn__ versprochen; eine Party __mit den Nachbar__; __eine__ Steak mit __Pilze__; er hat __dem Vogel__ geschossen; sie stellt den Stuhl __in der Ecke__ etc. etc.*

3. Kein Migrant würde ohne Not den starken Konjunktiv gebrauchen: **er liefe, er zöge, sie schriebe, er äße* etc. Wenn überhaupt Konjunktiv, dann den zergliederten: *er würde laufen, sie würde schreiben* etc. Ein ähnliches Schicksal kann man für das Plusquamperfekt annehmen oder für Futur II – Kategorien, die fast nur noch in den Grammatiken ihr Leben fristen. Auch wenn diese Formen überall aus der Mode kommen, ist es aber doch manchmal nötig, etwas ‹konjunktivisch› oder ähnlich auszudrücken. Dann werden zu kompliziert erscheinende Kategorien vereinfacht, oft um den Preis (oder: den Gewinn), dass Teile der Bedeutung einfach dem Kontext überlassen werden und unausgedrückt bleiben.

• Statt Konjunktiv
   – *__Hätte er__ mir Bescheid __gesagt__,* … hört man immer öfter Indikativ:
   – *__Hatte er__ mir Bescheid __gesagt__,* …;
   Oder umgekehrt: Statt
   – *dass die Soldaten die Lage nicht mehr übersehen __konnten__* hört man oft
   – *dass die Soldaten die Lage nicht mehr übersehen __könnten__.*
• Statt Plusquamperfekt oder Futur II hört man immer öfter Perfekt oder einfache Gegenwart:
   – *?__Ich hatte__ ihm das Geld gegeben, bevor du ihn getroffen hast.* →
   – *__Ich habe__ ihm das Geld gegeben, bevor du ihn getroffen hast.*
   – *?Vor Weihnachten __werde ich__ die Reise nach Bosnien schon __gemacht haben__.* →
   – *Vor Weihnachten __habe ich__ die Reise nach Bosnien dann schon gemacht.*
4. Schließlich baut sich (unter dem massiven Einfluss des Englischen) im Neudeutschen auch die Endstellung des Verbs in Ne-

bensätzen ab – die es in keiner Migrantensprache gibt und den Migranten seltsam unlogisch und ‹unerlernbar› vorkommt. Alle Migranten ziehen das Verb weiter nach links.

– *Dies ist Zaim, der einen Briefwechsel über das Thema <u>geführt hat</u>.* →

– *Dies ist Zaim, der einen Briefwechsel <u>geführt hat</u> über das Thema.*

5. Migranten fassen *brauchen* als losen, starren Modalausdruck auf, wie sie es aus ihren Sprachen kennen – und nicht als Vollverb: türkisch *lâzem*, *mecbur*, persisch *bayad*, serbisch *treba* ‹man muss›, griechisch *prépei*, albanisch *duhet*. Da passt es, dass Modalausdrücke im Deutschen keine Personalendung in der 3. Person haben: Es heißt *er muss, sie soll* und nicht: **er mus<u>st</u>*. Also sagt man durchweg *er, sie, es <u>brauch</u> nicht zu kommen* – ein neuer Modalausdruck, der auch bei deutschen Muttersprachlern schon weit verbreitet ist. (Man frage die Deutschlehrer). Und die endungslose Form *brauch_* färbt immer mehr auf das Vollverb *brauchen* ab. Deshalb hört man im Deutschen immer öfter Sätze vom Typ *er brauch_ kein neues Auto.*

6. Immer mehr greift die neue Steigerung mit *mehr* um sich. Fast alle Migrantensprachen steigern so: türkisch *güzel* ‹schön›/ *daha güzel* ‹mehr schön› und treffen sich hier mit dem Englischen oder Italienischen. Und ständig mehren sich deutsche Versprecher, die dieses Modell schon kopieren:

– *Er ist auf diesem Gebiet <u>mehr zuständig</u> als sein Kollege.*

7. Deutsche Mehrfachwörter (‹Komposita›) werden in handliche Einzelteile zerlegt. Wörter wie *Spesenkonto, Weinflaschenetikett, Elternsprechtagsversammlung* haben bei Migranten ganz schlechte Karten. Sie werden zergliedert, weil das transparenter ist: Immer öfter hört man für *Privatleben – privates Leben*, für *dunkelblau – dunkles Blau*, für *Elternsprechtag – Sprechtag für die Eltern*, für *Osterfeiertage – Feiertage an Ostern* etc. Fast überflüssig zu sagen, dass bedeutende Migrantensprachen genau diesen Typus bevorzugen, vgl. z. B. bosnisch *privatni život* für ‹Privatleben›, *biro za zapošljavanje* für ‹Arbeitsamt›, *dan otvorenih vrata za roditelje* für ‹Elternsprechtag› etc.[7]

Zergliederte Ausdrücke aller Art – ob nun *privates Leben* für *Privatleben*, *würde schreiben* für *schriebe* oder *mehr interessanter* für *interessanter* – sind dem zweisprachigen Milieu besser angepasst. Sie lassen sich besser bilden und verstehen und sind *transparent*: Die Sprachverarbeitung muss nicht ein ganzes Wortungetüm synthetisieren und dann noch einen kompakten Ausdruck finden und aussprechen. Und sie sind *einfacher* – und nicht gänzlich falsch. Warum sollten Migranten dieses Angebot nicht nutzen?

Die grammatischen Interferenzen von Migranten würden ein Buch füllen. Wenn es einmal geschrieben werden sollte, wird sich erweisen, dass viele dieser Übertragungen mit der Zeit Einzug halten in die deutsche Umgangssprache. Noch kaum beachtet wird, dass das auch für Übertragungen der Bedeutung gilt.

ÜBERTRAGUNGEN DER BEDEUTUNG

Genauso unbestritten, aber viel schwerer zu erkennen ist, dass Migranten auch einen gehörigen Teil ihrer *muttersprachlichen Semantik* mit in die Fremdsprache und in den fremden Kulturraum hinübernehmen. Etwas anderes wäre ganz seltsam und überhaupt nicht zu erwarten. Gemeint ist, dass Sprecher nicht nur Grammatik, sondern auch Bedeutungen und Redewendungen aus ihrer Herkunftssprache in die Landessprache übertragen, was so etwas ergibt wie einen ‹semantischen Akzent›. Wir haben hier einen weiteren, noch ganz weißen Fleck auf der Landkarte der Migrationslinguistik, weil der Fokus traditionell auf Grammatik liegt – ein altes Manko der Linguistik.

In der Balkanlinguistik z. B. ist es vollkommen normal und seit langem bekannt, dass Sprachkontakt sich auch im Übertragen von Bedeutungen bemerkbar macht. Im Lexikon von Jan Thomai sind 5000 (!) solcher Übertragungen von identischen Redewendungen und Metaphern zwischen Albanisch, Bulgarisch, Griechisch, Serbisch und Rumänisch verzeichnet. So verwenden alle Balkansprachen zum Beispiel für ‹auf alles gefasst sein› eine gemeinsame übertragene Bedeutung: *ins Feuer gehen*.

Vermutlich finden solche Übertragungen massenweise statt; es gibt hier eine gewaltige Dunkelziffer. Wir müssen uns mit drei typischen Beispielen begnügen:

• Eine türkische Freundin sagte mir beim Abschied an der Haustüre oft ‹ich warte dich immer›, und ich habe lange gebraucht, dahinter zu kommen, dass sie einfach die türkische Höflich-

keitsfloskel ‹*her zaman bekliyorum seni*› in ihr Deutsch übertragen hatte.

- Arabische Jugendliche sagen in der Kiez-Tagesstätte oft ‹leg mir
  einen Toast›, ‹leg mir ein Glas Saft› und übertragen die weite
  Bedeutung von arabisch *waṭaha* وَضَعَ ‹legen› einfach ins Deutsche.

- Ein Freund aus Belgrad, der gut Deutsch spricht, sagte mir, als
  ich ihn besuchte, ‹ich werde dich am Bahnhof warten›, und ich
  verstand richtig: ‹ich hole dich ab› (jugoslavisch *ja ću da te če-
  kam na stanici*).

16. CODESWITCHING

Ein russisches Beispiel zeigt den Grundtyp des Codeswitching:
– *I mne objazatel'no byla nužna ta škola, kotoraja ne gimnazii i
gde netu* **gimnaziale oberštufe.**
‹Und ich brauchte unbedingt diese Schule, die kein richtiges
Gymnasium ist und wo es keine gymnasiale Oberstufe gibt.›
Wenn mehrsprachige Sprecher zwischen zwei Sprachen
(‹Codes›) regelmäßig hin- und herwechseln, spricht man von
‹Codeswitching› (CS). Codeswitching ist ein Kernbegriff der sich
entwickelnden Migrationslinguistik, der bereits fest etabliert, the-
oretisch gut fundiert und an Beispielen ausreichend untersucht ist.
Deshalb gibt es mittlerweile einen ganzen Strauß von Unterbe-
griffen und prozeduralen Feinheiten, die wir hier nicht ausbreiten
können. (Hier wende man sich an die Arbeiten von Halime Banaz-Aksoy und Peter Auer zum Türkischen, von Aleksandra
Goldbach und Tanja Anstatt zum Russischen oder von Wilfried
Stölting und Nikolina Pustički zum Jugoslavischen.)
CS ist zentrales Merkmal einer entwickelten Zweisprachigkeit. So gut wie alle Migrantenvarietäten sind von Codeswitching geprägt, ob nun türkische, russische oder jugoslavische.
Deutsche mit Migrationshintergrund, die hier geboren sind und
zweisprachig aufgewachsen sind, nutzen alle das CS und sind hier
sehr flexibel. Mehr als einmal wurde mir mitgeteilt, dass auch
polnische, arabische und albanische Jugendliche diese Methode
breit nutzen, z. B. in der Familie; es ist hier aber nichts dokumentiert.

Im CS kommt die Zweisprachigkeit und die ‹Anderssprachig-keit› zu ihrem klarsten und schärfsten Ausdruck. Türkisches, arabisches oder russisches CS unterscheiden sich nicht sprach-lich-substantiell, sondern eher sozial in der Ausführung und An-wendung: wer mit wem, warum, wann und wie switcht. CS ist daher ein universelles Merkmal von Migrantendeutsch und nicht etwa ein typisches Merkmal für einen einzelnen Ethnolekt. CS in zwei- oder mehrsprachigen Milieus ist offenbar das Normale, es ist aber für traditionell einsprachige Gesellschaften durch-aus etwas Neues, auch für die deutsche Sprachsituation. Durch CS kommt die ganze Wucht der Zweisprachigkeit zu einem mächtigen Ausdruck, hier ist sie direkt fassbar, hörbar, fühlbar – und dies ist wahrscheinlich der Grund, warum die Forschung hier aktiv zugreift. Geboten und gebraucht wird auch die intensive Kooperation mit Migranten. Dies belegen alle einschlägigen Studien, die oft eine intensive Kooperation und Betreuung zu-standebringen.[8] CS in seiner Grundform ist ohne Zweifel das Lieblingskind der Forschung, was man interpretieren kann als ein gewisses Start-Stadium für die weitere Erforschung des Migran-tendeutsch. Das bedeutet aber auch, dass die Verwerfungen des CS und ihre möglichen Auswirkungen auf das gesprochene *Deut-sche* noch nicht wirklich auf dem Forschungshorizont erschienen sind.

Die Linguistik leuchtet das ganze Umfeld des CS-Gebrauchs in der sprachlichen Mikroperspektive aus: persönliche Motivatio-nen, soziale Intentionen, sprachliche Attitüden, Wirkungen und Auswirkungen auf die mithörende deutsche wie migrantische Umwelt. Man kann durchaus sagen, dass hier bereits ein gewisser Sättigungsgrad erreicht ist. Deshalb mag es für die Ziele dieses Bu-ches den größten Nutzen haben, wenn wir so vorgehen: Wir stel-len die *essentials* zum CS in einer knappen Übersicht dar und bün-deln das CS-Grundwissen, weil es für das Verständnis des ein-schlägigen Sprachwandels im Deutschen nicht ohne Bedeutung sein kann. Zweitens geben wir in den folgenden Kapiteln zum Migrantendeutsch genügend CS-Beispiele aus der Praxis, sodass sich ein hinreichend genaues CS-Bild einstellen mag – auch ohne minutiöse Detailanalysen. Die Beispiele sind den genannten Wer-ken entnommen.

Die sprachlichen Ebenen

CS kommt auf allen Ebenen der Rede vor. Einen gewissen Vorrang hat aber die Ebene des einzelnen Wortes:

- Türkisch: ... *auflösen olmadi bah ne güzel oldu* ‹es ist nicht aufgelöst, schau wie schön es geworden ist›
- Russisch: *On s tex por ničego bol'še ne proxodil, potomu čto nikakoj ni <u>Weiterbildung</u>, ni <u>Umschulung</u> emu ne mogut dat'.* ‹Er ist seitdem nicht mehr weitergekommen, weil man ihm weder eine Weiterbildung noch eine Umschulung geben konnte.›
- Jugoslavisch: ... *morao sam ovaj radit u <u>Tierheim</u>.* ‹Ich musste also im Tierheim arbeiten.›

CS beginnt in seiner Entwicklung und in seiner Erforschung praktisch beim eingeswitchten einzelnen *Wort*. Zu Beginn der Migrationen hatte das vor allem die Funktion, unbekannte oder neue Begriffe und Institutionen schnell verfügbar zu machen, ohne erst alles umständlich auszubuchstabieren. In Goldbach (2005) und Balci (2004) finden sich für das Russische und Türkische ganze kleine ‹Lexika› der eingeswitchten Wörter nach Themenbereichen geordnet. Diese Bereiche spiegeln das aktuelle Lebensumfeld der Sprecher wider: Schule, Gesundheit, Freizeit, Arbeitsplatz, Versicherungen, Ausbildungsstätten, Disco etc. Türkisch klingen die kleinsten typischen Versatzstücke etwa so: *ikisi de mi <u>haupschulede</u>* ‹sind beide auf der Hauptschule›; *ya da bu sefer <u>bademeister</u> stres yapmadan önce* ‹oder bevor der Bademeister dieses Mal Stress macht›; *zaten <u>nerven</u> yaparsak ablami <u>nerven</u> yapariz* ‹wenn wir nerven, nerven wir sowieso meine große Schwester›.

Die nächst höhere Ebene wäre die der Wortgruppe bzw. des Satzteils:

- Türkisch: *O hayatta olmaz, weil Kinder zu Hause nie spielen erstens, und zweitens, oynasalar bile, sind sie total laut.* ‹Das geht auf keinen Fall, weil erstens spielen die Kinder nie zu Hause und zweitens, auch wenn sie zu Hause spielen, sind sie total laut.›
- Russisch: *Weißt du, und sie erzählt, nu ne spletničaet, tol'ko rasskazyvaet, und sie ist sehr hilfsbereit.* ‹Weißt du, und sie erzählt, nun ja sie verbreitet keinen Klatsch, sie erzählt nur und sie ist sehr hilfsbereit.›

- Jugoslavisch: ... *to je za mene bio razlog da nastavim školu auf dem zweiten Bildungsweg.* ‹... das war für mich der Grund, die Schule auf dem zweiten Bildungsweg fortzusetzen.›

Auf Satzebene setzt sich das Switching fort, was meist mit besonderen Funktionen verbunden ist oder durch Schlüsselwörter ‹angetriggert› wird.

- Türkisch: *Burdakiler hep rezil olur, bana karşı, vallah! Weisch, sie kennt mich fast gar net.* ‹Für alle Anwesenden ist es peinlich, gegen mich, verdammt! Weisch, sie kennt mich fast gar net.›
- Russisch: *I na mašinu, i na kvartiru, i na imuščestvo, i na m-m wie heißt das, Krankenversicherung haben wir auch, alle.* ‹Und für das Auto, für die Wohnung, und fürs Eigentum, und na m-m wie heißt das, Krankenversicherung haben wir auch, alle.›
- Jugoslavisch: ... *außerdem ham meine Eltern in der Hinsicht Angst/ich weiß nicht wie man das jugoslawisch sagt – [čini] mi se da se kaže – nosiš glavu u torbu; ili tako nešto; kad si u politik(u); genau – nosiš glavu u torbu.*‹... außerdem ham meine Eltern in der Hinsicht Angst/ich weiß nicht, wie man das jugoslawisch sagt/ich glaube, man sagt – du trägst deinen Kopf unterm Arm oder so ähnlich; wenn du in die Politik gehst, trägst du deinen Kopf unterm Arm.›

Auf der höchsten Ebene, der des Gesprächs, stammen ganze ‹takes› oder Folgen von takes aus einem anderen Code. Im folgenden Beispiel unterhalten sich die Handwerker erst über Privates (auf jugoslavisch), dann switchen sie ins Deutsche, weil es um Arbeitsdinge in der Firma geht:

- Jugoslavisch: (Handwerker A und B)

A.: ... *idemo danas večeras kod Zlate. Vesna pravi pitu da ponesemo. Ako ne stignem kući do šest ubiće me. – Pause – Da li je šef još nešto rekao?*[9]

B.: *Ja, er meint, es fehlt noch eine Ladung von dieser Rührmasse für die Fassade außen. Wir müssen das bis nächste Woche fertigmachen, sonst kriegen wir Ärger mit der Bauleitung. Also gleich bestellen! Wir sind einer zu wenig. Ich kann aber Überstunden machen.*

Und sogar die kleinste Ebene, die Ebene der Silben und Morpheme, ist noch von Codeswitching betroffen. Türken ‹agglutinieren› hier, Russen ‹flektieren›: Besonders im türkischen Schülerjargon sind Bildungen wie *Matheöğretmen* ‹Mathelehrer›, *schublade-nin* ‹der Schublade›, *schule-ye* ‹in die Schule›, *mittlere reife-den* ‹von der mittleren Reife›, *urlaub-tan sonra* ‹nach dem Urlaub›, *probezeit-i yapmak* ‹die Probezeit ableisten›, *Vokabel-test-de* ‹im Vokabeltest› keine Seltenheit; russische Aussiedler beugen deutsche Wörter nach Art des Russischen: *socialamt-a* ‹des Sozialamts›, *k doktor-u* ‹zum Arzt›, *hausmeister-om* ‹als Hausmeister› usw.

Alle Personen mit Migrationshintergrund switchen, aus dem einen oder anderen Grund, auf die eine oder andere Weise, in diesem oder jenem Ausmaß. CS ist mittlerweile eine zentrale Kommunikationsstrategie unter Migranten und Deutschen mit Migrationshintergrund. Wenn man die soziologischen Bedingungen des CS in Deutschland genauer beschreiben will, müsste man zwei Dinge genauer in den Blick nehmen: den Grad der Deutsch-Beherrschung und die ‹Vitalität› (im Sinne Achterbergs: soziale Stärke, Gebrauch und Funktionen) der Migrantensprachen; erst dann kann man die sozialen CS-Funktionen, sagen wir des Türkischen oder Russischen, im einzelnen wirklich ganz genau erfassen. Hinzu kommt noch das Prestige des Deutschen, das der Migrantensprache und schließlich das des Sprachen-Mixings als eines dritten, hybriden Codes.

Die größte Dimension ist schließlich die sogenannte Code-Alternation: Zwei Sprachen werden im großen Stil miteinander oder nacheinander verwendet. Dieses Abwechseln ganzer Sprachen ist sicher sehr viel weiter verbreitet, als es bis jetzt dokumentiert ist.[10] Unterscheiden kann man zwei Varianten:
- In der *symmetrischen Code-Alternation* sprechen zwei mehrsprachige Sprecher erst durchgehend Türkisch miteinander, dann abrupt durchgängig Deutsch.
- In der *asymmetrischen Code-Alternation* spricht ein Sprecher durchgängig z.B. Russisch, der andere z.B. durchgängig Deutsch – z.B. auf Kongressen.

Es gibt damit keine natürlichen oder sprachinternen Grenzen des Switching (das war auch nicht zu erwarten); es gibt aber einen Kernbereich, und das ist der Satzrahmen: Hier können sich die grammatischen Metamorphosen am leichtesten abspielen.

Gründe und Ziele des Codeswitching

Die Forschung zählt gern ausgiebig die Gründe und Motive für CS auf. Geswitcht wird vor allem, wenn es um Institutionen im neuen Land geht: Es ist effektiver, von *Betreuungsgeld*, *Pflegeversicherung* oder *Bafög* zu reden, weil jeder sofort weiß, was genau gemeint ist. Es gibt ein ästhetisches Bedürfnis nach Wortspiel und Variation; CS verbindet und gibt einer Gruppe und ihren Mitgliedern eine unverwechselbare Identität; CS ist ein soziales Zeichen: Es markiert den intimen, familiären, informellen Raum. Auch die technischen Funktionen von CS werden immer genauer beschrieben: Geswitcht wird, um jemanden zu zitieren, um etwas in den Fokus zu rücken (‹Topikalisierung›), wenn ein Landsmann (der kaum Deutsch kann) hinzukommt, um Sprechhandlungen voneinander abzugrenzen, um eine ‹Botschaft› anzubringen, etwas hervorzuheben, zu kommentieren, zu werten, den Gesprächston zu variieren etc. etc. Viele Einführungen ins Codeswitching zählen solche Funktionen minutiös auf, z. B. Goldbach (2005, 78–89) für das Russische. Es kommt aber hier sicher nicht primär auf die Einzelsprache an: Es ist ziemlich sicher, dass man mit CS so gut wie alle kommunikativen Funktionen bedienen kann, nur eben im CS-Modus, vielleicht jeweils mit einer besonderen Attitüde.

Die neuere Forschung steht dem *Switching* als einem *Phänomen der Mehrsprachigkeit* positiv gegenüber und wertet CS, unter dem Dach von Phantasie und kreativer Kompetenz, als Spielfeld für Mehrsprachigkeit, als Strategie kultureller Identitätsfindung und als Produktionsstätte von exotischen Texten. Beschrieben wird auch eine Verteilung nach verschiedenen Anwendungssphären (‹Diglossie›): CS spricht man eher unter Freunden und zuhause, Nicht-CS in Schule, Behörde und Gesellschaft.

Übereinstimmend gilt CS als Mittel, *Identität* zu erschaffen: eine unerwünschte soziale Identität zu leugnen, eine neue Identität zu setzen, eine eindeutige Identität zu canceln, eine hybride, vage, vieldeutige Identität anzudeuten oder auch, im Extrem, das Identitätskarussell einfach anzuhalten und auszusteigen. Gruppen wie die türkischen Mannheimer «Powergirls» nutzen CS auch, um ‹Identität› bewusst in der Schwebe zu halten: *‹wir sind keine echten Türken und keine echten Deutschen, sondern etwas Neues,*

Anderes. Das ist jene Größe, auf die viele Forscher mit dem neuen Ausdruck der ‹Hybridität› zielen: zusammengesetzt aus zwei Teilen, aber mehr als die einfache Summe.

CS spielt mit zwei Sprachsystemen und zielt damit auch *sprachlich* auf eine dritte, noch unbestimmte Größe, die sich einer schnellen Definition ebenfalls entzieht. CS *muss* im Laufe der Zeit auch den sprachlichen ‹Monitor› für Grammatik und Kommunikation verändern: Die Leute werden flexibler, sind für Varianten offener, reduzieren die Grammatik, auch spontan. Jedenfalls ist CS der deutlichste, direkteste Hinweis auf ein sich entwickelndes neues bilinguales Sprach- und Kulturbewusstsein, und dies wirkt sich dann direkt auch sprachlich-grammatisch aus: CS durchbricht an vielen Umschaltstellen die Grammatik und bewirkt typische Aussetzungen, die das zweisprachige Gehirn weiter konditionieren für die Einstellung auf eine ‹Grammatik der dritten Art›, die von grundsätzlich anderer Natur ist als die gängige Schulgrammatik.

Parzellierung in kleine Portionen

Unweigerlich werden Äußerungen durch Codeswitching aufgeteilt, in kleine und kleinste Portionen parzelliert, die sich nicht nur durch die jeweilige Sprache voneinander abheben: CS arbeitet auf ‹natürliche› Weise für die *Aufhebung von Kongruenz und Kohärenz* im Satz, also gegen die grammatisch korrekte Verkettung von Satzteilen durch einzelsprachliche Endungen, Suffixe usw. Wir wollen betonen, dass die Veränderungen, die durch CS im Sprachbewusstsein in Gang gesetzt werden, nicht nur zurückgehen auf die Konkurrenz zweier Sprachsysteme, sondern eben auch auf die Methode: auf das abrupte Nebeneinanderstellen von Satzbauteilen, auf die *Operation der sogenannten Juxtaposition.* «Code-switching may be defined as the juxtaposition of sentences or sentence fragments, each of which is internally consistent with the morphological and syntactic (and optionally, phonological) rules of its lexifier language.» (Banaz 2002)

Möglich ist, dass sich durch CS überhaupt erst die Bedeutung einer eindeutigen ‹richtigen› Grammatik unwiderruflich relativiert und den Sprachgebrauch öffnet für Kompromisse, Varianten, Auslassungen und das Unterlaufen der Standardgrammatik. Da immer zwei unterschiedliche Grammatiken beteiligt sind und ein gewisses Schnelligkeitsgebot herrscht, muss es zu etlichen neuen Formen kommen, die zunächst einmal den Eindruck von Fehlern, Interferenzen und Verwerfungen machen. An den kritischen Schnittstellen, den ‹Umschaltstellen› des CS, werden die typischen grammatischen Verwerfungen ‹erzeugt›, weil hier zwei Sprachen hart aneinander stoßen und die Aufmerksamkeit von der Grammatik abgezogen ist. Zur Zeit lässt sich allenfalls theoretisch postulieren (und noch nicht empirisch belegen), dass es an diesen Umschaltstellen der Kodierung zur Erzeugung neuer, anderer, traditionell ‹fehlerhafter› Strukturen kommen *muss*: An diesen Stellen kreuzt sich ja die grammatische Planung mit dem fremdsprachlichen Impuls (wobei es keine Rolle spielt, wodurch dieses *triggering* nun genau ausgelöst wird).

Die Haupteinheiten der Sprechplanung liegen mit Sicherheit auf den Ebenen des Wortes, der Wortverbindung und des Halbsatzes, wofür das Material genug Belege liefert. Und es ist sicher kein Zufall, dass die zentralen ‹Fehler› des aktuellen deutschen Sprachwandels gehäuft gerade an solchen ‹kritischen› Stellen zu finden sind:[11]

- Ebene der Silbe: Durch türkische Nachsilben verschwinden deutsche Artikel und Präpositionen sozusagen automatisch: türkisch _ _ *hauptschule'de* ‹in der Hauptschule›.
- Ebene des Wortes: Eingeswitchte Wörter werden z. B. im Russischen mit dem falschen Artikel und dem falschen Geschlecht versehen: *gewal't takoj* ‹dieser Gewalt›.
- Ebene der Wortverbindung: *hayatımda … biliyor musun, also weißt du, in mein Leben …›* (statt: *in meinem Leben*).
- Auf der Ebene des Halbsatzes ist damit zu rechnen, dass Türken, denen schon in der Muttersprache Konjunktionen fremd sind, im Switching eher nach *irgendeiner* deutschen Konjunktion aus dem weiteren Umfeld greifen, die irgendwie passt:
  – *Gelecek sene Istanbulda olmacağım/aber* [türkisch *ama*] *noch in Berlin bleiben* ‹nächstes Jahr werde ich nicht in Istanbul sein/sondern noch in Berlin bleiben.›

CS ist per se gerichtet auf die Isolation von Satzteilen und Wortgruppen, was Reduktionen nach sich ziehen muss. Das abrupte Nebeneinanderstellen von Wörtern und Satzkomponenten im CS verändert das Bewusstsein von ‹exakter› Grammatik offenbar langsam, aber grundlegend. Ein so verändertes Bewusstsein liegt wahrscheinlich vielen Veränderungen in der deutschen Umgangssprache ursächlich mit zugrunde.

Wir halten fest:

→ Codeswitching ist eine hybride Mischform aus zwei Sprachen und definiert ihre Sprecher neu. Es ist eine kognitive Größe, die sich sprachlich auswirkt und der spontanen Veränderung einer gegebenen Grammatik zuarbeitet. CS ist das ideale Umfeld nicht nur für die Relativierung der einzelsprachlichen Grammatik, sondern auch für grammatische Interferenzen und Veränderungen jeglicher Art. Diese Interferenzen wiederholen sich und bilden irgendwann eine sichere Quelle für Veränderungen auch auf Seiten der deutschen Muttersprachler.

Hinter den Vorteilen, die das CS für die Sprecher mit sich bringt, lauern natürlich auch Nachteile, weil das CS immer auch eine Art Parallel-Code zur Mehrheitssprache Deutsch und zur Migranten-Herkunftssprache ist. Es ist also – zumindest auf lange Sicht – für den neuen Horizont auch ein Preis zu zahlen. Offenbar kann CS sich auch negativ auf die Kompetenz in der *Einzelsprache* auswirken. Banaz (2002) zählt auf (ich formuliere etwas um):

1. Verlust der Fähigkeit, einen Dialog in einer Sprache auch zu Ende zu führen.
2. Verlust der Fähigkeit, anspruchsvollere (einsprachige) Texte sicher hervorzubringen.
3. Verlust der Fähigkeit, verschiedene Texte und Textsorten zielsicher voneinander zu unterscheiden.
4. Verlust der Geschicklichkeit innerhalb des Reichtums von Wortschatz und Bedeutungen in einer Einzelsprache.

Ergänzen kann man den Katalog noch durch den Punkt:

5. Verlust des Bewusstseins der Exaktheit im Bereich der einzelsprachlichen Grammatik.

17. TÜRKISCH-DEUTSCH: DIE «POWERGIRLS», DIE «UNMÜNDIGEN», DIE «EUROPATÜRKEN»

Die türkischen sozialen Gruppen und ihr Codeswitching

Die wichtigsten sozialen Gruppen der türkischen Gemeinde in Deutschland haben sich nach und nach aus der Gastarbeitergeneration der 1960er und -70er Jahre entwickelt. Und auch ihre Sprachen oder Ethnolekte sind ohne das Türkisch und Deutsch ihrer Mütter und Väter nicht denkbar. «Türkisch in Deutschland: eine Gastarbeitersprache wird zur ‹Leitsprache› der neuen sprachlichen Minderheiten.» So überschreibt Peter Auer das 1. Kapitel seines Buches «Türkisch sprechen nicht nur die Türken». Treffender kann man es nicht sagen: Die Rolle des Türkischen wie auch des Tandems Deutsch-Türkisch hat sich in den letzten 40 Jahren tiefgreifend gewandelt: Das Türkische hat sich in viele Varietäten verzweigt, es ist Motor des Kiezdeutsch, es nimmt mit dem Deutschen an neuen Mischvarietäten teil und es übt neue übergreifende soziale Funktionen in den Großstädten aus. Wer also die Veränderungen des Deutschen im Blick hat, kommt am Türkischen und seinen neuen Ethnolekten nicht nur nicht vorbei, sondern darf sogar auf weitergehende Einsichten hinsichtlich der deutschen Sprachsituation insgesamt hoffen.

Eine kurze Geschichte des Türkischen in Deutschland

Sie beginnt beim Gastarbeiterdeutsch der 1960er Jahre. Hier ist die Studie von Inken Keim (1978) immer noch die reichste Fundgrube (Abschnitt 14). Das Gastarbeiterdeutsch war wie dargestellt ein Pidgin, ganz unabhängig davon, wie es sich im weiteren entwickelt haben mag und welche Ethnien es gesprochen haben. Seit den 1980er Jahren verzweigt sich die erste Gastarbeitergeneration in eine ganze Vielfalt von sozialen Gruppen, Varietäten und Sprechstilen, die alle das Verhältnis Deutsch-Türkisch/Türkisch-Deutsch modellieren, typische Mischformen hervorbringen (z.B. Codeswitching) und wichtige Informationen liefern zu den aktuellen Sprachwandelprozessen des Deutschen. Heute ist die «türkische Migrantenpopulation weit ausdifferenziert und umfasst sowohl soziale Formationen, die das Potential einer ethnisch ausgerichteten, von der Mehrheitsgesellschaft abgeschotteten Gemeinschaft in sich tragen, als auch solche, die weltoffen und international agieren und in vielen Lebensbereichen erfolgreich sind.» (Keim 2004, 199)

Es gibt mittlerweile eine ganze Kette sozialer Gruppen, die die Entwicklung in der türkischen Diaspora nachzeichnet und denen jeweils eine andere türkisch-deutsche Varietät zugeordnet werden

kann: die sogenannten Ghettotürken, die «Powergirls», die «Unmündigen», die «Europatürken», bis hin zu türkischstämmigen
Journalisten, Rechtsanwältinnen, Ministern und Kulturgrößen,
die auf eine enge ‹Zugehörigkeit› zu türkisch-deutsch definier-
ten Sozialgruppierungen wahrscheinlich kaum noch Wert legen.
Wenig in Erscheinung tritt auch eine bereits gut integrierte, auf-
wärtsmobile Mittelschicht, die perfekt zweisprachig und sozial
unauffällig ist. Diese Hierarchie ist im Prinzip bildungs- und sta-
tusorientiert und mag die ganze Bandbreite der türkischen Gemeinde andeuten, die sich als ganze wiederum von den ‹echten›
Türken in Ankara oder Erzurum unterscheidet.

Die Mannheimer ‹Powergirls›

Es *gibt* einen Weg aus dem Ghetto, der *mahalla*, dem *Quartier*
der Großstädte, das so gern als multikultureller ‹Kiez› mit buntem
Treiben verniedlicht und idealisiert wird: Wo sich die Parallel-
gesellschaft heftig eingenistet hat – Reisebüro, Moschee, Metzger
und *çayhane* (Teestube) – und wo man das Deutsche eigentlich
kaum noch braucht. Hier konnte man eintauchen, diverse Schutz-
funktionen genießen und sich unter dem Baldachin von Sprache,
Familie und Stadtviertel bis auf weiteres einrichten. Es ist dies das
Milieu, in dem sich in Zeiten der dritten Generation Phänomene
wie eine ethnisch-kulturell-religiöse «Neoorthodoxie» (Inken
Keim) bilden konnte – ein kleines Inland des Eigenen, in dem das
Leben außerhalb nicht nur nicht als Heimat, sondern als Fremde
empfunden wird. Und dies strahlt auch auf die Sprache aus: «Die
Selbstdefinition steht dabei in enger Relation zur Familienspra-
che; ‹Türkisch› sein bedeutet ‹Türkisch› sprechen.» (Keim 2004,
202)
    Der Weg aus der Parallelgesellschaft in die Gesellschaft und den
Ersten Arbeitsmarkt führt über Bildung, Selbstbewusstsein und
den Mut zur Ambivalenz, über das Talent, in mehreren Welten
zuhause zu sein, ohne ständig darüber nachzugrübeln, ‹wer man
ist›. Nach vierzig Jahren verfehlter Integrationspolitik nehmen
es die Bürger endlich selber in die Hand, am Status quo zu rüt-
teln und ihr Recht auf Integration in die Tat umzusetzen. Ein
Musterbeispiel für diesen gewandelten sozialen Horizont ist eine
Gruppe, die in der Forschung ‹Mannheimer Powergirls› (Inken
Keim) genannt wird. Sie entstammt den Mannheimer Brennpunk-

ten (Stadtteil ‹Jungbusch›), in denen fast ein Viertel der Bevölkerung einen Migrationshintergrund hat und wo Türken den
Hauptanteil stellen.

Ihr weiterer sprachlicher Hintergrund ist immer noch das
«Ghettodeutsch» (Inken Keim) oder «Kiezdeutsch» (Heike
Wiese) – also jene Jugend-Varietät multiethnischer Viertel, die auf
dem Wege vom Pidgin zum Jugendstil viele Funktionen in den
Ingroups erfüllt (Abschnitt 20). Über diesem Jugendslang wölbt
sich aber mittlerweile eine ganze Skala von entwickelteren Sprechstilen, die mit türkischen und deutschen Anteilen experimen-
tieren. Alle sind Zeichen für Emanzipation, und zwar sowohl von
der türkischen Ghettowelt wie von der etablierten Welt der
Mehrheitsgesellschaft. Einer dieser neuen Sprechstile ist das Türkisch-Deutsch der sogenannten ‹Powergirls› mit ihrem Hin-und-
her-Springen zwischen zwei (Mutter)Sprachen (Codeswitching).
Sie mögen stellvertretend stehen für viele weitere (Jugend-)Grup-
pen, die hier nicht genannt werden.

Wer sind die ‹Powergirls›?

«Powergirls sind zwischen fünfzehn und zwanzig Jahre alt,
Kinder ehemaliger türkischer Gastarbeiter, in dem untersuchten
Stadtgebiet aufgewachsen und zur Grundschule gegangen. Sie
schlossen sich als Powergirls zusammen, einerseits in Opposition zu dem Leitbild der traditionellen türkischen Frau (…) und
andererseits in Abgrenzung und Opposition zu den Deutschen
(…), von denen sie sich abgelehnt und negativ bewertet fühlen.
Die Mädchen leben in der ständigen Spannung zwischen der
traditionell geprägten türkischen Migrantengesellschaft, deren
Normen und Werte in starkem Kontrast zu den Anforderungen
und Erwartungen stehen, die ihnen in der neuen schulischen Umwelt entgegengebracht werden (*zuhause ist Türkei, draußen ist
Deutschland*).» (Inken Keim)

In diesem Spannungsfeld haben die Powergirls im Laufe ihrer
schulischen und sozialen Entwicklung ein weites und ausdifferen-
ziertes Sprach- und Kommunikationsrepertoire ausgebildet, das
von Umgangsdeutsch über deutsch-türkische Sprachmischungen
bis hin zu dialektalem Türkisch (und Gastarbeiter-Imitation)
reicht. Dies ist ihr Potential, das ihnen zunächst die Abgrenzung
von ‹Feindbildern› wie dem bildungsfernen ‹Assi-Türken› und

dem deutschen Betonkopf erlaubt und dann die Bahn frei gibt für das Abenteuer einer neuen multiplen Identität. Man darf daher das Mixing der Powergirls nicht fehleranalytisch als Defizit sehen, sondern als etwas Neues, das mit den sprachlichen Versatzstücken *Türkisch / Deutsch / Standard / Dialekt / Ethnolekt* usw. durchaus auch ironisch spielt und dabei am Schluss eine dritte, neue Sprachform hervorbringt, die endlich jene neuen sozialen und psychosozialen Funktionen erfüllen kann, für die sie offenbar erfunden wurde.

Zentrum dieser Sprachform ist deutsch-türkisches Mixing, ein elaboriertes Hin- und Herspringen zwischen zwei Sprachen, das sich nicht auf einige wenige Regeln (wie bei den «Europatürken» etwa) beschränken lässt, sondern ‹regellos› daherkommt und für vielfältige Funktionen der Gesprächsführung eingesetzt wird. Die SprecherInnen selbst nennen ihre Sprachform *karışık konuşmak* ‹Gemischtreden›.

Hieraus ergibt sich die ‹Grammatik› der powergirl'schen Sprachform, die in seltsam unberührter Weise über der Schulgrammatik steht, diese aber auch nicht vollkommen ignoriert. Beide Grammatiken, die türkische wie die deutsche, werden im Prinzip beherrscht, aber keine wird absolut oder als hohe Norm gesetzt. Im Folgenden liefern wir keine linguistischen Feinanalysen des Mixing, sondern führen an einigen Beispielen den Mechanismus vor. Das türkisch-deutsche Codeswitching dient vor allem drei Dingen: dem Gesprächsmanagement, dem Strukturieren der Erzählung und dem beständigen Malen an einer ‹überzähligen Identität›. Powergirls ‹oszillieren› zwischen zwei Polen, sie betreiben die sprachliche Konstruktion von *Unbestimmtheit.* Mixing zeigt deshalb für Außenstehende an: «Wir gehören nicht eindeutig zur türkischen, nicht eindeutig zur deutschen Gruppe; wir sind jenseits von Deutsch- und Türkischsein.»

Das Codeswitching der ‹Powergirls›

Türkisch wird benutzt für den thematischen *Rahmen,* der deutsche Fokus wird eingeswitcht; die Sätze erhalten dadurch einen eigentümlichen ‹Takt› aus zwei verschiedensprachlichen ‹Zentren› – ganz so, als ob einmal das türkische, einmal das deutsche Ich ‹spricht›. Zentraler Rahmen ist der (Halb-)Satz. Dies sind einige Funktionen:[12]

- Hintergrund > Vordergrund: Türkisch > Deutsch
  - *Zeynebi gördüm / die arme hat fast n Herzinfarkt bekomm*
  ‹Ich hab auch Zeynep geseh'n / die arme hat fast n Herzinfarkt bekomm›
  - *bahnda göryom böyle yapıyor / die hat gedacht mir is was passiert*
  ‹Ich hab sie in der Bahn geseh'n sie macht so / die hat gedacht mir is was passiert›
  adam kapıy açıp tutyo / der steht so an der Wand
  ‹der Mann hält die Tür auf / der steht so an der Wand›
- Zitat: Türkisch > Deutsch
  Danach hat se / mach noch mal / mach noch mal / şunlara göster / şunlara göster / nein nein nein ‹das kommt nur einmal vor› dedim
  ‹Danach hat se / mach noch mal / mach noch mal / zeig es denen / zeig es denen / nein nein nein ‹das kommt nur einmal vor› hab' ich gesagt›
- ‹Dramatische Steigerung› Türkisch > Deutsch
  ondan son / orası çok bu sefer / und die hat so doppelte Oberteile angehabt / tamam mı
  ‹und dann / dieses Mal ist es mehr / und die hat so doppelte Oberteile angehabt / nicht wahr›

- Eine wichtige Funktion des Mixing ist, die persönliche Beziehung oder den Interaktionsstand zu kennzeichnen: Stimmt Sprecher 2 mit Sprecher 1 überein, bleibt der Code, stimmt er nicht überein, wird geswitcht. Im Schema:

Übereinstimmung (kein CS)	A: Deutsch	→	B: Deutsch
	A: Türkisch	→	B: Türkisch
Nichtübereinstimmung (CS):	A: Deutsch	→	B: Türkisch
	A: Türkisch	→	B: Deutsch

- Übereinstimmung Türkisch > Türkisch
GL: *param yok* ‹ich habe kein Geld›
SE: *bende var sen anrufen yap!* ‹aber ich! Ruf du jetzt mal an!›

• Nichtübereinstimmung Türkisch > Deutsch
GL:[13] *o zaman telefon aç eve* ‹dann ruf zuhause an›
SE: *ruf du doch an jetz!*

Es würde wahrscheinlich eine ganze Doktorarbeit füllen, wollte
man die kommunikativen Funktionen wirklich erschöpfend ana-
lysieren: Im Grunde kann man annehmen, dass alle gängigen
Textfunktionen, die von der Gesprächsforschung analysiert sind,
auch von Codeswitching geprägten Ausdrucksweisen übernommen werden können, also z. B. Hervorhebung, Ablenkung, Dia-
loggliederung, Verzögerung, Erzählstrategien und rhetorische
Finessen jeder Art usw. Diese sind auch dokumentiert und können in den Studien von Keim (2004, 2008), Banaz-Aksoy (2002)
oder Dirim/Auer (2004) nachgelesen werden.

Das CS der Powergirls ist eine neue, zweisprachige Sprechform,
die virtuos gehandhabt wird und eine Fülle von Redefunktionen
und sozialen Funktionen ausübt. Ohne Zweifel beherrschen die
Sprecherinnen die beiden Grammatiken und ihre Anwendung,
eine Voraussetzung für souveränes Switching. Beide Sprachen
können die Führung übernehmen: ‹nahe am türkischen Pol› ist
das Türkische die Matrixsprache, ‹nahe am deutschen Pol› das
Deutsche.

Die ‹Fehler› können sich bis hin zu ‹Schlüsselwörtern› für die
‹dritte Sprache› Türkisch-Deutsch oder Deutsch-Türkisch mau-
sern. Solche *cues* ergeben sich oft aus der Verschleifung oder Ab-
nutzung von ständig wiederkehrenden Wörtern; sie werden kürzer. Dabei werden *yapıyor* ‹er macht› zu *yapıyo*, *görüyorum* ‹ich
sehe› zu *göryom*, *ediyorum* ‹ich mache› zu *ediyom*, *diyorum* ‹ich
sage› *zu diyom*, *edeceğim* ‹ich werde machen› zu *etcem*, *bir şey* ‹etwas› zu *bişey* etc. Man könnte hier von neuen Miniformeln oder
mündlichen Partikeln sprechen.

Eine zweite Sorte von Erkennungswörtern im CS sind die
emotionalen Interjektionen, Anreden, Schimpfwörter und Gliederungssignale, die auch in der deutschen Matrixsprache oft auf
Türkisch gesetzt werden. Neben den gängigen Aufforderungs-
signalen wie *vallah* ‹bei Gott!›, *haydi* ‹los!› sind es: *ya* ‹eh›, *işte*
‹doch; Mensch!›, *neyse* ‹nun›, *dedim/dedi* ‹sagte ich›/‹sagte die›
siktir ‹verpiss dich›. Manchmal sind die Anreden auch ge-
schlechtstypisch, so sagen Jungen eher *lan* ‹Alter›, *moruk* ‹Alter›,

abi oder *oğlum* ‹mein Sohn›, Mädchen eher *kız* ‹Mädchen›, *kızım* ‹mein Mädchen› oder *canım* ‹Herzchen›. Immer bekannter wird auch bei Deutschen *inshallah!* ‹gebe es Gott!› (eigentlich ‹wenn Gott es will›).

CS hat bei den Powergirls nichts mehr – wie z. B. noch bei vielen älteren Russlanddeutschen – mit dem Auffüllen von Defiziten zu tun. Dazu ist das Switchen als ein Mechanismus auch zu virtuos. Es findet praktisch überall statt und folgt wahrscheinlich einem noch nicht erforschten kognitiven Muster, das Kodierungen nach ihrer augenblicklichen Relevanz gezielt auswählt und in einer dunklen Interpunktion aufeinander bezieht: CS erzeugt immer eine neue Metaebene über dem Gespräch. Auch andere Beispiele zeigen, dass es keine syntaktischen oder morphologischen Grenzen der Kombination gibt (solange sie nicht selber von den Sprechern für die Interaktion gezogen werden). Äußerungen vom Typ

– *Niye versprechen yaptın o zaman* ‹du hast es uns mal versprochen› oder

– *isch hab gesagt isch hab hausaufgaben dedim* ‹… hab ich gesagt› oder

– *Hatçe, gitçen mi sükrüyele oraya – die heult fast*[14] ‹Hatçe, du gehst mit Sükrüye dahin – die heult fast›

sind der Normalfall. Es sind Standardäußerungen einer türkisch-deutschen Mischvarietät, eines neuen ‹Soziolekts›, der noch keinen allgemein-verbindlichen Namen hat. Sozialpsychologisch gesehen richten sich die Äußerungen gegen eine überholte Einsprachigkeit, deren Ressentiments umso schneller schwinden werden, je mehr sich an Sprach- und Kulturkenntnissen aufbauen lässt.

«Die Entwicklungskarrieren der ‹Powergirls› zeigen, dass auch aus dem Ghetto heraus die Ausbildung eines eigenständigen Selbstbildes und der Erwerb sozialer und kommunikativer Kompetenzen gelingen können, die die gleichberechtigte Teilhabe an zentralen Bereichen der Mehrheitsgesellschaft ermöglichen.» (Inken Keim) Der Kommunikationsstil der Powergirls könnte jedenfalls dazu beitragen, das Selbstbild vieler Türken in Deutschland neu aufzulegen und so Parallelgesellschaften ‹von innen her› überflüssig zu machen. Halten wir hier fest:

→ Die Beherrschung der beiden CS-Sprachen ist nicht absolut, sondern relativ. Sie unterliegt keiner Kontrolle, rechtfertigt sich ad-hoc selbst. Ausschlag-
gebend ist allein die zweisprachige Praxis und die relative Geltung von
Sprachen. ‹Fehler› gelten in der Gruppe nicht als grammatische Defizite,
sondern als Signale von grammatischer Freiheit und sozialer Eigendefini-
tion.

Dass das CS in der türkischen Gemeinde auch noch andere Funktionen hat, zeigen zwei weitere Gruppen: die «Unmündigen» und
die «Europatürken» (Eigenbezeichnungen).

Die «Unmündigen»

Eine weitere Gruppe «emanzipatorischer Migranten» (Eigenbezeichnung) mit einem speziellen Migrantendeutsch sind die
sogenannten «Unmündigen» (Cindark 2004). «Im Gegensatz zu
Milieus, die sich ethnisch definieren und herkunftsorientiert sind,
setzen sich diese mit provokativen, ironischen und Perspektiven
umkehrenden Verfahren mit Marginalisierungserfahrungen im
Einwanderungsland auseinander. Auch diese Gruppe hat sich
Anfang der 90er Jahre herausgebildet. Die Unmündigen sind im
Prinzip nicht auf die türkische Ethnie fixiert, sondern können
auch bosnische, griechische oder italienische Vertreter haben;
ihre Elite ist aber türkisch, genauer: türkisch/kurdisch.» (Ibrahim
Cindark)
Im kulturellen Milieu sind ihre bekanntesten Vertreter der
Schriftsteller Feridun Zaimoğlu (‹Kanak Sprak›) und der Filme-
macher Fatih Akın. Die wichtigsten Aktivitäten sind Podiums-
ausstellungen, Kabarett, politische Punkt-Aktionen und Dokus –
die allesamt an einer ‹ungeschminkten›, also: nicht durch Political Correctness verschatteten *Geschichte der Migration* arbeiten.
Deshalb ist ihr kommunikativer und sprachlicher Stil ‹emanzipa-
torisch› zu nennen und darauf gerichtet, den vermuteten versteckten Rassismus der deutschen Mehrheitsgesellschaft zu entlarven.
Im Kontrast zu den Grünen etwa verzichten sie auf Opferstilisie-
rung, Relativierung und Verständnispression. Sie sind gezielt auf
das Einwanderungsland orientiert und leisten den Deutschen
wichtige Dienste, indem sie sie mit nationalen Symbolen zu spielen lehren und ihnen dadurch eine längst verloren gegangene
Humorebene wieder vor Augen führen.

Die Interaktionssprache der Unmündigen ist deutsch, ihr Identitätsschema deutsch. «Neben der Dominanz des Deutschen sind für die Kommunikationspraxis der ‹Unmündigen› (…) Codeswitching und code-mixing (…) charakteristisch.»[15] «Die Codeswitching-Praxis zeichnet sich dadurch aus, dass die Teilnehmer auf die Interaktionssprache Deutsch orientiert sind und kleinräumig in einen anderen Code wechseln.» Deutsch ist also die Basissprache und Türkisch die sekundäre Sprache, die «embedded language». In der Textpraxis erweist sich aber, dass das CS außerordentlich dicht ist, und sobald man sich einer kritischen Grenze nähert, ist es nicht mehr eindeutig möglich, den verwendeten Sprachen einen eindeutigen Status zuzuschreiben.

Die *switches* der Unmündigen sind in aller Regel bedeutungsvoll, sie sind irgendwie interaktionell motiviert, d. h. sie markieren immer einen interaktiv bedeutsamen Schritt. In der Regel erfüllen sie vorrangig eine «lokale Funktion», sie managen den Gesprächsablauf und die Interaktion. Solche Schritte sind z. B. der Wechsel von Scherz zu Bitte, von Argument zu Gegenargument, von Behauptung zu Kommentar, von Aussage und Zustimmung. Das CS ist strukturell dem der Powergirls vergleichbar, wirkt aber «anspruchsvoller» und weist eine wechselnde «Dichte» deutscher und türkischer Anteile auf. Ein typisches Beispiel sieht so aus[16] (Material in Cindark 2004):

> – *Wieso* [fragst du] ‹*warum*›? *Ich habs verdient. Öyle şey sorulur mu; senki kendin kendine zweifeln yapıyormuş.* ‹Wieso warum? Ich habs verdient. Fragt man denn so etwas? Als ob du an dir selbst zweifeln würdest.›

Die «Europatürken»

Diese Gruppe bildet den am meisten durch Bildung, Sprache und Prestige privilegierten Teil der türkischen *community*. Die Europatürken «definieren sich als gebildete, europäisch orientierte Türken und setzen sich für eine positive Darstellung der Türkei in Europa ein. (…) Sie (…) gehören zu den national und international erfolgreichen Migranten der 2. Generation. Sie bilden eine europaweit organisierte Vereinigung angehender bzw. schon berufstätiger Jungakademiker, die sich Anfang der 90er Jahre gebildet hat, in insgesamt acht europäischen Ländern vertreten ist und circa 800 Mitglieder hat. Ein zentrales Charakteristikum der ‹Europatürken› ist die Pflege der türkischen Sprache. In verschiedenen Universitätsstädten europäischer Länder sind lokale Gruppen angesiedelt, die in regelmäßigem Austausch untereinander stehen.» (Aslan 2005)

Wichtig ist, dass die meisten Europatürken, wie auch die Powergirls, Ghettoerfahrung haben und aus ‹Gastarbeiterfamilien› kommen; ein anderer Teil ist später aus der Türkei nach Deutschland zum Studium oder zur Promotion gekommen. Alle sind aufstiegsorientiert, besinnen sich aber auf ihre ethnischen Wurzeln in der Türkei. Geeint werden sie durch gemeinsame Feindbilder, die zum großen Teil in ihren eigenen Eltern oder ihren Zeitgenossen verkörpert sind; sie sind so etwas wie ‹1990er›: Denn sie «gehen gegen das Stereotyp des ungebildeten, sprachlich unbeholfenen türkischen Gastarbeiters und des unterprivilegierten «Ghettojugendlichen» vor, indem sie durch eigene berufliche und soziale Erfolge das Bild des sprachlich versierten, kultivierten, weltgewandten *Europäers türkischer Herkunft* etablieren wollen». Daher ihre Eigenbezeichnung «Europatürken». Damit distanzieren sie sich scharf von den erwähnten türkischen Symbolfiguren wie Zaimoğlu oder Akın oder auch von dem Komödianten Yanar Kaya, die sie für eine latente antitürkische Grundhaltung in Deutschland letztlich mitverantwortlich machen. Die Europatürken stehen klar auf der Europa zugewandten Seite der türkischen Meinungsbildung, treten für eine baldige EU-Mitgliedschaft der Türkei ein und versuchen, dies durch ein feindifferenziertes Bild der Türken zu signalisieren. Sie sind aktiv orientiert: Die Türken selber müssten dafür sorgen, so ihre Meinung, dass sich die Einstellungen in Deutschland ändern.

Dem entspricht ihre Strategie, die von der Imagepflege und einer ökonomischen Marktorientierung geprägt ist. Sowohl die soziale Situation der Eltern wie auch die eigene Biographie wird frisiert und ist von einer neuen Correctness geprägt, die alte Ressentiments gar nicht erst aufkommen lassen soll. Stolz sind sie, wenn sie von anderen nicht gleich für Türken, sondern vielleicht für Deutsche, Franzosen oder Engländer gehalten werden. Diesem Ziel gelten auch gezierte Höflichkeitsfloskeln untereinander – oft sind es orientalische Sprechgirlanden, die das elitäre Wir-Gefühl stärken und die Europatürken von anderen Gruppen abgrenzen sollen: *süzünü kestim pardon* ‹entschuldige, ich hab dich unterbrochen›, *çok üzgünüm* ‹ich bin sehr traurig›, *ay ne ilginç!* ‹interessant na?›.

‹Europatürkisch›

Europatürken sprechen untereinander konsequent hochsprachliches Türkei-Türkisch – kein Deutsch. Das unterscheidet sie fundamental von den ‹Unmündigen›. CS ist im Prinzip nicht vorgesehen, auch kein lokales Deutschtürkisch: Die Sprachenwahl ist Teil des Weltbildes. Alles Alltagssprachliche wie Interjektionen, Schimpfwörter, Vulgärlexik (was sie allzu leicht in die Nähe von Ghettotürken rücken könnte) ist streng tabu. Dabei werden die Europatürken zuweilen türkischer als ihr eigener Ministerpräsident und können in ein archaisches Supertürkisch verfallen oder zurückfallen. Angesichts der Blessuren, die das ‹Deutschland-Türkisch› ihrer Landsleute in Deutschland schon erlitten hat, wollen sich die Europatürken wieder auf eine einhundertprozentig türkische Ausdrucksweise mit komplizierter Grammatik besinnen. (Sie vermeiden das ‹Deutschland-Türkisch› – also keine deutschen Muster, möglichst keine Konjunktionen, keine Relativpronomen, keine Nebensätze, sondern gepflegter hochtürkischer Satzbau.) Dieses hyperkorrekte Türkisch führt natürlich seinerseits zu Problemen, weil niemand ein konstruiertes Kunst-Türkisch ständig aufrechterhalten kann. Deshalb gibt es auch hier durchaus eine Variation von türkisch-deutschen Sprechstilen. Aslan (2005, 336 f.) entwirft das folgende Bild:

- Da ist der Sprecher am türkischen Pol, der streng türkisch ist und alles Switching vermeidet oder gleich repariert, als hätte er ungewollt einen *faux pas* begangen:

S1: ... *diğeri de şeyi bitirmiş internationales bwl oder so*
‹... der andere hat Dings abgeschlossen, internationales BWL oder so›
S2 (‹repariert›): ... *uluslar arası işletme* ‹internationales BWL›

Deutsch wird allenfalls verwendet, um deutsche Verhaltensweisen zu kommentieren oder zu kritisieren, Zitate zu bringen oder die Deutschen zu parodieren – und hat damit lediglich eine wertende Funktion:

S1: *peki sorunca ne cevap ediyorum: yani wo/wo kommen Sie her?*

‹und was antworte ich wenn ich gefragt werde: also wo/wo kommen Sie her?›

S1 (bügelt das Deutsche aus): *aus der Türkei diyorum yani şey almanyada doğdum ama türk*

‹aus der Türkei sag ich dann, hier in Deutschland geboren, aber türkisch›

Fast lächerlich wird es dann, wenn Begriffe, die unumstößlich deutsch sind (und normalerweise auch deutsch eingeswitcht werden), aus ideologischen Gründen nun künstlich ‹vertürkt› werden: Dann wird aus dem *Härtefall* ein umständliches *evsiz barksız yurtsuz* (‹ohne Haus, ohne Familie, ohne Heimat›), aus der *Sonderschule* ein sinnentstellendes *zihinsel özürlü okullar* ‹geistig behinderte Schulen› – wo viele kaum noch verstehen, was genau gemeint ist.

• Da ist der Sprecher ‹am türkisch-deutschen Pol›, sozusagen *zwischen* den Stühlen sitzend, der schon mal locker zwanzig bis fünfzig Prozent deutsch zulässt, in offiziellen Situationen jedoch deutlich weniger. Je näher am Alltag, desto näher am Deutschen:

S.: ... *asıl korkuyular/vielleicht weil sie jetzt nicht das gewohnte dort finden können*

‹im Grunde haben sie Angst .../vielleicht weil sie jetzt nicht das gewohnte dort finden können›.

‹Deutschland-Türkisch›

Während die Linguisten sich noch nicht recht an den Einfluss der Migrantensprachen auf das Standarddeutsche heranwagen, hat das Deutsche *seinerseits* längst – leiser Kommentar der Zeitläufe – die Migrantensprachen beeinflusst, in diesem Fall das Türkische. Dies zu untersuchen, hatte schon der international bekannte Turkologe Lars Johanson in den 1980er Jahren gefordert, blieb aber in dieser Hinsicht lange ungehört (es war nicht die Zeit). Es geht um die Frage, ob das Türkische *in Deutschland* Veränderungen zeigt, die vom Deutschen herrühren und es so vom Türkei-Türkischen entfernen. Intuitiv bejaht das der Linguist, denn es wäre seltsam, wenn es *nicht* so wäre: *Jede* Herkunftssprache muss sich unter dem jahrzehntelangen Einfluss der Landessprache selbst verändern.

Einige dieser Veränderungen sind zu offensichtlich, als dass man an einem Einfluss des Deutschen noch vorbeikommen könnte. Natürlich ist noch nicht erforscht, in welchem *Ausmaß* deutsche Züge ins ‹Deutschland-Türkische› auch wirklich nachhaltig eingreifen. Aber wenn die ‹Fehler› nur gegen zehn Prozent gehen sollten, wäre dies bereits ein bedeutendes Symptom.

Schon ein erster Überblick über die Belegfälle erweckt den Anschein, als ob «kaum ein Bereich des Türkischen von Deutscheinflüssen verschont geblieben wäre» (Cindark/Aslan 2004, 3). «Die Zwei- und Mehrsprachigen haben das Bedürfnis, alles, was in der L[anguage]ᴮ ausgedrückt werden kann, auch in der L[anguage]ᴬ auf vergleichbare Weise auszudrücken.» (Cabadağ 2001, 247) Also alles, was man deutsch sagen kann, dann auch auf Türkisch zu formulieren, was dann Überschneidungen und ‹Fehler› geradezu herausfordert. (Diese psychologische Binsenweisheit gilt sicher nicht nur für das Tandem Türkisch-Deutsch). Türken, die mindestens eine längere Zeit in Deutschland einen Lebensmittelpunkt haben, weichen mit der Zeit vom Standardtürkischen ab und verwenden (auch) deutsche Muster. Sie

- drücken die Mehrzahl auf deutsche Art aus, also mehrfach: *iki melekler geldiler* ‹zwei Engel kamen› vs. echttürkisch *iki melek geldi*;
- verwenden oft *ve* als Bindewort nach deutsch *und* (anstatt anderer, ‹türkischer› Möglichkeiten);
- setzen Pronomen an eigentlich überflüssigen Stellen, was ziemlich deutsch klingt:
  – deutschland-türkisch: <u>*ben*</u> *bir sene sonra yatay geçiş yaptım frankfurta geçtim* ‹<u>ich</u> habe ein Jahr später einen gleitenden Studienplatzwechsel vollzogen nach Frankfurt› vs. echttürkisch ohne *ben*: _ *bir sene sonra yatay geçiş yaptım frankfurta geçtim;*
- lassen bei Fragen die allgegenwärtige türkische Partikel MI nach dem Erfragten einfach weg:
  – deutschland-türkisch: *duydun _ cemile?* ‹Hast du gehört, Cemile?› vs. echttürkisch: *duydun <u>mu</u> cemile?*
- verwenden immer öfter die ‹europäische Technik› und benutzen Nebensätze mit Konjunktion:

– deutschland-türkisch: _eğer sol gözünü bir kez kırparsa_ ‹wenn er einmal mit seinem linken Auge zwinkerte› vs. echttürkisch ohne Konjunktion: _ sol gözünü bir kez kırparsa._

Das mag auf den ersten Blick noch nicht sehr viel sein. Solche Züge sind aber grundständig, und wenn sie nur einigermaßen nachhaltig sind, wird das Türkische klar ‹deutscher›. «Sicher kann man wohl noch nicht von einer systematischen, jedoch von einer sukzessiven Sprachentwicklung und Sprachveränderung sprechen.» (Tuncer Cabadağ)

Sieht man noch genauer nach, trifft man auch auf Änderungen, die direkt mit dem neuen Strukturwandel des _Deutschen_ zusammenhängen.

‹Deutschland-Türkisch› und der deutsche Sprachwandel

Unübersehbar sind die Schwankungen im Bereich der Fälle, die aus dem Deutschen sattsam bekannt sind (Abschnitt 21) und in der dritten Generation z. B. durch Codeswitching weiter befördert werden.

- Der Kasus wird weggelassen:
  – deutschland-türkisch: _parktaki kadınlar_ dedikoduları ne üzerine?_ ‹Die Frauen im Park, worüber geht ihr Geschwätz?› vs. echttürkisch: _kadınlar-ın_ ‹der Frauen _Genitiv_›.
- Der Kasus wird verwechselt oder vermischt, statt Dativ (_-a_) wird Akkusativ (_-ı_) gesetzt:
  – deutschland-türkisch: _hayatın-ı bi (…) bakıp_ ‹so auf sein Leben schauend› vs. echttürkisch: _hayatın-a bi (…) bakıp._
- Besonders krass sieht es bei türkischen Verben aus, die notorisch mit einem falschen Kasus gebraucht werden (wie so oft auch im Deutschen!). Die umfangreiche Tabelle der Belegfälle im Türkischen der Powergirls wie der Europatürken (Cindark / Aslan 2004, 15) zeigt, dass die zahlreichen Schwankungen ganz unabhängig vom Bildungsgrad vorkommen und dass praktisch alle Kasus nach obigem Muster verwechselt werden. Dies ist im Kern natürlich der Mehrsprachigkeit geschuldet, aber auch die Parallelen zur Situation im Deutschen sind unübersehbar. Denn wenn Kasusabbau schon im ‹Deutschland-Türkischen› ziemlich regelmäßig vorkommt, wie sollte dies denn keine Verbindung zum gesprochenen Neudeutschen haben, in dem ganz ähnliche Phänomene auftreten?

Die gleichen Schwankungen und ‹Fehler› kehren schließlich auch im schriftlichen Türkisch wieder (das von der mündlichen Praxis beeinflusst ist). Aytemiz (1990, 45–68) hat die Abweichungen zweisprachiger Schüler erforscht, die mit dem Einfluss des Deutschen und der alltäglichen Sprachpraxis zusammenhängen. Darunter waren viele, die sich auch in der *deutschen* Umgangssprache wiederfinden. Auch hier gibt es falsche Mehrzahl, Verwechslung und Wegfall des Kasus, falsche Zeiten und vieles mehr.

Interessant wäre, genauer zu untersuchen, wieviele *direkte* Analogien Türkisch-Deutsch es hier geben mag. Denn sicher ist, dass die ‹Fehler› im ‹Deutschland-Türkischen› wieder auf das Deutsche *zurückwirken* und dort die Grammatik weiter schwächen. Hier wären mutige Linguisten aufgerufen, Scheuklappen abzulegen und den Bogen der Simplifizierungen vom Migrantendeutsch zur deutschen Umgangssprache zu schlagen: denn dies ist das heiße Eisen. Man denke an neudeutsche Phänomene wie

– *er muss sich eine Behandlung unterziehen; sie droht ihren Mann; das darf man nicht unter dem Teppich kehren* etc., in denen die Kasusschwankungen eine mächtige Wirkung entfalten. Hier deutet sich ein neues, noch vollkommen unbeackertes Forschungsfeld an, sozusagen ein Sprachenvergleich der *Abweichungen* vom Standard. In beiden Sprachen geht es klar um den Abbau von grammatischer Übereinstimmung im Sprachkontakt. *Ein Kreis schließt sich*, wie die Deutschen gern sagen.

Wir halten fest:

→ In allen migrantischen Varietäten des Türkisch-Deutschen tauchen viele Züge auf, die sich auch in aktuellen Sprachwandel-Tendenzen der deutschen Umgangssprache wiederfinden.

18. RUSSISCH-DEUTSCH: VOLKSDEUTSCHE, AUSSIEDLER, RUSSISCHE MIGRANTEN

Die Gruppen der Russen in Deutschland

Seit den 1990er Jahren nimmt in Deutschland eine Entwicklung Fahrt auf, die die russische Auslandsgemeinde zahlenmäßig an die türkische herangeführt hat. Einige Statistiken sagen sogar, dass die russischsprachige Bevölkerung in Deutschland mittlerweile 4 Millionen überschreitet und damit die türkischsprachige bereits überflügelt hat. Russisch ist also eine der größten, wenn nicht vielleicht schon die größte Migrantensprache. Dass man dies nicht genau auf Punkt und Komma beziffern kann, liegt daran, dass viele russischsprachige Menschen unter anderen Nationalitäten (Deutsch, Kasachisch, Jüdisch, Litauisch, Weißrussisch u. a.) geführt werden, sodass nicht deutlich herauskommen kann, dass es sich immer um *Russisch*sprachige handelt. Denn Russisch hat auch Jahrzehnte nach dem Ende der Sowjetunion noch immer den Status einer Quasi-Muttersprache oder den einer östlichen *Lingua Franca*. Und in fast allen ehemaligen Staaten der Union hat Russisch noch immer einen herausragenden Status.

Russisch-Deutsch: Codeswitching und Grammatik

Wie sehr das Deutsche mit Migrantensprachen interagiert, Mischungen eingeht, Einfluss ausübt und selbst wieder Beeinflussungen ausgesetzt ist, kann man am besten am Russisch der zweiten und dritten Generation in Deutschland studieren. Alexandra Goldbach hat die Überschneidungen mit dem Deutschen in der Rede russischer Studenten in Berlin untersucht und sie linguistisch analysiert. Wie für alle Migrantensprachen ist auch das Codeswitching Russisch ↔ Deutsch ↔ Russisch für das Migrantenrussisch typisch.

Jene Migrantenvarietät, die Slavistinnen wie Katharina Meng und Ekaterina Protassova witzigerweise ‹Aussiedlerisch› nennen, ist ein interessanter Fall des Codeswitching: Sie ist keine Kreation irgendwelcher Außenseitergruppen, sondern ein Versuch von Russlanddeutschen der jungen Erwachsenengeneration, sich dem Deutschen der Mehrheitsgesellschaft möglichst schmerzfrei zu nähern. Aussiedlerisch hat bei seinen Sprechern selbst zwar eine niedrige Reputation und wird in formellen Situationen vermieden (so auf direktes Befragen; hier mag das Beobachter-Paradox wirken). Trotzdem ist es nach Angaben von Russlanddeutschen für sie eine *dritte Sprache* neben Russisch und Deutsch.

Codeswitching von Wörtern

Das Russisch-Deutsch erzeugt zunächst massenhaftes Wort-Switching, um neue Sachverhalte und neue Situationen zu be-

zeichnen (*vzjat' kogo fest na rabotu* ‹jemanden unbefristet übernehmen›), neue ‹deutsche› Situationen zu erfassen, unpassende
russische Ausdrücke wie *otpusk* zu umgehen (*Urlaub*), lexikalische Lücken zu füllen (*Versicherung*), saftig zu formulieren, ent-
spannt zu reden, das Gelernte ‹vorzuzeigen› und schließlich eine
‹Geheimsprache› für private Kommunikationszwecke zu kre-
ieren – ohne gleich ganz ins kalte Wasser des Hochdeutschen
springen zu müssen. Lexikalische Übernahmen auf der Wortebene sind im russischen Codeswitching Legion; Goldbach (2005)
dekliniert sie in einem kleinen Lexikon durch. Wie überall kommen sie aus dem Alltag der Informanten: Schule, Uni, Behörden,
Technik, Ärzte, Verwandtschaft etc. Da die Informanten unter
sich sprechen, ist hier die Matrixsprache durchweg Russisch, die
embedded language das Deutsche.

– *Stranno, čto ne polučaem abrechnungscettel', nu ne napisano
skol'ko tam rentenverzicherung.* ‹Komisch, dass wir keinen
Abrechungszettel kriegen, aber es steht da nicht, wieviel Ren-
tenversicherung es gibt.›

– *Èto auflauf, kotoryj ja sdelala.* ‹Das ist ein Auflauf, den ich
gemacht habe.›

– *Ja kogda rabotal v Manchajme, ètot hausmajster prichodil ...*
‹Als ich Mannheim gearbeitet habe, da kam dieser Hausmeister ...›.

– *Èto naša vot bolezn›, kogo fest voz'mut, a kogo vremenno, vot
èto fest u nas mečta.* ‹Das ist ja unsere Krankheit, wen nehmen
sie unbefristet, und wen befristet, und unbefristet, das ist ja
unser Traum.›

Oft werden deutsche Fachausdrücke wörtlich ins Russische
übertragen: *Sozialversicherung* wird zu *social'naja strachovka*
oder *Kindergeld* zu *detskie den'gi* – es entstehen neue Wörter, die
‹echten› Russen durchaus Kopfzerbrechen bereiten können, weil
es diese Wörter oder diese Bedeutungen im Russischen nicht gibt.

Das Russische belegt schließlich eindeutig die (auch schon aus
dem Türkischen bekannte) Tendenz von Mehrsprachlern, viele
Arten von ‹Gesprächswörtern› einzuswitchen (‹tag-switching›).
Dazu zählen die typisch deutschen *ach*, *ach so*, *doch*, *nicht wahr*,
na klar, *sowieso* und viele andere[17] (ein Prinzip, das Vladimir Na-
bokov in seinen Romanen virtuos vorgeführt hat). Russische Aussiedler lieben es, sie in die russische Rede einzustreuen:

– *Značit, tuda nel'zja v brjukach?* ‹Also kann man da nicht in Hosen hin?›

– *Vot čto, zoviso.* ‹Aber klar, sowieso.›

– *Da, do ėtogo urovnja, košmar, ajnfach košmar.* ‹Na bis zu dieser Stufe, ein Alptraum, *einfach* ein Alptraum.›

– *Esli zvonjat tam kakie-nibud' umfragen oder zo, po telefonu.* ‹Wenn Sie anrufen, dann gibt's irgendwelche Umfragen oder so, per Telefon.›

– *Ja tože medlenno čitaju.* ‹Ich lese auch langsam. – *Ne verju.* ‹Glaube ich nicht›. – *Doch, doch, medlenno čitaju.* ‹Doch, doch, ich lese langsam.›

Grammatisches Codeswitching

Codeswitching kommt aber auch auf allen anderen sprachlichen Ebenen vor, z. B. auf der Satzebene als Nebensatz:

– *Kompjuter my tože kupim, aber das kann noch warten.* ‹Einen Computer werden wir auch kaufen, aber das kann noch warten.›

CS dringt sogar in die Mikrostruktur von Wörtern ein:

– *Ty uže sgekochala?* ‹Hast du schon gekocht?›

– *Kogda ty anmel'duessja?* ‹Wann meldest du dich an?›

Dem entspricht, dass viele deutsche Wörter eine russische Kasusendung angehängt bekommen, die sie ‹russischer› machen: *Rathaus'a, Rent'u, Angebot-y, Socialamt-om, Gemeind-oj, Heim'e* usw.

Russischsprecher weisen das Geschlecht für ein Wort meistens intuitiv nach dem Endbuchstaben zu, wodurch im CS ein falsches Genus entstehen muss: *mediciniše r begrjundung* ‹medizinischer Begründung›, *kakoj gechal't* ‹welcher Gehalt›; *novyj austaušjar* ‹neuer Austauschjahr›. Da es im Russischen keinen Artikel gibt, wird er im Deutschen oft weggelassen:

– *Včera večerom v stolice Germanii otkrylsja _ evangeliše kirchentag.* ‹Gestern abend wurde in der deutschen Hauptstadt der evangelische Kirchentag eröffnet.› Genauso ist es mit dem Hilfsverb *haben*:

– *Ty uže _ gešpajchert na diskete?* ‹Hast du's schon auf der Diskette gespeichert?›

‹Deutschland-Russisch›

Durch die lange Codeswitching-Praxis in Deutschland ergeben sich mit der Zeit auch Verwerfungen im Russischen der Aussiedler und Deutschland-Russen, die wir, analog zum ‹Deutschland-Türkischen›, hier unter ‹Deutschland-Russisch› verbuchen können. Es sind deutsche Spuren im Russischen, die unweigerlich auf das russische Migrantendeutsch zurückstrahlen und letztlich auch im Deutschen auftauchen werden. Sie ergeben sich erst nach intensiverem Sprachkontakt zwischen zwei Sprachen und schlagen dann bei den grammatischen Formen durch (‹Morphologie› und ‹Syntax›) (Brehmer 2007). So zeigen Russlanddeutsche bereits in der Kasussprache Russisch Schwankungen im richtigen Gebrauch der Fälle:[18]

- Kasus werden einfach weggelassen: *on vzjal odin den' otpusk*. ‹Er nahm einen Tag Urlaub› (Akkusativ statt Genitiv *otpuska*).
- Kasus werden verwechselt: *ja vižu raznicy* ‹ich sehe einen Unterschied› (Genitiv statt echtrussisch Akkusativ *raznicu*); *ona zamužem sa Saltykovym byla* ‹sie war mit Saltykov verheiratet› (Instrumental statt echtrussisch Akkusativ *za Saltykova*).
- Es tauchen falsche Kasus auf: *u menja (...) massa akvarelev* ‹ich habe Massen von Aquarellen› (statt echtrussisch: *akvarelej*).

Auflösungen der grammatischen Korrektheit gibt es auf vielen Gebieten:

- Falsches Geschlecht: *chorošaja* fem.[19] *golos* ‹eine gute Stimme› (statt echtrussisch: *chorošij* mask. *golos*);
- Falsche Einzahl/Mehrzahl: *nado mebeli smotret'* ‹wir müssen Möbel angucken› (Plural) (statt echtrussisch: *mebel'* (Singular));
- Fehler beim Aspekt: *on načal popit'* ‹er begann zu trinken› (statt echtrussisch: *on načal pit'*);
- Fehler beim Reflexiv: *my ponimaemsja* ‹wir verstehen uns› (statt echtrussisch: *my ponimaem drug druga*).

Einschlägige Phänomene gibt auch im Bau der Sätze – und auch das belegt die Tiefenwirkung des Sprachkontakts. Hier setzt sich die allgemeine Tendenz der Kasusschwankungen weiter fort, die oft neudeutsche Veränderungen kopieren:

- *Ja sosredotočus' na svoej rabote* ‹ich konzentriere mich auf meiner Arbeit› (statt echtrussisch: *na svoju rabotu* (Akkusativ));

Typische Strukturen des ‹Deutschland-Russisch› sind ferner:

– *S busom priedete* ‹Ihr werdet <u>mit dem Bus</u> kommen› (Präposition statt echtrussisch reiner Instrumental: *avtobusom priedete*);

– *V četverg ja <u>imeju</u> general'nuju probu* ‹Donnerstag <u>habe ich</u> Generalprobe› (statt echtrussisch bei mir ist … : *u menja budet general'naja proba*);

– *Togda <u>oni</u> zapretili razvodit' korov* ‹da verbot man es Kühe zu halten› (mit Pronomen *sie* statt echtrussisch ohne: *togda _ zapretili razvodit' korov*);

– *<u>odin čelovek</u> prišel* ‹<u>ein Mann</u> kam› (unbestimmter Artikel statt echtrussisch ohne: *čelovek prišel*).

Dies ist für sich schon allerhand, besonders bei ständiger Frequenz; es macht das Russische ‹deutscher›. Es handelt sich um «eine generelle Tendenz zum Formenabbau, die durch den ungesteuerten Spracherwerb des Russischen in fremdsprachiger Umgebung begünstigt wird.» (Bernhard Bremer) Auch hier scheint sicher, dass diese ‹Fehler› in irgendeiner Form wieder auf das Deutsche zurückwirken und den Abbau seiner Grammatik stützen. Die Überlappungen mit dem Deutschen, die besonders von Heinrich Pfandl, Elena Zemskaja und Katharina Meng untersucht wurden, betreffen noch eine Reihe weiterer Phänomene, die hier nicht mehr diskutiert werden können.[20] Wie intensiv die Beeinflussung insgesamt schon sein muss, zeigt sich zuletzt auch daran, dass Russischsprechende in Deutschland sogar deutsche Aussprachegewohnheiten ins Russische übernehmen, von denen bis jetzt ein Dutzend bekannt sind (Brehmer 2007).[21]

Das Modell *einen Kurs machen*

Das (schon aus dem Türkischen bekannte) Modell ‹MACHEN plus X› statt komplizierter deutscher Verben wird zu einem zentralen Zug des Codeswitching-Russisch: z. B. *delat' kurs* ‹einen Kurs machen›. Während es aber im Türkischen immer schon einen festen Platz im Lexikon hatte (*telefon etmek* ‹telefonieren›), ist es im Russischen *als lexikalisches Modell* eine junge Schöpfung des Sprachkontaktes und rein kommunikativ bedingt.[22] Im Russlanddeutschen steht *delat'* ‹machen› als ein leeres Allzweckverb pauschal für die komplizierteren deutschen Verben *erledigen, durchführen, studieren, veranstalten, erstellen, ausrechnen, absolvieren*

u. a. Im Russischen werden aber nicht zwei Verben verwendet (wie oft deutsch-türkisch *versprechen yapmak* ‹versprechen›), sondern nur eines. Der Typus **versprechen delat'* für ‹versprechen› begegnet im russischen Material nicht. Typisch sind diese Beispiele:

– ... *tam ja* ... *delaju praktiku*. ‹Ich mache da ein Praktikum.›
– *Prosto nikto ne budet delat' tvoju rabotu*. ‹Es wird einfach keiner deine Arbeit machen.›
– *On delaet slavistiku i germanistiku*. ‹Er macht Slavistik und Germanistik.›
– *Ja sdelal kurs*. ‹Ich habe einen Kurs gemacht.›
– *Ty štojern uže sdelala*? ‹Hast du die Steuern schon gemacht?›
– *Tol'ko takoj partneršaftstest sdelali*. ‹Sie haben nur so einen Partnerschaftstest gemacht.›

Das Modell mit semantisch entleerten Verben wie *machen/delat'* scheint im Sprachkontakt sehr produktiv zu sein, vielleicht deswegen, weil es die Sprecher davon freimacht, komplexe Ausdrücke einzeln einüben zu müssen (einen Kurs *durchführen*, Slavistik *studieren*, eine Aufgabe *erledigen* etc.). Das Modell mit *machen* ist einfacher, spart Energie, Zeit und Frust.

Nach unserem Eindruck unterscheidet sich das russische Codeswitching von dem der türkischen *in-groups* auch in der Attitüde. Es verbreitet nicht jenen bemühten Identifikationsdruck, nicht jene Isolationsgebärde ‹*wir sind zwischen zwei Kulturen*›, die im Türkischen häufig in die Nähe einer sozialen Ausweisfunktion, ja einer verbalen *identity card* kommt und immer gleich das Hybride vergöttert. Das russische CS ist da entspannter, es ist spielerischer, obwohl die grundständigen Funktionen für alles CS sicher auch hier in Kraft sind. Der Hauptunterschied mag der sein, dass sich junge Russen, zumal wenn sie in Deutschland studieren, viel eher und ohne viele Vorbehalte an die Mehrheitsgesellschaft anschließen, sich gut integrieren, ohne ihr aber gleich zu verfallen. Davon zeugt auch ihr CS.

Festzuhalten ist:

→ Phänomene des grammatischen Abbaus im ‹Aussiedlerisch› der russischen Volksdeutschen, im Codeswitching und im ‹Deutschland-Russischen› ähneln jenen, die sich auch in anderen Migrantendeutschs beobachten lassen. Sie strahlen aus auf die deutsche Umgangssprache und finden sich dort wieder.

19. JUGOSLAVISCH-DEUTSCH: KROATISCHE, SERBISCHE UND BOSNISCHE MIGRANTEN

Nach Türkisch-Deutsch und Russisch-Deutsch (mit den beiden größten Migrantensprachen) wird das Material zu den neuen zweisprachigen migrantendeutschen Sprechweisen deutlich dünner. Schon zu dem Komplex *Jugoslavisch-Deutsch*, also der Interaktion von Serbisch, Kroatisch, Bosnisch mit dem Deutschen, gibt es kaum mehr lohnende Quellen, obwohl die Praxis im Alltag unverändert stark und Codeswitching mit Sicherheit weit verbreitet ist. Und auch der typische jugoslavische ‹Akzent› ist immer noch fester Bestandteil der akustischen Landschaft in den deutschen Großstädten. Vor dem Hintergrund der Generationenabfolge seit Gastarbeiterzeiten steht jetzt das Codeswitching kroatischer Migrantinnen der zweiten Generation in Frankfurt mit einer beachtlichen Materialfülle im Fokus (Pustički 2011). Im Internet mag man noch auf die eine oder andere Seminararbeit und einschlägige Links stoßen.[23] Die Materiallage ist also insgesamt nicht mehr sehr erschöpfend. Trotzdem versuchen wir noch, anhand der dokumentierten Texte so etwas wie ein Bild des Jugoslavisch-Deutschen zu entwerfen (auch die eigene Erfahrung nutzend) und mit einer vorsichtigen Analyse zu versehen.

Dass das Jugoslavisch-Deutsche unter den neuen Migrantendeutschs, zumal in der öffiziösen Linguistik, nicht hervorsticht, hat auch außersprachliche Gründe. Es gab in der jugoslavischen Auslandsgemeinde von Anfang an nicht den andernorts festgestellten Separationsdruck, sondern eine Reihe abmildernder Faktoren. Darunter sind die historischen Beziehungen mit Deutschland, die zivilisatorische und kulturelle Nähe, eine politisch geförderte Anpassungshaltung, eventuell die ethnische Vielfalt in den jugoslavischen Großgruppen (Stölting 1980, 221). Und der ‹jugoslavische Streit› zwischen Kroaten, Serben und Bosniern spielte in Deutschland keine große Rolle. Die Linguistik mag sich von slavischen (Migranten-)sprachen immer noch weiter entfernt halten als vom trendigen Türkischen.

Die Integration der frühen zweiten Generation jugoslavischer Kinder hatte zuerst einen speziellen Typ des Bilingualismus auf

niedrigem Niveau hervorgebracht, der zwischen Zweisprachigkeit, dem Druck der «Germanisierung» (Stölting) und tatsäch-
licher doppelter Halbsprachigkeit²⁴ schwankte, festgestellt für in
frühem Alter aus Jugoslavien eingewanderte Schüler der späten
1970er Jahre (Stölting 1980). In der noch rudimentären Zweisprachigkeit der 70er Jahre erfüllte das raue Codeswitching noch
die Funktion eines Balance-Aktes, der mangelnde Sprachbeherr-
schung, Identitätsprobleme und Ambivalenzen in der Integration
abpuffern sollte. Verbreitet war Code-Mixing, auch innerhalb von
Familien. Ein Kind der zweiten Generation berichtet davon so:

«Ich unterhalt mich meistens mit meinem Bruder Deutsch. Ge-
frühstückt, Bruder, Deutsch. Mittag gegessen, Bruder, gemischt.
Mein Bruder macht was zu essen. Wir sprechen Deutsch. Nach
Hause gegangen und Abendbrot gegessen. Vater, Mutter, Ge-
schwister, Jugoslawisch.» (Stölting 1980, 139)

Frühes CS ist einfaches Switching auf der Satz- und Wortebene:
– *Da ist eine Schießbude. Tamo jeda žena peče i kuha senviče.*
Eine frkojfer verkauft Bonbone und eine Tafel čokolade. ‹Da
ist eine Schießbude. Eine Frau backt da und macht Butter-
brote. *Ein Verkäufer verkauft Bonbons und eine Tafel Scho-
kolade.*›

Mangelhaftes Deutsch wurde oft stark von Interferenzen aus
dem Jugoslavischen geprägt. Was dadurch entsteht, könnte man
auch ‹Jugodeutsch› nennen: Bereits in solchen frühen Varianten
von Migrantendeutsch werden alte pidginartige Gastarbeiterfeh-
ler in ein neues ‹Kreoldeutsch› übernommen und schleifen dort
die deutschen Normen. Es erscheinen bereits Schwankungen bei
Kasus, Artikel, Präpositionen, Einzahl/Mehrzahl, falsche Wortfolge u. a. m. (Stölting 1980) – also so gut wie alle Faktoren, die
später ihre ‹alldeutschen› Wirkungen entfalten werden. Beispiel
aus Stölting (1980):

Mila wohnt in Essen <u>auf</u> dem vierten Stock *(na spratu)*. Wenn er durch
<u>den</u> Fenster *(prozor* mask.) guckt, kann er ein <u>kleines</u> Park sehen. Und
da in <u>die</u> Park <u>hat</u> *(ima)* ein Feuermelder. Milan möchte gerne wissen,
wie <u>das</u> Feuermelder funktioniert. Wenn *(kada)* er einmal von <u>der</u> Spiel
(igra fem.) nach hause gekommen ist, dann hat er auf der Straße gesehen, daß da <u>gibt's</u> *(ima)* Feuer bei <u>der</u> Nachbarhaus *(kuća* fem.). Und
dann hat schnell <u>bei</u> *(kod)* zum Park <u>gelauft</u> und hat die Knopf auf <u>der</u>

Feuermelder gedrückt und <u>gesprecht</u>. Eine Stimme hat gesagt: was ist <u>lost</u>? Dann hat Milan das erzählt und hat gesagt wo befinde's das. Und dann sie sagt *(i onda je ona govorila)*. <u>Für</u> fünf Minuten *(za pet minuta)* wir kommen. Und nachher sind Feuerwehr gekommen und <u>die</u> Feuer *(vatra fem.)* gelöscht. Ein Mann von der Feuerwehr bedankt sich <u>ihm</u> *(njemu)*. Dann wann er nach hause gekommen ist, dann hat <u>er</u> erzählt <u>ihrem</u> Vater <u>was er hat gemacht</u> *(šta je napravio)*.

Zum Codeswitching Jugoslavisch-Deutsch

Eine ganz neue Qualität hat das Codeswitching in neuen Ethnolekten der entwickelten zweiten und dritten Generation in den 1990er Jahren und um die letzte Jahrhundertwende. Pustički (2011) hat in einer aufwendigen Studie das Codeswitching junger kroatischer Frauen in Frankfurt am Main untersucht. Hier haben wir einen ganz anderen, neuen qualitativen Hintergrund, der das CS als ein Sprachspiel einsetzt, um Selbstbewusstsein, Lebensgefühl und neue Identitäten zu präsentieren. Hier wird auch das alte Gastarbeiterdeutsch mittlerweile als Spott- und Zitatvarietät eingesetzt, sozusagen als ein kurioser Rest aus der Generationenfolge. Entsprechend ist die CS-Analyse überdacht von einem anspruchsvollen theoretischen Überbau, der das CS allgemein würdigt als ein kreatives und kognitiv-kompliziertes Zeichen einer entwickelten und selbstbewussten neuen Vielsprachigkeit. Die defizitäre Attitüde ist hier – wie auch im Türkisch-Deutschen – vollkommen übergegangen in eine neue Sprachform, die die vielsprachige Wirklichkeit europäisch orientierter Generationen widerspiegelt. Deshalb mag auch allmählich der ethnisch-einzelsprachliche Faktor immer mehr in den Hintergrund treten. Wir präsentieren hier die aufgefundenen vier zentralen CS-Typen, die auch repräsentativ sein mögen für entwickeltes CS in jeder anderen Migrantensprache in Deutschland oder anderswo. Nach der Größenordnung haben wir tag-switching, CS im Satzrahmen sowie zwischen Sätzen und ‹Code-Alternation› (Pustički 2011, 70 f):

- ‹*Tag-switching*› ist ein Sprachwechsel, der außerhalb der restlichen Satzstruktur steht. Wir haben hier das schon wiederholt in anderen migrantischen Ethnolekten beobachtete Phänomen des Switching von Rahmensetzern, die oft den Ablauf des Gesprächs selbst betreffen.

– Und isch meinte so zu ihm, de <u>ovaj</u>, äh isch steh auf, setzen Sie sisch hin, ne, ne, ne ne treba, <u>rekoh</u>. (ovaj entspricht dem deutschen Lückenfüller *ähm; rekoh* = ‹hab ich gesagt›.)

Tag-switching, auch: ‹emblematisches Switching›, wird auch von Sprechern mit geringeren Kompetenzen verstanden und löst keinen Wechsel der Matrixsprache aus; es ist eine Art Gesprächskolorit und Gruppenzeichen.

- *Codeswitching innerhalb des Satzes* erfordert ein höheres grammatisches Hintergrundwissen, gefährdet dieses aber auch mehr, eben durch den Vorgang des Switchens. Im Grunde muss man hier wieder nach grammatischen ‹Fehlern› suchen, die sich um die Bruchstellen herum finden.

  – Kinder … aso … voll krass, i ništa, mi smo otišli to pogledat, in diesem Kasten

  ‹Kinder … aso … voll krass, und nix, wir sind losgegangen um das zu sehen, in diesem Kasten …›

- *Codeswitching zwischen Sätzen* tritt normalerweise innerhalb eines Gesprächszuges auf, kann aber auch *zwischen* solchen eintreten (wie schon am Türkischen beobachtet).

  – Ja ću ustat. Kein Problem. ‹Ich werde aufstehen. Kein Problem.›

Außerhalb des Satzrahmens ist CS – wie im Russischen auch – im dokumentierten Material eher selten. Dies widerspricht eigentlich der hörbaren Praxis im Jahre 2013, wenn man sich nur in den richtigen Kreisen bewegt und die richtige Methode – keine Vorinformation der Sprecher-Informanten – anwendet. Wir glauben deshalb, dass CS *zwischen den Sätzen*, also ‹in großen Portionen›, aus eher psychologischen Gründen kaum im Material auftaucht, nichtsdestoweniger aber im Alltag weit verbreitet ist (eben besonders, wenn man ‹unter sich› ist). Auch die eigene Erfahrung kennt genügend Fälle von ‹großem› Codeswitching mit Türkisch, Russisch und Jugoslavisch: Dieses CS wird von zwei Parametern gesteuert und ausgelöst: von den Teilnehmern und ihrer Herkunft bzw. ihren Sprachkenntnissen und dem Gesprächsthema (beruflich / privat etc.).

Die wenigen Fälle von wirklicher Code-Alternation lohnen nicht, hier aufgeführt zu werden: Beide Sprecher behalten ihre Sprache bei, einer spricht Deutsch, einer Jugoslavisch – insgesamt ein interessanter Fall, in dem eigentlich Codeswitching nur aus der Perspektive von Dritten auftritt (s. Abschnitt 16). Grammatische Fehler werden hier seltener, weil eine ganze Seite der Sprachverarbeitung (Sprechen oder Verstehen) auf *eine* Sprache fokussiert ist. Code-Alternation ist kognitiv noch ein ganz weißer Fleck auf der linguistischen Landkarte. Wir sind aber überzeugt, dass eine an Code-Alternation gewöhnte Sprachverarbeitung einer flexiblen grammatischen Grundhaltung letztlich ebenfalls zuarbeitet. Es ist eine Sache der Zukunft.

Einige Bemerkungen zu einem ‹Deutschland-Jugoslavisch›

Wie beim Türkischen und Russischen bereits gesehen, wirkt das Deutsche auf die Migrantensprache *in Deutschland* ein und schafft eine neue Varietät mit neuen Abweichungen, die wir entsprechend ‹Deutschland-Jugoslavisch› nennen. Hier versammeln sich deutsche Muster, die sich ins Jugoslavische einschleichen. Deutsch-Jugoslaven imitieren besonders gern die deutsche Wortfolge, wie z. B. in

– *Onda je učitelica joj rekla* ‹und hat die Lehrerin ihr gesagt›
vs. echtjugoslavisch: *Onda joj je učitelica rekla.*

Auch wird der deutsche Artikel künstlich imitiert (*taj imenik* ‹das Telefonbuch›), die Kasus werden verwechselt, es tauchen überflüssige Pronomen als Subjekte auf, Fehler im Verbalaspekt usw. (Schlund 2003). Wir haben vieles auch schon am ‹Deutschland-Russischen› aufgezählt und müssen es hier nicht wiederholen; hier sind eben Russisch und Jugoslavisch als slavische Sprachen des flektierenden Typs eng beieinander. Auch diese Phänomene werden so oder so auf das Deutsche zurückwirken.

✳

An dieser Stelle ist dann auch Schluss mit der weiteren Dokumentation: Von albanisch, arabisch oder polnisch inspirierten Sprechweisen ist weder aus Gastarbeiterzeiten noch aus den 1980er oder -90er Jahren oder später irgendetwas dokumentiert (allenfalls vielleicht in unveröffentlichten Seminararbeiten). ‹Albanisch-deutsches Codeswitching› wäre zwar als Begriff nicht geläufig, kommt aber im Alltag sicher genauso vor wie türkisches oder russisches Codeswitching.

20. ‹KIEZDEUTSCH›: DER SLANG JUGENDLICHER MIGRANTEN

Es mag höchst ehrenwert sein, für sozial benachteiligte Gruppen einzutreten, sie zu fördern oder auch vor den Ungerechtigkeiten und Vorurteilen der Mehrheitsgesellschaft schützen zu wollen. Niemand könnte ernsthaft etwas gegen ein solches Engagement haben, zumal dann, wenn es der Beseitigung sozialer Schieflagen dient. Nur sollte man für solche Zwecke geeignete soziale Projekte starten, die Betroffenen beteiligen, mit ihnen kooperieren und dafür sorgen, dass sie etwas lernen, Fortschritte erzielen und auf ihnen aufbauen. Ob es jugendliche *peer-groups*, bildungsferne Familien, Migranten oder Kriminelle sind, spielt dabei keine entscheidende Rolle. Kooperationen dieser Art kommen immer der Sprache zugute: Sie entwickelt und festigt sich in sozialer Interaktion – eine alte Binsenweisheit.

Was man dagegen *nicht* tun sollte: Man sollte die Linguistik nicht zu einem sozialen Instrument machen, mit dem nur alte Mythen zementiert und neue angeschoben werden. Der bemühte Umweg über die Linguistik nützt letztlich niemandem: Die Betroffenen werden positiver wie negativer Diskriminierung ausgesetzt und kriegen die Botschaft mit, sie müssten sich nicht weiter um sprachliche Normen kümmern – ein fataler Fehlschluss. Und auch die Wissenschaft gerät leicht auf Abwege, weil die Bevölkerung nicht mehr weiß, worum es ihr genau geht: Denn sie untersucht zuerst exotische Nischen-Slangs und erst irgendwann später (wenn überhaupt) den Sprachkontakt von Migrantensprachen mit der deutschen Umgangssprache – wofür die Bevölkerung nicht wirklich Verständnis haben kann.

Das 2012 erschienene Buch über das sogenannte Kiezdeutsch (*ein neuer Dialekt entsteht*) ist ein Lehrbeispiel für eine solche ‹Linguistik der *Political Correctness*›. Seine zentrale Botschaft ist: «Kiezdeutsch ist original deutsch; es gibt praktisch keinen Einfluss von Migrantensprachen; es ist auf seine Weise vollkommen grammatisch, nicht defizitär, sondern kreativ. Dieser Dialekt ist eine Bereicherung der deutschen Sprachlandschaft, wird aber leider oft abgelehnt.»

Auch über jeden Verdacht erhabene Experten sehen hier eine «linguistische Xenophobie» (Jürgen Trabant) am Werk, die offenbar wieder ein urdeutsches Bedürfnis bedient. Das Buch hat aber auch einen riesigen Vorteil: Wie von der Spitze eines Eisberges kann das geübte linguistische Auge einen Echoloten hinabsenken in die noch ziemlich unerforschte Unterwasserwelt des Wandels der *deutschen Umgangssprache* – dies jedenfalls ist unsere Motivation. Sagen wir zunächst mit unseren Worten, was ‹Kiezdeutsch› genau ist:

Kiezdeutsch ist ein Slang, der sich in multiethnischen Wohnvierteln wie in Berlin-Neukölln entwickelt hat und von Jugendlichen mit türkischem, arabischem, kurdischem, jugoslavischem, albanischem, russischem, d. h. mit multiethnischem Hintergrund gesprochen wird.

Textprobe (eigene Aufzeichnung)
- «Lan, ischwör auf meine Mutter er hat so gesag, isch hab voll Schock bekomm! Er sagt sie is voll die irre Braut dings sie geht mit jeden mit und hängt mit ihn so in Berlin rum, macht die Kripo voll zun Affen.»
- «Mann der is voll die Missgeburt, wenn isch den erwische er wird sehen! Isch sag dir er soll sie in Ruhe lassen, isch geh Freitag Palace dann isch red ma mit ihn.»

Diesen ‹neuen Dialekt› von allen Seiten zu stützen und gegen alle mögliche Kritik in Schutz zu nehmen – dazu wird im Buch das ganze verzweigte Instrumentarium der Sprachwissenschaft aufgeboten. Die im Kiezdeutsch-Projekt wirkende Energie ist eindeutig darauf gerichtet, das Kiezdeutsch aus der Schmuddelecke der angeblichen Sprachverrohung herauszuholen, es vom Odium der ‹Kanak Sprak› (Feridun Zaimoğlu) und des ‹Balkanslangs› zu befreien und es auf Augenhöhe mit den anderen Existenzformen des Deutschen zu heben. Nun ist es rein linguistisch überhaupt kein Problem, *irgendeine* Sprachform zu einer neuen Varietät zu machen, wenn sie nur einigermaßen nachhaltig ist, und sie dann anderen Sprachen als ‹gleichwertig› gegenüberzustellen. Die ‹Erfindung› von immer neuen ‹Sprachen› – Moldawisch, Makedonisch, Kroatisch, Montenegrinisch etc. – kann seit langem auf dem Balkan besichtigt werden.

So gut wie alle Merkmale des Kiezdeutsch sind Sprachzüge, wie sie seit langem von der Forschung für Pidgins und Kreolsprachen registriert werden. Dies ist der harte Kern:

1. Ausfall der Präposition: Das Modell *Wir gehn _ Görlitzer Park*
2. Ausfall des Artikels: Das Modell *Isch kauf _ Auto*
3. Ausfall der Kopula: das Modell *München _ weit weg*
4. Falsches Geschlecht: Das Modell *Ich frag mein Schwester*
5. Existenz-Setzer: Das Modell *gibs Leute*
6. Die Konjunktur von MACHEN plus X: Das Modell *Machst du rote Ampel*
7. Falsche Wortfolge: Das Modell *Dann isch geh nach Hause.*

Alle Züge sind Reduktionen, Vereinfachungen unter dem Dach des grammatischen *Abbaus*. International renommierte Linguisten lassen denn auch keinen Zweifel daran, dass es sich bei Kiezdeutsch[25] genetisch um ein neues deutsches Pidgin handelt. «Im Hinblick auf seine Entstehung und seine sprachliche Infrastruktur ist das Kanaken-Deutsch [= ‹Kiezdeutsch›, U.H.] ein Pidgin. (…) Die Strukturen des Kanaken-Deutsch lassen deutlich Züge einer Pidginisierung erkennen.» (Harald Haarmann) Kiezdeutsch diente zuerst einer rudimentären Verständigung zwischen Sprechern vieler exotischer Fremdsprachen über begrenzte Inhalte in einer Sondergruppe mit sehr einfachen Kommunikationszielen: Dies ist Pidgin *par excellence*.[26] Sprecher folgender Sprachen waren an seiner Entstehung beteiligt: Türkisch, Griechisch, Arabisch, Kroatisch, Spanisch, Deutsch, Persisch, Kapverdisch, Russisch (Dirim/Auer 2004, 209 f.). Nehmen wir eine geringe Dunkelziffer hinzu, sind es rund ein Dutzend.

Natürlich hat das Kiezdeutsch bis heute einige Etappen durchgemacht und sich vom reinen Pidgin emanzipiert: Es wird in den Medien als Spott-, Komik- oder Zitatvarietät inszeniert und kehrt dann zurück auf die Straße, natürlich in veränderter Form (sogenannter ‹primärer, sekundärer, tertiärer Ethnolekt›, Peter Auer). Der Ethnolekt ist in seiner Funktion erkannt und wird relativiert. Die Klientel differenziert sich mit der Zeit, wird aufwärtsmobiler, *in-groups* lösen sich auf, andere Varietäten (auch das Englische) mögen hinzutreten, und heute beherrschen die meisten Kiezdeutsch-Sprecher auch das Standarddeutsche.

Die sprachlichen Züge des ‹Kiezdeutsch›

Nach Wiese (2012) gehen alle Sprachzüge des Kiezdeutsch auf das Deutsche, genauer: auf wechselnde Existenzformen des Deutschen zurück, die zeitlich und räumlich oft weit vom Kiezdeutsch entfernt liegen, also Dialekte oder historische Sprachzustände sind. Durch relativierende Argumentationsfiguren geraten alle anderen Erklärungen wie durch Zauberhand in den Hintergrund. Dies ist offenbar zu einem guten Teil ideologisch motiviert, weil es den Anteil der Migrantensprachen am deutschen Sprachwandel ausblendet. Vielleicht spielen auch einfach fehlende Sprachkenntnisse eine gewisse Rolle, das Fremdsprachenlernen dauert zu lange und eine effektive Zusammenarbeit mit Turkologie oder Arabistik ist noch nicht wirklich in Sicht.

Wie um solchen Einwänden zuvorzukommen, werden in Wieses Kiezdeutsch-Buch einige Vorzeigewörter präsentiert, die man nicht wegretuschieren kann wie türkisch *lan* ‹Alter!›, *haydi!* ‹los!› oder arabisch *moruk* ‹Alter!›. Und oft trifft man auf die wiederholte Redefigur, die immer wieder gleichsam mantrahaft besagt, einige Merkmale des *Kiezdeutschen könnten natürlich auch zusätzlich* (!) *vom Türkischen oder Arabischen gestützt werden.* Hinter dem ‹Feigenblatt› einiger orientalischer *peanuts* verschwindet dann der eigentliche, innersprachliche mächtige Einfluss der Migrantensprachen und der Mehrsprachigkeit – dieser aber ist der eigentliche Motor des Kiezdeutsch.

Summa summarum wird der Einfluss von Migrantensprachen gleich vorab minimalisiert. Hier muss eine persönliche Bemerkung erlaubt sein: Meine Tochter Sophia (28), die mit türkischen und arabischen Kiezdeutsch-Sprechern aufgewachsen ist, würde sich, zusammen mit ihren Freunden aus dem Milieu, verwundert die Augen reiben, wenn man ihr erzählen wollte, dass die Sprache ihrer Jugend so gut wie nichts mit der Herkunftssprache ihrer arabischen und türkischen Freunde zu tun haben sollte. Und wer weiß, ob die Buchautorin ihrer Klientel, die ihr ja ans Herz gewachsen ist, nicht letzten Endes einen ordentlichen Bärendienst erwiesen hat, nämlich damit, dass sie alles Fremde am Kiezdeutsch so erfolgreich eingedeutscht hat. Wenn dies den Jungs nun gar nicht recht wäre?

Der zentrale Punkt wird deshalb hier der mögliche Einfluss des Türkischen, Arabischen, Russischen, Bosnischen, Kurdischen oder der Balkansprachen sein, der im Kiezdeutsch-Buch nicht zur Sprache kommt. Die entscheidende erste Erkenntnis ist dabei, dass Mehrsprachigkeit bereits *als solche* hochgradig sprachverändernd wirkt (Abschnitt 3), die zweite, dass auch die Strukturen der Migrantensprachen ordentlich mitmischen, und die dritte, dass der *Clash vieler Fremdsprachen* (Pidginmilieu) automatisch neue Strukturen erzeugt.

Bevor wir die Züge des Kiezdeutschen näher besprechen, muss man unbedingt etwas dazu sagen, wie das Kiezdeutsch klingt (was wir hier leider nur *beschreiben* können). Denn Kiezdeutsch kommt aus der Mündlichkeit, und das exotische Lautbild gehört zu seinen charakteristischsten Merkmalen.[27]

Die lautliche Seite des Kiezdeutsch: ‹Hab' isch geseh'n mein' Kumpel lan›

Da ist vor allem anderen der berühmte, ja berüchtigte *sch*-Laut, der in den Personalpronomen wie *isch, disch, misch, sisch*, aber auch in Adjektiven wie *rischtisch* oder *natürlisch* eine so hohe Frequenz in der Rede erlangt. Er ist *das* akustische Erkennungszeichen des Kiezdeutsch wie auch seiner *peer-group*: Die Beispiele sind so zahlreich, dass man eigentlich jeden beliebigen Kiezdeutsch-Satz hernehmen könnte (aus Wiese 2012):

Seda: Isch bin eigentlisch mit meiner Figur zufrieden und so, nur isch muss noch ein bisschen hier abnehmen, ein bisschen noch da.

Dilay: So bisschen, ja, isch auch.

Seda: Teilweise so für Bikinifigur und so, weißt doch so (...)

Dilay: Isch hab von allein irgendwie abgenommen. Isch weiß auch nisch, wie. Aber dis is so, weißt doch, wenn wir umziehen so, isch hab keine Zeit zu essen, keine Zeit zu gar nix. (...)
   Heute muss isch wieder Solarium gehen.

Um den Laut in seiner schroffen Durchdringlichkeit (und seinem zuweilen unliebsamen Beigeschmack) zu entschärfen, wird im Kiezdeutsch-Buch relativiert: So komme *sch* für *ch* auch in deutschen Dialekten vor, im Rheinischen und Hessischen, in Abwandlung auch im Berlinischen. Das aber ist u. E. durchaus irrelevant, weil der *sch*-Laut in diesen Dialekten eine Geschichte, eine Systemhaftigkeit und eine gewisse Berechtigung hat; und natürlich hat er einen völlig unauffälligen Klang. Er weist überhaupt keine Verbindung zum Kiezdeutsch auf, und es ist einfach von sehr weit hergeholt, hier eine linguistische Verbindung herzustellen.

Der Laut kommt natürlich aus dem Sprachkontakt. Wir müssen hier etwas Linguistik einflechten: Der *ich*-Laut, phonetisch [ç], ist im Deutschen eine Aussprache-Variante des Phonems /x/, das in Wörtern wie *dich, echt, möchte* oder *Küche* vorn im Mundraum, in Wörtern wie *Sache, fluchen* oder *Koch* weiter hinten ausgesprochen wird. Der Punkt ist nun, dass der *ich*-Laut in den meisten Migrantensprachen *nicht* vorkommt. Weil er aber im Deutschen so häufig ist, greifen die Sprecher zu einer Notlösung: Es wird einfach jener Laut genommen, der im Lautsystem der Migrantensprache dem fremden Problemlaut am nächsten kommt. (Eine alte Binsenweisheit der Phonetik.) Und das ist eben der *sch*-Laut,[28] der auch in türkischen (*şehir* ‹Stadt›), arabischen (*aš-šams* ‹die Sonne›) oder bosnischen Wörtern (*šest* ‹sechs›) vollkommen normal ist.

Natürlich ist dieser *sch*-Laut als ‹Markenzeichen› des Kiezdeutsch nur die Spitze des Eisbergs. Es gibt neben ihm noch viele andere Eigentümlichkeiten, die anhand der umfangreichen Aufnahmen des Kiezdeutsch-Projektes leicht hätten dokumentiert werden können. Wir können darauf nicht mehr im Detail eingehen.[29] Kiezdeutsch ist aber auffälliges Migrantendeutsch und deshalb kommt man an seinem ‹emphatischen› Grundton nicht vorbei, der offenbar aus dem Arabischen stammt.

‹Emphatisches› Kiezdeutsch

Alle Lautmerkmale bringen den sofort ins Ohr gehenden seltsamen Höreindruck des Kiezdeutsch hervor, der übereinstimmend als ‹emphatisch› (vielleicht: ‹emotional überhöht›) beschrieben wird; andere Begriffe sind *abgehackt, Stakkato, gepresst, gestoßen, silbenzählend, emotional, mit gesteigertem Atemluft-Aufwand*. Eine derart echauffierte Artikulation mit (in der Linguistik auch so bezeichneten) ‹emphatischen› Lauten ist lange aus dem Arabischen bekannt – also der Muttersprache von Jugendlichen, die das Kiezdeutsch miterschaffen und entscheidend geprägt haben. Im Arabischen sind es besonders auffällige Konsonanten, die im Alphabet sogar Extrabuchstaben haben (in Umschrift: $ḍ$, $ṭ$, $ẓ$, $ṣ$, q).[30] Sie kommen in Wörtern wie *qiṭṭa* ‹Katze›, *al-qāhira* ‹Kairo›, *maṣnaʿ* ‹Fabrik› oder *yallah* ‹bei Gott› vor (Abschnitt 6): Es sind expressive Laute, die für deutsche Ohren fremd, gestoßen, rau, ‹übertrieben› klingen mögen; sie prägen das Lautbild des Kiezdeutsch entscheidend. In dieser lautlichen Aura muss man sich die gesprochenen grammatischen Züge des Kiezdeutsch vorstellen. (Wer nicht im Kiez lebt, kann sich die Comedy-Versionen im Internet anhören).

Der Ausfall der Präposition: Das Modell *Wir gehen _ Görlitzer Park*

Der türkisch-deutsche Comedian Kaya Yanar sagte in einem Werbespot für die Lebensmittelkette EDEKA: ‹*Isch kauf Edeka*› und wird von einem deutschen Kunden verbessert: ‹*Ich kaufe bei Edeka!*›. Da springt der Filialleiter ein: *Hey, kaufst du auch Edeka?* Alles lacht, 1 : 0 für Kaya Yanar. Was steckt dahinter? Psychologisch sicher die Botschaft: ‹*Kiezdeutsch ist OK*›. Linguistisch aber etwas anderes:

Ortsangaben ohne Präposition sind in vielen Sprachen auf der ganzen Welt verbreitet. Das *gezielte* Weglassen aber ist ein Merkmal von Pidgins und Kreolsprachen, wenn man sie auf der Folie der Vergleichssprachen betrachtet (des Englischen z. B.). Das Modell *Wir gehen Görlitzer Park* ist ganz klar kein deutsches Modell, es klingt grob falsch, *beseitigt* wichtige Teile des deutschen Satzes und ersetzt sie durch *andere* Strukturen. Die Crux ist nun, dass im Kiezdeutsch-Buch aus nichtlinguistischen Gründen unbedingt ein deutscher Hintergrund konstruiert werden muss. Da das einer Quadratur des Kreises nahekommt, wird eine falsche Fährte gelegt: nämlich der Telegrammstil auf Bahnhöfen. Er geht so:

– *Der nächste Zug hält nur Bahnhof Charlottenburg.*
– *Sie müssen Alexanderplatz umsteigen.*
– *Der nächste Zug fährt 15.30 ab.*

Dieser universale Telegrammstil ist aber kein Merkmal des Deutschen, sondern in jeder Sprache möglich und ganz besonders in solchen der europäischen Umgebung:

- Serbisch: *Morate da menjate _ Knez Mihajlova*. ‹Sie müssen Knez Mihajlova umsteigen.›
- Russisch (*Umgangssprache*): *Kak projti _ ulica Gor'kogo*? ‹Wie komme ich (zur) Gorkistraße?›
- Englisch: *Passengers with the destination airport please change _ Oxford Circus*. ‹Passagiere mit dem Ziel Flughafen steigen bitte Oxford Circus um.›

Das Modell hat also gar nichts mit Parallelen im Deutschen zu tun, sondern modelliert nur ein universales Muster der Informationsreduktion. Das thematische Umfeld ‹Bahnhof› und ‹Reisedestinationen› verzichtet wahrscheinlich sogar *mit voller Absicht* auf Präpositionen und Kasus, weil *diese* Informationen für das Kommunikationsziel nicht nur nicht notwendig sind, sondern auf eine subtile Weise sogar ‹fehl am Platz›. Präpositionen in Bahnhofsdurchsagen oder am Fahrkartenschalter können leicht ‹überinformativ› sein und stören dann. Der Telegrammstil gehört ohne Zweifel zu einem Register, das grammatische Informationen absichtlich und gezielt *aussetzt*: Mit dem ‹paradoxen› Effekt, dass der Kunde oft schneller und besser versteht!

Ein orientalischer Zug

Ortsangaben ohne Präposition sind besonders in orientalischen Sprachen zu Hause. Sprachen wie das Türkische, die gar keine Präpositionen kennen, *müssen* sogar andere Mittel anwenden. Das türkische Ohr ist, wie beschrieben, auf Präpositionen gar nicht eingestellt. Der typische Kiezdeutsch-Sprecher mit türkischem Hintergrund bringt eine Voreinstellung mit in den deutschen Alltag, und das ist eine, in dem das Modell ‹Präpositionen plus Ort› keine Rolle spielt. Im Türkischen drückt man Richtungsangaben normalerweise so aus:

Okula   *gidiyorum*. ‹Ich gehe zur Schule›
Schule-*Dativ*   gehe-ich

Transformiert man dieses Modell ins Deutsche, ergibt sich seitenverkehrt das Kiezdeutsch-Modell, das zugleich erlaubt, auch gleich den Kasus mit wegzulassen. Einfacher geht's nicht.

Okula   *gidiyorum*
            X
Ich gehe   *Schule*

Türken würden vielleicht sagen: *Görlitzer Park'a gidiyoruz*, und dies genau ist das Modell *Wir gehen Görlitzer Park* (mit umgekehrter Reihenfolge der Satzteile). Der angehängte Kasus *'a* spielt für die Kopie der Struktur keine Rolle. Gestärkt wird dieses Muster vom gleichen Modell, wenn es für ORT auftritt:

– *Görüşeceğimiz Alexanderplatz'da/Kreuzberg'de, Kottbusser Damm'da.* ‹Wir sehen uns _ Alexanderplatz ...›.

Denn auch ORT kommt ohne Präposition aus, weil der Inhalt ORT schon vom angehängten *-de/-da* bezeichnet wird.

• Das Arabische ist keine Turksprache, ist nicht agglutinierend und es *hat* viele Präpositionen. Und trotzdem ist es möglich, Angaben zu ORT oder RICHTUNG auch *ohne* Präpositionen zu machen – wohl weil dies eine alte orientalische Ausdrucksweise ist (s.o.). Die Beispiele sind von dieser Art:

– *min faḏlik dallinī h̲ādhat 'unwān!* ‹Bitte fahren Sie <u>diese Adresse</u>› = ‹Bitte fahren Sie <u>zu dieser Adresse!</u>›

• Dies bestätigt auch das Persische:

RICHTUNG: *fardō _ Tehrān berawam.* ‹Morgen fahre ich <u>nach</u> Teheran›.

ORT: *Agā Mumtāzi _ Shirāz zendegi konad.* ‹Herr Mumtazi lebt <u>in</u> Shiraz›.

Das Modell *wir gehen _ Görlitzer Park* ist also eine orientalische Kopie, die zufällig mit dem Pidgin-Modell zusammenfällt.

Der Ausfall des Artikels: das Modell *Isch kauf_ Auto*

Das Weglassen des deutschen Artikels ist ein zentrales Merkmal des Kiezdeutsch und ebenfalls in vielen Pidgins anzutreffen. Wir haben eine überaus reiche Fundgrube, und es ist möglich, dass der Wegfall des Artikels ebenfalls so etwas ist wie ein strukturelles Erkennungszeichen dieses Jugendslangs mit der Botschaft: ‹*wir sprechen in der Gruppe mit voller Absicht Deutsch ohne korrekten Artikel*›. Ein grammatisch-korrekter Gebrauch des Artikels ist gar nicht vorgesehen, ja nicht einmal erwünscht – er mag sogar in der Gruppe *kontraproduktiv* wirken, wäre also ‹falsches Kiezdeutsch›. Obendrein spart dieses Modell auch gleich den Kasus mit ein. Dies sind die Beispiele (Wiese 2012):

Hast du _ Handy? musstu _ Lampe reinmachen; musstu _ Doppelstunde fahren. mit _ Auto; bis _ Libanon; so für _ Bikinifigur; wir sind jetzt _ neues Thema; irgendwann in _ Schule; er hat so _

*Türkeitrikot und _ Türkeifahne; is voll _ gechillte Beziehung;
gegen _ Schweiz; dis dritte Tor war _ Foul; isch hab voll _ Schock
bekomm! isch geh so _ Kudamm rauf; Torwart hat doch _ Fehler
gemacht.*

Welche Rolle spielt nun die Wortart Artikel in den Hintergrundsprachen des Kiezdeutsch?

- Das Türkische und die slavischen Migrantensprachen Russisch,
Polnisch und Jugoslavisch haben überhaupt keinen Artikel.[31]
Hinzu kommt, dass im Türkischen auch ein Geschlecht unbekannt ist. Diese Fakten sprechen für sich selbst: Das Sprachbewusstsein ihrer Sprecher ist auf einen Artikel gar nicht eingestellt.

- Das Arabische hat, wie gezeigt (Abschnitt 6), seinen berühmten
Allzweckartikel *al*. Er wird im gesprochenen Arabisch oft bis
zur Unkenntlichkeit abgeschliffen. Er kann für keine Varietät
des Deutschen irgendeine hilfreiche Wirkung entfalten.

- Die Balkansprachen Albanisch, Bulgarisch und Rumänisch *haben* einen Artikel, sogar einen zum Teil sehr komplizierten.
Deshalb darf man Sprechern von Balkansprachen schon ein
Artikelgefühl unterstellen. In diesen Sprachen wird er aber hinten an das Substantiv angehängt und verschmilzt mit ihm, was
offenbar ein *anderes* Artikelbewusstsein erzeugt. Die Mehrsprachigkeiten Balkanisch-Deutsch sind auch insgesamt noch
zu unbedeutend (zu unerforscht), um hier wirklich ernsthafte
Aussagen zu liefern.

Fazit ist, dass keine Migrantensprache von Hause aus auch nur
annähernd auf den deutschen Artikel eingestellt ist. Und man darf
eines nicht vergessen: Ein beliebiges Wort, nehmen wir *Pferd* (russisch *kon'*, türkisch *at*), existiert im Sprachbewusstsein der meisten Migranten als *das Pferd*, *ein Pferd* und eventuell auch allgemein im Sinne von *Pferde*. Alle drei Artikelbedeutungen liegen
semantisch diffus *zusammen* und werden formal nicht auseinander gehalten. Es ist somit ziemlich klar, dass in den Mehrsprachigkeiten der Migranten der deutsche Artikel so gut wie unterge-
pflügt wird. Das Kiezdeutsch bestätigt diesen Befund nur in aller
Konsequenz.

Der Ausfall der ‹Kopula›: das Modell *München _ weit weg*

Der Wegfall von IST, der sogenannten Kopula des Prädikats in der Gegenwart, ist ein Merkmal von Pidgins und war schon immer ein unüberhörbares Kennzeichen des alten Gastarbeiter-Deutsch: *Ich – Mahmoud, er – guter Kollege, wir – Mannesmann* etc. Dieses Merkmal kehrt heute im Kiezdeutsch wieder, ob nun original oder als Gastarbeiter-Zitat. Es ist aber kein produktives Merkmal mehr, sondern eher auf dem Rückzug. Die entscheidende Rolle spielt wahrscheinlich das prinzipielle Offenhalten des Prädikats, besonders dann, wenn es sich ‹von selbst versteht› und zum gemeinsamen Hintergrundwissen gehört.

– *Mit Auto? Bis Libanon _ vier Stunden. (_ = sind es)*
– *München _ weit weg. (_ = ist)*

Der Ausfall kann ein Zeichen von Substandard sein. Es gibt aber auch Sprachen, in denen er der ganz normale Standard ist, wie Arabisch oder Russisch. Und es wäre mehr als seltsam, wenn das nicht eine große Rolle spielen sollte:

- Eine Grundregel des Arabischen lautet, dass einfache Aussagen generell ohne IST stehen. Die Beispiele sind Legion, und wir nennen noch einmal nur einige typische, die die immense Bedeutung dieses Modells andeuten mögen. Sie könnten auf Deutsch überall im Kiezdeutsch stehen. _ markiert die Auslassung:

   'anā _ kātib ‹ich <u>bin</u> Schriftsteller›; *mā _ 'umaruk?* ‹wie alt <u>bist</u> du?›; *al hammām _ maqfūl* ‹das Bad <u>ist</u> besetzt›; *ismuhā _ Sāra* ‹ihr Name <u>ist</u> Sarah›; *al yaum _ hād'ī* ‹es <u>ist</u> kalt heute›; *ayna _ ṣ-ṣaidalīya?* ‹wo <u>ist</u> die Apotheke?›; *hādhā _ t'ākhīr* ‹es <u>ist</u> spät›; *hal naḥnu _ 'alaṭ ṭarīqiṣ saḥiḥ?* ‹<u>sind</u> wir auf dem richtigen Weg?›.

- Ein ähnliches Modell bietet das Russische. Auch dort wird die einfache Existenz von etwas durch eine Leerstelle gekennzeichnet, im Schriftbild durch Gedankenstrich: *ja – dovolen* ‹ich <u>bin</u> zufrieden›; *ty – chorošij drug* ‹du <u>bist</u> ein guter Freund›; *moj brat – vrač'* ‹mein Bruder <u>ist</u> Arzt›; *my eščë – na doroge* ‹wir <u>sind</u> noch auf dem Weg›. Sie weitet sich aus auf die Bezeichnung von Besitz: *u menja – sobaka* ‹ich <u>habe</u> einen Hund›. Und auch die Russen haben dies aus orientalischen Sprachen ‹geerbt›.

Niemand kann beweisen, dass arabische und russische Migranten dieses Muster übertragen, wenn sie Kiezdeutsch sprechen; es liegt aber sehr nah.

- Auch im Türkischen kann der IST-Ausdruck verschwinden (Abschnitt 5). In der türkischen Umgangssprache ist das vollkommen normal. Am bekanntesten sind die gängigen Kurzsätze vom Typ *hava soğuk_* ‹es IST kalt›, die den IST-Ausdruck wie selbstverständlich weglassen. Und wenn Türken ausdrücken wollen, dass sie etwas nur gerüchteweise gehört haben, verfahren sie genauso: *Hasan gelmiş_* heißt dann vielleicht ‹er soll gekommen sein, *wie man hört*›, *çalışmış_* ‹er *soll* wieder arbeiten›, *unutmuş_* ‹er hat's *wohl* vergessen›. Gerade das Fehlen von IST bringt einen Vagheitsfaktor in die Aussage: Es ‹fehlt› geradezu das Bescheidwissen. Diese Art, die in allen Turksprachen vorhanden ist, prägt das türkische Sprachgefühl über alle Maßen. Welche überragende Bedeutung der *gap* für die Türken haben muss, kann man daran ermessen, dass der *Gebrauch* von IST etwas ganz anderes mitteilt: *Hasan gelmiştir* bedeutet ‹Hasan ist gekommen (*ich weiß es genau, habe es selbst gesehen*)›.

Man muss sich hier auch daran erinnern, dass das IST an türkische Wörter ohnehin nur hinten angehängt wird und schon deswegen oft kaum noch zu hören ist: So ist es in Langwörtern wie *Diyarbakırdandır* ‹er ist aus Diyarbakır› wahrscheinlich kaum noch auszumachen.

- In vielen weiteren Sprachen kann man IST weglassen, nur entspricht das meist nicht der Standardnorm und gehört eher zur emotionalen Umgangssprache:

Deutsch: *Der Sepp _ ein gemeiner Betrüger?*

Bosnisch: *Ona po mome _ zaista varalica* ‹In meinen Augen ist sie eine Betrügerin›.

Möglich ist, dass sich hier normales Sprachmodell (z. B. Arabisch) und Emotionalität (andere Sprachen) gegenseitig verstärken.

Falsches Geschlecht: Das Modell *Ich frag mein Schwester*

Es gehört schon einige Phantasie dazu, das Muster *Ich frag mein_ Schwester* als typisch deutsch zu verkaufen. Was vorliegt, ist die Verwendung eines Allzweck-Pronomens *(mein)* für so gut wie alle Gebrauchsfälle: Dieses Pronomen ist damit so gut wie unveränderlich, ohne Kasus und gilt für alle drei Geschlechter. Die Kiezdeutsch-Forschung erklärt dieses Phänomen mit den bekannten Verschleifungen und Vereinfachungen, aus denen sich in der Geschichte des Deutschen neue Formen gebildet hätten: *dem Mann_* aus *dem Manne*; *sag' ich* aus *sage ich*, *meinste* aus *meinst du*, berlinisch *wollnwa* aus *wollen wir* etc.

Dies sind Lautformen der gesprochenen Sprache, wie sie jederzeit und überall vorkommen, und manchmal werden sie zu einem Teil des Sprachsystems wie *dem Mann*. Die gesprochene Sprache ist zu jeder Zeit voll von abgeschliffenen Formen, weil häufig gebrauchte Wörter immer reduziert werden und die Mündlichkeit ihre eigenen Normen erzeugt: Es ist also gar nichts Besonderes. Das Sprachsystem wird dadurch nicht angetastet.

Ist es bei *Ich frag mein Schwester* auch so? Die Auslöschung von Geschlechtszeichen ist nun etwas, was gar nicht zum Deutschen passt. Denn die Kiezdeutsch-‹Flexion› lautet wahrscheinlich immer nur *mein*:

mein Schwester, von mein Schwester, zu mein Schwester, mein Schwester/

mein Bruder, von mein Bruder, zu mein Bruder, mein Bruder etc.

Eine Allzweckform für alle Geschlechter, die tief ins Sprachsystem und in etliche Kategorien[32] eingreifen würde, hat es in der deutschen Sprachgeschichte niemals gegeben. Es gibt, soweit zu sehen, überhaupt keine Parallelen im Deutschen, die man hier auch nur annähernd heranziehen könnte. Welche Anhaltspunkte findet man nun in den Migrantensprachen, die auf das Deutsche hier eingewirkt haben könnten? Die Antwort ist einfach: Wichtige Migrantensprachen drücken *mein, dein, unser*, also das ‹Possessivum›, auf eine vollkommen abweichende Weise aus, und die ist mit dem Deutschen nicht kompatibel. Es herrscht eine uneuropäische, wenn man so will: eine orientalische Methode vor:

- Das Türkische als agglutinierende Sprache bringt den Besitzer von etwas durch kleine Silben hinten am Wort zum Ausdruck: *ev* ‹Haus›, *evim* ‹mein Haus›, *evimiz* ‹unser Haus›. Es gibt gar keine vorangestellten Pronomen wie im Deutschen. Und es gibt natürlich auch keine grammatische Übereinstimmung (*meinen Schwestern*), sondern die Wörter werden ohne Verbindung nebeneinander gestellt: *evim güzel* ‹mein schönes Haus›.

- Das Arabische kennt auch keine Pronomen, sondern hängt ebenfalls Silben an (hier mit künstlichem Bindestrich): *kitāb-ī* ‹mein Buch›, *uḫt-uk* ‹deine Schwester›, *ismu-hā* ‹ihr Name›, *bayt-una* ‹unser Haus›. Ähnlich ist es im Persischen.

- Unterstützt wird diese Technik des tonlosen Anhängens durch einen mächtigen Balkanfaktor: Besonders die gesprochenen Balkansprachen verfahren nach dem gleichen Prinzip: serbisch *kuća mi* ‹mein Haus›, griechisch *o adelfós tis* ‹ihr Bruder›, bulgarisch *gradăt ni* ‹unsere Stadt›.[33]

Die meisten Kiezdeutschsprecher haben also schon *in ihren Herkunftssprachen* kein Gefühl für Possessivpronomen und auch keines für grammatische Übereinstimmung, wie es für das Deutsche typisch ist. Sprachwissen und Sprechpraxis sind darauf nicht eingestellt. Das Modell *mein Schwester* ist der typische Pidgin-Output eines nicht handelbaren Sprachen-*Clash*. Was läge da näher, die Possessivpronomen des Deutschen auf eine Einheitsform herunterzufahren und aus ihr dann das ‹fremde› Kennzeichen eines Jugendslangs zu machen?

Die zweite orientalische Methode, den Besitz von etwas auszudrücken, ist das reine Nebeneinanderstellen von Besitzer und Besitz (Abschnitt 21).

Der sogenannte ‹Existenzanzeiger› in Migrantensprachen: das Modell *gibs Leute*

Nach den Vorstellungen von Wiese (2012) zeigt sich die ‹Kreativität› des Kiezdeutsch darin, dass es ganz neue Kategorien erfindet. Als schlagendes Beispiel wird der sogenannte ‹Existenzanzeiger› vorgeführt: ein unveränderliches Wörtchen, das nur anzeigt, dass etwas da ist. Im Kiezdeutsch heißt es *gibs*:

– *Das Problem daran ist ja, dass es Realitäten gibs.*

– *Gibs gute Gründe.*

– *Aber gibs auch ne Abkürzung.*

– *Gibs auch Jugendliche, die einfach aus Langeweile viel Mist machen.*

Das Besondere an *gibs* ist, dass es keine Grammatik hat: Es gibt kein gebeugtes Verb, kein *es* und auch kein Objekt in irgendeinem Kasus. Alle Existenzanzeiger stammen zwar von alten lebendigen Verben in der 3. Person ab, erstarren aber mit der Zeit durch ständigen Gebrauch, werden kurz oder einsilbig, verlieren an konkreter Bedeutung und nehmen keine Grammatik an: Sie werden zu starren Partikeln. Damit ist das Modell *gibs Leute* etwas ganz Undeutsches (obwohl süddeutsche und schweizerische Dialekte etwas Ähnliches kennen: *heuer hat's Schnee*). Damit steht *gibs* in Opposition zu der eigentlich deutschen Ausdrucksweise vom Typ – *es gibt gute Gründe/es gibt einen Wachhund vor dem Haus.*

die ein klares grammatisches Bild hergeben und immer den Akkusativ bei sich haben. Wie ist dann eine ominöse Konstruktion wie *gibs* zu erklären? Auch hier ist die Antwort denkbar einfach:

- So gut wie alle Migrantensprachen haben einen solchen Existenzanzeiger.
- Existenzanzeiger sind typisch für orientalische und weitere ‹exotische› Sprachen.

‹Existenzanzeiger› in den Migrantensprachen

Ein starrer Existenzanzeiger gehört nicht zu dem, was man in europäischen Sprachen erwarten würde. In vielen Migrantensprachen gibt es aber ganz regelmäßige Paare von Existenzanzeigern – so gut wie alle typischen Kiezdeutschsprecher sind also von ihrem (mutter)sprachlichen Hintergrund her bereits auf einen starren Existenzanzeiger eingestellt. Möglich ist, dass sich die Existenzanzeiger vom Türkischen aus im Mittelalter über den ganzen Balkan verbreitet haben. Als ‹Balkanismus› prägen sie die Balkansprachen bis heute unwiderruflich. Im einzelnen:

- Das Türkische hat *var* ‹(es) gibt› und *yok* ‹(es) gibt nicht›: *ekmek var* ‹es gibt Brot›, *ekmek yok* ‹es ist kein Brot da›. *Var* und *yok* sind Wörter, die jeden Satz prägen, zumal sie auch noch den Besitz anzeigen können:
  Bulaşık makinam var. ‹Ich habe eine Geschirrspülmaschine›
  Bulaşık makinam yok. ‹Ich habe keine Geschirrspülmaschine›
  Sie werden genauso wie *var/yok* übersetzt: ‹es gibt›/‹es gibt nicht›; ‹es ist vorhanden›/‹es ist nicht vorhanden›.
- Die Albaner verwenden die Paarung *ka/s'ka*: *ka bukë* ‹es gibt Brot›; *s'ka bukë* ‹es gibt kein Brot›;
- Die Bulgaren haben *ima/njama*, die Jugoslaven *ima/nema*, die Rumänen nehmen *sînt/nu sînt* ‹es sind/es sind nicht›. Sogar bis ins Russische hat sich der Existenzanzeiger ausgebreitet, und dies geht wahrscheinlich auf türkischen (tatarischen) Einfluss zurück. Er heißt hier *est'/net*:

– *Est' ljudi, kotorye mjasa ne edjat.* ‹Es gibt Leute, die kein Fleisch essen.›

– *Net nikakich problem.* ‹Es gibt überhaupt keine Probleme.›

Der Existenzanzeiger im Kiezdeutsch ist also mit sehr großer Wahrscheinlichkeit eine Kopie aus den Migrantensprachen des Hintergrundes.

Die Konjunktur von MACHEN: Das Modell *Ich mach dich Messer*

Das Modell *ich mach dich x / machst du x* hat sich weit ins Kiezdeutsch verbreitet und dort zu neuen Ausdrücken geführt:

– *Machst du rote Ampel = Gehst du bei rot über die Straße.*

– *Ich mach dich Krankenhaus = Ich schlage dich zusammen.*

– *Ich mach dich Messer = Ich ersteche dich* u. v. a.

Bevor der *machen*-Typ ins Kiezdeutsch Einzug gehalten hat, gab es ihn aber auch schon in der Umgangssprache. Niemand wundert sich heute mehr über Wendungen wie

– *eine Show machen, ein Tor machen, einen Film machen, Lieder machen, eine Maßnahme machen* für

– *eine Show veranstalten, ein Tor schießen, einen Film drehen, Lieder komponieren, eine Maßnahme durchführen.*

Die Beispiele *Ich mach dich Messer / machst du U-Bahn* etc. haben sich mittlerweile zu berüchtigten Vorzeige- bzw. Abschreckungsbeispielen des Kiezdeutsch entwickelt und erzeugen allein durch ihre lexikalische Exotik einen wahrscheinlich gewollten Spezialeffekt. Das Besondere ist, dass sie das Bedeutungsfeld von ‹etwas machen› längst verlassen haben und quasi überall verwendet werden können (s. *Krankenhaus*). Sie verwenden ein ‹leeres› *machen* mit einem beliebigen Anzeiger für irgendeinen Bereich, z. B. ‹Straßenverkehr›: *machst du Ampel.*[34]

Diese Schöpfungen sind beileibe nicht geeignet, Sympathien für Randgruppen zu erzeugen, auch wenn man sich bemüht, ihnen durch aufwendige linguistische Analysen etwas von ihrer Brutalität zu nehmen (Wiese 2006). Die unbestreitbare Attraktion dieses Musters liegt vor allem in der Vereinfachung: Man muss sich nicht mehr viele verschiedene Verben merken wie in *ein Tor schießen, ein Stück aufführen, einen Beitrag leisten, Kontrolle ausüben, ein Gutachten erstellen, einen Film drehen.* Neue Ausdrücke, die das komplexe Verb durch *machen* ersetzen (*einen Beitrag machen*), sparen ungefähr die Hälfte der Speicherenergie ein (die für andere

Dinge besser eingesetzt werden kann). Darüber hinaus steht *machen* dem Lerner jederzeit als Lückenfüller zur Verfügung, wenn ihm das richtige Verb nicht einfällt oder dieses auch gar nicht mehr genau festgelegt ist. Gängig werden *hast du Erwähnung/Beweis/Beleidigung gemacht* für ‹erwähnen›, ‹beweisen› und ‹beleidigen› – die alle dem orientalischen Modell folgen. Je weiter sich die Mehrsprachigkeit verbreitet, um so schneller wird sich dieses Modell durchsetzen, zumal unter dem Einfluss des allgegenwärtigen Englischen, das den Typ *to make a show, to make a statement* kultiviert. Es ist eben einfacher, ein Gutachten zu *machen*, als es zu *erstellen*. Der Preis, der dafür zu zahlen ist, ist der Verlust des historisch gewachsenen Wortschatz-Reichtums.

Türkisch, Persisch und Kurdisch sind die großen Vorbildsprachen für den Typus *X machen*: türkisch *telefon etmek* ‹Telefon machen› = ‹telefonieren›, persisch *telefon kardan*. Vor langer Zeit erfüllte er die Funktion, arabische Fremdwörter ins Sprachsystem einzupassen. Heute kann man damit genauso gut englische oder französische Wörter adaptieren: *kontrol etmek* ‹Kontrolle machen› = ‹kontrollieren›. Ein flüchtiger Blick ins türkische oder persische Lexikon erweist, dass der *machen*-Typ eine sehr starke Schicht, ein überragendes Modell in der orientalischen Lexik darstellt: türkisch *hareket etmek* ‹Abfahrt machen› = ‹abfahren›; *yardım etmek* ‹Hilfe machen› = ‹helfen› usw.

Das Modell ist sehr ökonomisch und für globale Ansprüche bestens ausgerüstet: Grammatisch verändert wird nur noch das allgegenwärtige Verb, türkisch *etmek*/persisch *kardan*, das bei jedem Sprecher vollkommen automatisiert ist und sich in der Lautform auch schon abschleift. Gespeichert und gelernt werden muss nur noch das Substantiv, das aber unveränderlich bleibt: türkisch *protesto* etmek ‹protestieren›. Es ist eine Sache der Ökonomie.

Im Migrantenslang der Türken und Russen hatten sich auf dieser Grundlage zwei Typen herausgebildet, die für beide Hintergrundsprachen neu waren und im Kiezdeutsch wieder auftauchen:

• Im Türkisch-Deutsch der Powergirls ist der neue Typ *versprechen yapmak* ‹versprechen machen› = ‹versprechen› fest verankert und kommt in vielen Varianten vor, z. B. auch mit *etmek*. Er ist selbst geswitcht: Das deutsche Wort *versprechen* wird noch einmal aufgespalten in seine Kernbestandteile, nämlich in

VERSPRECHEN, seinen Bedeutungskern, und in die Komponente MACHEN, türkisch *yapmak*. *Der Typ versprechen yapmak ist einfacher und ‹durchsichtiger› als das hochsprachliche versprechen*. Verwendet werden aber nicht Substantive, sondern Verben: z. B. *nerven yapmak* ‹jemanden nerven›, *versprechen yapmak, erwähnen yapmak, toupieren yapmak, klopfen yapmak* etc. – für Hunderte andere nach dem Modell ‹deutsches Verb X + *yapmak*›.

- Im Russisch-Deutsch der Aussiedler hat sich analog – aber unabhängig vom Türkisch-Deutschen – der Typ *x delat'* ausgebreitet, der für die russische Standardsprache nicht in dem Maß typisch ist wie für das Türkische. Im Russischen gibt es hier fast gar keine festen Verbindungen, sondern eher ad-hoc-Bildungen: *delat' slavistiku* ‹Slavistik machen› = ‹Slavistik studieren›.

Falsche Wortfolge: Das Modell *Hab isch gesehen mein Kumpel*

Es geht zunächst um die neue Wortfolge wie in

– *Gesehen hab' ich mein' Kumpel gestern* oder *Hab' isch gesehen mein' Kumpel gestern,*

in denen das Verb am Anfang steht. Sie weicht erheblich vom deutschen Standard ab und kommt in vielen Migrantensprachen vor. Die Voranstellung des Verbs nach dem Muster *gehstu Schule; kommstu hier; hab (isch) gesehen; musstu reinmachen* etc. hat ihr Standardmuster im Arabischen. Dort ist die Wortfolge VSO das Normale und in jedem beliebigen Durchschnittssatz realisiert. Dies sind die normalen arabischen Sätze:

- *faqadtu jamā'atī* ‹Verlor-ich Gruppe-meine› = ‹Ich habe meine Gruppe verloren›
- *fataḥtu fāṭimah ăl-bāb* = ‹Geöffnet hat Fatima die Tür› = ‹Fatima hat die Tür geöffnet›
- *jā'a asad* ‹Ist gekommen Asad› = ‹Asad ist gekommen›

Für arabische Sprecher ist dies der Normalfall, mündlich wie schriftlich. Einen Einfluss des allgegenwärtigen arabischen Standards rundweg zu leugnen oder gar nicht zu erwähnen, kommt da schon einer kleinen linguistischen Sünde gleich.

Da Kiezdeutsch immer mündlich realisiert wird, darf man hier neben dem Arabischen, wo der Ausfall im System verankert ist, auch andere Hintergrundsprachen nicht außer Acht lassen, in denen die Wortfolge V̲SO zwar kein Standardmodell ist, aber mündlich häufig vorkommt und dann immer mehr oder weniger emotional ist.

- Russisch: _Priechali gosti različnye._ ‹Es kamen so verschiedene Gäste.›
- Polnisch: _Wyśmiewają się niemcy z polaków._ ‹Die Deutschen machen sich doch über die Polen lustig.›

Auch im Deutschen sind solche Sätze möglich, gelten aber als ‹mündlich› oder als ‹emotional›: ‹_Genossen hab ich die Vorstellung sehr._›

Schließlich rutscht das Verb in vielen Migrantensprachen oft auch ‹automatisch› an die erste Stelle, wenn es der Satzbau erlaubt und das Subjekt ausfällt (sogenanntes ‹Pro-drop›):

- Bosnisch: _ Došao je oko tri sata._ ‹Er ist um drei gekommen.›
- Russisch: _ Govorit tol'ko gluposti._ ‹Er redet nur Unsinn.›

Die Erststellung des Verbs kommt also in so gut wie allen Migrantensprachen vor. Sie scheint so etwas zu sein wie die ‹natürliche› Ordnung mündlicher Mitteilungen.

Sehen wir uns jetzt den verwandten Typus an:

– _Dann ich muss gehen zu mein Vater._

Hier steht ein Adverb am Anfang (_dann, später, neulich, niemals, manchmal_ etc.), das die Satzaussage zeitlich, räumlich oder modal platziert; darum heißt es ‹Rahmensetzer›. Dieser Rahmensetzer steht ‹isoliert› vor dem eigentlichen Satz, dann kommt erst der ‹eigentliche› Hauptsatz _ich muss gehen zu mein Vater._ Man darf nicht vergessen, dass fast alle Migrantensprachen einfache Sätze nach dem Muster DANN ◊ ICH MACHE DAS konstruieren, nach dem allgemeinen Rahmensetzer also mit einem normalen Hauptsatz weitermachen, z. B.:

- Bosnisch: _Posle toga ◊ lekar je još govorio sa bratom_ ‹Danach ◊ der Arzt hat noch gesprochen mit dem Bruder› = ‹Dann hat der Arzt noch mit meinem Bruder gesprochen.›

Das Modell _Dann ich muss gehen_ realisiert im Munde von Mehrsprachigen nur die Möglichkeiten der Herkunftssprachen, in denen nach dem Rahmensetzer (_dann, später, überhaupt_ etc.) der eigentliche Hauptsatz folgt. Heraus kommt das Kiezdeutsch-Modell _Dann ◊ ich muss gehen._ Das eigentlich Besondere an diesem Muster besteht darin, dass nach dem Rahmensetzer die Wortfolge eines normalen Hauptsatzes folgt, was den syntaktischen Regeln des deutschen Standards widerspricht: _*Später ich geh einkaufen._

Dieses Modell kann man also mit allem Recht als eine Kopie aus solchen Migrantensprachen interpretieren, in denen diese Wortfolge normal ist.

Einige Bemerkungen zu den Fällen

Wir können die Besprechung der Kiezdeutsch-Züge nicht verlassen, ohne auf die Kasus wenigstens marginal einzugehen. Von einem einigermaßen überschaubaren Gebrauch der vier deutschen Fälle kann man im Kiezdeutsch nicht sprechen. Dies war schon beim frühen Gastarbeiterdeutsch so, und die Verwurzelung des Kiezdeutsch im Pidgin schlägt hier voll durch. Ja, ein Kasusgebrauch mit korrekten Endungen wie z. B. in *mit unseren Plänen* wäre so etwas wie eine Ausnahme, ja ein Fauxpas, der gegen ungeschriebene Kiezdeutsch-Regeln verstieße. Das Ignorieren der Kasus mag deshalb ebenfalls so etwas sein wie ein typisches Alleinstellungsmerkmal, das eine scharfe Abgrenzung des Kiezdeutsch von der Standardsprache bewirkt.

Es dominiert ohne Zweifel eine Art Einheitskasus, der formal dem Nominativ oder dem Akkusativ ähnelt: *mit mein Schatz*; *isch geh an Spiegel*; *mach isch in Schule*. Dem kommt entgegen, dass der Artikel, der ja auch den Fall anzeigen kann, ohnehin weggelassen wird:

– *ich fahre in _ Türkei; er hat _ Fahne; isch hab Bock auf _ Beziehung; wenn wir sind _ Party* etc.

Das Verwischen des Geschlechts tut ein Übriges. Falls jedoch einmal ein Artikel verwendet wird, ist es oft eine Art Einheitsform, die auch im Neudeutschen auftaucht: *mit den Knutschfleck*.

Trotz des Durcheinanders, das der Kasusgebrauch hier ist, schält sich so etwas heraus wie eine Tendenz zu einem formlosen Allzweck-Kasus, der etwa funktioniert wie ein ‹Sammelbecken› für alle denkbaren Anwendungsfälle.[35] Auf der anderen Seite lassen sich viele Kasusschwankungen, die im Kiezdeutsch besonders krass hervortreten, ansatzweise auch in der deutschen Umgangssprache nachweisen (s. viertes Kapitel).

Ein Ranking der Einflussfaktoren

Viele Wissenschaften haben heute erkannt, dass ein Phänomen selten nur eine einzige Erklärung hat: Es kommen meistens viele Faktoren zusammen, und auch der Standort des Forschers spielt

eine Rolle. Beim Kiezdeutsch sind es der Einfluss von Herkunftssprachen, Verwurzelung im Pidgin, verbreitete Mehrsprachigkeit,
der Faktor Jugendsprache und eine mögliche Anlage im Deutschen selbst. Dies ist auch etwa die Reihenfolge eines intuitiven
Rankings nach der Wichtigkeit. Alle Faktoren wirken möglicherweise oft zusammen und lassen sich nur künstlich trennen. So
kommt z. B. der Ausfall der Kopula IST, der ein Merkmal des
Kiezdeutsch ist, auch in Pidgins, in der Kindersprache, beim
Fremdsprachenlernen, beim ‹foreigner talk› und in der lässigen
Umgangssprache vor (Ferguson 1971), kann aber auch ein syste-
matischer Zug einer Hochsprache sein (Arabisch).

• Der Einfluss von Migrantensprachen nimmt klar Platz 1 ein.
  Mir scheint, dass der massive Einfluss von Migrantensprachen
  ganz und gar unwiderlegbar ist und auch unmittelbar ein-
  leuchtet. Überall fanden sich Parallelen, und es müsste mit dem
  Teufel zugehen, wenn das Kiezdeutsch in seiner Genese nicht
  ordentlich mit seinen Hintergrundsprachen interagiert hätte.
  Vorzeigebeispiele waren der Kasusverfall, der Existenzanzeiger
  oder der Ausfall von Satzteilen. Es wäre auch ganz seltsam, den
  Einfluss von Hintergrundsprachen zu leugnen, die alle *in irgendeiner Form* ihre Kasus abgebaut haben (z. B. Balkansprachen) oder sie in der Sprechvariante reduzieren (z. B. Arabisch).
  So ähnlich ist es bei den meisten anderen Zügen.

• Eigentlich auf dem ‹zweiten Platz 1› steht der Pidgin-Faktor: So
  gut wie alle Phänomene des Kiezdeutschen lassen sich im
  Grundrepertoire für Pidgins finden (Pfaff 1981), allen voran der
  Ausfall des Artikels, dann die so auffällige Reduktion der gesamten Grammatik. Den Pidgincharakter muss man nicht nachweisen, er ist überall bezeugt.

• Mehrsprachige Fähigkeiten mögen dem Fremdspracheneinfluss
  den Weg bereiten, und wer den Segen der Vielsprachigkeit und
  der Multikulturalität betont, sollte vor deren Konsequenzen
  nicht die Augen verschließen. Mehrsprachigkeit erzeugt einen
  anderen Modus der Sprachverarbeitung: Sie fährt alles herunter,
  was dem geänderten Energiehaushalt Fremdsprache/Mutter-
  sprache zuwider läuft. Das mehrsprachige Hirn relativiert und
  simplifiziert alle hohen Kategorien automatisch, weil die kognitive Belastung zu hoch ist im Verhältnis zum kommunikativen
  Nutzen. Seine implizite Botschaft ist: Exakte Kasus, kompli-

zierte Kongruenzen, ‹richtige› Artikel usw. sind in ihrer stren-
gen Ausschließlichkeit monolingual bedingt und als strikte
Norm für die mehrsprachige Kommunikation nicht hilfreich.
Sie müssen und können relativiert werden.

- Beim Kiezdeutsch haben wir das Phänomen, dass sprachliche
Reduktion in großem Stil einen modernen *Jugendslang*, die
Sprache einer engen *peer-group*, prägt. Das liegt offenbar daran,
dass das Kiezmilieu das klassische Pidginmilieu nachmodelliert,
und zwar nicht für ein fernes Land, sondern für einen Stadtteil
um die Ecke: Jugendsprache bedient sich in diesem Fall jener
Strukturen, die im Pidgin vorgefunden werden, und richtet sie
insgesamt auf ‹anti› aus.

- Der Punkt *Anlage im Sprachsystem* ist insgesamt schwach, er
nimmt gerade noch die letzte Position ein. Natürlich kann man
für vieles nach einer Anlage im Deutschen suchen. In den Dialekten und der Sprachgeschichte kann man alles finden, wenn
man nur lange genug sucht. Deshalb ist die Versuchung und die
Gefahr falscher Fährten groß, und man sollte sich hier lieber
zurückhalten. Die meisten möglichen ‹Analogien› sind historisch viel zu weit entfernt, trivial oder aber in ihrem Wesen un-
vergleichbar, wie z. B. der Telegrammstil als Argument für den
Ausfall von Präpositionen. An eine Verankerung im Deutschen
sollte man vor allem dann denken, wenn ein Sprachzug auch
zwanglos im Sprachwandel des Standarddeutschen auftaucht.

VIERTES KAPITEL

DIE VERÄNDERUNGEN IM DEUTSCHEN

21. VERÄNDERUNGEN DURCH SPRACHKONTAKT UND SONSTIGE

Die Veränderungen des Deutschen, die in der jüngsten Zeit festgestellt worden sind, lassen sich in zwei große Gruppen teilen:

- in solche Veränderungen, die aus dem Englischen herüberkommen (‹Denglisch›), aus den Dialekten stammen (*Ich bin gerade die Uhr am Reparieren*) oder die einfach nur kurios sind: z. B. neue Wörter wie *Nullwachstum* oder neue Adjektive vom Typ *die schrittweise Veränderung des Deutschen*; diese Züge haben z. B. Denkler u. a. (2008) untersucht;

- in solche Veränderungen, die nicht zufällig sind, sondern motiviert; die nicht dialektal sind, sondern den Standard betreffen; die nicht trivial sind, sondern das Sprachsystem langsam verändern – Züge also, die mit großer Wahrscheinlichkeit auf Sprachkontakte, Mehrsprachigkeit und die neue Sprachsituation in Deutschland zurückgehen. Das sind vor allem Kasusschwankungen wie in *dem Präsident_* oder *ich verspreche es ihn*, der Abbau der Übereinstimmung zwischen den Wörtern in *wir rechnen mit viele_ interessierten Jugendliche*, falsche Artikel (*der Klientel*) oder neue Steigerungen wie *mehr interessanter*.[1]

Es ist nun nicht hilfreich, beide Sorten von Veränderungen zusammen in einen Topf zu werfen, weil dann die Veränderungen vom Typ 2 nicht mehr als das erscheinen können, was sie sind, nämlich als der *output* von multikulturellen Sprachkontakten, als kommunikativ bedingte Vereinfachungen der Grammatik. Es ginge so unweigerlich der Sprachkontakt und der von ihm erzeugte Druck als eine Bedingung des Sprachwandels verloren, und es entstünde leicht ein schiefes Bild, zumal dann, wenn das Material dem Normalbürger präsentiert wird.[2]

Wir beschränken uns deshalb hier auf die zweite Sorte von Veränderungen, die vor allem grammatischer Natur sind, und begründen dies noch einmal linguistisch:

- Neue *Wörter* (lexikalische Ebene) sind in jeder Sprache relativ schnell da, können aber auch schnell wieder verschwinden oder werden durch andere ersetzt: *power walking, wellness weekend* oder *media sale* unterliegen kurzzeitigen Modetrends.

- *Lautliche* Einflüsse (phonetische Ebene) sind schwer nachzuweisen und können einem schwierigen Tabu (‹fremder Akzent›) unterliegen.

- Neue *Bedeutungen* (semantische Ebene) sind überhaupt schwer zu erkennen, weil sie sich deutsch geben (*am Ende des Tages*; *hatten Sie Spaß?*; *es macht keinen Sinn*), aber eigentlich englisch sind. Kein Wunder, dass dieser Bereich des Kontaktes mit Migrantensprachen noch fast gar nicht untersucht ist.

- Wenn man sich dagegen auf Wortformen und Satzbau konzentriert (‹morpho-syntaktische Ebene›), kann man gleich mehrere Fliegen mit einer Klappe schlagen: Die Phänomene fallen mehr oder weniger ins Auge und sind nicht zu überhören; sie zeugen von der Stärke der Kontakte: je intensiver der Kontakt, desto größer der Einfluss; sie bilden sich direkt im mündlichen Kontakt aus, fast zum Greifen nah; sie wiederholen sich ständig; und sie sind *systemrelevant*, d. h. ab einer gewissen Stufe interagieren sie miteinander und verändern dann langsam auch das Sprachsystem. Wenn wir auf die Diskussion zurückblicken und das Material pauschal einschätzen, können wir diesen Veränderungen im Deutschen eine plausible Arbeitshypothese voranstellen:

→ Es ist vollkommen augenfällig und über jeden Zweifel erhaben, dass die neuen Züge in der deutschen Umgangssprache ihre Parallelen, ihre Analogien, ihre ähnlichen Muster, ja auch ihre Wurzeln im Migrantendeutsch, in den neuen Mehrsprachigkeiten und zum Teil direkt in den Herkunftssprachen haben. Viele Phänomene lassen sich chronologisch zurückverfolgen, über die Ethnolekte der 1980er und 1990er Jahre bis hinauf zur Anfangsphase der neuen Sprachkontakte in den 1960er Jahren.

Schauen wir uns die letzten Jahrzehnte noch etwas genauer an: Die Veränderungen tauchen seit den 1960er Jahren in einer rudimentären, noch grob pidgin-artigen Form auf, setzen sich fort im Deutsch der zweiten und dritten Generation migrantischer Randgruppen in Mannheim, Frankfurt, dem Ruhrgebiet, Hamburg und Berlin, strahlen weiter aus ins Deutsch der Millionen mit Migrationshintergrund (das nicht untersucht ist) und erscheinen schließlich in subtilen, aber unabweisbaren Spuren in der gesprochenen deutschen Standardumgangssprache des ausgehenden 20.

und des beginnenden 21. Jahrhunderts (die ebenfalls nicht systematisch dokumentiert sind). Der deutsche einsprachige Muttersprachler übernimmt dabei, ob er will oder nicht, allmählich den Tenor der neuen Formen, sobald genügend andere sich ihrer ebenfalls bedienen. Dies geschieht in langen Phasen unbewusst oder halbbewusst. Vor allem anderen betrifft dies den Abbau der Deklination und des grammatischen Zusammenhaltes der Endungen, strahlt aber dann weiter auf viele sprachliche Ebenen aus. Es handelt sich klar um Reduktionserscheinungen, ja oft um regelrechte *Simplifizierungen*. Bei sprachlich ausgereiften Erwachsenen haben wir es zu tun mit einer unbewussten, aber trotzdem gezielten Bewegung von einer komplexeren Stufe der grammatischen Organisation auf eine einfachere Stufe, die für neue Kommunikationsarten in einem mehrsprachigen Milieu geeigneter ist. Am besten lässt sich die Diskussion starten am Beispiel der vier deutschen Fälle.

22. DER FALL DER FÄLLE

Alle vier Kasus des Deutschen sind in der gesprochenen Umgangssprache in mächtiger Bewegung: ein Erbe der letzten 40 Jahre. Diese Tendenz geht zwar weit zurück in die Sprachgeschichte, bildet aber seit etwa 20 Jahren einen auffälligen ‹Wellenberg›, durch den sich die Veränderungen viel schneller abspielen als früher. Dies heißt, dass die Fälle immer häufiger auf neuen Positionen erscheinen, neue Funktionen ausüben und deshalb mehr und mehr alte Verwendungen einbüßen: Das ganze Kasus-Feld ufert aus. Bastian Sick hatte mit seinem Bestseller *Der Dativ ist dem Genitiv sein Tod* die Spitze des Eisbergs benannt – und bietet eine Fülle von Beispielen. Allerdings wird durch die augenzwinkernde Attitüde leider auch verschleiert, dass hier im Grunde gar keine ‹Fehler› oder falsches Deutsch vorliegen, sondern dass wir es zu tun haben mit tiefgreifenden Umwälzungen im Innern der Sprache. Diese betreffen auch nicht einzelne Gebrauchsfälle, sondern das gesamte Kasussystem, und haben Auswirkungen auf die Struktur des Deutschen als Ganzes: So werden ja nicht nur die Fälle ‹falsch› gebraucht (*mit diesen Problem; nach den Ergebnis; wir fahren im Urlaub*), auch die Präpositionen werden im Gegenzug ganz neu eingesetzt, nämlich als Kasus-Anzeiger (*Die Zukunft für Deutschlands Banken*). Präpositionen übernehmen im Neudeutschen mehr und mehr die alten Funktionen der Fälle. ‹Fehler› im Kasusgebrauch und unsichere Präpositionen stehen also miteinander in Beziehung – ja sie verfolgen sogar ein gemeinsames dunkles ‹Ziel› (*silent goal*), nämlich den zukünftigen Umbau des deutschen Sprachsystems: Dafür konditionieren sie bereits jetzt die Sprecher und die Sprachgemeinschaft vor.

Der Umbau des deutschen Kasussystems ist *das* Ereignis, *das* Spielfeld des aktuellen Sprachwandels. Auf ihm bereitet sich eine Umwandlung des Sprachsystems in großem Ausmaß vor, von dem im Moment niemand sagen kann, wo genau sie einmal endet und wie das Deutsche in etwa 30 Jahren aussehen wird. Ganz sicher scheint aber, dass es ein Deutsch sein wird, in dem sich die Sprachsituation um die Jahrhundertwende widerspiegelt: Die Morphologie, die Kasus und Endungen, wie wir sie heute (noch) kennen, werden dann eine deutlich geringere Rolle spielen. Viele grammatische Kategorien werden anders aussehen, die Anzahl der möglichen Varianten, etwas auszudrücken, wird viel höher sein als sie es jemals war.

Um ein Beispiel zu nehmen: Schon heute existieren nebeneinander viele Möglichkeiten, um einen Genitiv auszudrücken:

– *Das Auto meines Vaters/das Auto von meinem Vater/das Auto von mein' Vater/Vaters Auto/Vater sein Auto*

und womöglich noch weitere. So ist es in vielen anderen Kategorien auch. Überhaupt scheint zweifelhaft, ob sich jemals wieder eine eindeutige Norm des deutschen (Sprech-)Standards wird festlegen und durchsetzen lassen. Eher wird es eine Reihung von Varianten geben, die verschiedenen Registern angehören und miteinander konkurrieren. Das Deutsche wird sich dadurch – auch das ist ziemlich sicher – von seinen östlichen, z. B. polnischen und russischen Nachbarn (‹Kasussprachen›) weiter entfernen und sich strukturell mehr an seine westlichen und nördlichen Nachbarn – die anderen germanischen und romanischen Sprachen – annähern. In diesen sind ja die Kasus alten Stils schon fast ganz verschwunden. Gehen wir die Fälle der Reihe nach durch.

Der Genitiv stirbt zuerst

Der Genitiv ist der erste Kasus, dessen formales Verschwinden tatsächlich abzusehen ist. Der Typus *das Auto meines Vaters* gehört zumindest für die maskulinen Substantive in der mündlichen Sprache schon heute der Vergangenheit an; der alte Genitiv wird *regelmäßig* vielleicht noch von älteren Leuten gebraucht, kommt in klassischen Dramendialogen oder überhaupt vorzugsweise im Schriftdeutsch vor, wirkt aber, wenn im Alltag gebraucht, immer leicht antiquiert. Im Osten Deutschlands scheint er aber resistenter zu sein. Schon die nächste Generation wird sich wahrscheinlich an ihn kaum noch erinnern oder ihn eher als kurios empfinden oder parodistisch gebrauchen.

Das Verschwinden der Endung

Die sicherste Methode, den alten Kasus Genitiv umzuwandeln, besteht darin, die Endung einfach wegzulassen. Dies ist ja im Hochdeutschen durchaus schon möglich, allerdings auf einen ziemlich engen Kontext beschränkt: Dieser ist gegeben, «wenn die Präposition vor einem ‹unbekleideten› Nomen steht, also einem Hauptwort, das weder Artikel noch Attribut mit sich führt: ‹wegen Umbau geschlossen› – das ist erlaubt, es muss nicht ‹wegen Umbaus› heißen. Ist das Hauptwort jedoch ‹bekleidet›, bleibt der Genitiv die bessere Wahl: ‹wegen des Umbaus›, ‹wegen kompletten Umbaus›.» (Sick I, 16)

Linguisten nennen den Ausfall der Endung mit einem gewöhnungsbedürftigen Ausdruck ‹Null-Endung›: Es ist nichts da und trotzdem wird so etwas wie ‹Genitiv› ausgedrückt und auch verstanden: *die Bedeutung Deutschland_; die Zukunft Europa_; die extreme geographische Lage Island_.* Durch den Ausdruck ‹Null-Endung› will man das abstrakte System der vier Kasus wenigstens begrifflich noch retten. Der Genitiv wird also in dieser Lesart prinzipiell ‹durch nichts› ausgedrückt, und nichts ist in diesem Sinne immerhin auch noch etwas. Genitiv als Zugehörigkeit zu etwas wird jetzt nicht mehr am Wort (morphologisch), sondern nur noch durch die Wortfolge (syntaktisch) ausgedrückt – ein Prinzip, das in vielen Sprachen vorhanden ist, auch in Migrantensprachen, zum Beispiel im Englischen. Es ist eine Sache der Ökonomie: mit möglichst geringen Mitteln das Ziel der Mitteilung erreichen.

Ausdrücke vom Typ *die neuen Vorstöße Serbien_* muten in geschriebener Form noch gewöhnungsbedürftig an und mögen sogar Stirnrunzeln hervorrufen, weil das *Schriftbild* irgendwie nach ‹Fehler› aussieht; nichtsdestotrotz kommen diese Formen mündlich sehr wohl und immer öfter vor und stellen *ein* Modell der Reduktion von Endungen dar. Und sie werden von der Masse der Sprecher bereits vollkommen toleriert, d. h. sie sind weder stigmatisiert noch werden sie ad hoc verbessert – ja man kann sogar beobachten, dass immer mehr Leute diese Ausdrucksweise unbewusst und spontan übernehmen. Lautliche Prozesse wie Vernuschelung und Verschleifung tun ein Übriges. Sogar in offiziösen Nachrichtensendungen sind diese Formen schon zu besichtigen (wobei der Sprecher dann mündlich vom schriftlichen Teleprompter-Text abweicht). Am auffälligsten ist dieser Typ bei Ländernamen zu beobachten: *des zaristischen Russland_*. Es ist aber nur eine Frage der Zeit, bis sich dieses Modell auch auf andere Wortklassen ausdehnt. Das Weglassen des Kasuszeichens mag überhaupt beim Fremdwort zuerst angreifen, weil hier die Genitivbindung ohnehin schwach ist: *des Spektrum_, des Detail_, des Management_*. Der Null-Ausdruck geht aber immer öfter auch schon auf ‹einheimische› Wörter über: Ausdrücke wie *des Ereignis_, des Ausflug_, des Regierungsmitglied_, des Abteilungsleiter_* sind beileibe keine Seltenheit mehr und besonders in der Generation um dreißig schon weit verbreitet. Vermutlich greift dieses Modell umso schneller, je weiter das Substantiv vom Satzkern entfernt liegt:

– *es ist Sache jedes einzelnen, mit entsprechenden Spezialkenntnissen ausgestatteten Regierungsmitglied_, dass …*[3].

Die Form *die Bedeutung Deutschland_* ist eigentlich schon ein Extrem, weil der Kasus ganz verschwunden ist. Etwas abgemildert liegt die Form vor, wenn der Kasus noch in Begleitern des Substantivs übermittelt wird, z. B.:

– durch Artikel und Adjektiv: *die Rolle <u>des</u> nachrevolutionär<u>en</u> Russland_*;

– nur noch durch den Artikel: *die Bedeutung <u>des</u> Spektrum_; die Einrichtung <u>des</u> Salon_, die Rolle <u>des</u> Barock_*.

Wir müssen hier aber die Augen offen halten und differenzieren: Was Bastian Sick humorvoll als ‹Kasus Verschwindibus› unters Volk gebracht hat, kann sich als eine große Tendenz entpuppen, die im Deutschen nachhaltig wirkt und viele andere Veränderungen nach sich zieht. Die registrierten Beispiele sehen so aus:

– *Hier ganz am unteren Ende Deutschland_ wird man noch mit kräftigen Böen rechnen müssen.* (Wettervorhersage)
– *Das ist ja gerade die grundlegende Bedeutung dieses ganzen Spektrum_, dass es uns eine gute Übersicht liefert.*
– *Noch gar nicht in vollem Maße erkannt ist die schädliche Wirkung des Fernsehen_ auf die kindliche Wahrnehmung.*

Die Kasuszeichen reduzieren sich also, im Prinzip von drei oder zwei in Richtung auf Null (‹kreolisches Prinzip›). Vermutlich wird das reine Nebeneinanderstellen zweier Substantive – ohne oder mit Grammatik – ein wichtiges Modell der Zukunft sein, das den alten Genitiv im Deutschen ersetzt.

Das einfache Nebeneinanderstellen (‹Izafet›)

Wichtige Migrantensprachen wie das Arabische, Persische und Russische können die Verbindung zweier Nomen dadurch ausdrücken, dass sie sie nach orientalischer Art einfach nebeneinander stellen: die sogenannte ‹Izafet›-Methode (von arabisch *'iḍāfah* ‹Anfügung›).[4] Dabei wird ein Substantiv unmittelbar einem anderen Substantiv lose beigefügt und bildet mit ihm durch die Wortfolge und den Satzsinn eine festverzahnte Einheit. Als Verbindungsanzeiger *kann* ein winziges, minimales Element stehen, es *muss* aber nicht.

• Im Türkischen gibt es den Wortbildungstyp *cep parası* ‹Taschengeld› (TASCHE GELD + MINI-SUFFIX), *metro bileti* ‹U-Bahnfahrkarte›, *lastik başlık* ‹Badekappe›, der auch von Türken selbst als *eine* lexikalische Einheit und nicht als eine grammatische Verkettung genommen wird (Abschnitt 5). Für Nichttürken, auch für deutsche oder migrantische Türkischsprecher, ist es ohnehin eine Kopie der reinen Nebeneinanderstellung zweier Substantive. Die Migrationslinguistik wäre gut beraten, zu berücksichtigen, dass im Türkischen ein unübersehbares Feld an Substantiven so gebildet wird und der türkische Wortschatz von diesem Modell ganz erheblich geprägt wird. Zufällig herausgegriffene Beispiele sind *erkek kedi* ‹Kater›; *araba plakası* ‹Nummernschild›, *cilt rengi* ‹Hautfarbe›, *öğle yemeği* ‹Mittagessen› u. v. a.

So funktionieren auch persisch *dast-e mard* ‹die Hand des Mannes›, *keshvar-e Īrān* ‹das Land Iran›, kurdisch *ker-e cîranî* ‹der Esel des Nachbarn›. Oft ist der *Izafet*-Vokal *-e* in der gesprochenen Sprache gar nicht mehr zu hören, oft wird er in der geschriebenen Sprache gar nicht mitgeschrieben und ist nur *pro forma* da.

Das Türkische war offenbar stark genug, diesen Typus auch anderen Sprachen zu vererben:

- Im Albanischen erscheint er als gefühlte Imitation des türkischen Vorbilds: *presion ajri* ‹Druck Luft› = ‹Luftdruck› oder *kopsht fëmijesh* ‹Garten Kinder› = ‹Kindergarten›. Das Kopieren in andere Sprachen geht von diesem Nebeneinander aus, ganz unabhängig von den Mikrostrukturen in der Einzelsprache. Das ist es, was der Begriff ‹ikonisch› ausdrücken will, wenn man sagt, es seien ikonische Muster in verschiedenen Sprachen vorhanden. Sie haben nach außen die gleiche Gestalt, ‹sehen sich ähnlich› und formen ein leicht handhabbares Modell. Und es ist dabei so, dass kein Albaner sein Wort für ‹Kindergarten› etwa für ein türkisches Modell hielte: Es hat als Muster in die Sprache Einzug gehalten und wird mit der Zeit als ‹etwas Eigenes› empfunden.

- Im Arabischen können ‹genitivische› Abhängigkeiten ebenfalls durch reines Nebeneinander zweier Hauptwörter ausgedrückt werden: *kalb ʿAnwar* ‹Hund Anwar› = ‹Anwars Hund›, *ibn Muḥammad* ‹Muhammads Sohn›, *ummu zauj* ‹Mutter Ehemann› = ‹Schwiegermutter›, *bāb bayt* ‹die Tür eines Hauses›.

- Die Russen haben ihr Modell aus einer Turksprache kopiert (vielleicht aus dem Tatarischen) und wenden es sehr ökonomisch an: *vagon-restoran* ‹Speisewagen›, *gorod-geroj* ‹Heldenstadt›, *ženščina-vrač'* ‹Ärztin›. Die Bulgaren nutzen das ‹zusammenhanglose› Prinzip sowohl für komplexe Wörter *sort kartofi* ‹Sorte Kartoffeln› = ‹Kartoffelsorte› als auch für ganze Wortgruppen: *redica problemi* ‹eine Reihe von Problemen›.

- In Zeiten der Globalisierung bildet den weiteren Hintergrund für alle sprachliche Beeinflussung – wie so oft – das Englische, das den zweigliedrigen Typus ohne Kasuszeichen oder sonstige Verbindungselemente über die ganze Welt verbreitet (Abschnitt 13), was belegt, wie effektiv und produktiv er sein muss: *service center, cyber space, mail box, sex shop*. Es war also nur eine Frage der Zeit, bis dieses Modell seinen Weg auch in die deutsche Sprechpraxis finden würde. (Fast überflüssig zu erwähnen, dass dieses Prinzip das Chinesische, die andere große Weltsprache, durchgängig beherrscht.)

Unbedingt festhalten muss man:

→ Das direkte Nebeneinanderstellen zweier Substantive ohne Kasuszeichen bildet in vielen (Migranten-)Sprachen ein erfolgreiches und effektives Modell der Wortverknüpfung. Es wird vom Englischen und vielen anderen Sprachen unterstützt und kann auf lange Sicht ein produktives Modell auch für das Deutsche abgeben.

Gegentendenzen des Genitivs?

Hiermit verbunden ist nun unweigerlich auch das, was man formal eine *Gegentendenz* nennen könnte (keine Bewegung ohne Gegenbewegung) – der Genitiv ‹wehrt› sich gegen seinen Untergang. Ab und an taucht er urplötzlich und scheinbar unmotiviert wieder im Sprachgebrauch auf (wo man ihn gar nicht mehr vermuten würde). Dies ist z. B. der Fall nach Präpositionen, bei denen er eigentlich gar nicht stehen dürfte. So hört man oft verkleidete ‹Versprecher›, die jetzt gleich superdeutsch klingen: *gemäß des Protokolls, entgegen des guten Vorsatzes*. Sie hören sich an wie eine ad hoc gebildete Notlösung, weil andere Möglichkeiten blockiert sind oder aus einem anderen Grund nicht zur Verfügung stehen. Oder jemand möchte unbedingt hyperkorrekt sein und erwischt dann eine falsche Form. Das sieht dann so aus, als ob sich der alte Genitiv noch einmal kurzfristig erholte. Er springt aber nur ein für einen vermiedenen Dativ oder in ein ‹Kasusloch›, sozusagen als Lückenbüßer – ein kleines syntaktisches Strohfeuer. Es sind und bleiben aber – ‹trotz› Genitiv – falsche Formen, die jedoch mit der gleichen Ruhe geduldet werden wie viele andere ‹falsche› Formen auch.

Seltsam und paradox mutet an: Die alte ‹richtige› Präposition mit Dativ, z. B. *gemäß dem Bericht*, wird intuitiv und automatisch vielfach schon *vermieden*, weil man ja auch sonst (falsch) sagt *mit diesen Problem* statt *mit diesem Problem* usw. Wir können nur feststellen, so paradox es klingen mag: Das Modell ‹Präposition + falscher Kasus› hat im momentanen Neudeutschen offenbar eine unwiderstehliche Anziehungskraft.

Halten wir zum Genitiv noch dies fest: Ein Vergleich von Schriftdeutsch und Umgangssprache würde wahrscheinlich erweisen, dass der alte Genitiv vom Typ *das Haus des Vaters* im Schriftdeutsch zur Zeit noch immer ziemlich stabil ist. Oft liest und hört man auch schon wieder Wendungen, die altertümlich oder eben *nichtmündlich* anmuten (vielleicht im Munde von konservativen Politikern oder aufgestiegenen Migranten): *die Aufgabe des Volkes, die Regierung des Landes* etc., die nur (aus welchen Gründen auch immer) einen altväterlichen, bislang vermiedenen Sprechstil wiederaufleben lassen.[5] Die alten Genitive sind dabei wie zurückweichende, überholte Relikte im Rückspiegel des Fahrt aufnehmenden Sprachwandel-Gefährts. Und die Modelle in den Migrantensprachen unterstützen diesen Wandel kräftig.

Dass der Genitiv insgesamt massiv auf dem Rückzug sein muss, kann man leicht beweisen: Die ganze Liste der deutschen Präpositionen, die nach der offiziellen Grammatik mit Genitiv stehen, wechseln in der Sprechsprache allmählich zum Dativ hinüber – ein unerhörter Vorgang, der die gewaltigen Kasusbewegungen anzeigt. So geht es den Präpositionen *aufgrund, wegen, trotz, laut* u. a. Man hört und spricht also *wegen dem Ereignis, laut einem Bericht*, man liest und schreibt aber immer noch *wegen des Ereignisses, laut eines Berichts*. (Das Modell der Zukunft – *wegen den Bericht, gemäß den Protokoll* – hört sich heute noch zu verwegen an, als dass es sich schon jetzt flächendeckend im Sprachgebrauch einnisten könnte. Es ist eine Frage der Zeit.)

Wie sieht es nun überhaupt mit dem Dativ aus?

Der Dativ lebt länger

Es geht ihm insgesamt nicht viel besser als dem Genitiv: ein Kasus auf dem Rückzug. Jedoch sind die Verhältnisse anders. Auch dieser Fall unterliegt im Deutschen einer massiven Erschütterung, ja einem rasanten Abbau; es ist abzusehen, dass auch die alten echten Dativformen mehr und mehr aus der gesprochenen Sprache verschwinden. Denn flächendeckend hört man heute Wendungen dieser Art:

– *Sie ging mit den Kinder noch ein Eis essen.*
– *Er ist den Hindernis rechtzeitig ausgewichen.*
– *Er bot ihn Geld an.*

Hier könnte man Bastian Sicks Bonmot abwandeln: «Der Akkusativ ist <u>den Dativ</u> sein Tod» – d.h. der Dativ räumt viele seiner angestammten Bastionen und überlässt sie anderen Formen, die auf den ersten Blick oft wie Akkusative aussehen. Insgesamt ergeben sich vier Felder des Rückzugs:

- der Dativ wird nicht mehr (überall) markiert (*man muss es den Wählerinnen und Wähler_ sagen*);
- der Dativ wird durch den Akkusativ ersetzt (*ich habe es ih<u>n</u> versprochen*);
- der Dativ wird nach Präpositionen durch etwas ersetzt, was auf den ersten Blick wie Akkusativ aussieht (*mit dies<u>en</u> Problem*), aber von der Deklination nicht immer gestützt wird: Wir nennen das ‹Kasus-Mimikry› – eine Art ‹Verkleidung› als Akkusativ.[6]
- Schließlich haben wir auch hier noch eine scheinbare Gegenbewegung: Neue ‹falsche› Dative schleichen sich in den Sprachgebrauch ein. Dieses Phänomen taucht oft bei ORT und RICHTUNG auf und kopiert eine Methode aus Migrantensprachen: *Die Politiker fuhren auf eine<u>m</u> Finanzgipfel.*

Der Dativ fällt weg

Beginnen wir mit dem Wegfall des Kasuszeichens: Auch der Dativ kann *als eine Form mit einer bestimmten Endung* schon ganz ausgelassen werden, allerdings mit Einschränkungen; auch hier wirkt das kreolische Prinzip. In größeren Wortgruppen wird die Kasussilbe oft verschluckt:

- *Ich habe es von den Schwimmer_ gehört.*
- *Der Strom wird vom Norden in den Süden geleitet, zu den großen Verbraucher_.*
- *Dies kann man den Wählerinnen und Wähler_ durchaus zumuten.*

Da die Political Correctness immer mächtiger wird und die Mitnennung von femininen Bezeichnungen erbarmungslos einfordert, gehört dieser Fall schon zum offiziellen Polit-Sprech:

- *(den) Bürgerinnen und Bürger_, mit bekannten Schriftstellerinnen und Schriftsteller_, aber auch schon einzeln mit den Amerikaner_, von den Peruaner_, in den neuen Länder_ etc.*

Dativ wird formal im ersten oder zweiten Glied der Wortgruppe oft noch eingehalten, während er im letzten Teil einfach

verschwindet (eine Sache der Ökonomie). Offenbar nimmt auch
hier die Bindung der Kasusformen mit wachsender Ausdehnung
des Satzes schnell ab, zumal weiter vorne ja ‹Kasus› bereits einmal
gesetzt ist (*den Bürgerinnen*): Auch dies eine Spur des kreolischen
Prinzips.

Der Dativ wird (vom Akkusativ) ersetzt

Sehen wir uns einige Ersatzformen genauer an, z. B. nach Ver-
ben, die eigentlich den Dativ ‹fordern›:
   – *Die Frage ist, ob <u>ihn</u> der Ehrensold in voller Höhe zusteht.*
   – *Sie hat <u>ihren Bruder</u> davon abgeraten.*
   – *Er hat das <u>seinen Richter</u> versprechen müssen.*

Auch diese Fälle sehen in geschriebener Optik (und unterstrichen)
noch seltsam aus, kommen aber laufend vor, ja sie haben bereits
etwas vollkommen Regelhaftes an sich, weil die alten Formen (*seinem Richter*) kaum noch gebraucht werden: Jeder Tagesschauspre-
cher würde heute sagen *er hat es seinen Richter zugesichert*. Am
häufigsten sind hier die Fälle um das Personalpronomen ER, weil
IHM und IHN auch phonetisch dicht beieinander liegen. Von hier
aus geht es aber unaufhaltsam weiter in Richtung ‹normaler Objekte›:
   – *Ich vertraue <u>meinen Bruder</u> nicht mehr.*
Und auch feminine Substantive sind hier bereits betroffen:
   – *Er hat sich <u>eine Behandlung</u> unterzogen.*

Rein formal handelt es sich um echte Akkusative, die vollkommen korrekt gebildet sind. Sie widersprechen aber streng genommen dem Satzsinn, der unbedingt ein Objekt im Dativ fordert. Trotzdem scheint Akkusativ hier die Verständigung absolut
nicht zu behindern: Das formale Kennzeichen des Dativs (*seinem
Richter*) ist nicht mehr nötig. Und man nimmt dabei auch in Kauf,
dass nur der Kontext entscheiden kann, ob er es *seinem Richter* (Einzahl) oder *seinen Richtern* (Mehrzahl) hat versprechen
müssen.
   Vorschub wird der schleichenden Entdativisierung auch durch
die lautlichen Verhältnisse geleistet, die dem Sprecher die Bildung
der lästigen *m*-Formen (*seinem Richter*) erspart, indem erst -*m*
und -*n* vernuschelt wird und dann irgendwann -*n* die Oberhand

gewinnt. Dass hier die Phonetik ordentlich dem Sprachwandel beispringt, erkennt man daran, dass -*m* auch dort schwindet, wo es gar keine Endung ist. Wenn man ganz genau hinhört, kann man zuweilen diese Formen im Lautstrom erhaschen: *er kam ate̱nlos an*; *mit einer russischen ṈG*; *sie schufen sich ein Tande̱n Deutsch-Russisch*.

In kognitiver Hinsicht ist ‹Akkusativ› als künftiger Allzweck-Kasus offenbar vollkommen ausreichend, weil aus dem Kontext und der Situation immer klar genug hervorgeht, was jeweils genau gemeint ist. Auch wird bei Verben wie *versprechen* kognitiv sicher DATIV aktiviert, *verstanden* wird aber formal AKKUSATIV – und dieser Widerspruch wird nicht mehr als Widerspruch wahrgenommen, sondern als natürlich akzeptiert: eine Frucht der Mehrsprachigkeit. Mentale Konzepte wie VERTRAUEN, SICH UNTERZIEHEN, VERSPRECHEN, JEMANDEM ZUGESTEHEN sind offenbar allein für sich stark genug und können auf den genauen Kasusanzeiger verzichten:

– *Die Frage ist, ob IHN der Ehrensold überhaupt zusteht.*

Dies ist im Übrigen ein schönes Beispiel für eine in der Umgangssprache allgemein wirkende Tendenz: Die formale Exaktheit des Ausdrucks wird reduziert, das erzeugt eine gewisse Vagheit, und siehe da, das Kommunikationsziel wird ohne weiteres erreicht. In der mehrsprachigen Situation werden sich dadurch die Erfahrungen mehren, dass der reduzierte ‹einfachere› Ausdruck im Prinzip genügt und obendrein noch Kapazitäten anderweitig freigibt. Die Botschaft ist: ‹Genauer Kasus ist nicht nötig, es funktioniert auch ohne.›

Dass es beim Typus *ich habe ihn versprochen/er hat ihn geholfen* immer auch Beschränkungen gibt, an denen der Sprachwandel an vorläufige Grenzen stößt, lässt sich sehr schön zeigen am berühmten Klassiker von Verona Pooth

– ‹*Da werden Sie geholfen!*›

Im Grunde ist der Lacherfolg (und eben nicht: unverständiges Stirnrunzeln) schon der Beweis dafür, dass das zugrunde liegende Muster *er hat ihn geholfen* unbewusst bereits breit praktiziert wird. Das trifft aber voll nur auf maskuline Personen zu: **er hat sie geholfen* ist entweder Dialekt oder grauslicher Sub-Substandard. Genauso ist es mit der Transformation eines **man hat Sie geholfen → *da werden Sie geholfen*, die eigentlich ebenfalls blo-

ckiert ist, aber durch die Kenntnis von *Da hat man ihn geholfen*
bereits ‹aufgeweicht› ist: Daher der Lacherfolg. Es ist eben schon
‹halb richtig›.[7]

Die ‹Mimikry› des Akkusativs

Das Modell ‹Akkusativ für Dativ› ist im deutschen Sprecherbewusstsein bereits weit fortgeschritten. Am deutlichsten kommt
dies nach Präpositionen zum Ausdruck: Die meisten wandern
vom Dativ zum Akkusativ. Und da dieser etwas vorgibt, was er
eigentlich nicht leisten kann, nennen wir dies ‹Mimikry› – eine Art
Hochstapelei. Selbst in offiziösen Nachrichtensendungen hört
man nur noch flächendeckend die Variante *mit diesen Problem*;
aus den Bundestag; *von den Plenum*; *unter den Gesetz*; *mit diesen
Ergebnis*.

Und niemand, und zwar im Wortsinne: so gut wie *niemand*,
sagt mehr – obwohl korrektes ‹Altdeutsch› – weder öffentlich
noch privat (daher ‹?›):

? *Mit diesem Problem muss man immer rechnen.*

? *Niemand schaffte es, aus dem Lager herauszukommen.*

? *Von einem solchen Ergebnis kann man nur träumen.*

Besonders das semantische Feld ORT und RICHTUNG erzeugt laufend neue Pseudo-Akkusative, die den Akkusativ von
maskulinen Substantiven imitieren:

– *Auf den Luftwaffenstützpunkt Ramstein arbeiten circa 50
Tausend US-Amerikaner.* (statt: *auf dem …*)

– *Wir befinden uns jetzt in den zweiten Vorlauf über 200 Meter
der Männer.* (statt: *in dem …*)

– *Nach den Bericht der zuständigen Kommission …*

– *Wir werden Sie jederzeit auf den Laufenden halten.*[8]

Die durch den *shift* zum ‹Akkusativ› erzeugte Vagheit im Kasusgebrauch strahlt auch auf andere Kategorien aus: Satzteile wie
mit unseren Nachbar, von unseren Gegner oder *auf den letzten
Betriebstreffen*, die überall gang und gäbe sind, verbinden Präposition und falschen Kasus so, dass noch eine zweite Vagheitsstelle
entsteht, wie oben bei der Form *seinen Richter*: Ohne Kontext
und ohne Anhaltspunkte über ‹das Gemeinte› kann niemand mehr
sicher entscheiden, ob hier Singular (*mit meinem Nachbarn*) oder
Plural (*mit meinen Nachbarn*) vorliegt.

Gegentendenzen? Eine Pseudo-Renaissance des Dativs

Auch der sich zurückziehende Dativ erfährt von mehreren Seiten eine Wiederauflage, sozusagen wider Willen und gegen den Trend. Es gibt also auch hier eine ziemlich starke Gegentendenz und beinahe sieht es so aus, als ob solche Gegentendenzen quasi notwendig seien, um die primären Tendenzen des Sprachwandels abzupuffern. Die Vertauschung von ORT und RICHTUNG, das ‹Spielen› und gegenseitige Austauschen von Akkusativ- und Dativformen beschert dem alten Dativ ein unverhofftes Wiedererscheinen auf bereits verlorenem Terrain, nämlich als neue Formen, die oft einen korrekten Akkusativ ersetzen. Der Dativ kann also auch den Akkusativ ‹vertreten›, der in diesen Fällen nicht gesetzt werden *soll*. Wir haben eine Art Pseudo-Dativ, der sich unerlaubt auf den Platz des Akkusativs setzt: ein weiterer Fall von Kasus-Mimikry. Dies sind die Beispiele:

- *Die Bedingungen sind jetzt besonders günstig, einen Hai gezielt <u>auf dieser Art</u> anzulocken.* (statt: *auf diese Art*)
- *Er hatte es geschafft, das Thema wieder <u>im Zentrum der Öffentlichkeit</u> zu rücken.* (statt: *ins Zentrum der Öffentlichkeit*)
- *Die 400-Meter-Läufer biegen einer nach dem anderen <u>auf der Zielgerade</u> ein.* (statt: *auf die Zielgerade*)
- *Regierungsvertreter und Wirtschaftsfachleute fahren nächste Woche <u>auf einem bedeutenden Finanzgipfel</u>.* (statt: *auf einen bedeutenden Finanzgipfel*)
- *Er lockte den Hai näher <u>an seinem Käfig</u>.*

Dies ist der Fall ORT für RICHTUNG, also ‹UBI für QUO›. Wir vermuten, dass es triftige Gründe gibt, den Ort statt der Richtung zu bezeichnen, z. B. Ökonomie: ORT ist einfacher und geht schneller als RICHTUNG. ORT ist viel leichter identifizierbar, besser überschaubar und leichter zu behalten als der ganze, womöglich umständliche oder langwierige *Weg* dorthin. Deshalb kann man in vielen Umgangssprachen beobachten, dass einfachheitshalber *Ort* gewählt wird, wo die Schriftsprache eigentlich *Richtung* fordert. Der ganze Rest wird dem Kontext, dem gesunden Menschenverstand und der Kombination überlassen.

In den Balkansprachen hat sich dieser Typ bis heute erhalten, und es ist wahrscheinlich, dass das balkanische Migrantendeutsch hier ordentlich hineinwirkt. Man sagt *wo gehst du* statt *wohin gehst du*:

- serbisch *gde ideš?* ‹<u>wo</u> gehst du› = ‹wo gehst du hin?›,
- griechisch *pou tha pas?* ‹<u>Wo</u> wirst du gehen?› = ‹Wo willst du hin?›,
- auch persisch *befarmājīd* <u>*indžā*</u> ‹Kommen Sie bitte <u>hier</u>› = ‹Kommen Sie bitte hierher!›

Und das Englische wirkt sicher unterstützend: *Where are you going?*

Im Deutschen ist das ein starker ‹Migrantismus›: So gut wie alle Migranten mit doppelter Anderssprachigkeit gebrauchen den neuen deutschen Typus *Ich geh schnell noch <u>auf dem Amt</u>*. (Wie übrigens auch andersherum den alternierenden Typus: *Ich war noch schnell <u>auf den Amt</u>*). Auf Kos (Griechenland) las ich im Hotelcafé diesen Hinweis:

BITTE DIE GÄSTE DIE GLÄSER NICHT MIT AUF DEM ZIMMER ZU NEHMEN (griechisch Dativ: *sto domátio* ‹im/aufs Zimmer› für ORT *und* RICHTUNG).

Das Wiederaufscheinen des Dativs in diesen Fällen wirkt sich in der deutschen Umgangssprache aus: Nach unseren Beobachtungen wird (der eigentlich vorgeschriebene) Akkusativ in Wendungen wie *etwas <u>ins Zentrum</u> rücken* etc. mehr und mehr vermieden. Auch Deutsche ohne Migrationshintergrund gebrauchen mehr und mehr dieses Modell:

> – *Der Chef stellt die Lösung des Problems <u>in der Verantwortung</u> seiner besten Mitarbeiter.*
> – *Wir fahren nächstes Jahr wieder nach Griechenland <u>im Urlaub</u>.*
> – *... und legte das Jesuskind <u>in einer Krippe</u>.* (Weihnachtspredigt 2012)

Verblüffend ist nun, dass die Vertauschung von ORT und RICHTUNG auch in umgekehrter Richtung stattfindet, also RICHTUNG für ORT, und *dies* ist letztlich das eigentlich relevante Phänomen in Bezug auf den Sprachwandel. Nicht selten kann man im selben Zusammenhang *beide* Varianten zusammen hören.

In einer TV-Sendung über Haie:

> – ORT für RICHTUNG: *John trifft Maßnahmen, um den Hai möglichst <u>eng an seinem Käfig</u> heranzulocken.*

– RICHTUNG für ORT: *Er will versuchen, den Hai möglichst eng an seinen Käfig zu halten.*

Oder:

– ORT für RICHTUNG: D*ie Politiker fuhren am nächsten Tag auf einem Finanzgipfel.*

– RICHTUNG für ORT: *Auf diesen Gipfel ging es um Dinge wie den Schuldenschnitt für Griechenland.*

In der Balkanlinguistik hat man schon lange festgestellt, dass das Vertauschen von ORT und RICHTUNG Sprachen durch eine intensive Phase des Kasusabbaus begleitet (Qvonje 1979). Alle Balkansprachen, die ihr Kasussystem reduziert oder ganz abgebaut haben, haben zu diesem Verfahren gegriffen: Im Bulgarischen z. B. zeigte die ständige Verwechslung von ORT und RICHTUNG und deren Kasus im Mittelalter den unwiderruflichen Beginn des Kasusabbaus in großem Ausmaß an – eine Art Startschuss für die Umgestaltung des gesamten Systems.

Wichtig ist festzuhalten, dass es sich im Deutschen bereits um eine *systematische* Erscheinung handelt, die eine kognitive Disposition voraussetzt und bereits regelmäßig angewendet wird. Sie spielt eine bestimmte *Rolle* im Sprachwandel und treibt ihn mit an. Es ist kein Zufall im Spiel, es sind keine Versprecher, keine Nachlässigkeiten oder sonstige ‹Fehler›. Große Korpora *spontan* gesprochener Sprache, aber auch die schriftliche Mediensprache mit ihren ‹Druckfehlern› würden dies ohne Zweifel erweisen. Eine starke Quelle hierfür sind die Migrantensprachen, aus denen nur noch kopiert werden muss.

Gegentendenz 2: Das Modell *meiner Mutter ihr Hut*

Die Konstruktion *meiner Mutter ihr Hut* wird oft und gern als ein Ersatz für den alten Genitiv zitiert; sie ist bekannt unter dem Stichwort ‹possessiver Dativ›. Dieses Modell scheint tatsächlich – zumindest in Jugendslangs – mehr und mehr das alte Genitiv-Modell *der Hut meiner Mutter* zu ersetzen. Am bekanntesten ist immer noch die Titelzeile von Bastian Sicks Buch *Der Genitiv ist dem Dativ sein Tod*, wo das Modell stellvertretend steht für die aktuellen Sprachwandelprozesse des Deutschen insgesamt.

Das Modell *meiner Mutter ihr Hut* ist in vielen deutschen Dialekten bekannt, z. B. im Berlinischen, aber auch in anderen Dialekten (Henn-Memmesheimer 1985). Zuerst kommt der Besitzer im Dativ (*meiner Mutter*), dann erst das, was man besitzt (der Hut), das mit einem Personalpronomen versehen wird, das auf den Besitzer verweist und mit ihm im Geschlecht übereinstimmt: *meinem Bruder sein Auto*. Im Deutschen kommen als Quellen in Frage: Substandard (Soziolekte), Dialekte und Migrantensprachen.

Der Dativ als Besitzanzeiger in Migrantensprachen

Der Dativ als Anzeiger des Besitzes ist in vielen Sprachen verbreitet, besonders aber in Migrantensprachen.

- Das Türkische hat exakt das Vorführmodell. *Başka-nin ev-i* ‹das Haus des Präsidenten› entspricht in seiner Struktur genau dem Modell ‹meiner Mutter ihr Hut›: PRÄSIDENT-DEM HAUS-SEIN, ‹dem Präsidenten sein Haus›. Die Bulgaren haben dieses Modell exakt aus dem Türkischen kopiert und es ins System übernommen: *na presidenta kăšta mu* ‹dem Präsidenten sein Haus›. Warum sollte sich dieses Modell unter dem Einfluss des Türkischen nicht auch ins heutige Deutsch verbreiten?

- Im Arabischen wird ein wichtiger Ausdruck von Besitz im Sinne von ICH HABE ETWAS mit dem Dativ ausgedrückt, etwa nach dem Muster DEM AHMAD/*IST*/EIN NEUES AUTO ‹Achmad hat ein neues Auto›, meist mit den Präpositionen *li-* (‹für/gehörig zu›), mit *'inda* oder auch mit *maʿa* ‹mit›:
  - *li-faṭimah sayyārah kabīrah* ‹der/für-Fatima _ Auto großes› = ‹Fatima <u>hat</u> ein großes Auto›
  - *hal maʿak qalam?* ‹Ist ein Stift mit Ihnen?› = ‹Haben Sie einen Stift?›

  Das Modell ist schon mal in zwei großen Migrantensprachen zu Hause und hat von dort seinen Weg ins Migrantendeutsch gefunden. Es ist aber auch noch in anderen Sprachen verbreitet.

- Im Slavischen ist der Dativ des Besitzes ein uraltes Modell; so kannte schon das älteste Slavisch den Typus *bratrŭ emou* ‹Bruder ihm› = ‹sein Bruder›. Im Russischen ist das Modell mit Einschränkungen auch heute noch gebräuchlich:
  - *Kogda budet konec <u>ètomy delu</u>?* ‹Wann wird ein Ende <u>dieser Sache</u> sein (Dativ)?› = ‹Wann wird es damit zu Ende sein?› Ebenso im Serbischen:
  - *To je kuća <u>lekaru</u>* ‹Das ist <u>dem Arzt</u> sein/das Haus› = ‹Das ist das Haus des Arztes›.

- Auch auf dem Balkan ist dieses Phänomen weit verbreitet: Im Bulgarischen ist der Typ ‹Haus ihm› im Sinne von ‹sein Haus› vollkommen normal; er ist eine vollwertige Variante zu anderen Modellen und voll in den Standard integriert: *stajata mi* ‹die Wohnung mir› = ‹meine Wohnung›. Ebenso im Griechischen: *o filós mou* ‹der Freund mir› = ‹mein Freund›. Im Serbischen ist der Typus auch bekannt, allerdings praktisch auf die Umgangssprache beschränkt: *kuća mu* ‹Haus ihm›/‹ihm sein Haus› = ‹sein Haus›.

- In vielen Kreolsprachen mit ihrer reduzierten Grammatik ist dies oft die einzige Möglichkeit, um überhaupt Besitz auszudrücken, z. B. wenn Personalpronomen beteiligt sind – und zwar ganz unabhängig davon, welche Sprache hier als Vorbild gedient hat:
  - Portugiesisch basiert: *kaso mɛ* ‹Hund mir/mich› = ‹mein Hund› (Principé)
  - Französisch basiert: *mãmã li* ‹Mutter ihm/ihn› = ‹seine Mutter› (Neomelanesisch)
  - Englisch basiert: *di oto ɛn* ‹das Auto ihm/ihn› = sein Auto (Samaraccan).

Das Modell *meiner Mutter ihr Hut* hat sein Vorbild in vielen Sprachen und wird aus den Migrantensprachen ins Deutsche übernommen oder imitiert.

Der Akkusativ wird das Rennen machen?

Es wäre erstaunlich, wenn nicht auch der Akkusativ charakteristische Schwankungen im Gebrauch zeigte: Kein Kasus bleibt davon verschont. Aber er ist die stabilste Bastion, und vieles, was aus den anderen Kasus herausfällt, läuft auf ihn zu. Er scheint so etwas zu werden wie ein ‹Sammelbecken› für alle möglichen unsicheren Fälle. Wir sehen uns vier Felder an: der Akkusativ wird weggelassen; er überlässt dem Nominativ das Terrain; er loggt sich symbiotisch in den Gebrauch anderer Fälle ein (‹Mimikry›); und er bindet den neuen Gebrauch mit Präpositionen an sich.

- Akkusativ wird als Kasus nicht mehr bezeichnet, d. h. er fällt weg, z. B. beim unbestimmten Artikel:
  - *Dann hat er mir daraus tatsächlich noch <u>ein</u> Vorwurf gemacht.* (statt: *einen*)

– *Hast du nicht _ein_ Rat für mich?*
– *Darauf hat sie natürlich _ein_ Anspruch.*

Hier liegen *nicht* die schon länger bekannten Verschleifungen aus der Sprechsprache vor (*noch ein'n Vorwurf gemacht*, mit langem *-n*). Wenn man die Beispiele aufnehmen und akustisch ausmessen würde, würde sich erweisen, dass Wörter wie *ein Vorwurf* in Akkusativposition neuerdings immer wie ein Nominativ (*ein Vorwurf*) realisiert werden.

• Legion sind schon die Fälle, in denen ganz offen ein Nominativ gesetzt wird:
   – _Der Rest_ *des Problems können wir ein andermal besprechen.* (statt: *den Rest*)

Der Artikel belegt, dass es sich um Nominativ handelt und nicht etwa um einen vernuschelten Akkusativ. Und dies ist kein Einzelfall: Besonders in den Wendungen mit *es gibt etwas*, wo das *etwas* im Akkusativ stehen muss, steht oft stellvertretend der Nominativ:
   – *Dann gibt es eben _ein neuer Termin_.* (statt: *einen neuen*)
   – *Es gibt da _ein ganz begabter Regisseur_.* (statt: *einen … begabten*)
   – *Es gibt da noch _ein neuer Hinweis_.* (statt: *einen neuen Hinweis*)

Möglich ist, dass hier die aus den Migrantensprachen bekannten ‹Existenzanzeiger› wie türkisch *var* ‹es gibt› plus Nominativ eine stützende Rolle spielen (Abschnitt 20).

• Nehmen wir jetzt Feld Nr. 3, das weitverbreitete Muster:
   – *Sie ist jetzt _auf den Bildschirm_ zu sehen.*
   – *Niemand kam _aus den Lager_ heraus.*
   – _Mit diesen Problem_ *konnte niemand rechnen.*

Dies ist wohl die momentan stärkste Neuerung des gesprochenen Deutschen. Sie ist schon so etwas wie ein mündlicher Standard und auf dem besten Wege ins Schriftdeutsch. Aus anderen Sprachen, die ähnliche Entwicklungen schon durchlaufen haben, weiß man, dass hier eine durchgängige, weit verbreitete Tendenz wirkt: Fast alle Präpositionen stehen in diesen Sprachen mit einem allgemeinen Einheitskasus, im Griechischen z. B. mit dem Akkusativ: *me tēn ēméra* ‹mit dem Tag›, südserbisch *sa ženu* ‹mit der Frau›, bulgarisch *od vremeto* ‹von der Zeit›, rumänisch *cu prieten* ‹mit einem Freund› etc. Oft endet das in einem späten Stadium der

‹Versteinerung›, das sich einen solchen Kasus für alle möglichen Fälle erhält. Im Deutschen scheint sich so etwas vorzubereiten wie ein allgemeiner ‹Kasus› nach vielen Präpositionen, der sich an den Akkusativ anlehnt.

Neue Präpositionen erobern die alten Kasus

Das Modell der Zukunft, das den oder die Kasus ersetzt, ist am ehesten /FÜR + Akkusativ/, das wohl die Nase vorn hat vor den Modellen /IN + Kasus/ oder /VON + Kasus/ oder /ZUM/ZUR + Kasus/. Jedenfalls mehren sich die Fälle klar, in denen die alte Semantik von FÜR weitgehend suspendiert ist und FÜR immer mehr zu einem Anzeiger für eine Beziehung zwischen Satzteilen wird:

– *Wie wird die politische Zukunft <u>für die Banken</u> aussehen?* (statt: *der Banken*)
– *Das war ein echtes Desaster <u>für den alten Traditionsverein</u>.* (statt: *des Traditionsvereins*)
– *Die Rettungschancen <u>für Griechenland</u> steigen mit dieser Entscheidung immens.* (statt: *Griechenlands*)

Interessant ist hier, dass im Bulgarischen, das alle Kasus verloren hat, gerade die Präposition *za* ‹für› viele neue Funktionen übernommen hat. Der Typus *voda za piene* ‹Wasser für Trinken› – ‹Trinkwasser› ist z.B. heute ein vollkommen geläufiges Modell. *Für* kann also auch im Deutschen ein aussichtsreicher Kandidat für die Vertretung von Kasusfunktionen sein, zumal es auch noch den Akkusativ bei sich hat. Es wird gefolgt von *durch*, das seit neuerem viele andere Präpositionen ersetzt, z.B. *von, über, um*. Und auch *mit* und *auf* sind aussichtsreiche Kandidaten:

– *Wollen Sie Text 1 <u>mit</u> diesem Text ersetzen?* (PC-Jargon)
– *Der Delinquent erhält eine Chance <u>auf</u> Besserung.*

Schon heute wird die Kombination der Fälle mit Präpositionen ja zwanglos durchprobiert, und niemand käme auf die Idee, die folgenden Sätze etwa als falsch zu etikettieren. Präpositionen ersetzen (oder ergänzen) heute schon die Fälle auf vielfältigste Weise:

– *Die Verbraucherzentrale hat eine Bilanz <u>über</u> ihre Arbeit gezogen.* (statt: *ihrer Arbeit*)
– *Es folgte eine vierstündige Erklärung <u>durch</u> den Bürgermeister.* (statt: *des Bürgermeisters*)

– *Inhärent ist Ihrer Argumentation eine Logik <u>zur</u> Spaltung.*
  (statt: *der Spaltung*)
– *Die parlamentarische Demokratie <u>in</u> Deutschland ist wider-
  standsfähig.* (statt: *Deutschlands*)
– *Eine alte Binsenweisheit <u>aus</u> der Phonetik.*
– *Die Politik der USA ist eine herbe Herausforderung <u>für</u> den
  deutschen Außenminister.*
– *Die Justiz <u>in</u> Deutschland sollte wieder härter durchgreifen.*
Präpositionen greifen nicht nur auf das Terrain der Kasus aus,
sondern machen sich auch gegenseitig Verwendungen streitig.

Präpositionen können sich gegenseitig ersetzen

Präpositionen können auch untereinander mehr und mehr ver-
tauscht werden – ein klares Indiz für einen starken, verdeckt vor
sich gehenden Wandlungsprozess:
– *Ich habe volles Vertrauen <u>für</u> die Lehrer in meiner Schule.*
  (statt: <u>zu</u> *meinen Lehrern*)
– *John Updike war lange ein Anwärter <u>für</u> den Nobelpreis.*
  (statt: <u>auf</u> *den Nobelpreis.*)
– *Er hat sich <u>von</u> deinen Vorwürfen gefürchtet.* (statt: <u>vor</u> *deinen Vorwürfen*)
– *Wollen Sie das alte System <u>mit</u> einem neuen Modell ersetzen?*
  (statt: <u>durch</u> *ein neues Modell*)
Ein bekannter Film von 2006 hieß «Sommer *vorm* Balkon» (*vor*
statt *auf*), von Jugendlichen höre ich ständig *wir gehen <u>in</u> die fri-
sche Luft* (*in* für *an*), *wir gehen <u>an</u> den Bahnhof* (*an* für *auf*), *so <u>in</u>
dem Motto* (*in* für *nach*) etc.
Wer öfter mit der Deutschen Bahn fährt, kann sich davon
überzeugen, dass der Gebrauch einer Präposition ganz beliebig
wechseln kann, ohne dass die Kommunikation auch nur im min-
desten beeinträchtigt wäre. Bemerkt habe ich mit der Zeit, dass ein
Schaffner oft ‹seine› Präposition verwendet (und bei ihr bleibt).
– *Der Interregio nach Potsdam fährt heute um 17.10 Uhr <u>von</u>/
  <u>auf</u>/<u>aus</u>/<u>in</u>/<u>an</u>/<u>ab</u>/Ø/Gleis 3.*
Dies mag ein kurioser Extremfall sein. Er steht aber für eine un-
abweisbare Tendenz: Die Präpositionen im gesprochenen Deutschen erweitern ihren Radius, überlappen sich und können im
Prinzip und im Einzelfall auch ausgetauscht werden. Dadurch
schlagen sie zwei Fliegen mit einer Klappe: Die ‹Aufmerksamkeit›

wird von den Kasus und den Endungen abgezogen, und das Sprachbewusstsein wird *peu à peu* auf ein einfacheres Modell umgestellt: auf das Modell PRÄPOSITION PLUS X.

Ein Fazit

Die Präpositionen entfernen sich also ganz klar von ihren alten Verwendungen und marschieren auf das Terrain der vier deutschen Fälle. Sie verlieren an Substanz und erweitern ihre Funktionen: Es ist inzwischen ziemlich unerheblich, ob man sagt, der Rechtsaußen im Fußball habe einen Abstand *auf* oder *vor* oder *von* seinem Gegenspieler. Ein ganz neues Forschungsfeld für die Linguistik. Für unser Thema ist aber noch etwas anderes zentral: Das einfache Faktum der Verwendungserweiterung und der Austauschbarkeit von Präpositionen bereitet die Sprechergemeinschaft allmählich darauf vor, dass diese Wortart in Zukunft auch Kasusfunktionen übernehmen und später den Kasus vielleicht irgendwann ganz ersetzen kann. Das Deutsche wird ohne Zweifel ‹präpositionslastiger›. Darauf kommt es an, das ist der springende Punkt für den Sprachwandel. Die Neubewertung von Präpositionen dient so dem typologischen Umbau der Sprachstruktur.

Deshalb schwanken die Präpositionen im Neudeutschen so stark: Sie regieren ihre Kasus nicht mehr eindeutig, sie verblassen, sie werden untereinander ausgetauscht und erweitern ihren Funktionsbereich (‹Kollokation›). All das steht in engem Zusammenhang mit dem Abbau der Fälle, der offenbar verschiedene Stadien durchlaufen muss, was nicht von heute auf morgen passiert. Dies ist die Binnenseite des Deutschen. Außerhalb des Deutschen sind es die Balkansprachen, das Persische und auch das Englische, die hier mächtig einwirken – Sprachen, in denen Präpositionen schon eine überragende Rolle spielen.

Es könnte sein, dass das Modell /PRÄPOSITION + ALLZWECKKASUS/das typologische Endziel des ganzen Prozesses ist, das *silent goal* des Sprachwandels, wie es im Englischen oder Französischen schon erreicht ist. Auf dieses Ziel arbeiten die Kasusveränderungen möglicherweise insgesamt hin. Am deutlichsten war dies beim Genitiv, aber klar zu beobachten auch bei den anderen Kasus. Natürlich ist dies eine langfristige Angelegenheit, und niemand kann sagen, wann dieses Modell tatsächlich fest im gesprochenen (und später geschriebenen) Deutschen etabliert sein

wird. Es ist eine Frage der *longue durée* und die ersten Zeichen
stehen an der Wand. Zur Zeit jedenfalls haben wir die einmalige
Gelegenheit, uns die Zwischenstadien, die Begleitprozesse und
die Interimsergebnisse im Detail und mit eigenen Augen anzu-
sehen. Interessant ist, dass Migranten und das Migrantendeutsch
eindeutig dieses neue Modell favorisieren.

Migranten geben Präpositionen den Vorzug

Aus der Sprachgeschichte vieler Sprachen ist bekannt, dass
Präpositionen für eine Zeit die Lasten der Kasussemantik übernehmen. Sie lösen die Aufmerksamkeit von den Fällen selbst ab
und erzeugen jene grammatische Gemengelage, die man zur Zeit
auch im Deutschen feststellen kann. Dadurch gewöhnen sich die
Sprecher allmählich an die Vorboten eines neuen Modells, achten
immer weniger auf die korrekten Kasusformen und entfernen sich
immer weiter von dem alten Modell. So war es im Englischen,
Bulgarischen und Persischen, den ‹Vorzeigesprachen› für diese
Prozesse.

Viele Migranten von heute haben bereits als Muttersprache eine
Sprache, die sich von dem alten Kasusmodell, wie es immer noch
im Deutschen wirkt, weit entfernt hat. Darunter zählen Türken,
Bulgaren und Rumänen, Kurden, Perser und Araber, aber auch
englischsprechende Personen und Medien; nicht dazu gehören
nach ihrer Sprache Russen, Polen oder Bosnier. Alle Migranten
sind aber definitionsgemäß auch mehrsprachig, und deshalb
kommt es nicht so sehr darauf an, welche Herkunftssprache nun
genau vorliegt. (Russen oder Polen behandeln die deutschen
Kasus genauso stiefmütterlich wie andere Migranten). Mehrsprachige und Anderssprachige haben, wie bereits gezeigt, einen prinzipiell anderen Zugang zur Sprachverwendung. Deshalb tendieren
sie ohnehin zu Präpositionen statt zu komplizierten Kasus – auch
deshalb, weil Präpositionen ‹eindeutiger› sind und dem Alltags-
Verständnis mehr entgegenkommen.

Migranten jedenfalls lösen den ganzen Komplex *Kasus/Präpo-
sition* auf *ihre* Art. Mehrsprachige gehen intuitiv davon aus, dass
das Standardmuster ‹Kasus X› (etwa: *ich sage <u>ihm</u> Dank*) im Deutschen nicht die einzige Möglichkeit ist, sondern sich auch mit anderen Varianten – z. B. solchen mit Präpositionen (*ich sage <u>ihn</u>
Dank; ich sage Dank <u>an ihn</u>*) abwechseln kann (und dass die gram-

matische ‹Richtigkeit› keine lebenswichtige Entscheidungsfrage ist).

Zweitens erfassen Migranten schnell, dass es nicht so sehr darauf ankommt, in jedem Einzelfall auch die richtige Präposition zu erwischen. Ob man sagt

– *ich fürchte mich vor deinen Vorwürfen*
– *ich fürchte mich vor deine_ Vorwürfe_* oder
– *ich fürchte mich von deine_ Vorwürfe_*

ist für das endgültige Verständnis im Alltag ziemlich unbedeutend. Und es gibt im neudeutschen Alltag auch keine Instanz, keine Situation, in der hier noch groß gewertet wird (von Korrekturen ganz zu schweigen). Deshalb ist die Versuchung immer groß, sich, wenn es geht, auch an einem Modell aus der Herkunftssprache zu orientieren, z. B.:

– bosnisch: *ja se bojim od tvojih prebacivanja* ‹ich fürchte mich von deinen Vorwürfen›.

Das Risiko, hier nicht verstanden zu werden, ist im Neudeutschen bereits sehr gering und wird immer geringer; man kann es vernachlässigen.

Präpositionen übernehmen also mehr und mehr das Regiment im deutschen Satz – ob bei den Fällen oder beim Verb. Eine allgemeine Auflockerung der Normen und eine mächtige Tendenz zur Abschleifung in der gesprochenen Sprache überhaupt machen es möglich; hinzu kommt ein Absinken der Toleranzschwelle und ein allgegenwärtiges Schnelligkeitsgebot in den gesprochenen Medien. Mit der Zeit stellt sich dann eine wachsende Anpassung auch der *deutschen*, d. h. im Prinzip einsprachigen Muttersprachler ein, die weitgehend unbewusst vor sich geht. Sie sind mehr und mehr bereit, neue Formen anzuwenden, sie neben den alten bestehen zu lassen und sie irgendwann ganz zu übernehmen. Imitation und ein dunkler Gruppenzwang tun hier zuverlässig das ihre. Und eines darf man nicht unterschlagen: Wenn es immer mehr Varianten gibt, etwas auszudrücken, bildet sich auch das unbewusste Sprachwissen davon zurück, ‹wie es richtig heißt›.

23. DIE WORTGRUPPE UND DIE ENDUNGEN

Substantive stehen nicht allein im Satz: Sie werden immer mit anderen Wörtern verbunden und bilden mit ihnen eine Wortgruppe, ein Syntagma. Wir hatten gesehen, dass das Deutsche eine flektierende Sprache ist und deshalb alle Glieder einer Wortgruppe miteinander verbindet, z. B. durch Endungen, die einander entsprechen müssen. So ist im folgenden Beispiel die Wortgruppe *mit ein<u>em</u> niedlich<u>en</u> Eisbär<u>en</u>* durch drei Dativendungen verkettet (‹Kongruenz›, ‹agreement›).

– *Die Kinder spielten im Zoo mit einem niedlichen Eisbären.*

Sehen wir uns das Musterbeispiel näher an:

Die Wortgruppe *mit einem niedlichen Eisbären*

Am deutlichsten macht sich der ‹Kongruenzabbau› im ganzen gesprochenen Satz bemerkbar. Die *Bild*-Zeitung hat vor kurzem einen ‹Test› für ihre deutschen Leser präsentiert, die sich jeweils für ein oder zwei Varianten entscheiden mussten. Das Ergebnis war, dass es von dem Halbsatz *mit einem niedlichen Eisbären* in der Sprechsprache eine schier unglaubliche Zahl von Varianten gibt: Sie reichen von der hochsprachlich-korrekten Version bis hin zu ungrammatischem Slang. Ich mache eine kleine Liste von oben nach unten und füge einen möglichen ‹Sprecher› hinzu:

a) *mit ein<u>em</u> niedlich<u>en</u> Eisbär<u>en</u>*: traditionelles Schriftdeutsch mit intakten Fällen und korrekten Endungen; *möglicher Sprecher*: offiziöser Vorleser von schriftlichem Hochdeutsch oder älterer Gymnasiallehrer mit Stil- und Normbewusstsein;

b) *mit ein<u>en</u> niedlich<u>en</u> Eisbär<u>en</u>*: wie a), nur mit neuem Pseudo-Akkusativ statt Dativ bei *einen*; *Sprecher*: Nachrichtensprecher von Standarddeutsch im TV (dessen mündliche Formulierung von der schriftlichen Vorgabe auf dem Teleprompter abweicht). Wer aufmerksam deutsche Zeitungen liest, kann mehr und mehr typische ‹Fehler› entdecken, wenn z. B. auch schon ‹mit einen niedlichen Eisbären› *geschrieben* wird. Solche ‹Fehler› gehen nicht auf mangelnde Grammatik-Kenntnisse zurück, sondern sind erste Reflexe der Mündlichkeit, die zaghaft ins schriftliche Deutsch eindringen.

c) *mit ein<u>_</u> niedlich<u>en</u> Eisbär<u>_</u>*: neue ‹schwache› Einheitsform von *Eisbär* ohne Endung nach dem Muster *dem Präsident_*; weiter reduzierter unbestimmter Artikel, allerdings nicht wie in der gewohnten alldeutschen Umgangssprache mit langem -[nn]- (*ein'*), sondern mit einfachem -[n]- als Pseudo-Nominativ bzw. neue Allzweckform; *Sprecher:* integrierter, gebildeter Migrant;

d) *mit einen niedlichem Eisbär:* Vertauschung oder Verwechslung der korrekten Abfolge *mit einem niedlichen Eisbär* als Folge der Norm-Auflockerung; *Sprecher:* alternative Grundschullehrerin im Großstadt-Kiez, sich selber ihres imitierenden Sprachgebrauchs nicht bewusst;

e) *mit einem niedlichem Eisbär:* sehr interessante Variante mit ‹Pseudokongruenz›: *einem niedlichem* ist formal inkorrekt, imitiert aber offenbar eine Art Überkorrektheit gepaart mit Unsicherheit. Die deutsche Standardnorm lässt zwei Dative nacheinander nicht zu. *Sprecher:* Studierende(r);

f) *mit ein niedlichen Eisbär:* Ungefähr hier verläuft die Rote Linie zu dem, was man früher als Substandard, Slang oder Straßensprache abklassifiziert hätte; reduziert ist so gut wie alles, die grammatische Markierung auf eins minimiert: *niedlichen* – wobei auch diese Form schon wie eine Allzweckform (für alle Kasus) aussieht; *Sprecher:* zweite Migrantengeneration mit ‹Defiziten› im Standarddeutschen und anderer Zweitsprache;

g) *mit ein niedlicher Eisbär:* Hier ist die Kongruenz vollkommen abgebaut, mit einem Rest an Pseudo-Kasus ohne Funktion: *niedlicher.* Oft werden im Slang ja Präpositionen mit Nominativ oder ohne Kasus verwendet: *mit ein Eisbär.* Alle Endungen sind verschwunden, es gibt keine Kongruenz. Maßgeblich ist allein die Wortfolge. So gut wie erreicht ist auch – kurios genug – das englische Strukturmuster: *with a little funny icebear. Sprecher:* Kiezdeutsch-Sprecher, vielleicht in der realen Variante *mit ein niedlicher so Eisbär so, weißt was isch mein'.*

Alle sieben Beispiele sind vollkommen real, und denkbar sind eine Handvoll weiterer Varianten. Niemand hat das bisher untersucht. Alle sieben kann man wahrscheinlich typischen sozialen Gruppen zuschreiben, wie es mit dem ‹Sprecher› versucht wurde: vom Lehrerkollegium bis zu Jugendgruppen. Ganz neu können diese Phänomene nicht sein, denn die schriftlichen Arbeiten türkisch-deutscher Schüler zeigten schon vor zwanzig Jahren genau diese ‹Fehler› (Aytemiz 1990) – also lange bevor sie in die deutsche Umgangssprache Einzug hielten. Das herausragende, alles bestimmende Ergebnis ist jedenfalls, dass die Kongruenz, der Zusammenhalt der Satzteile, immer mehr an Kraft verliert: Er erodiert und zerfasert. Deshalb *muss* es eine stark gesenkte Toleranzschwelle in der deutschen Sprechergemeinschaft geben, da im Prinzip niemand vor *irgendeiner* Normverletzung sicher sein kann: Die meisten Varianten kommen zu irgendeinem Teil so gut wie überall vor. Die hohe Schreibnorm des Standarddeutschen löst sich im Alltag weiter auf und macht einer neuen *impliziten Sprechnorm* Platz, die keine Regelanweisungen in puncto Grammatik mehr verteilt. Ja, man kann sogar feststellen, dass die weite Ausbreitung des grammatischen Abbaus, die man im *chit-chat* der deutschen Talkshows geradezu aufsammeln kann, so etwas geworden ist wie ein *Ausweis* für modernes Sprachbewusstsein, für Toleranz und multikulturelle Aufgeschlossenheit. Ich gehe sogar so weit zu behaupten, dass sie in manchen Formaten ein Prestige zweiter Ordnung vermittelt: Man kann mit lascher Syntax durchaus punkten.

Die Lockerung des grammatischen Zusammenhalts kann man überall antreffen. Die folgenden Beispiele sind ziemlich zufällig ausgewählt; es ist nur die Spitze dessen, was man im neudeutschen Alltag antrifft:

– *Die Aussicht auf die nächste_ drei Tagen ist weniger erfreulich.* (statt: *auf die nächsten drei Tage*)

– *Wir werden uns noch lange mit den griechische_ Finanzprobleme_ befassen müssen.* (statt: *mit den griechischen Finanzproblemen*)

– *Es kommt vor allem darauf an, aus Fehler_ zu lernen.* (statt: *aus Fehlern*)

Ganz besonders auffällig ist das Auseinanderfallen im Bereich *Geschlecht* in längeren Sätzen, das offenbar besonders häufig bei jugendlichen Sprechern vorkommt. Besonders gern wird die Übereinstimmung aufgelöst, wenn ein Rückbezug oder Vorausbezug hergestellt wird, z. B. über den Artikel:

– *Einer der aufregendsten Ereignisse in der letzten Zeit war das Springsteen-Konzert.* (statt: *Eines der ... Ereignisse*)

– *Die ganze Sache nahm dann seinen Lauf.*

Gehört werden kann

– *einer der schönsten Bilder/einer der größten Zeitungen/einer der bekanntesten Ereignisse/sogar einer der neuesten models* usw.

besonders ausgeprägt in der Jugendsprache. Das Geschlecht des Bezugsworts scheint gar keine bestimmende Rolle mehr zu spielen. Möglich ist, dass sich hier so etwas herausbildet wie ein neuer Allzweckartikel (‹generischer Artikel›), also die Verwendung der maskulinen Form für alle drei Geschlechter (zumindest im Jugendslang): *einer der Ereignisse/einer der events* etc. Je weiter die Komponenten im Satz auseinanderliegen, desto leichter kann die Übereinstimmung offenbar verletzt oder aufgelöst werden:

– *einer der sich in der Folge der Untersuchung einstellenden und die Wissenschaftler sofort verblüffenden Resultate.* Logisch zugrunde liegt (falsch): *der Resultat.*

Neue ‹Pseudokongruenzen›

Offenbar gibt es kaum eine Tendenz ohne Gegentendenz: Dies ist in diesem Fall der *scheinbare Aufbau neuer Kongruenzen*; ich nenne sie ‹Pseudokongruenz›. Bei näherem Hinsehen stellt sich heraus, dass auch dies bloß eine perfide Form von Mimikry ist, wie sie uns schon öfter begegnet ist (oben: *mit einem niedlichem Eisbär*). Dies sind die einschlägigen Beispiele:

– *Jedwedes privates Telefongespräch*

– *Jedweder chemischer Zusatz*

– *Dieser interessanter Regisseur*

– *Wir rechnen mit einem neuem Produktionsleiter.*

– *Niemand kann mit einen weiteren Vorschlag rechnen.*

– *Ich möchte in Zukunft die beste effiziente Flugzeuge bauen.*

Alles sieht hier rein äußerlich wie *Kongruenz/agreement* aus, ja sogar die Endungen sind formal gleich und entsprechen einander scheinbar: *die beste effiziente Flugzeuge.* Und doch ist es Mimikry, weil Sprecher dazu tendieren, die Endungen einfach gleichzuschalten (‹ikonisch› = nach dem Aussehen) – egal, ob die Grammatik das zulässt oder nicht. Unterschlagen wird dabei, dass gleiche Endungen nicht unbedingt auch Kongruenz anzeigen, sondern eben auch das Gegenteil: eine Art subtiler Nichtübereinstimmung, also *Nichtkongruenz.* Auch dies ist Mimikry: Nichtkongruenz gibt sich formal als Kongruenz aus. Denn nach der

Standardgrammatik ist nur *jedes private Telefongespräch/jed-weder chemische Zusatz* zugelassen, und *dies* ist die echte Kon-gruenz, die durch Pseudobildungen wie *jedes privates Gespräch* nur subtil unterlaufen wird. Es ist also letzten Endes nur ein spitz-findiger Spezialfall von Auflösung der Kongruenz. Damit wir uns nicht wiederholen müssen, fasse ich die wichtigsten Typen des ‹Kongruenzabbaus› in einer Tabelle zusammen:

Kleine Tabelle des Kongruenzabbaus im Deutschen

Substantiv:	*Die Bedeutung des modernen Deutschland in der Welt ist gewachsen.* (Abbau von morphologischer Kongruenz)
Attribut:	*die jüngste_ griechische_ Finanzkrisen* (Abbau von morphosyntaktischer Kongruenz)
Numerus:	*Mit unseren Nachbar haben wir uns richtig gut verstanden.* (Abbau von morphosyntaktischer Kongruenz)
Präpositionen:	*Wir haben mit diesen Problem nicht gerechnet.* (Abbau von syntaktischer Kongruenz)
Verben:	*Die Frage ist, ob ihn der Ehrensold überhaupt zu-steht.* (Abbau von syntaktischer Kongruenz)
Artikel:	*einer der spannendsten Ereignisse* (Abbau von syntaktisch-semantischer Kongruenz)
Bedeutung:	*Hier unten musst du nur noch das richtige Wort ansetzen.* (Abbau von semantisch-lexikalischer Kongruenz)

Die ‹Kongruenz› wird gelockert und immer weiter aufgelöst

Die Lockerung der Kongruenz ist wahrscheinlich die mäch-tigste Tendenz des aktuellen Sprachwandels im Deutschen. Der ‹Kitt› zwischen den Wörtern und zwischen den Bedeutungen (schwerer zu erkennen) bröckelt, und deswegen wird viel von der bodenständigen Grammatik des Standards abgebaut. Wie kann man sie interpretieren? Zunächst ist da die

• ökonomische Seite: Wenn Mehrsprachigkeit im Land domi-niert, wird zuerst das abgeschliffen oder beseitigt, was man für die Verständigung nicht dringend braucht. Mehrfache Mar-kierungen werden reduziert und vieles wird dem Kontext über-lassen. Das nannten wir das ‹kreolische Prinzip›. Mehrsprachigkeit und Anderssprachigkeit sind wahrscheinlich der mächtigste Motor für diese Tendenzen. Dann ist da die

- typologische Seite: Das Deutsche bewegt sich im Horizont der Zeit langsam auf einen anderen Sprachtypus zu. Wichtige Kategorien der Grammatik werden nicht mehr am Wort selbst, sondern auf der Ebene des Satzes (‹syntaktisch›) ausgedrückt. Dabei kommt es zu vielen Mischformen, die man zur Zeit überall hören kann. Das Deutsche, zumindest in seiner gesprochenen Form, wird damit den westeuropäischen Nachbarsprachen ähnlicher (Hinrichs 2004). Und schließlich ist manches auch im langfristigen Wandel des Deutschen schon angelegt. Dies ist die

- sprachdynamische Seite oder die Seite des langfristigen Sprachwandels, der sich über viele Jahrhunderte erstreckt. So sind die Fälle im Deutschen schon seit langem in Bewegung. Neu ist, dass sich der Wandel so schnell vollzieht wie gerade jetzt und dass er *alle* Fälle erfasst. Weiter unten wird gezeigt, wie die Sprecher des Deutschen diesen rasanten Wandel ins Werk setzen: Sie ‹spielen› mit den zur Verfügung stehenden und miteinander konkurrierenden Varianten in einer systematischen Weise und sichern so diesen Wandel (‹hopping›, Abschnitt 26).

24. KONFUSIONEN MIT DEM ARTIKEL

Wenn viele Sprachen aufeinandertreffen und eine oder einige von ihnen einen Artikel haben, dann bilden sich immer starke Verwerfungen aus. Einen typischen ‹Akzent› im Deutschen kann man geradezu an den Artikelfehlern erkennen. Und Migranten bestätigen immer wieder: Deutschlernen ist im Prinzip kein großes Problem – aber der Artikel ist die härteste Nuss. Kein Pidgin und kaum eine Kreolsprache hat einen Artikel, und auch das Kiezdeutsch benutzt ihn fast gar nicht: Offenbar braucht man solche Dinge für ein rudimentäres Verständnis nicht um jeden Preis. Der größte Stolperstein für Migranten ist offenbar, dass es kein zuverlässiges Kriterium gibt, das die Artikel-Zuweisung regelt: Für *das Bier, die Langmut* oder *der Mond* gibt es keinen ‹logischen› Grund.

Im gesprochenen Deutschen ist das ganze Feld der Artikel (wie auch die vier Fälle) schon lange in ziemlicher Bewegung. «Viele

Deutsche weisen bestimmten Dingen ein anderes Geschlecht zu, als es im Wörterbuch angegeben ist.» (Sick III, 158) Das Normbewusstsein hat gerade beim Artikel ganz erheblich an Strenge verloren und lockert sich merklich auf. Alles sieht nach einem langsamen, aber stetigen Erosionsprozess aus. Hinzu kommt, dass ein falscher Artikel im Deutschen auch noch aus den Dialekten stammen und dann in die Großstädte wandern kann. Ein besonders heikles Gebiet sind die Vornamen, bei denen sich die Form mit Artikel (*der Stefan, die Charlotte*) immer mehr Terrain erobert. «Irgendwo zwischen Nord und Süd verläuft eine unsichtbare Grenze, eine Art Äquator, der die deutsche Sprachlandschaft in zwei Hälften teilt: in eine bestimmte und in eine unbestimmte Vornamenszone.» (Bastian Sick)

Artikelschwankungen lassen sich zuallererst bei Fremdwörtern feststellen. Bei manchen ist das Geschlecht offenbar wirklich frei wählbar: *der/die/das Joghurt*. Von dieser Sorte gibt es offenbar eine Menge, gezählt werden um die 70 (Sick III, 161 f.), darunter sind Fremdwörter wie *Blackout, Curry, Modem, Paprika, Spray*, aber auch *Kaugummi, Zigarillo, Toast*. Besonders Jugendliche gehen ziemlich freizügig mit dem Artikel um; ich meine, schon mehr als einmal gehört zu haben *der Dressing, der Klientel, der Meeting, der Stereotyp, der Massaker*, aber dann auch *das Event, das Klientel, das Kommentar*, sodass selbst der Muttersprachler in vielen Fällen gar nicht mehr vollkommen sicher ist, welcher Artikel nun der richtige ist. Formen wie *der Radio, der Resultat, der Manko, der Substrat, der Reform, der Ergebnis* etc. sind beileibe keine einmaligen Entgleisungen, sondern regelmäßig wiederkehrende mündliche Fehler, die meist sogar einer sofortigen Verbesserung entgehen. Wenn man genau hinhört, begegnet man auch schon mal, besonders im flüchtigen Medien-Talk, Beispielen wie *der Theaterstück, der Opium, der Weltall* – Formen, die von außen noch wie krasse Fehler aussehen, trotzdem aber nachweislich immer öfter vorkommen. Da *der* absolut dominiert, ergibt sich hier wieder der Verdacht, dass sich so etwas wie eine generische Verwendung (‹Allzweckartikel›) vorbereitet.

Oft kann man sogar bei hoch gebildeten Personen des öffentlichen Lebens – Rechtsanwälten, Wirtschaftsleuten, Fachärzten – falsche Artikel hören, häufig mit einem winzigen Denkpausen-*gap* vor dem Substantiv, also:

– so *ein* … *Umschuldung;* *eine* *weiterreichende* … *Entschädigungsanspruch;* *ein'* *unvemeidlichen* … *Bypass-Debatte führen* usw.

Diese falschen Verwendungen sind zur Zeit vollkommen ‹dunkel› und werden noch ganz unbewusst gebraucht, d. h. man kann eine Bestätigung auf Nachfrage mit Sicherheit *nicht* erhalten; andererseits sind es aber Symptome, Spuren einer Artikelverwendung, die generell empfindlichen Schwankungen ausgesetzt ist.

Versucht man hier, eine gewisse Ordnung in das Chaos zu bringen, muss man diese Felder unterscheiden, die sich alle von den geltenden Regeln des Standarddeutschen abheben:

* Es wird ein falscher bestimmter Artikel verwendet: *der Membran, die Joghurt, das Kommentar.*[9]
* Der Artikel wird einfach ausgelassen: _ *Problem ist nur, dass wir wenig Zeit haben.*
* Der bestimmte Artikel kann dort stehen, wo eigentlich ein unbestimmter Artikel stehen müsste oder gar kein Artikel stehen dürfte: *Griechenland braucht die Finanzspritze./Die Mütter haben's heutzutage auch nicht leicht.*
* In Jugendslangs bildet sich in bestimmten Fällen eine Allzweckform heraus: *Einer der wichtigsten Konsequenzen ist die drohende Verwahrlosung.*

Sehen wir uns die wichtigsten Fakten an:

Neue Formen mit und ohne Artikel

Schon diese allgemeine Lage lässt erwarten, dass der Artikel im Deutschen deutliche Spuren, ja Blessuren des modernen *Clash of Languages* zeigt. Seltsam wäre es, wenn die gesprochene Landessprache, die zahlreiche Kontakte mit vielen artikellosen Migrantensprachen hat, hier ungeschoren davonkommen würde. (Welches Schicksal hat der französische Artikel im Banlieu von Paris?) Ein deutliches Zeichen ist z. B., dass oft die Adjektive in ihrer bestimmten Form (plus Artikel) und ihrer unbestimmten Form (ohne Artikel) durcheinander gehen:

a) *Ausländischen Jugendliche müssen besser integriert werden.* vs.
b) *Die ausländische Jugendlichen müssen besser integriert werden.*

Dies sind Formen, die geschrieben noch gewöhnungsbedürftig anmuten, im gesprochenen Deutsch jedoch jederzeit nachgewiesen werden können. Aber auch die umgekehrten Formen kann man hören:

a') *Ausländische Jugendlichen müssen besser integriert werden.* vs.

b') *Die ausländischen Jugendliche müssen besser integriert werden.*

Was allen Varianten gemein ist: Die Kongruenz zwischen Substantiv (*Jugendliche(n)*) und Attribut (*ausländische(n)*) wird unterbrochen und dadurch ein subtiler Kontrast erzeugt zu den alten ‹richtigen› Formen:

c) richtig: *Ausländische Jugendliche müssen besser integriert werden. vs.*

c') richtig: *Die ausländischen Jugendlichen müssen besser integriert werden.*

c und c' sind die ‹korrekten› Formen des deutschen Standards, die aber im Alltagsgebrauch mehr und mehr unterlaufen werden. Wenn man genau hinhört, kann man feststellen, dass auch die Deutschen *ohne* Migrationshintergrund die ‹falschen› a)- und b)-Formen gebrauchen – auch wenn dies unbewusst vor sich geht und dieser Gebrauch bei Nachfrage meistens geleugnet wird. Es ist offenbar dasselbe wie beim Artikel selbst: Die determinierten und indeterminierten Formen des Adjektivs werden oft *überkreuz* gebraucht: (*die*) *ausländischen* vs. *ausländische*. Und es wird über die grammatisch ‹vorgeschriebenen› Formen nicht weiter nachgedacht.

Begleitet wird das Schwanken des Artikelgebrauchs von Entwicklungen, die offenbar im System des Deutschen selbst vor sich gehen (und offenbar auch in der Sprache schon angelegt sind). Schon seit einiger Zeit kann man neue Formen registrieren, und zwar sowohl solche mit Artikel, als auch solche ohne:

• Neue Formen mit Artikel:
  – *der Kevin, die Marlene*
  – *Wir wollen uns nicht nur auf die Mutmaßungen verlassen.*
  – *Griechenland braucht schon wieder die Finanzspritze.*
  – *Der Adapter ist schon lange nicht mehr zum Gebrauchen.*
  – *Er lebte auf dem großen Fuß.*

• Neue Formen ohne Artikel:
  – *Die letzten Nachrichten gegen 23.15 gibt es in ZDF.*
  – *In Tschad hat es schon wieder eine Entführung gegeben.*

– *Wenn Sie hier* <u>*Problem*</u> *vermuten, sollten Sie sich nochmal* <u>*FAZ*</u> *ansehen.*

– <u>*Ergebnis*</u> *ist zweifellos, dass alle den Gürtel enger schnallen müssen.*

– *auf* <u>*Basis*</u> *von Mikrozensus 2002*

– *es kam schließlich* <u>*zu Prozess.*</u>

Alles in allem kann man dies unter dem Stichwort der ‹Durchkreuzung› der alten Verwendungsweisen verbuchen.

Durchkreuzungen von Artikel und Nichtartikel

Formen mit Artikel simulieren oft nur Determiniertheit, am deutlichsten bei den Eigennamen: *Das ist der Kevin* (niemand der Anwesenden kennt ihn, obwohl der Artikel *der* genau das anzeigt). Formen ohne Artikel nutzen offenbar das *Fehlen* des Artikels zu einem neuen Fokusmarker, so etwa bei *Schlüsselwörtern* in professionellen Jargons von Economy-Managern, in dem auch der unbestimmte Artikel weggelassen werden kann: *auf _ Basis, bei _ Problem, _ Resultat* steht für *auf* <u>*der*</u> *Basis, bei* <u>*einem*</u> *Problem,* <u>*das*</u> *Resultat* etc. Man achte darauf, dass es hier kein englisches Vorbild gibt, und es ist noch nicht vollkommen klar, auf welchen Wegen dieser neue ‹Nullartikel› in professionelle Jargons eingedrungen ist.

Niemand kann also zur Zeit mit Bestimmtheit sagen, wie diese neuen Formen im einzelnen wirklich motiviert sind (und ob es überhaupt eine zentrale Motivation gibt); auch fehlen – wie meist – einschlägige Studien und Theorien. Die Äußerungen haben aber eines gemeinsam: Die semantischen Voraussetzungen, die der Standard für Formen mit und ohne Artikel jeweils vorsieht, sind nicht mehr oder nicht mehr voll gegeben. Oder anders ausgedrückt: Der Raum für Determiniertheit/Indeterminiertheit hat sich verschoben; vieles ist im Fluss. Zum Beispiel muss im Satz

– *Wir wollen uns nicht nur auf* <u>*die*</u> *Mutmaßungen verlassen.*

nicht mehr bekannt sein, um welche Mutmaßungen es sich genau handelt. Vielleicht sind Situationen allgemeiner Art gemeint, in denen Mutmaßungen als solche potentiell *vorkommen*. Es darf also das, was der Artikel suggeriert (d.h. *bekannte* Mutmaßungen), im Hintergrundwissen durchaus fehlen oder *unbestimmt* bleiben. Man kann es auch andersherum formulieren: Bei Artikelformen können oft die Voraussetzungen für *Nichtartikel* ausfindig gemacht werden, und umgekehrt. Was stattfindet, ist so etwas wie eine Durchkreuzung von Artikel und Nichtartikel. Dies gilt im Prinzip für *alle* neuen Formen um den Artikel, und es ist zur Zeit nicht klar, ob dies eine Neudefinition des Artikelgebrauchs bedeuten wird oder nur seine Schwächung im Interesse des langfristigen Sprachwandels. Auch kann zur Zeit niemand sagen, ob die akuten Veränderungen in der deutschen Umgangssprache tatsächlich und, wenn ja, in welchem Umfang durch die Interaktion mit Mehrsprachigkeit (evtl. auch plus Englisch) ausgelöst oder beschleunigt sind. Möglich ist beides durchaus.

Sicher ist zumindest, dass Mehrsprachigkeit einen Motor für diese Prozesse darstellt, vielleicht sogar den wichtigsten oder stärksten. Nach unseren Beobachtungen hat die Verwechslung von bestimmtem Artikel und Nullartikel besonders im Munde von Migranten etwas von Regelmäßigkeit:

– *Das sind Theateraufführungen für <u>die</u> Kinder. (für Kinder)* vs.
– *Zeigen Sie mal _ linke Hand! (die linke Hand)*

Die Lage ist Grund genug, die Migrantensprachen und ihre Artikel näher unter die Lupe zu nehmen.

Der Artikel und die Migrantensprachen

Das bunte Leben des Artikels im Migrantendeutsch (‹Akzent›) hat hieran einen unauslotbaren Anteil. Kaum eine wichtige Migrantensprache hat überhaupt einen Artikel. Sprachen wie Türkisch, Russisch oder Bosnisch besitzen allenfalls selbständige Demonstrativpronomen wie *dieser, diese, dieses*, die aber keine Artikel sind.[10] Das Arabische hat ihn, die Balkansprachen auch. Die Migrantensprachen insgesamt verhalten sich im Prinzip so wie die Sprachen in der Welt: Es gibt mehr Sprachen ohne als mit Artikel.

Eine Faustregel besagt, dass besonders slavische Migranten den Artikel – wenn überhaupt – nach den Regeln ihrer Herkunftssprache auswählen, also nach dem ‹grammatischen Geschlecht› – was durch ‹Interferenzen› bereits vielfach belegt ist. Typisch wären dann *die Mut* (bosnisch *hrabrost* fem.), *das Himmel* (nach russisch *nebo* neutr.), *der Boot* (nach serbisch *čamac* mask.). Wachsende Unsicherheit mag weiter dazu beitragen, den Artikel vorsichtshalber lieber gleich wegzulassen, als ständig einen falschen zu riskieren. Eine zweite Strategie sieht so aus: Weil die Schwankungen

nicht zu beseitigen sind, greift man zu einer bewährten Notlösung – man wählt (unbewusst) eine einfache und naheliegende
Artikelform aus und macht daraus einen Allzweck-Artikel für alle
Fälle (einen ‹generischen› Artikel). In der Sprachgeschichte hat
sich dieses Phänomen immer wieder ereignet, am deutlichsten im
Englischen, das alle Artikelformen auf *the* reduziert hat. Möglich
ist, dass der deutsche Artikel *die* für ‹Plural› hier eine Signal-
wirkung ausübt: <u>*die*</u> *Tische,* <u>*die*</u> *Decken,* <u>*die*</u> *Pferde.*

25. NEUE ‹DUNKLE› VEREINFACHUNGEN

Der moderne Sprachwandel des Deutschen steckt nicht mehr in
den Kinderschuhen. Deshalb gibt es inzwischen Veränderungen
und neue Züge, die nicht mehr vollkommen unbewusst, sondern
bereits einigermaßen bekannt sind. Da der Sprachwandel aber
weitergeht, gibt es auch ganz neue Spuren, die dem sprachlichen
Bewusstsein (auch dem der Linguisten!) noch fast ganz entzogen
sind – das muss wohl auch so sein, denn sonst könnten sie sich im
Sprachgebrauch nicht halten. Deshalb ‹dunkle Veränderungen›.
Dunkel auch deshalb, weil sie nicht nur unbewusst sind, sondern
auf Nachfrage auch durchweg geleugnet und auch meist gleich
korrigiert werden: Als Fehler, als winzige Wurmlöcher des Sprechens, weisen sie auf die neuesten Bewegungen des Sprachkörpers
hin. Die Fehler von heute sind aber wahrscheinlich die Normen
von morgen, und es ist schließlich nur eine Frage der Zeit, wie
weit dieses Morgen vom Heute entfernt liegt.

Die folgenden Züge kämpfen noch heftig mit dem Stigma des
Fehlerhaften. Besonders in geschriebener Form sehen sie sehr
gewöhnungsbedürftig, ja falsch aus, aber solange wir keine einschlägigen Aufnahmen haben, ist dies die einzige Art, sie zu präsentieren.

Eine neue Steigerung?

In den flektierenden Sprachen und auch im Deutschen steigert
man die Adjektive nach dem traditionellen Typus *stärker, größer,
lauter.* Dies ist der indogermanische Grundtyp, und er ist in vielen
Sprachen Europas ziemlich fest verankert. Er heißt ‹synthetisch›,
weil alles in einem Wort zusammengefasst ist. Viele Sprachen ha-

ben aber daneben einen zweiten Typ entwickelt, der dem ersten Konkurrenz macht. Er geht nach dem Muster MEHR INTERESSANT: englisch *more interesting*, russisch *bolee interesno*, polnisch *bardziej interesujący*. Ja, die mehr westlich und südlich gelegenen Sprachen Europas haben diesen ‹analytischen› Typ sogar fast ausschließlich: französisch *plus tard* ‹später›, italienisch *piu tardi*, rumänisch *mai tîrziu*, griechisch *pio argó*. Wenn Sprachen beides haben, ist der Typ mit *mehr* meistens reserviert für mehrsilbige Adjektive oder Fremdwörter: englisch *more interesting*, russisch *bolee udovletvorjajuščee* ‹befriedigender›, serbisch *više fer* ‹fairer›.

Auch im Deutschen stellt sich seit einiger Zeit aus dem Hintergrund eine leise Konkurrenz zur alten Steigerung ein, und das ist historisch etwas Neues: Es ist der Typ *mehr geeignet; mehr zuständig; mehr aufgeregt*. Die meisten deutschen Muttersprachler, Lehrer und Sprachpfleger werden auf Anfrage abstreiten, dass es die MEHR-Steigerung im Deutschen überhaupt gibt. Solche Urteile gehen aber bloß auf einen Blinden Fleck zurück, der unweigerlich von der Macht des Standard-Deutschen erzeugt wird. Besonders Entertainern, Talkshowmastern, aber auch Jugendlichen und gelegentlich dem Normalbürger unterlaufen ständig Steigerungsformen mit *mehr*, die nicht mehr ad hoc zurückgenommen oder korrigiert werden. Drei typische Beispiele:

– *Man ist hier in Athen ja doch <u>mehr aufgeregt</u> als bei den Deutschen Meisterschaften.*

– *Die Mannheimer Studenten reagieren hier vielleicht doch <u>mehr angepasst</u> als ihre Kommilitonen in anderen Städten.*

– *Die diesjährige Präsentation war in jedem Fall ein Stückweit <u>mehr interessanter</u> (!) als ihre Vorgängerin.*

Möglich ist, dass der MEHR-Typ in seiner Anfangsphase mehrere Stufen durchläuft. So wird er zunächst öfter auftauchen in Sätzen wie:

– *Er war <u>mehr aufgeregt</u>, als dass er durcheinander war.*

– *Im Laufe des Abends und nach einigen Bierchen wurde er mehr und <u>mehr gesprächig</u>.*

Hier liegen spezielle Steigerungsformen vor, die für Veränderungen offener sind.

Diese neuen Formen haben offenbar auch Zwischenstufen, die die ‹Zielform› sprechergerecht vorbereiten. Das alte ‹interessan-

ter› taucht dann in einem nächsten Stadium auf als ‹mehr interes-
sant(er)› (s.o.) – eine höchst merkwürdige Mischform, deren Dop-
pelung dann bald wieder beseitigt wird in Richtung auf die endgültige Form ‹mehr interessant›. Hier höre man auf Kindermund,
foreigner talk, Sprachenneulerner oder Versprecher. Auch im
Migrantendeutsch ist dies der gängige Typ. Sehen wir uns die Lage
in den Hintergrundsprachen der Migranten etwas genauer an.

Wie machen es die Migrantensprachen?

Neben dem Englischen (*more interesting*) werden die Migra-
tion und der Einfluss ihrer Sprachen im Milieu der neuen diffusen
Mehrsprachigkeiten in Deutschland ordentlich gewirkt haben.
Fast schon nicht mehr erstaunlich, dass zwei mächtige Migranten-
sprachen eine Steigerung nach dem Muster MEHR SCHÖN =
SCHÖNER haben.

- Das Türkische hat ausschließlich den *mehr*-Typ *güzel* : *daha
güzel* ‹schön : mehr schön = schöner›. Sogar die höchste Steige-
rungsform hat diese Struktur: *en güzel* ‹am schönsten›.

- Das Arabische hat, wie das Englische, zwei Modelle, ein
schwieriges und ein einfaches. Das schwierige variiert nach dem
Prinzip der inneren Flexion die Wurzel:

Wurzel K_B_R ‹groß›: *kabīr* → *'akbar* ‹größer› wie in *allahu
'akbar* ‹GOTT IST GROSS› eigentlich: ‹ist größer› – (als alles was
man sagen oder tun kann).

Wurzel Ǧ_D_D ‹neu›: *ǧadīd* ‹neu› → *aǧadd* ‹neuer›

Im ganzen Satz: *bayt al-muḥāsib 'akbar min bayt al-mudarris.*
‹Das Haus des Bankers ist größer als das Haus des Lehrers.›

Diese Form ist für Lerner schwerer, weil es keine Regeln gibt
und weil man sich mutierte Wurzeln immer schwerer merken
kann als den Typ mit MEHR. Dieser kommt aber für lange Adjektive vor und ähnelt darin dem englischen Muster mit *more*. Das
arabische Wort für MEHR ist *'akṯār*: *'akṯār 'ifādatan* ‹mehr nützlich› = ‹nützlicher›; *'akṯār intišāran* ‹verbreiteter›.

- Alle Balkansprachen haben den *mehr*-Typ, und zwar in der bereits hochgradig grammatikalisierten Form; er hat den ersten
Typ *lauter, schneller* vollkommen beseitigt: z. B. griechisch *pio
kaló* ‹mehr schön› = ‹schöner›.

Niemand kann zur Zeit sagen, wie das Deutsche diesen Typ
weiterentwickeln wird: ob es eine Variante sein wird wie im Rus-

sischen oder Englischen oder ob es weiter geht in Richtung auf die romanischen Sprachen. Sicher scheint – mit Blick auf Europa –, dass der alte Komparativ vom Typ *laut : lauter* in der Zukunft nicht das einzige Muster bleiben wird.

Der Umlaut wird allmählich eingeebnet

Eine weitere Vereinfachung, die noch ganz im Verborgenen stattfindet, schließt sich hier direkt an. Die deutsche Grammatik ist überall von Formen durchzogen, die in lautlichen Varianten vorliegen:

– *stark* : *stärk-er; rot* : *gerötet; helfen* : *hilf!; Ratschlag* : *Rat-schläge; laden* : *lädt* etc.

Der Normal-Vokal wechselt ab mit dem Umlaut, wir nannten das ‹innere Flexion›. Was neuerdings vor sich geht, ist, dass die Unterschiede zwischen den Formen, von denen viele einen Umlaut haben, eine schwache Tendenz zum Abbau entwickeln, d. h. die Formen werden vorsichtig vereinfacht und die Umlautformen immer öfter geschwächt oder gleich ganz eingeebnet. Im Jugendjargon sind Formen wie

– *nehm das!, helf ihm (ihn) mal!, sprech deutsch!, er ratet, sie ladet ein*

zwar noch nicht die Regel, kommen aber immer häufiger vor, zumal dann, wenn der Schulalltag weit weg ist. Aber auch unter gebildeten Erwachsenen sind Formen wie *starker*, die *Arzte*, die *Finanzmarkte* keine absolute Seltenheit mehr; als vereinzelte ‹Versprecher› (die streng genommen keine mehr sind) sind sie immer öfter zu hören, besonders wenn sie im Gespräch zum ersten Mal auftauchen. Beim olympischen Tischtennis hörte ich ein

– *Timo Boll ist stark darin, Rückstande schnell wieder aufzu-holen.*

Auf dem Kinderspielplatz dann diesen Satz einer Mutter:

– *Wir können heute nacht nicht hierbleiben, weil dann kommen die Fuchse.*

In sporadischen Versprechern in Talkshows oder im Frühstücksfernsehen kann man immer öfter ‹grobe› Fehler vernehmen wie die *den Tochtern*, *die Wunsche*, die *Vorwurfe*, die aber meist den Filter nicht passieren und noch sofort korrigiert werden in *den Töchtern*, *die Wünsche*, *die Vorwürfe*. Gehört habe ich im Fernsehen aber auch schon (nichtkorrigierte) ad-hoc-Bildungen wie *die Hofe* (Höfe), *in die Hohe* (Höhe). Damit sind es keine zufälligen Versprecher mehr, sondern unbewusste ‹Fehlleistungen›, die auf Bewegung im sprachlichen Gebrauch hinweisen. Die Tendenz besteht darin, die Grammatik in einer Kategorie zu vereinfachen, also nur noch ein Signal zu verwenden statt zwei oder drei (‹kreolisches Prinzip›): Um den Plural für *Arzt* oder *Ratschlag* auszudrücken, braucht man eigentlich nur das Schluss-*e* und keinen Umlaut. Möglich ist, dass hier das (korrekte) Modell *der Verlag* : *die Verlage* Pate gestanden hat und es dann übertragen worden ist auf *Vorschlag* : *Vorschlage* oder *Vorwurf* : *Vorwurfe*.

In Zusammenhang mit diesen Unsicherheiten stehen letztlich neue schwankende Pluralformen, die ebenfalls noch ganz abgedunkelt sind. Diese sind vom Typ *interessante Einsichte_* für *Einsichten*, *Besprechunge_* für *Besprechungen*, *Moderatore_* für *Moderatoren*. So auch *fünfzig Sekunde, viele Geparde* etc. Offenbar hat Schluss-*e* ein verführerisches (wenn auch nicht korrektes) ‹Plural-Potential›:

– *Vielleicht beschert uns der Fakten-Check ja ganz neue Einsichte.* (ein Talkshow-Moderator)[11]

Es wirkt eine Tendenz des Ausgleichs und der Vereinfachung, die sich im Anfangsstadium befindet. Da sie aber einmal angefangen hat zu wirken, findet man auch, dass die sogenannten starken Verben, die oft einen Umlaut in ihren komplizierten Formen haben, diesen beseitigen und über diesen Weg zu schwachen Verben werden können. So ist z. B. *schwören – schwor – geschworen* am Aussterben, und es wird immer häufiger spontan ersetzt durch *schwören – schwörte – geschwört*. Ganz unbekannt ist, in welchem Ausmaß diese Tendenz zur Zeit um sich greift. Jeder Gymnasiallehrer könnte wahrscheinlich händeringend Auskunft geben über ‹Fehler› dieser Art, die nur der schulische Reflex sind von breiten Prozessen in der Sprechergemeinschaft. Formen wie *er nehmt, er empfehlt, er befehlt, er befehlte, sie kneifte, sie flechtete* geistern durch alle Diskurse und werden immer öfter ‹überhört›, d. h. spontan schon zugelassen.

Metaphern, Redewendungen, Sprichwörter
Die letzte dunkle Zone der Sprachveränderungen im Deutschen wird ausgefüllt von einem neudeutschen Phänomen, dessen Zusammenhang mit Mehrsprachigkeit und Migrantendeutsch noch

nicht vollkommen klar ist. Es besteht darin, dass alte Sprichwörter, Redewendungen und Metaphern kaum noch in ihrer
überlieferten Originalform zu hören sind, sondern immer in
irgendeiner Abwandlung. Es handelt sich um eine vollkommen
regelmäßige Erscheinung, die in ihrer Intensität etwa so alt sein
dürfte wie der aktuelle Sprachwandel, also etwa zwanzig bis dreißig Jahre. Alle drei Redefiguren haben gemeinsam, dass sie eine
‹übertragene› oder indirekte Bedeutung übermitteln und zum
Kulturerbe einer jeden Sprache gehören. Sie unterscheiden sich
eigentlich nur in der Wortlänge. Drei typische Beispiele:

* Metapher:
  Original: Es ist wie eine Nadel im Heuhaufen suchen.
  Variante: Da kannst du ne <u>Nähnadel im Heu</u> suchen.

* Redewendung:
  Original: Wir haben uns die Rettung der Firma auf die Fahnen
  geschrieben.
  Variante: Wir haben die Rettung der Firma <u>auf unsere Fahne
  gesetzt.</u>

* Sprichwort:
  Original: Wer im Glashaus sitzt, soll nicht mit Steinen werfen.
  Variante: Wer im Glashaus <u>ist, sollte</u> nicht <u>mit Steinen schmei-
  ßen.</u>

Solche Abwandlungen treten sehr regelmäßig auf und haben viele
Varianten. Kaum jemals hört man noch die exakte Originalver-
sion.[12] Wenn man lange genug sucht und registriert, findet man in
den neuen Formen so gut wie alles: Die Umstellung mit Sinnver-
drehung, neue Halbsätze, Austausch von Wörtern, andere oder
keine Endungen, Plural statt Singular, Austausch einzelner Laute
u. v. m. Obwohl es keine einschlägigen Studien gibt, ist eines doch
ganz sicher: Es sind keine Zufälle, keine Versprecher, keine ab-
sichtlichen Verballhornungen (wie etwa bei *das schlägt dem Fass
den Boden ins Gesicht*) und auch kein ‹Metaphernbeißen› vom
Typ *Licht am Ende des Horizonts*; dies ist eine Sache des stilisti-
schen Gefühls, der verbalen Ästhetik, und hat mit Veränderungen
im Sprachsystem zunächst einmal wenig zu tun.

Die Wissenschaft behandelt solche Dinge, wenn überhaupt, meist einzelsprachlich nach den Leitlinien der traditionellen Rhetorik, in der die ‹Redefiguren› auf ihre Intentionen und Wirkungen untersucht werden. Unter dem Stichwort *Variation* oder *Abwandlung* werden als Motive und Begleitumstände z. B. genannt: unzureichendes Sprachwissen; ästhetische Sprachlust; Imponieren; Aufmerksamkeit erregen. Hinter solchen Urteilen steht unverkennbar das alte Denkmodell von der Normabweichung, ein tief verwurzelter Hang zur Fehleranalyse und ein Fokus auf der *Lücke* zwischen zwei oder mehreren Ausdrucksweisen.

Leicht geht da verloren, welche Funktionen diese Abweichungen für einen beschleunigten Sprachwandel, wie er in Deutschland vor sich geht, haben können. Die Belegfälle haben jedenfalls in den letzten zehn bis zwanzig Jahren rasant zugenommen. Ja, es scheint mittlerweile so etwas wie ein unsichtbarer *Zwang* zu herrschen, an irgendeiner Ecke der Floskel etwas abzuändern, es scheint einen seltsamen, wie magischen Druck zu geben, dem viele Zeitgenossen ohne weiteres nachgeben. Die Abwandlung geht aber nicht über die Rote Linie der völligen Verdunkelung; die Ausgangsform bleibt immer in irgendeiner Form erkennbar und der Faden zum Sprachgut reißt nicht völlig ab. Offenbar wird gar nicht die Metapher selbst zerstört, sondern nur die kulturelle Bedeutung der gesprochenen Formel zurückgefahren. Deshalb kommt es dem Volksmund vielleicht nur darauf an, *irgendetwas* an der Wortsubstanz zu verändern, um dadurch Sprichwort und Redensart zu ‹neutralisieren› oder neu zu definieren. Können wir einen Zusammenhang mit der aktuellen Sprachsituation in Deutschland herstellen?

Metaphern-Umbau und Sprachsituation

Auf den ersten Blick reiht sich das Phänomen passgenau ein in den Kreis der vielen anderen Veränderungen, die das Deutsche zur Zeit durchmacht – nur eben jetzt nicht mehr auf der eng grammatischen Ebene, sondern auf der weiten Ebene der ‹Phraseologie›. Sprichwörter, Redensarten und Metaphern gehören zu einer bildlichen, sinnlichen Sprachebene, die so etwas wie den kulturellen Horizont einer Sprachgemeinschaft, einer Kulturgemeinschaft ausmalt und für ihre Mitglieder einen hohen Identifikationswert besitzt. Das gilt offenbar nicht nur für ein Land, eine Einzelsprache, eine Region oder einen Kulturraum: Die Disziplin der Europäischen Phraseologie (‹Europhras›) hat herausgefunden, dass viele Wendungen über ganz Europa verbreitet sind und so etwas ausbilden wie ein internationales Kulturareal, das keinen staatlichen oder nationalen Grenzen folgt. Es erzeugt durch gemeinsame Tradition, Weltanschauung, Gebräuche, Religion, Philosophie und Kultur einen tiefen Zusammenhang, dem alle Sprecher unterliegen (Eismann 2010).

In Deutschland haben sich in den letzten sechzig Jahren zwei Kulturbrüche mit immensen Auswirkungen ereignet: das Ende des Faschismus und die bis heute fortlaufende Immigration. Beide Transformationen erzeugen eine abrupte Wende in der Überlieferung und erzwingen eine neue Definition kultureller Werte. Dabei scheint ein neues Bewusstsein von den Fallstricken und Paradoxien der ‹Vergangenheitsbewältigung› einherzugehen mit einer neuen, relativen Kultursicht, die das Eigene und das Fremde eher sieht als ein kreatives Tandem mit einer großen Zukunftsfähigkeit. Denkbar ist in einem solchen Rahmen, dass mehrsprachige Sprecher Sprichwörter und Metaphern nicht nur in einer Sprache, dem Deutschen, parat haben, sondern sie auch aus anderen Sprachen, dem Englischen, Russischen, Bosnischen, Schwedischen kennen. Da diese Varianten immer ein kleines Stück voneinander abweichen, überträgt sich dieser Abweichungsfaktor fast automatisch ins Deutsche. Man vergleiche:

- Deutsch: *Lieber den Spatz in der Hand als die Taube auf dem Dach.*
- Englisch: *A bird in the hand is worth two in the bush.*
- Russisch: *Lučše sinica v rukach čem žuravl' v nebe.* ‹Besser einen Spatz in den Händen, als einen Kranich am Himmel.›

Die Bilder, der Satzbau und die Grammatik sind verschieden, das Gemeinte aber ist dasselbe. Ein dreisprachiger Praktikant, der vielleicht in Moskau Deutsch lehrt, wird in seinem England-Urlaub eventuell zu einem neuen Bekannten sagen: *Ein Spatz in der Hand ist besser als zwei im Busch* o. ä.

- *Gegen* einen engeren Zusammenhang mit den Migrantensprachen wie Türkisch spricht, dass es in Sprachen, die einem anderen Kulturkreis entstammen, kaum ähnliche Sprichwörter gibt und Migranten im Gebrauch von deutschen Sprichwörtern und Metaphern ohnehin eher zurückhaltend sind.

- *Für* einen Zusammenhang mit dem Migrantenfaktor spricht, dass die zweite und dritte Generation ja hier geboren ist und aus deutschen Muttersprachlern besteht, die sich immer stärker auch des deutschen Metaphernschatzes bedienen, weil genau dies ein starkes Anzeichen für fortgeschrittene Integration ist (und viele Metaphern ohnehin europäisches Gemeingut sind). Neue Deutsche mit Migrationshintergrund verfügen außerdem über eine sozusagen eingepflanzte zwei- und mehrsprachige Kompetenz und über ein bilingual geprägtes Sprachbewusstsein: Wenn sie deutsche Sprichwörter gebrauchen, dann werden sie sie mit der allergrößten Wahrscheinlichkeit abwandeln, weil Migranten weder für die altdeutsche Form noch für altdeutsche Konnotationen stehen können.

Zumindest kann man soviel sagen, dass die Formen aufgelockert, flexibler, offener, aber auch *weniger stabil* geworden sind. So wie es im Neudeutschen zehn Varianten zu *mit einem niedlichen Eisbären* geben mag, werden wohl auch andere Redewendungen und Sprichwörter vielfach umgeschrieben und abgewandelt werden.

26. SPRACHWANDEL: FORMEN-*HOPPING* UND TRAMPELPFAD

Im Schaufenster eines kroatischen Restaurants in Berlin las ich im Juli 2012 auf der Speisekarte zwei Gerichte, direkt hintereinander:

– Portion <u>Pfifferlingen</u> mit Rührei 8,50 Euro.
– Rumpsteak mit <u>Pfifferlinge</u> 13,50 Euro.

Eine Mutter aus der Berliner Nachbarschaft (südamerikanischer Herkunft) wollte unsere Kinder abholen und sagte:

– *Ich hole <u>ihm</u> nachher ab und dann können wir <u>mit ihn</u> und Adrian noch ins Freibad gehen.*

Dieser Typ von Vertauschung ist offenbar auf keine Wortart, keine Kategorie beschränkt, vgl.:

– *Dies betrifft dann auch die <u>andere</u> Journalisten.*
– *Plötzlich kamen auch noch <u>anderen</u> Journalisten hinzu.*

Wenn heute ein sehr großes Korpus spontan gesprochener deutscher Umgangssprache, gesprochen von Deutschen mit und ohne Migrationshintergrund, zur Verfügung stünde, würde man mit Sicherheit zwei ‹Gesetze› herausfiltern können. Das erste Gesetz nenne ich

- **No agreement:** Neudeutsche Formen werden mit einer gewissen Regelmäßigkeit, ja Vorhersagbarkeit verwendet – so als wollte man die ‹richtige› Form unter allen Umständen umgehen und eine – gewissermaßen ‹drohende› – grammatische Kongruenz möglichst vermeiden. Im zweiten Beispiel oben wird das *agreement* – Verb *abholen* mit Akkusativ/Präposition *mit* mit Dativ – klar und ‹absichtlich› durchbrochen. Genauso der Kasus im ersten Beispiel: *Portion Pfifferlingen* vs. *Steak mit Pfifferlinge.* Hier herrscht eine innere Systematik, die weit über ein nur zufälliges Maß hinausgeht. Klar ist auch, dass richtige und falsche Formen den Sprechern im Prinzip irgendwie bekannt sein müssen, aber nicht normativ als ‹richtig› oder ‹falsch› eingeschätzt und eingesetzt werden. Sie werden auf eine neue Art gebraucht; die altdeutschen (korrekten) Formen

   – Portion Pfifferlinge/mit Pfifferlingen; ich hole ihn ab/wir gehen mit ihm

   werden quasi ausgetrickst. Möglich ist, dass dies eine Art ist, die kodiertechnisch irgendwie ökonomischer ist und damit den inneren Sprachwandel fördert.

   Das zweite, ebenso verblüffende ‹Gesetz› nenne ich

- **New forms first:** Die neuen Formen des veränderten Deutschen erscheinen in einem Redebeitrag oft *an erster Stelle.* Kommen sie im selben Beitrag (in nicht allzugroßer Entfernung) noch einmal vor, stehen also dann an zweiter, dritter etc. Stelle, erscheinen sie oft in ihrer *alten* Form. Dabei scheint die Länge des Redebeitrages keine Rolle zu spielen, jedenfalls im Prinzip. Es ist gleich, ob es ein längerer Monolog, ein paar Sätze oder ein kürzerer *take* ist. Zuerst wird also die neue ‹falsche› Form verwendet:

   a) *Ich fasse zusammen: Wir sind mit diesen Ergebnis zufrieden.*

   Folgt jetzt Nachfrage, Kontrast, Wiederholung, Diskussion der Ergebnisse etc., würde man aller Wahrscheinlichkeit nach vom selben Sprecher, oft auch von folgenden, weiteren Sprechern, die ‹richtige› Form *mit diesem Ergebnis* hören, vielleicht abgewandelt als:

a') _Mit diesem Ergebnis_ konnte ja auch keiner ernsthaft rechnen.

a'') _Egal wie man es dreht, die Buchhaltung wird mit diesem Ergebnis_ so oder so zurecht kommen müssen.

a''') _Mit diesem Ergebnis,_ von dem Sie gerade gesprochen haben…

Weitere Beispiele für das Prinzip _new forms first/old forms second_ könnten so aussehen:

b) **New forms first:** _Wir haben die Rettung der Firma auf unsere Fahne geschrieben._

b') Old forms second: _Wir haben uns die Rettung der Firma auf die Fahnen geschrieben._

c) **New forms first:** _Zieh dir deine neue Stiefeln an!_
   Was soll ich mir anziehen?

c') Old forms second: _Deine neuen Stiefel,_ Herrgott nochmal!

d) **New forms first:** _– Da muss ich aber sofort laut Einspruch anlegen!_
   – Du gehst aber ganz schön forsch ran!

d') Old forms second: _Na hör mal, man wird ja wohl noch Einspruch einlegen_ dürfen!

Wir wollen auf weitere Beispiele verzichten, weil sich der Mechanismus wiederholen würde. Er findet auf _jeder_ sprachlichen Ebene statt, er ist nicht abhängig von der Grammatik, sondern offenbar ein kognitives Prinzip des Sprachwandels. Ich nenne es ‹hopping›, weil zwischen neuen und alten Formen _regelhaft_ hin- und hergesprungen wird.

Nur eine großangelegte Untersuchung würde genug Daten liefern, mit denen man den Prozess des Formenhopping einwandfrei belegen könnte. _Hopping_ umfasst im Prinzip alle Formvarianten, die zu einer Zeit parallel existieren und untereinander für eine Zeit im Rahmen des Sprachwandels in Konkurrenz stehen, also neue und alte Varianten. In der deutschen gesprochenen Sprache umfasst das _hopping_ in diesem Sinne mindestens die folgenden Kategorien (und ihre Verzweigungen). _Hopping_ (↕) findet regelmäßig, ja systematisch statt zwischen diesen Formen (erst neu (1), dann alt (2)):

Kleine Tabelle des Formen-*hopping* im deutschen Sprachwandel

1. Kasus 1   ↕   Kasus 2
   neue Form: *Mit diese<u>n</u> Problem haben wir nicht gerechnet.*
   alte Form: *Mit diese<u>m</u> Problem haben wir nicht gerechnet.*

2. Präposition   ↕   Kasus
   ein Dankeschön an unseren Gastgeber
   unserem Gastgeber ein Dankeschön

3. Nullartikel   ↕   Artikel
   <u>_ Problem</u> ist, dass wir ein Defizit haben.
   <u>Das Problem</u> ist, dass wir ein Defizit haben.

4. Präposition 1   ↕   2
   Wir haben Vertrauen <u>für unseren Lehrer.</u>
   Wir haben Vertrauen <u>zu unserem Lehrer.</u>

5. Konjunktion 1   ↕   2
   Wir fahren nicht nach Mallorca, <u>aber</u> nach Teneriffa.
   Wir fahren nicht nach Mallorca, <u>sondern</u> nach Teneriffa.

6. Komparativ 1   ↕   2
   Die Studenten sind hier auch <u>mehr aufgeregt</u> als zu Hause.
   Die Studenten sind hier auch <u>aufgeregter</u> als zu Hause.

7. Adverb 1   ↕   2
   Sie haben mich in diese Situation <u>herein</u> gebracht.
   Sie haben mich in diese Situation <u>hinein</u> gebracht.

8. Plural 1   ↕   2
   Bei einem Therapeuten können Sie sich die nötigen <u>Ratschlage</u> holen.
   Bei einem Therapeuten können Sie sich die nötigen <u>Ratschläge</u> holen.

9. Verb 1   ↕   2
   In diesem Rätsel musst du nur die richtigen Wörter <u>an</u>setzen.
   In diesem Rätsel musst du nur die richtigen Wörter <u>ein</u>setzen.

10. Sprichwort 1   ↕   2
    Wir haben das <u>auf unsere Fahne gesetzt.</u>
    Wir haben <u>uns das auf die Fahnen geschrieben.</u>

Dies sind die wichtigsten zehn Felder. Jedes Feld müsste man mit ausreichend Material einzeln untersuchen. Dies wäre der direkte Forschungspfad (‹induktiv›). Ein anderer, indirekter Weg bestünde darin, große linguistische Theorien aufzufahren, um das ganze Phänomen auf ein breiteres linguistisches Gleis zu heben (‹deduktiv›). Es besteht nämlich kein Zweifel, dass die neuen Formen im Sprecherbewusstsein auch als neu *markiert* sind, also besondere sind, während die alten Standard-Formen noch vollkommen geläufig, also *unmarkiert* sind. Linguistische Theorien der Markiertheit, z. B. von Carol Myers-Scotton, würden hier die sozialen, psychischen und sprachlichen Bedingungen aufzählen, die die Wahl einer neuen, markierten Form bewirken und die alte unmarkierte Form dann wie beiläufig noch nachfolgen lassen. Solche Theorien würden vielleicht voraussagen, dass der ganze Prozess des *hopping* zwischen ‹*markedness/unmarkedness*› in unseren Fällen irgendwann an eine kritische Grenze kommt, an der die Markierungen umschlagen und die Formen ihre Plätze tauschen. Für einige neue Formen scheint es schon so weit zu sein: Die Muster *mit diesen Problem*; *nach diesen Bericht*; *von diesen Prozess* sind auf dem besten Wege, zu neuen unmarkierten Formen zu werden, die für das neue Sprachgefühl bereits vollkommen normal sind. In nicht allzu ferner Zeit identifiziert dasselbe Sprachgefühl dann die alten ‹richtigen› Formen wie *mit diesem Problem* schließlich als markiert, also als im mündlichen Gebrauch schon nicht mehr selbstverständlich. *Summa summarum*: Durch das *hopping* drückt sich eine tiefgehende *Ambivalenz* aus. Sie ist typisch für Individuen oder für Gruppen, die sich für eine Zeit in einer Übergangsphase des Sprachwandels befinden, innerhalb der gewechselt wird von einem Zustand in einen anderen, von einem Modus in einen anderen.

Durch *hopping* schafft sich der Durchschnittssprecher letztlich den Raum, den er braucht, um mit den schnellen Veränderungen zurechtzukommen, sie in seiner Sprachpraxis irgendwie zu ‹managen›. Er hält den Wandel der Sprache auf einer ‹dunklen› Ebene, die er braucht, um den Prozess erfolgreich zu Ende zu führen. *Hopping* ist *Sicherung* des Sprachwandels.

Rudi Keller: Sprachwandel und ‹Trampelpfad›

Hopping weist darauf hin, dass im Neudeutschen eine hoch-
wirksame Steuerung von inneren Wandelprozessen am Werk ist,
die das Ziel hat, neue Formen in den Sprachgebrauch einzuführen
und sie dort zu stabilisieren. Dazu müssen die Sprecher langsam
und behutsam vorkonditioniert werden: Niemand übernimmt *bewusst* eine neue Form. Und alte Formen kann niemand per Dekret
entfernen. Denn Sprachwandel ist ein gesellschaftlicher Prozess
über dem Sprachlichen: Der große Altertumsforscher Jan Ass-
mann sagte einmal, bestimmte Dinge im sozialen Prozess müssten
für eine Zeit den Diskursen entzogen bleiben, um sich zu entwickeln. Wir sagten, sie seien ‹dunkel›; man kann auch sagen: *un-
sichtbar*.

Rudi Kellers berühmte Theorie der *Unsichtbaren Hand* beschreibt, wie die Gemeinschaft den Wandel ihrer Sprache als einen
selbstablaufenden, dunklen Prozess managt: nämlich unbewusst,
nichtintentional, implizit. Wir stellen uns diesen Prozess so vor:
Die große anonyme Masse der Sprecher bewegt sich – vollkommen unbewusst – auf einem Weg des geringsten Widerstandes und
des größten Effekts, etwa wie ein Vogelschwarm oder eine Büffel-
herde. Sie springt zwischen alten und neuen Formen hin und her
und bereitet, mit der sicheren Intuition des kollektiven Handelns,
die allmähliche Etablierung der neuen Formen vor. Sie ‹weiß› dabei genau, wie diese Formen aussehen: Es sind solche, die ihre
Ziele befördern und ihren Bedürfnissen möglichst ökonomisch
entgegenkommen. Es sind Formen, wie die Sprachgemeinschaft
sie in ihrer jetzigen Situation *benötigt*.

Der größte Vorteil dieses Verhaltens besteht darin, dass es mit
der Zeit unmöglich wird, den einzelnen Sprecher noch auf diese
oder jene Form verbindlich festzulegen. (Wer wollte einem Vogel
im Schwarm schon sagen, wie er fliegen soll!) Durch ständige
Imitation und Wiederholung werden die neuen Formen mit der
Zeit gestärkt und setzen sich im veränderten Sprachbewusstsein
allmählich und unwiderruflich durch. (Diesem Ziel dienen auch
strategisch die wiederholt festgestellten ‹Gegentendenzen›, die
‹Versprecher›, die Korrekturen und das allmähliche Verblassen
der sprachlichen Normen im Bewusstsein der Sprecher: Sie sind
der Katalysator des Sprachwandels.)

Mit der Zeit verfestigen sich die neuen Formen zwanglos im Gebrauch. Dies würde Keller einen *Trampelpfad* nennen, gebahnt von der *Unsichtbaren Hand* oder dem *Unsichtbaren Mund*, dem mit der Zeit immer mehr Sprecher folgen und den sie durch ständige Wiederholung mehr und mehr festtreten. Die Metapher der *Unsichtbaren Hand* sagt, dass der ganze Prozess ohne *sichtbare* Intention abläuft, d. h. es gibt keine Instanz, die ihn jemals vorgezeichnet hätte oder kontrollieren würde. Man könnte auch sagen, dass der Prozess unbewusst abläuft, und zwar aus dem einfachen Grund, weil er nicht bewusst ablaufen *kann*.

‹Fehler› und Sprachwandel

Ein bekanntes Wort von Rudi Keller (2004) sagt: «Was wir als Sprachverfall wahrnehmen, ist der allgegenwärtige Sprachwandel, aus der historischen Froschperspektive betrachtet. Wir beobachten die Sprache durch ein schmales Zeitfenster und erkennen (…) jede Menge *Fehler und Barbarismen*.» Und er sagt weiter, auch dies ein bekanntes Zitat, dass die Fehler von heute die Sprachgewohnheiten und Regeln von morgen sein werden. Genau das spielt sich, sozusagen im Zeitraffer, jetzt im Deutschen ab. Dreißig bis vierzig Jahre sind für systematischen Sprachwandel eine extrem kurze Zeit und es ist dieser besondere Zeitfaktor, verbunden mit dem Faktor ‹viele Fremdsprachen›, der die deutsche Situation so deutlich charakterisiert. Wir halten Rudi Kellers Satz fest:

→ «Die systematischen Fehler von heute sind mit hoher Wahrscheinlichkeit die neuen Regeln von morgen.» (Rudi Keller)

Jede Sprachveränderung beginnt danach mit etwas, das aus der Froschperspektive (oder aus der Sicht der Sprachpflege) wie ein Fehler aussieht – weil das Sprachwissen und das Sprachgefühl darauf (noch) nicht eingestellt sind. Irgendwann in den 1980er oder -90er Jahren hat irgendjemand, ein Migrant oder ein Deutscher, mit oder ohne Migrationshintergrund, zum ersten Mal eine neue Form gebraucht (vielleicht *mit de̲n Präsident_*) oder jemand hat es akustisch nur so *verstanden*, irgendwann war es das erste Mal und irgendwann ist es dann in dieser Form wiederholt worden und weiter wiederholt worden, und irgendwann hat es sich auf andere

Formen ausgeweitet (und sich langsam als ein neues *Modell* durch die *community* hindurchgearbeitet).

Zu Anfang war das ein ‹Fehler›. Wenn die traditionelle Sprachpflege diese Redeweise gebraucht, weist das auf das dahinterstehende Bewusstsein in der Bevölkerung hin: Es ruht auf der Illusion der Unverrückbarkeit der Muttersprache, ist auf den Standard und den Schulunterricht fixiert und von allerhand Mythen und Ressentiments bestimmt. Weil der Durchschnittsbürger nicht dynamisch zu denken gewohnt ist, sondern eher auf den Status quo fixiert ist, hat er heute den Eindruck, dass auf das Deutsche in historisch sehr kurzer Zeit relativ viele ‹Fehler› (im Keller'schen Sinne) gekommen sind. Und neu ist auch: In Deutschland werden die latent vorhandenen Potenzen der Grammatik durch intensive neue Sprachkontakte und unter dem massiven Einfluss vieler Fremdsprachen aktiviert und angeschoben, und dies alles geht nicht nur schneller vor sich als in früheren Zeiten, sondern *sehr viel schneller* und in einer unabsehbar beschleunigten Dynamik. Wenn wir deutsche Zeitfenster in Bezug auf Neuerungen vergleichen würden, sagen wir eines um 1812 und eines um 2012, brauchten wir heute nicht nur ein Fenster, sondern eine ganze Fensterfront.

Niemand kommt deshalb darum herum, die Entstehung und die schnelle Verbreitung neuer Formen (‹Fehler›) im Rahmen von Migration und neuen Mehrsprachigkeiten zu sehen. Man mache nur den Test und verfolge eine politische Talkrunde mit einer international gemischten Journalistenrunde. Man wird die neudeutschen Novitäten *von allen Teilnehmern* wie auf dem Präsentierteller vernehmen können. Wir haben schon wiederholt gesagt, dass diese Neuerungen auf der Folie des Standards *Vereinfachungen* sind, niemand wird das ernsthaft bestreiten. Auch der Wandel des Sprachtypus insgesamt – hin zu mehr ‹analytischen› Strukturen – ist eine große Tendenz hin zu mehr Vereinfachung und Zergliederung, die sich unter den Bedingungen von Migration und Sprachen-*Clash* durchsetzen will. Natürlich bringen zweisprachige Sprecher mit ihrer doppelten Anderssprachigkeit vermehrt neue Formen in die Sprachenlandschaft – ob nun aus den Herkunftssprachen (Interferenzen), aus den kognitiven und neurologischen Bedingungen der Zweisprachigkeit, aus der Mündlichkeit, aus den Dialekten oder aus dem Standard-Deutschen selbst. Die

Einflüsse kommen von allen Seiten, aber der Fokus bleibt derselbe.

Sobald neue Formen einmal eine bestimmte Hemmschwelle überschritten haben, werden sie von autochthonen Sprechern mehr und mehr nachgeahmt und übernommen, ob diese selbst oder die Linguistik das nun wahrhaben wollen oder nicht. Wir wollen dies vorsichtig ein subtiles *entwickeltes foreigner talk* nennen, das nicht mehr ein altes Gastarbeiterdeutsch nachahmen oder verballhornisieren will, sondern im multikulturellen Milieu offener gegenüber neuen Sprechweisen wird, die vielleicht den grundständigen, langsamen, jahrhundertealten Sprachwandel des Deutschen – der ja nicht einfach ausgesetzt ist – passenderweise sogar bedienen können. Es kann kein Zufall sein, dass führende Vertreter der alternativen oder Grünen Szene, die sich ja Migration und Integration auf die Fahnen geschrieben haben und den Kontakt mit Migranten ausdrücklich suchen und pflegen, wesentlich *mehr* neue Formen gebrauchen als das politische Establishment (auch wenn sie dies sicher abstreiten würden). Eine subtile *Correctness der sprachlichen Noncorrectness* hat sich hier in Jahrzehnten aufgebaut und dient im politischen Milieu auch einer deutlichen Identifizierung (… *qui mal y pense*). Paradox genug, dass hochgebildete und etablierte neue PolitikerInnen mit Migrationshintergrund dann oft ein ‹besseres› Deutsch sprechen als ihre deutschen Kollegen.

Wir halten zum Schluss fest:

→ Die neuen großen, systematischen Veränderungen der deutschen gesprochenen Sprache sind zu einem großen Teil der neuen Sprachsituation geschuldet: dem Sprachkontakt mit vielen Migrantensprachen, neuen Mehrsprachigkeiten, dem Migrantendeutsch und den vielen neuen Ethnolekten. Das Deutsche wird offener, flexibler, einfacher und kompatibler. Der Preis dafür ist der Umbau von grammatischer und lexikalischer Substanz. Das gesprochene Deutsch der Zukunft wird zu einem guten Teil ein Produkt seiner gegenwärtigen Sprachkontakte sein.

ANMERKUNGEN

Vorbemerkungen und Zusammenfassung

1 Auch in einem neuen Geo-Heft (Nr. 11/2012), das dem Thema ‹Untergang der deutschen Sprache?› gewidmet war, spielt der Einfluss von Migrantensprachen keine Rolle.

2 Vgl. Uwe Hinrichs, Umgangssprache (razgovornaja reč'). In: Helmut Jachnow (Hrsg.), Handbuch der sprachwissenschaftlichen Russistik. Wiesbaden 1999, 601–624. Ders./Christian Vojtschizki/Barbara Jänichen, Bulgarische Umgangssprache. Wiesbaden 2000; Ders./Ljiljana Hinrichs, Serbische Umgangssprache. Wiesbaden 1995.

3 Eine bemerkenswerte, mustergültige Ausnahme ist die Studie zur Soziolinguistik der *slavischen* Sprachen in Deutschland von Achterberg (2005).

4 Zumindest bei maskulinen und neutralen Substantiven.

5 Wenn man Berlin herausrechnet, ist Leipzig die Großstadt, die in Ostdeutschland immer noch den höchsten Anteil an Menschen mit Migrationshintergrund aufweist (40 000). Es dominieren die Herkunftsländer Russland, Ukraine, Vietnam, Kasachstan und Irak, vgl. http://www.l-iz.de/Leben/Gesellschaft/2011/06/Leipzigs-Einwohner-mit-Migrationshintergrund.html.

6 Etwa: ‹Migrantische Sprechweisen›.

Erstes Kapitel: Sprachkontakte

1 In der HSK-Reihe (‹Handbücher der Sprach- und Kommunikationswissenschaften›) sind große Werke zu allen Disziplinen der Linguistik erschienen, darunter auch zur Kontaktlinguistik und zur Sprachtypologie.

2 Vgl. Haarmann (2010, 553–576).

3 Haarmann (2013 a).

4 Wir bleiben hier bei dem Normalfall der Migration, dem mehr oder weniger freiwilligen Ortswechsel, der meist aus ökonomischen Gründen erfolgt (‹Arbeitsmigration›). Klar ist, dass es auch Zwangsmigration im weitesten Sinne gegeben hat und gibt, im schlimmsten Fall die Vertreibung, daneben auch «politische Emigration, Minderheitenauswanderung und de[n] Bevölkerungsaustausch (...). Analog zu den unterschiedlichen Formen der Abwanderung existieren auch unterschiedliche Arten des Zuzugs. Bedeutsam sind Kolonialisierung, Urbanisierung, Zuwanderung von Konationalen.» (Will 2013)

5 Im Auge sollte man letztlich immer behalten, dass *Migration* ein Oberbegriff ist und verschiedene Dimensionen hat wie *Emigration*, *Immigration*, *Onward-Migration*, *Remigration* und *Zirkelmigration*.

Stillschweigend gemeint ist jedoch die Lesart – *totum pro parte* – *Im-migration*, also Einwanderung.

6 *Ius sanguinis* vs. *Ius soli*.

7 Offenbar steht Deutschland hier nicht vollkommen allein. Kielinger (2013) sieht eine ähnliche Situation in England.

8 Gemeint sind hier und unten natürlich ökonomische Interessen des Staates (und nicht ‹wirtschaftliche› Privatinteressen von Migranten).

9 In der ersten Phase der Migrationen nach dem Zweiten Weltkrieg, «period of war adjustment 1945–1954» (Bauer et al. 2005, 200), verließen 11,5 Millionen ethnische Deutsche die ehemaligen deutschen Ostgebiete im heutigen Polen, in Tschechien, der UdSSR und Rumänien («Vertreibung»), von denen 8 Millionen nach Deutschland (BRD) einwanderten, in die DDR noch einmal 3,6 Millionen. Bezeichnend ist auch, dass die erste umfassende Dokumentation und Analyse der ‹Vertreibung› erst jetzt, im Jahre 2012, erscheint (Douglas 2012).

10 «Most of the increase in individuals receiving social security benefits could be attributed to foreigners.» (Klingholz 2008, 238)

11 Die drei anderen «Wellen», die hier weniger interessieren, sind die russische Revolutionsemigration um 1920 (Westeuropa: 2 Mio.; Berlin: 300000), Kriegsvertreibung und Deportation (‹displaced people›, USA; Australien) und die sogenannte *brežnevskaja ėmigracija* bis 1986 (unter Generalsekretär Leonid Brežnev), während der besonders viele russische Juden nach Israel, Westeuropa und Deutschland emigrierten.

12 In manchen Großstädten scheint dies exponentiell vor sich zu gehen. *Der Spiegel* 6/2013, S. 17, spricht hier von ‹Armutsmigration›.

13 Wir wollen hier keinen Terminologiestreit um die Begriffe *Migration* und *Integration* austragen oder fortführen. Typisch für das Einwanderungsland Deutschland ist, dass sich diese Debatte in viele Spielarten, Facetten und Konnotationen verzweigt, etliche Haarspaltereien erzeugt und sich auf vielen Nebenschauplätzen austobt. Wie nicht anders zu erwarten, gibt es einen ganzen Strauß von Begriffsauslegungen, um die sich jede Menge Diskurse und Statistiken ranken. Hier vergleiche man bei Interesse aufsteigend bei Wikipedia *Migrationshintergrund*, dann den Bericht der Bundeszentrale für politische Bildung unter *http://www.bpb.de/nachschlagen/zahlen-und-fakten/soziale-situation-in-deutschland/61646/migrations hintergrund-i* sowie die gründliche Theoriediskussion bei Löffler (2011, 59–104). Umfangreiche Tabellen zum Musterfall Berlin bietet das Amt für Statistik Berlin-Brandenburg unter *www.statistik-berlin-brandenburg.de*

14 Datenquelle: Statistisches Bundesamt: Mikrozensus: Bevölkerung und Erwerbstätigkeit. Bevölkerung mit Migrationshintergrund; Bundesamt für Migration und Flüchtlinge (BAMF): Migrationsbericht 2009 f.

15 Wie sehr das Niveau von Bildung und sozialem Umgang in den Grundschulen der Großstädte im Keller ist, beschreibt Möller (2012) aus eigener Anschauung.

16 Achterberg (2005).

17 Die Terminologie ist oft uneinheitlich, es begegnen *Bilingualismus, Zweisprachigkeit, Multilingualismus, Mehrsprachigkeit,* manchmal auch *Diglossie* und noch andere Begriffe, und oft bezeichnen sie das gleiche oder derselbe Terminus wird verschieden verwendet. Wir verwenden hier den Ausdruck *Mehrsprachigkeit(en)*, der entweder die aktiven Sprachen in einem Land meint oder die Fähigkeit des Individuums, mehrere Sprachen anzuwenden.

18 Der Linguist Volker Hinnenkamp verwendet auch ‹Andersprachigkeit›, schreibt dem Terminus aber bisweilen eine ausgrenzende Konnotation von *Fremd-Sprache* zu. Ich verwende ihn neutral und wörtlich als ‹anders als die Muttersprache› und ‹anders als die neue Landessprache› – mit vielen Gradabstufungen.

19 Tracy (2007); Anstatt (2008). *Der Spiegel* 3/2013, S. 104, sprach von ‹Hirnjogging durch Zweisprachigkeit›: Danach weisen ältere Mehrsprachige die Hirn-Aktivitätsmuster von jungen Menschen auf.

20 Bossong (2004), Hinrichs (2004).

21 Beispiel aus Wendt, Heinz F., Fischer Lexikon Sprachen. Frankfurt/Main 1987: Chinesisch.

Zweites Kapitel: Die Migrantensprachen

1 Akk = Akkusativ, Prät = Präteritum (Vergangenheit), Dat = Dativ, Pl = Plural, Prt = Partikel.

2 http://tuerkisch.net/sprache/verbreitung/.

3 Hazai/Kappler (1999).

4 Hier steht das Türkische nicht allein. Auch andere Turksprachen in der ehemaligen Sowjetunion schreibt man heute mit dem kyrillischen Alphabet.

5 Als einen europäischen Einfluss mag man werten, dass die Türken mehr und mehr *bir* ‹eins› als einen *unbestimmten* Artikel verwenden: *bir adam* ‹ein Mensch›.

6 Auch im Deutschen können manche Ausnahmen auch *nach* dem Substantiv stehen, vgl. den Typ *der Aufgabe gemäß* etc.; dagegen können im Türkischen aber *keine Präpositionen* stehen.

7 Voronkova (2009).

8 http://tuerkisch.net/sprache/verbreitung/.

9 Art = Artikel, Gen = Genitiv, Gpl = Genitiv Plural, indef = indefinit (unbestimmt), Nom = Nominativ, Akk = Akkusativ.

10 Nicht uninteressant ist, dass die zugrundeliegende Wurzel / ' r b / zurückgehen soll auf die Bedeutung ‹der in der Wüste wohnt; Wüstenbewohner›.

11 Im Koran und in Schulungstexten können auch die kurzen Vokale durch diakritische Zeichen bezeichnet werden – durch kurze Striche oder Schleifen über oder unter der Vokalstelle. Der Koran wird grundsätzlich *immer* mit allen Zusatzzeichen geschrieben und gedruckt.

12 Nach Wikipedia: *Arabische Sprache.*

13 Bossong (2010).

14 Nach Wikipedia: *Arabische Sprache.*

15 Insgesamt sind es nur 95 (Haspelmath 2005).

16 Part. = (Frage-)Partikel.

17 P = Präpositiv (Lokativ), I = Instrumental, G = Genitiv, A = Akkusativ, Pronf = Pronomen im Femininum.

18 S. Wikipedia: *Russisch.*

19 Im November 2009 schlug der russische Präsident Medwedew als Beitrag zur Steigerung der wirtschaftlichen Effizienz eine Reduktion der Zeitzonen vor. Seit dem 28. März 2010 gibt es statt elf nur noch neun Zeitzonen. (Wikipedia)

20 Für das Futur wird meist das einfache Präsens perfektiver Verben verwendet: *on napišet* ‹er wird schreiben›.

21 ‹Montenegrinisch› lassen wir hier außen vor. Es gibt zwar Literatur zu dieser neuen «Sprache»; es handelt sich aber eher um einen zur Standardsprache aufgewerteten serbischen Dialekt. Und man sollte die Kirche im Dorf lassen, um die Neubildungsprozesse um die anderen Sprachen nicht zu verwischen.

22 Im Grunde sind sie unübersetzbar und wirken, im Munde von Deutschen z. B., immer deplatziert.

23 *Dobro za šalu, a loše za uporabu.*

24 «Und im schweizerischen Basel wird Albanisch fast schon häufiger gesprochen als das heimische Rätoromanisch.» (Georges Lüdi 2011)

25 Der sogenannte Ablativ (auf den viele Albaner regelrecht stolz sind) stammt wahrscheinlich aus dem Türkischen und ist stark beschränkt, meist auf Wörter wie *presion ajri* ‹Luftdruck› oder *kopsht fëmijesh* ‹Kindergarten› – und schon deshalb kein vollwertiger Kasus.

26 Und auch die Nachbarsprachen Makedonisch und Griechisch haben gar keine oder wenige Fälle.

27 S. Hetzer/Finger (1991) oder Lloshi (1999).

28 Dies gilt für das Toskische, die Grundlage der Literatursprache. Im Gegischen und damit im Kosovo gibt es eine infinitivähnliche Form: *me shkue* ‹gehen›.

29 Lied *Jesteś mojq gwiazdq* ‹Du bist mein Stern› http://deutschpolnisch. wordpress.com/2008/10/01/du-bist-mein-stern-von-ayman-auf-polnisch-songtext-auf-polnisch/.

30 Die wichtigsten sind diese: Alle Balkansprachen reduzieren die Fälle, steigern mit MEHR, verdoppeln oft die Objekte, hängen den Artikel hinten ans Nomen an, ersetzen den Infinitiv, drücken die Zukunft mittels Partikeln aus und neigen zur analytischen Sprachtechnik (Steinke 2013).

31 Nur das Albanische besteht auf seinem Fünf-Kasus-System.

32 *Der Spiegel* 44/2000, S. 242.

33 Material dazu im *World Atlas of Language Structures* (Haspelmath 2005).

34 S. Haarmann (2010), Kapitel 5: «Die Überformung der Sprachen Europas durch das Englische in der Moderne»; auch Zimmer (1997).

Drittes Kapitel: Migrantendeutsch

1 http://www.google.de: *Das Deutsch der Migranten gibt es nicht.* (Zugriff: 2. 11. 2012).

2 Vornamen von Sprecherinnen; sie tun nichts zur Sache.

3 Das wäre eine Aufgabe für Arbeiten der Kontrastiven Linguistik.

4 Linguisten entdecken hier auch einen *phonetischen* Grund im Migrantendeutsch: Migranten lassen meist die typisch deutsche ‹Behauchung› von *p,t,k* am Wortende weg, weil sie sie nicht kennen, und das ‹deutsche› Ohr hört dann keinen Endkonsonanten mehr. Heraus kommt dann *verblüffen_* statt *verblüffend_*.

5 Das Extrem ist oft das Deutsch von Vietnamesen oder Thai, also von Sprechern isolierender Sprachen: Sie kürzen fast jedes deutsche Wort um ein bis zwei Silben und gebrauchen dann nur noch die zentrale Silbe oder einen Teil von ihr (die dann im Laden ausreicht). Gehört habe ich Sätze wie *Ha si no ei Wu?* ‹Haben Sie noch einen Wunsch?›

6 Hinzu kommt der ‹türkische›, ‹russische› etc. Sonderfaktor.

7 In einem typischen mehrsprachigen Land wie Indien (‹Indian English›) stößt man auf Schritt und Tritt auf Ausdrücke wie *wel come* ‹willkommen› statt *welcome, break fast* ‹Frühstück›, *suit case* ‹Koffer› etc.

8 Zum Türkischen Dirim/Auer (2004), Keim (2004; 2008), Balci (2004), Hinnenkamp (2000a), Özdil (2010), Banaz-Aksoy (2002), Cindark (2010); zum Russischen Goldbach (2005), Handke (2008), Dück (2012), zum Kroatischen Stölting (1980), Pustički (2011), Schlund (2003).

9 Übersetzung: A.: ‹… Wir gehen heute abend zu Zlata. Vesna macht eine Pita, die wir mitnehmen. Wenn ich es nicht rechtzeitig nach Hause schaffe, wird sie mich lynchen. – *Pause* – Hat denn der Chef noch was gesagt?›

10 Oft habe ich dies in Kaufhäusern, auf der Straße, im Café beobachten können: Zwei Sprecher mit Migrationshintergrund benutzen, scheinbar zufällig, abwechselnd die eine (z. B. Türkisch), dann die andere Sprache (Deutsch) – wobei beide Sprecher beide Sprachen vollkommen beherrschen.

11 Hier öffnet sich ein neues Feld für die Migrationslinguistik: zu untersuchen, inwieweit CS und seine Schnittstellen die Generierung von neudeutschen ‹falschen› Formen begünstigen. Wir müssen es hier bei einer plausiblen Hypothese belassen.

12 Das Material entstammt den Arbeiten von Inken Keim; es ist graphisch leicht verändert. U. H.

13 Anonymisierte Abkürzungen von Sprecherinnen-Vornamen.

14 Dirim/Auer (2004, 22).

15 Hier und im folgenden Cindark (2004, 313 f).

16 Das Material ist nicht sehr ergiebig.

17 Sie sind in der Linguistik auch bekannt unter den Bezeichnungen ‹Gliederungssignale›, ‹Rückmeldungssignale›, ‹Abtönungspartikel›, ‹tag-questions› u. a.

18 Hier muss man berücksichtigen, dass es sich um Zweisprachige Russisch/Deutsch handelt, die beide Sprachen schon *in Russland* mischen (Blankenhorn 2003).

19 fem. = Femininum; mask. = Maskulinum.

20 Stichwörter sind: Einfache Negation, abweichende Präpositionen, *esli* für *li*, Stärkung der Kopula von *byt'* ‹sein›.

21 So können typisch russische Laute wie *y, l, ch* oder *r* eine deutsche Färbung annehmen, oder russische Wörter werden nach deutscher Art mit Knacklaut ausgesprochen: *s ʔIvanom* ‹mit Ivan›.

22 Denken könnte man an einen Einfluss des Jiddischen, das viele deutsche Verben auf diese Weise vereinfacht hat.

23 Für Interessierte mag sich hier das Suchen im Internet lohnen. Hier sehe man die Arbeiten von Pustički (2011) und Schlund (2003) ein und die dort angegebenen Quellen.

24 Hier mag der inzwischen veraltete Terminus noch passen, weil die Defizite in beiden Sprachen noch unübersehbar waren.

25 Andere, ältere Namen sind ‹Kiezsprache› (H. Wiese), ‹Türkenslang› (P. Auer), ‹Ghettoslang› (Mannheimer Eigenbezeichnung), ‹Ghettodeutsch› (I. Keim), ‹Türkendeutsch› (F. Kern, M. Selting), ‹Kanak Sprak› (F. Zaimoğlu), ‹Ethnolekt› (I. Keim); vgl. auch ‹invandrersks› in Schweden, ‹perkerdansk› in Dänemark, ‹straattaal› in den Niederlanden, vgl. dazu Keim (2008, 165).

26 Es gibt international nur wenige Beispiele deutscher Pidgins. Hierzu im Überblick Haarmann (2010). Zur Pidgin-Charakterisierung des Kiezdeutsch vgl. Trabant (2012) und Glück (2012).

27 Hier suche man im Internet unter den einschlägig bekannten Namen von Comedians nach Videos und Kiezdeutsch-Passagen.

28 Ihn würde die Linguistik als ‹koronar-dentalen stimmlosen Reibelaut› beschreiben, phonetisch [ʃ]. Er ist natürlich auch im Deutschen vorhanden (*Tasche*).

29 Verschlusslaute wie in *kaputt* oder *moruk* ‹Alter› werden mit großem Druck behaucht, lange Vokale wie in *Bahn, Biene, Ton* werden viel kürzer ausgesprochen, der *r*-Laut wie in *Torte* oder *scharf* wird oft weggelassen, Doppellaute wie in *Braut* oder *heiraten* werden gekürzt und eingeebnet und es dominieren Einsilber wie *krass, voll, geil, toll*.

30 Dass diese emphatischen Laute wirklich eine Klasse für sich bilden, wird dadurch belegt, dass arabische Wörter, die z. B. ins Persische gelangten, auch dort mit eigenen Buchstaben geschrieben werden.

31 Ab und an gibt es Ansätze von unbestimmten Artikeln, so im Türkischen (*bir adam* ‹ein Mensch›), im Russischen (*odin čelovek*) oder im Jugoslavischen (*jedan čovjek*). Wir können das hier vernachlässigen.

32 In die Artikelformen, die Relativpronomen, die anderen Possessivpronomen und etliche Verwandte.

33 Es gibt daneben, z. B. bulgarisch oder serbisch, auch noch Posses-
sivadjektive wie *moj* ‹meine›; sie gehören aber eher zur Schriftsprache.

34 Die Linguistik spricht hier von ‹Funktionsverbgefügen›.

35 In Haarmann (2010) wird noch der Dativ als Einheitskasus für Nominativ erwähnt: Das Kiezdeutsch-Beispiel lautete «*Dem Tuss hat voll
geile Titten ey*». Etwas Vergleichbares gibt es nur im Kurdischen («Er-
gativ») – immerhin eine nicht unwichtige Migrantensprache.

Viertes Kapitel: Die Veränderungen im Deutschen

1 Sie sind zusammengefasst in Hinrichs (2009).

2 Trotzdem ist diese Art der Relativierung oft anzutreffen – in Bastian
Sicks Bestsellern genauso wie in vielen linguistischen Büchern zur
Entwicklung im Deutschen, z. B. Glück/Sauer (1997).

3 Eine tiefer gehende Erklärung wäre, dass beide Formen – *des Barock* und *des Barocks* – im Sprachgebrauch nebeneinander existieren und *nicht* identisch sind, sondern alternativ verschiedene Funktionen ausüben: Dann wäre *des Barock* die allgemeinere unmarkierte
Form, *des Barocks* die markierte, semantisch engere Form, die vielleicht die Epoche als eine besondere Kultur oder ähnliches im Blick
hat.

4 Wir schließen hier alle Modelle ein, die zwei Nomen hauptsächlich
durch Nebeneinanderstellen verbinden, also auch die sogenannte
«Juxtaposition» und noch andere.

5 Auch ist der Genitiv bei den femininen Substantiven ziemlich unange-
tastet – wahrscheinlich weil er mit dem Dativ zusammenfällt: *der Frau.*

6 ‹Mimikry› deshalb, weil es ja streng genommen heißen müsste **mit
dieses Problem*, weil dies der ‹echte› Akkusativ eines Neutrums ist. Die
verwendete Form (*mit*) *diesen Problem* gibt es jedoch im offiziösen
Hochdeutschen nicht.

7 Blockiert ist dieses Modell auch bei anderen Verwendungen. Also
(noch) nicht: *es wird dich geholfen, er hat es sie versprochen* – Formen,
die noch grob falsch klingen oder Dialekt oder Substandard sind.

8 Diese Abschleifungen strahlen auch auf Adverbien aus: *Dies betrifft
vor allen die Sparer.*

9 Beispiele wie *das König der Biere, die Herz, das Wurm* sind Grenzfälle,
die sich dann ergeben, wenn ein zugehöriges Wort ausgelassen wird
(«Ellipsen»): *das Königs-Pils der Biere, die Herz-OP, das Wurm von
Baby* (Rowley 1999).

10 Interessant ist aber, dass sich in vielen Sprachen der Welt aus solchen
«Demonstrativpronomen» später Artikel entwickelt haben, so in manchen Kreolsprachen und den Balkansprachen Bulgarisch, Albanisch
und Rumänisch.

11 Unbewusst gefördert werden diese Formen von der «Gegentendenz»:
Formen wie *neue Rezepte*, die ja korrekt sind, erscheinen dann als

neue Rezepten, wichtige Anstöße als *wichtige Anstößen, marode Stahl-werke* werden zu *marode Stahlwerken* etc.

12 Der Politiker Peer Steinbrück am 29. 1. 2013 im ZDF: «Das sind die Probleme, die den Leuten *unter den Nägeln* brennen.» (original: *auf den Nägeln*)

LITERATURVERZEICHNIS

Achterberg, Jörn (2005), Zur Vitalität slavischer Idiome in Deutschland: eine empirische Studie zum Sprachverhalten slavophoner Immigranten. München. (= Slavistische Beiträge 441).

Aksoy, Nuran (2005), Türkendeutsch. Ein Ethnolekt des Deutschen? München.

Al-Khalili, Jim (2010), Im Haus der Weisheit. Frankfurt/M.

Androutsopoulos, Jannis (2001), Ultra korregd Alder! Zur medialen Stilisierung und Aneignung von Türkendeutsch. In: Deutsche Sprache 29, 321–339.

Androutsopoulos, Jannis/Hinnenkamp, Volker (2012), Code-Switching in der bilingualen Chat-Kommunikation: ein explorativer Blick auf #hellas und #turks. In: Beißwenger, Michael (Hrsg.), Chat-Kommunikation: Sprache, Interaktion, Sozialität & Identität in synchroner computervermittelter Kommunikation. Stuttgart (im Druck). http://www.chat-kommunikation.de/

Anstatt, Tanja (Hrsg.) (2007), Mehrsprachigkeit bei Kindern und Erwachsenen. Erwerb, Formen, Förderung. Tübingen.

Anstatt, Tanja (2008), Russisch in Deutschland – Entwicklungsperspektiven. In: Bulletin der deutschen Slawistik 14, 67–74.

Anstatt, Tanja (2011), Russisch in der zweiten Generation. Zur Sprachsituation von Jugendlichen aus russischsprachigen Familien in Deutschland. In: Eichinger, Ludwig M./Plewnia, Albrecht/Steinle, Melanie (Hrsg.): Sprache und Integration. Über Mehrsprachigkeit und Migration, Tübingen, 101–128. (= Studien zur deutschen Sprache 57).

Aslan, Sema (2004), Aspekte des kommunikativen Stils einer Gruppe weitläufiger MigrantInnen türkischer Herkunft: die «Europatürken». In: Deutsche Sprache 32/4, 327–356.

Auer, Peter (2003), ‹Türkenslang›. Ein jugendlicher Ethnolekt des Deutschen und seine Transformationen. http://www.akwaba.nuernberg-interkultur.de/uploads/tx_textdb/8.pdf

Aytemiz, Aydın (1990), Zur Sprachkompetenz türkischer Schüler in Türkisch und Deutsch: sprachliche Abweichungen und soziale Einflussgrößen. Frankfurt am Main usw. (= Europäische Hochschulschriften 21).

Bade, Klaus/Emmer, Pieter C./Lucassen, Leo/Oltmer, Jochen (Hrsg.) (2007), Enzyklopädie Migration in Europa. Vom 17. Jahrhundert bis zur Gegenwart. Paderborn usw.

Balci, Yasemin (2004), Zur Semantik deutscher Elemente in türkischen Sätzen. Die Mischsprache türkischer Jugendlicher in Mannheim. In: Deutsche Sprache 32/3, 227–239.

Banaz-Aksoy, Halime (2002), Bilingualismus und Codeswitching bei der zweiten türkischen Generation in der Bundesrepublik Deutschland. Essen. http://www.linse.uni-due.de/linse/esel/pdf/banaz_codes-witching.pdf

Bartsch, Matthias et mult. al. (2010), Bündnis der Weggucker. In: *Der Spiegel* 37/2010, 21–28.

Bauer, Thomas/Dietz, Barbara/Zimmermann, Klaus F./Zwintz, Eric (2005), German Migration: Development, Assimilation, and Labour Market Effects. In: Zimmermann, Klaus F. (Hrsg.), European Migration. What Do We Know? Oxford/New York, 197–256.

Best, Karl-Heinz (2005), Turzismen im Deutschen. In: Glottometrics 11, 56–63.

Birnbaum, Henrik (1998), Das Polnische. In: Rehder 1998, 111–122.

Blankenhorn, Renate (1993), Deutsch-russische Interferenzen in der Rede von Russlanddeutschen. Unv. Magisterarbeit an der FU Berlin. Berlin.

Blankenhorn, Renate (2003), Pragmatische Spezifika der Kommunikation von Russlanddeutschen in Sibirien. Berlin. (= Berliner Slawistische Arbeiten 20).

Bossong, Georg (2004), Analytizität und Synthetizität. Kasus und Adpositionen im typologischen Vergleich. In: Hinrichs 2004, 431–452.

Bossong, Georg (2010), Typologie der Sprachen Europas. In: Hinrichs 2010, 371–396.

Bossong, Georg (2011), Al-Andalus, goldener Traum. http://www.zeit.de/2011/25/Al-Andalus

Braun, Michael (2000), Was Problem. Der Kauderwelsch-Kult. In: Freitag 22, 1 f. http://www.freitag.de/2000/22/00221302.htm/

Brehmer, Bernhard (2007), Sprechen Sie Qwelja? Formen und Folgen russisch-deutscher Zweisprachigkeit in Deutschland. In: Anstatt 2007, 163–185.

Bruckner, Pasacal (2008), Der Schuldkomplex. Vom Nutzen und Nachteil der Geschichte für Europa. München.

Buschkowsky, Heinz (2012), Neukölln ist überall. Berlin.

Cindark, Ibrahim (2004), «Die Unmündigen». Eine soziolinguistische Fallstudie der emanzipatorischen Migranten. In: Deutsche Sprache 32/4, 310–327.

Cindark, Ibrahim (2010), Migration, Sprache und Rassismus. Der kommunikative Sozialstil der Mannheimer «Unmündigen» als Fallstudie für die «emanzipatorischen Migranten». Tübingen. (= Studien zur deutschen Sprache 51).

Cindark, Ibrahim/Aslan, Sema (2004), Deutschlandtürkisch? http://www.ids-mannheim.de/prag/soziostilistik/Deutschlandtuerkisch.pdf

Denkler, Markus/Günthner, Susanne/Imo, Wolfgang/Macha, Jürgen/Meer, Dorothee/Stoltenburg, Benjamin/Topalović, Elvira (2008), Frischwärts und unkaputtbar. Sprachverfall oder Sprachwandel im Deutschen? Münster.

Diner, Dan (2005), Versiegelte Zeit. Über den Stillstand in der islamischen Welt. Berlin.

Dirim, Inci/Auer, Peter (2004), Türkisch sprechen nicht nur die Türken: Über die Unschärfebeziehung zwischen Sprache und Ethnie in Deutschland. Berlin/New York.

Dirim, Inci (2005), Zum Gebrauch türkischer Routinen bei Hamburger Jugendlichen nicht-türkischer Herkunft. In: Hinnenkamp/Meng 2005, 19 f.

Douglas, Ray M. (2012), ‹Ordnungsgemäße Überführung›. Die Vertreibung der Deutschen nach dem Zweiten Weltkrieg. München.

Dück, Katharina (2012), «Jetzt hatt' Ihr Euch mit'nander познакомиться!» Zu Sprachphänomenen der zweiten Generation der Deutschen aus der ehemaligen Sowjetunion. In: Sprachreport, Heft 1, 8–15.

Eismann, Wolfgang (2010), Phraseologische Gemeinsamkeiten der Sprachen Europas. In: Hinrichs 2010, 711–727.

Ersen-Rasch, Margarete (2004), Türkische Grammatik für Anfänger und Fortgeschrittene. 2. Aufl., Ismaning.

Ferguson, Charles (1971), Absence of copula and the notion of simplicity: a study of normal speech, baby talk, foreigner talk, and pidgins. In: Hymes, Dell (Hrsg.), Pidginization and creolization of languages. Cambridge, 141–150.

Gärtig, Anne-Kathrin/Plewnia, Albrecht/Rothe, Astrid (2010), Wie Menschen in Deutschland über Sprache denken. Ergebnisse einer bundesweiten Repräsentativerhebung zu aktuellen Spracheinstellungen. Mannheim.

Gezer, Özlem (2012), «Hilferufe, Wut, Empörung». In: *Der Spiegel* 19/2012, 36–37.

Glück, Helmut/Sauer, Wolfgang Werner (1997), Gegenwartsdeutsch. 2. Aufl., Stuttgart/Weimar.

Glück, Helmut (2012), Deutsch im Wandel. Sachtemang mit dit Kiezdeutsche. http://www.vds-ev.de/sn-mobil/54/S6A1_sachtemang.html

Goldbach, Alexandra (2005), Deutsch-russischer Sprachkontakt: Deutsche Transferenzen und Codeswitching in der Rede Russischsprachiger in Berlin. Frankfurt/Main usw. (= Berliner Slawistische Arbeiten 26).

Golubović, Biljana (2007), Germanismen im Serbischen und Kroatischen. München. (= Slavistische Beiträge 459).

Haarmann, Harald (2006), Weltgeschichte der Sprachen. Von der Frühzeit des Menschen bis zur Gegenwart. München.

Haarmann, Harald (2010), Sprachkontakt und Fusion in den Sprachen Europas. In: Hinrichs 2010, 553–576.

Haarmann, Harald (2010a), Soziolinguistik der Sprachen Europas. In: Hinrichs 2010, 345–370.

Haarmann, Harald (2013), Externe Linguistik (Soziologie) der Sprachen des Balkans. In: Hinrichs, Uwe/Kahl, Thede/Himstedt-Vaid, Petra (Hrsg.), Handbuch Balkan. Wiesbaden (im Druck).

Haarmann, Harald (2013 a), Die Donauzivilisation – die älteste Hochkultur Europas. In: Hinrichs, Uwe/Kahl, Thede/Himstedt-Vaid, Petra (Hrsg.), Handbuch Balkan. Wiesbaden (im Druck).

Handke, Ella (2008), Untersuchung zum Redeverhalten russischsprachiger Migranten (am Beispiel einer Probandengruppe aus Magdeburg/Sachsen-Anhalt). Magdeburg.

Haspelmath, Martin et al. (Hrsg.) (2005), World Atlas of Language Structures. Oxford.

Hazai, György/Kappler, Matthias (1999), Der Einfluss des Türkischen in Südosteuropa. In: Hinrichs 1999, 649–673.

Henn-Memmesheimer, Beate (1985), Nonstandardmuster. Tübingen. (= Reihe Germanistische Linguistik 66).

Hetzer, Armin/Finger, Zuzanna (1991), Lehrbuch der vereinheitlichten albanischen Schriftsprache. 4. Aufl., Hamburg.

Hetzer, Armin (2010), Das südosteuropäische Areal. In: Hinrichs 2010, 457–473.

Hinnenkamp, Volker (2000), Mehrsprachigkeit in Deutschland und deutsche Mehrsprachigkeit. Szenarien einer migrationsbedingten Nischenkultur der Mehrsprachigkeit. In: Kämper, Heidrun/Schmidt, Hartmut (Hrsg.), Das 20. Jahrhundert. Berlin, New York, 137–162.

Hinnenkamp, Volker (2000 a), Gemischtsprechen von Migrantenjugendlichen als Ausdruck ihrer Identität. In: Der Deutschunterricht 5/2000, 96–107.   http://www.hsfulda.de/fileadmin/Fachbereich_SK/Hinnenkamp_gemischt_sprechen.pdf

Hinnenkamp, Volker/Meng, Katharina (Hrsg.) (2005), Sprachgrenzen überspringen. Sprachliche Hybridität und polykulturelles Selbstverständnis. Tübingen. (= Studien zur deutschen Sprache 32).

Hinrichs, Uwe/Hinrichs, Ljiljana (1995), Serbische Umgangssprache. Wiesbaden. (= Balkanologische Veröffentlichungen 29).

Hinrichs, Uwe (Hrsg.) (1999), Handbuch der Südosteuropa-Linguistik. Wiesbaden. (= Slavistische Studienbücher Neue Folge 10).

Hinrichs, Uwe (2000), Das heutige Serbisch. In: Zybatow, Lew (Hrsg.) 2000, 561–582.

Hinrichs, Uwe (Hrsg.) (2004), Die europäischen Sprachen auf dem Wege zum analytischen Sprachtyp. Wiesbaden. (= Eurolinguistische Arbeiten 1).

Hinrichs, Uwe (2004 a), Oralität, Mehrsprachigkeit, radikaler Analytismus. Zur Erklärung von sprachlichen Strukturen auf dem Balkan und im kreolischen Raum. In: Zeitschrift für Balkanologie 40/2, 141–174.

Hinrichs, Uwe (2004 b), Kreolisierungstendenzen im Deutschen? Einige Bemerkungen. In: Muttersprache 4, 333–342.

Hinrichs, Uwe (2009), Sprachwandel oder Sprachverfall? Zur aktuellen Forschungssituation im Deutschen. In: Muttersprache 1, 47–57.

Hinrichs, Uwe (Hrsg.) (2010), Handbuch der Eurolinguistik. Wiesbaden. (= Slavistische Studienbücher Neue Folge 20).

Hinrichs, Uwe (2012), «Hab isch gesehen mein Kumpel». Wie die Migration die deutsche Sprache verändert hat. In: *Der Spiegel* 7/2012, 104–105.

Hohenhaus, Peter (2001), «Neuanglodeutsch». Zur vermeintlichen Bedrohung des Deutschen durch das Englische. http://www.gfl-journal. de/1–2001/hohenhaus.pdf

Jastrow, Otto (2007), Das Spannungsfeld von Hochsprache und Dialekt im arabischen Raum. In: Munske, Horst Haider (Hrsg.), Sterben die Dialekte aus? Vorträge am Interdisziplinären Zentrum für Dialektforschung an der Friedrich-Alexander-Universität Erlangen-Nürnberg, 22.10.-10. 12. 2007. http://www.dialektforschung.phil.uni-erlangen.de/ sterbendialekte

Kaeser, Eduard (2012), Multikulturalismus revisited. Ein philosophischer Essay. Basel.

Kemal, Yasar (1992), Memed, mein Falke. In: Erste türkische Lesestücke – Türkçe Okuma Kitabı. (= Dtv zweisprachig). München.

Keim, Inken (1978), Gastarbeiterdeutsch. Untersuchungen zum sprachlichen Verhalten türkischer Gastarbeiter. Tübingen. (= Forschungsberichte des Instituts für deutsche Sprache 41).

Keim, Inken (2004), Kommunikative Praktiken in türkischstämmigen Kinder- und Jugendgruppen in Mannheim. In: Deutsche Sprache 32/3, 198–226.

Keim, Inken (2008), Die «türkischen Powergirls»: Lebenswelt und kommunikativer Stil einer Migrantinnengruppe in Mannheim. Tübingen. 2. Aufl. (= Studien zur deutschen Sprache 39).

Keller, Rudi (1990), Sprachwandel. Von der Unsichtbaren Hand in der Sprache. Tübingen. (= UTB 1567).

Keller, Rudi (2004), Ist die deutsche Sprache von Verfall bedroht? http:// www.phil-fak.uni-duesseldorf.de/uploads/media/Sprachverfall.pdf

Kielinger, Thomas (2013), Die Einwanderungsfalle. In: *Die Welt* 7.2. 2013, S. 23

Klingholz, Reiner/Kröhnert, Steffen/Sippel, Lilly/Woellert, Franziska (2008), Ungenutzte Potentiale. Zur Lage der Integration in Deutschland. Hrsg. vom Berlin-Institut für Bevölkerung und Entwicklung. Berlin.

König, Ekkehard (2010), Das Projekt EUROTYP. In: Hinrichs 2010, 425–434.

Krefeld, Thomas (2004), Einführung in die Migrationslinguistik. Tübingen.

Leontiy, Halyna (2013), Multikulturelles Deutschland im Sprachvergleich. Münster.

Lloshi, Xhevat (1999), Das Albanische. In: Hinrichs 1999, 277–299.

Löffler, Berthold (2011), Integration in Deutschland. München.

Lubaś, Władysław/Molas, Jerzy (2002), Polnisch. In: Okuka 2002, 367–389.

Lüdi, Georges (2011), Neue Herausforderungen an eine Migrationslinguistik im Zeichen der Globalisierung. In: Stehl, Thomas (Hrsg.), Sprachen in mobilisierten Kulturen: Aspekte der Migrationslinguistik. Potsdam, 15–38.

Meng, Katharina/Protassova, Ekaterina, (2005), *Aussiedlerisch*. Deutsch-russische Sprachmischungen im Verständnis ihrer Sprecher. In: Hinnenkamp/Meng 2005, 229–266.

Möller, Philipp (2012), *Isch geh Schulhof*. Unerhörtes aus dem Leben eines Grundschullehrers. Köln.

Mufwene, Salikoko (1998), What research on Creole Genesis Can Contribute to Historical Linguistics. In: Schmid, Monika S. et al. (Hrsg.), Historical Linguistics. Selected Papers from the 13th International Conference on Historical Linguistics, Düsseldorf, 10–17 August 1997. Amsterdam/Philadelphia, 315–338.

Myers-Scotton, Carol (1983), The negotiation of identities in conversation: a theory of markedness and code choice. In: International Journal of the Sociology of Language 44, 115–136.

Nehring, Dieter (2002), Albanisch. In: Okuka 2002, 47–66.

Neweklowsky, Gerhard (2002), Serbisch. In: Okuka 2002, 443–460.

Nitsch, Cordula (2007), Mehrsprachigkeit – Eine neurowissenschaftliche Perspektive. In: Anstatt 2007, 47–68.

Orlović-Schwarzwald, Marija (1978), Zum Gastarbeiterdeutsch jugoslawischer Arbeiter im Rhein-Main-Gebiet. Mainz. (= Mainzer Studien zur Sprach- und Volksforschung 2).

Oschlies, Wolf (2011), Aeroflot bis Zar. Ein heiteres Sachbuch zu den 222 russischen Wörtern, die ALLE Deutschen kennen. Klagenfurt/Celovec 2011.

Özdil, Erkan (2010), Codeswitching im zweisprachigen Handeln. Sprachpsychologische Aspekte verbalen Planens in deutsch-türkischer Kommunikation. Münster. (= Mehrsprachigkeit Bd. 24).

Pfaff, Carol W. (1981), Incipient creolization in *Gastarbeiterdeutsch*? An experimental study. In: Studies in Second Language Acquisition 3, No. 2, 165–178. http://journals.cambridge.org/action/displayFulltext?type=1&fid=2543288&jid=SLA&volumeId=3&isseId=02&aid=2543280&bodyId=&membershipNumber=&societyETOCSession=

Pustički, Nikolina (2011), Code-switching kroatischer Migrantinnen der zweiten Generation in Frankfurt am Main. Unv. Magisterarbeit an der Universität Leipzig. Leipzig.

Qvonje, Jørn Ivar (1979), Die fehlende Unterscheidung UBI/QUO und der Zusammenfall von Genitiv und Dativ in den Balkansprachen. In: Zeitschrift für Balkanologie 15, 134–153.

Rehder, Peter (Hrsg.) (1998), Einführung in die slavischen Sprachen (mit einer Einführung in die Balkanphilologie). 3. Aufl., Darmstadt.

Rehder, Peter (2002), Serbokroatisch. In: Okuka 2002, 461–472.

Reiter, Norbert (1979), Komparative. Wiesbaden. (= Balkanologische Veröffentlichungen 1).

Reyad, Malika (2009), «Ich lebe nicht in zwei Welten – ich bin zwei Wel-
    ten». In: Maricarmen, Saavedra (Hrsg.), Deutschland mit beschränkter
    Haftung. Prag, 194–220.

Roelcke, Thorsten (2004), Analytismus im Deutschen. In: Hinrichs 2004,
    147–168.

Romberg, Johanna/Röhne, Frank (2012), Der Untergang der deutschen
    Sprache. Was reden wir denn da? In: Geo 11/2012, 136–148.

Rowley, Arthur (1999), *Eine Bier, die Herz und das Wurm*. Scheinbare
    Genusabweichungen in der gesprochenen Alltagssprache. In: Mutter-
    sprache 109, 331–337.

Sarrazin, Thilo (2010), Deutschland schafft sich ab. Wie wir unser Land
    aufs Spiel setzen. 6. Aufl., München.

Schaller, Helmut (1996), Sprache und Politik: Die Balkansprachen in
    Vergangenheit und Gegenwart. München. (= Südosteuropa-Jahrbuch
    27).

Schlund, Katrin (2003), Der Einfluss von Zweisprachigkeit auf die Identi-
    tätskonstruktion von Deutsch-Jugoslawen der zweiten Generation.
    Unv. Magisterarbeit an der Universität Mannheim. Mannheim. https://
    ub-madoc.bib.uni-mannheim.de/878/1/Zweisprachigkeit_und_Identi-
    taet.pdf

Schmidt-Neke, Michael (2013), Albanien in Europa. In: Hinrichs,
    Uwe/Kahl, Thede/Himstedt-Vaid, Petra (Hrsg.), Handbuch Balkan.
    Wiesbaden (im Druck).

Schrenk, Josef (1998), Das Russische. In: Rehder 1998, 141–164.

Sick, Bastian (2004 f.), Der Dativ ist dem Genitiv sein Tod. Köln. Folgen
    1–4.

Siems, Dorothea (2012), Der Erfolg ist bunt. In: *Die Welt* 26.6. 2012,
    S. 3.

Siemund, Peter (2004), Analytische und synthetische Tendenzen in der
    Entwicklung des Englischen. In: Hinrichs 2004, 169–195.

Sprachensteckbriefe des Österreichischen Ministeriums für Unterricht,
    Kunst und Kultur. http://www.sprachensteckbriefe.at

Steinke, Klaus (2013), Balkanlinguistik. In: Hinrichs, Uwe/Kahl, Thede/
    Himstedt-Vaid, Petra (Hrsg.), Handbuch Balkan. Wiesbaden (im
    Druck).

Stölting, Wilfried (1980), Die Zweisprachigkeit jugoslawischer Schüler
    in der Bundesrepublik Deutschland. Wiesbaden. (= Balkanologische
    Veröffentlichungen 3).

Sundhaußen, Holm (2006/07): Geschichte Südosteuropas als Migrations-
    geschichte. Eine Skizze. In: Südost-Forschungen 65/66, 422–477.

Sundhaußen, Holm (2013), Geschichte des Balkans: eine Skizze. In:
    Hinrichs, Uwe/Kahl, Thede/Himstedt-Vaid, Petra (Hrsg.), Handbuch
    Balkan. Wiesbaden (im Druck).

Tazi, Raja (1998), Arabismen im Deutschen: lexikalische Transferenzen
    vom Arabischen ins Deutsche. Berlin/New York. (= Studia Linguistica
    47).

Thomai, Jan et al. (1999), Fjalor frazeologjik ballkanik. Tirana.

Tornow, Siegfried (2009), Abendland und Morgenland im Spiegel ihrer Sprachen. Wiesbaden.

Tornow, Siegfried (2010), Wo endet Europa im Osten? Versuch einer historischen Regionalisierung. In: Hinrichs 2010, 69–90.

Tošović, Branko (2002), Russisch. In: Okuka 2002, 409–435.

Trabant, Jürgen (2012), Irrtümer der romantischen Linguistik. In: *Frankfurter Allgemeine Zeitung* 6.6. 2012, S. N4.

Tracy, Rosemarie (2007), Wie Kinder Sprachen lernen. Und wie wir sie dabei unterstützen können. Tübingen.

Unger, Andreas (2006), Von Algebra bis Zucker. Arabische Wörter im Deutschen. Stuttgart.

Völkl, Sigrid Darinka (2002), Bosnisch. In: Okuka 2002, 208–218.

Voronkova, Olga (2009), Geographische und soziolinguistische Aspekte der Verbreitung der *have-* und *be-*Strukturen für Possessivität in den europäischen Sprachen unter besonderer Berücksichtigung des Baltikums. In: Hinrichs, Uwe/Tornow, Siegfried/Reiter, Norbert (Hrsg.), Eurolinguistik. Entwicklungen und Perspektiven. Wiesbaden, 189–211. (= Eurolinguistische Arbeiten 5).

Weinrich, Harald (2012), Über das Haben. 33 Ansichten. München.

Weiss, Daniel (1993), Die Faszination der Leere. Die moderne russische Umgangssprache und ihre Liebe zur Null. In: Zeitschrift für Slavische Philologie LIII, 48–82.

Weiss, Daniel (2010), Osteuropa als eurolinguistisches Areal. In: Hinrichs 2010, 435–473.

Wiese, Heike (2006), «Ich mach dich Messer»: Grammatische Produktivität in Kiez-Sprache. In: Linguistische Berichte 207, 245–273.

Wiese, Heike (2012), Kiezdeutsch: Ein neuer Dialekt entsteht. München.

Wightwick, Jane/Gaafar, Mahmoud (2005), Kurzgrammatik Arabisch. New York.

Will, Anne-Kathrin (2013), Bereits angekommen und noch auf dem Weg. Migration und Integration auf dem Balkan. In: Hinrichs, Uwe/Kahl, Thede/Himstedt-Vaid, Petra (Hrsg.), Handbuch Balkan. Wiesbaden (im Druck).

Wingender, Monika (2002), Kroatisch. In: Okuka 2002, 275–285.

Zimmer, Dieter E. (1997), Neuanglodeutsch. Über die Pidginisierung der Sprache. In: Zimmer, Dieter E., Deutsch und anders. Die Sprache im Modernisierungsfieber. Hamburg, 7–104.

Zimmermann, Klaus F. (2008), Introduction: What We Know About European Migration. In: Zimmermann, Klaus F. (Hrsg.), European Migration. What Do We Know? Oxford/New York, 1–14.

Zybatow, Lew N. (Hrsg.) (2000), Sprachwandel in der Slavia. Die slavischen Sprachen an der Schwelle zum 21. Jahrhundert. 2 Bde. Frankfurt/M. usw.